구루를 찾아서

Search for the Guru

Copyright © 2013 by Peter Mt. Shasta

No part of this book may be used or reproduced in any manner whatever without written permission except in the case of brief quotations embodied in critical articles or reviews.

Korean Translation Copyright © 2025 by Inner World Publishing.
Korean edition is published by arrangement with Peter Mt. Shasta, Church of the Seven Rays.

이 책의 한국어판 저작권은 저작권자와의 독점 계약으로 정신세계사에 있습니다.
신저작권법에 의해 한국 내에서 보호를 받는 저작물이므로 무단전재와 복제를 금합니다.

Search for the Guru

ॐ

구
루
를

찾
아
서

피터 마운트 샤스타 지음
배민경 옮김

정신세계사

구루를 찾아서
ⓒ 피터 마운트 샤스타, 2013

피터 마운트 샤스타가 짓고 배민경이 옮긴 것을 정신세계사 김우종이 2025년 9월 16일 처음 펴내다. 변영옥이 꾸미고, 한서지업사에서 종이를, 영신사에서 인쇄와 제본을, 하지혜가 책의 관리를 맡다. 정신세계사의 등록일자는 1978년 4월 25일(제2021-000333호), 주소는 03965 서울시 마포구 성산로4길 6 2층, 전화는 02-733-3134, 팩스는 02-733-3144이다.

2025년 9월 16일 펴낸 책(초판 제1쇄)

ISBN   978-89-357-0479-8 03290

• 홈페이지 mindbook.co.kr   • 인터넷 카페 cafe.naver.com/mindbooky
• 유튜브 @innerworld   • 인스타그램 @inner_world_publisher

차 례

한국의 독자들을 위한 서문 — 9
누구에게 구루가 필요한가? — 12

1부 ॐ 구루를 찾아서

하강 — 17
나는 스와미 — 21
어린 시절 — 25
소년과 개 — 35
미국과 죽음의 문화 — 39
교외 지역 — 44
로켓 과학자 되기 — 55
베트남 파병에서 열외되다 — 66
포르쉐와 죽음의 사신 — 72
내가 꿈꾼 공동체 — 79
이스트 빌리지 — 84
요가 — 94
죽음의 신이 보낸 밀사 — 103
심령가와 스페인식 모자를 쓴 여자 — 106
로맨스 — 112
나를 부르는 구루의 손짓 — 116
나무 아래의 구루 — 121
동방으로의 여행 — 130
신비한 부적 — 138
어머니 인도 — 142

다시 만난 어린 구루 — 147
손목시계 바바 — 152
시금치 바바 — 155
람 다스 — 163
갠지스 강의 하우스보트 — 172
지복에 젖은 어머니 — 177
부처님 찾기 — 181
내 소원을 들어주신 지복의 어머니 — 190
마침내 구루의 발밑에서 — 204
강고트리 바바와 함께 — 216
법정에 간 사두 — 222
신들의 만남 — 229
우주 의식과 LSD — 234
나의 구루는 누구인가? — 242
쿰브 멜라 — 248
마스터를 찾아서 — 255
나는 누구인가? — 264
신이 원하는 것은? — 279
게일로드 — 287

2부 ॐ 스스로의 구루 되기

피플스 파크에서의 야영 — 293
샤스타 산에 가다 — 299
아바타의 출현 — 307
성모 마리아의 위안 — 312
옴의 파워 — 317
스리 프라부파다의 다르샨 — 319
영원한 평화의 집 — 323
아차! — 327
판단하지 말라 — 330
하늘에서 온 방문자 — 334
칼키 아바타 — 336
스와미, 스와미 — 341
비밀스러운 만남 — 344
비개인적인 삶 — 348
예언 — 354
외계 형제들의 치료 — 357
서부 여행 — 361

프라사드 — 366
바가반 다스와의 저녁 식사 — 371
올라갈 준비 — 374
타오스 푸에블로의 조지프 선호크 — 383
라마 재단에서의 깜짝 만남 — 390
트룽파 린포체의 미친 지혜 — 394
영화를 보는 자는 누구인가? — 400
호피족과의 만남 — 405
피닉스의 여신 — 410
신성한 일곱 폭포 — 420
바즈라사트바 — 425
피플스 파크로 돌아가다 — 436

책을 마치며 — 439

다르마^{Dharma}의 수호자인 인도인들에게 이 책을 바칩니다.

ॐ

성스러운 구루께 올리는 기도

असतो मा सद्गमय
तमसो मा ज्योतिर्गमय
मृत्योर्मा अमृतं गमय *

우리를 거짓에서 진리로 이끄시고
우리를 어둠에서 빛으로 이끄시고
우리를 죽음에서 불멸로 이끄소서.

— 〈브리하다라냐까 우파니샤드Brihadaranyaka Upanishad〉

---

* 이 기도문의 발음은 다음과 같다.
아사또마 사드가마야
따마소마 죠띠르가마야
므르뜨르마 아므룻떵가마야.
역주.

한국의 독자들을 위한 서문

나는 누구인가? 나는 무엇인가? 나는 왜 여기 있는가? 어렸을 때부터 이런 질문들을 곰곰이 생각해보곤 했다. 지금 당신이 읽고 있는 이 책에는 이런 물음에 대한 답을 찾던 나의 지난 여정들이 담겨 있다. 나는 물질주의적인 사회에서, 그것도 무신론자인 부모님 밑에서 나고 자랐지만 인간의 삶 속에는 오감을 통해 인지할 수 있는 것 너머의 무언가가 있음을 언제나 알고 있었다. 나의 어린 시절 그리고 깨달음을 얻은 존재들을 만나 변성적인 경험을 겪었던 인도 여행기 등 깨어남을 향해 나아가는 나의 모험 이야기들을 이 책 속에서 만나볼 수 있을 것이다.

《구루를 찾아서》는 스물여덟 살 때까지의 내 인생 전반기를 다루고 있다. 여기서 한 가지 알아두어야 할 점은, 가끔 육신의 모습을 하고 나타난 상승 마스터 세인트 저메인 그리고 나를 수행의 길로 인도해줬던 다른 상승 마스터들과의 만남을 적은 《마스터의 제자》가 출간된 이후에야 이 책이 나왔다는 것이다. 이렇게 순서가 뒤바뀐 이유는 샤스타 산으로 순례를 왔던 사람들이 내 모험담을 듣고서 이 이야기를 자신의 주변 사람들에게도 들려주고 싶다며 책으로 내달라고 요청했기 때문이다. 참 희한하게, 나 역시 지두 크리슈나무르티의 집에 손님으로 머무를 때 이러한 모험담을 책으로 내야 한다는 영감을 받은 적이 있었다. 크리슈나무르티는 신지학회의 총애를 받으며 그들의 차세대 메신저이자 세계의 스승이 되기로 정해져 있었지만 종국에는 학회를 해산시키고 사람들이 마스터들과 멀어지게끔 만들었다. 내가 그 집에서 지내던 때는 크리슈나무르티가 이미 세상을 떴을 때였는데, 마치 잘못된 일을 바로잡는 것이 내가 해야 할 일이라는 듯, 상승 마스터들에게 등을 돌린 그의 집에서 상승 마스터들에 대한 글을 써야 한다는 영감을 받은 것이 좀 아이러니하게 느껴지기도 했다.

내 책 《마스터의 제자》가 베스트셀러가 된 후, 사람들은 나에 대해 알고 싶어했다. 그들은 신성한 존재들과 만남을 가진 이 미지의 인물이 과연 어떤 사람인지 궁금해했다. 그래서 나는 내 인생의 전반부, 즉 내가 이러한 임무를 준비하는 동안 어떻게 하여 신비주의자이자 요기가 되었는지에 관한 이야기를 쓸 수밖에 없었다.

《구루를 찾아서》 이후의 이야기들이 담긴 《마스터의 제자》는 일상생활 속에서 깨달음을 실천하는 방법을 보여주면서 깨달음의 추구에서 한 걸음 더 나아간 길을 안내한다. 히말라야의 동굴 속에 살면서 분노, 질투, 탐욕을 초월하는 것보다 사람들 속에서 부처의 삶을 살면서 그것들을 초월하는 것이 훨씬 더 위대한 일이다.《마스터의 제자》에는 세상에 선한 영향력을 행사하는 것과 관련한 마스터들의 가르침이 적혀 있다. 어떻게 하면 인류를 더 큰 사랑, 평화, 행복의 상태로 이끄는, 깨달은 존재가 될 수 있을까? 이 질문에 답하려면 에고가 원하는 바를 이루기 위해 긍정적인 생각의 힘을 불러일으키는 것을 넘어, 신성의 계획을 지상에 펼칠 수 있도록 도와주는 우리 상위 자아의 신적 현존을 불러와야 한다.

인류가 큰 어려움에 직면해 있는 지금, 이 책은 우리 자신이 선한 영향력이 될 수 있는, 아주 간단하면서도 강력한 지침을 제공한다. 내적 현존에 귀를 기울이면 외부의 구루나 종교 교리에 의존하지 않고도 내면에서 가이드를 얻을 수 있다. 마스터들이 내가 이런 책들을 집필할 수 있도록 힘을 실어준 이유는 바로, 당신이 진정한 당신 자신(즉, 신의 현현)이 될 수 있도록 하기 위함이다.

모든 존재의 근원인 내면의 신적 현존, 즉 I AM에 대한 가르침이 한국에서 큰 호응을 얻게 되어 정말 기쁘다. 이 심오한 가르침이 한국에서 빠르게 퍼져나갈 수 있었던 것은 상승 마스터 세인트 저메인의 사랑 덕분인데, 그는 확실히 어떤 특별한 의도를 가지고 한국인들을 선택한 듯하다. 인간적인 차원에서 보면 이는 이상범의 주도적인 노력과 배민경, 유상숙의 깊은 헌신 그리고 일일이 언급할 수 없을 정도의 많은 이들이 마스터들을 따라 이 위대한 일을 돕고 있기에 가능한 일이었다.

지금까지 출간된 총 열세 권의 나의 저서들에 담겨 있는 가르침을 일상생활에 적용한다면 마스터리를 이루고 인류를 비추는 밝은 빛이 되는 법을 배울 수 있을 것이다.

— 2025년, 피터 마운트 샤스타

누구에게 구루가 필요한가?

지혜를 추구하는 과정에서는 당신보다 더 먼 길을 간 사람, 당신이 찾고 있는 것을 이미 마스터한 사람을 찾는 것이 전통적이다. 인도에서는 이러한 관례와 그 실천이 구루를 찾는 것으로 구체화되어 있다. 구루는 어둠과 무지를 뜻하는 '구'와 빛과 지혜를 뜻하는 '루'가 합쳐진 산스크리트어 단어다. 구루는 제자를 무지에서 지혜로, 어둠에서 빛으로 이끌어주는 스승이라고 할 수 있다.

구루는 의식의 집중을 통해 얻을 수 있는 어떤 능력, 즉 싯디^{siddhi}를 가지고 있을 수도 있고 그렇지 않을 수도 있는데, 이러한 능력을 갖췄다고 해서 그 스승이 꼭 깨달음을 얻었다고 할 수는 없다. 구루가 갖고 있을 수도 있는 이러한 놀라운 능력들에는 전생에 대한 앎, 다른 사람들이 무엇을 생각하고 무엇을 하고 있는지 아는 심령적 능력, 물체를 순간이동시키는 등의 외부 환경을 조종하는 능력, 질병의 치유와 완벽한 육체 조절 능력 등이 있다. 위대한 요기 라마크리슈나가 말했듯, 이는 단순한 현상이며 이러한 능력을 추구하는 것은 시간 낭비일 뿐만 아니라 실지로 영적 깨달음에 방해가 된다. 진정한 구루는 대개 자신이 어떤 능력을 가지고 있는지 보여주지 않는다. 그런 행위가 정도正道로부터 주의를 흩뜨리기만 한다는 점을 잘 알고 있기 때문이다. 단언컨대, 가장 대단한 능력 중 하나는 세상의 인정을 받지 못한 평범한 사람으로 살면서 마스터로서의 길을 걸어갈 수 있는 능력이다.

구루는 일상의 삶 속에 인격화되어 나타난 신이기 때문에 인도와 티베트에서는 신보다 구루에 더 큰 중점을 두며, 구루와 관계 맺는 것을 상당히 중요하게 여긴다. 구루는 당신의 가장 내밀한 영적 동지일 뿐만 아니라 미망의 바다에서 길잡이 역할을 해주는 사람이다. 족첸*이나 선과 같은, 자연스럽게 일어나는 깨달음을 장려하는 영적 전통에서조차 처음에는 구루를 찾는 것이 절대적인 필수 사항이라는 것을 상세하게 가르친다.

---

* Dzogchen. '위대한 완성'이라는 뜻으로, 인도-티베트 불교와 뵌Bon교의 전통 가르침이다. 역주.

1부

구루를 찾아서

하강

한때 나는 내가 누구인지 알았다. 그러다 잊어버렸다. — 엄밀히 따지자면 잊으라는 강요를 받았다. 내가 누구인지 기억하는 과정은 더디게 진행되었다. 이 삶 이전에 나는 지구 바깥에 있던 빛의 몸이었으며 근원을 알고 있었다. 나는 상호의존적인 존재들로 구성된 가족의 한 일원이었고, 우리는 모두 의식으로 연결되어 있었다. 그러다 이 인식의 장에 백색 로브를 입은 두 존재가 나타났는데, 나는 그들이 무언가 중요한 것을 말하고 싶어한다고 느꼈다.

"때가 되었어." 한 존재가 말했다.

"때요?"

"돌아갈 때 말이야."

"어디로요?"

"지구로." 다른 존재가 말했다.

"하지만 저는 돌아가고 싶지 않은데요."

"돌아가야만 해. 기억 안 나니? 너는 계획을 보았고, 그 계획에 동의했어…."

"아뇨, 기억 안 나는데요. 무슨 계획이요?"

그들은 더 이상 질문을 용인하지 않았고, 나는 내가 저항할 수 없는 어떤 의지에 속박되어버렸음을 느꼈다.

"이제 네가 누군지 잊어버려." 그들이 지시했다.

"싫어요, 안 잊어버릴 거예요!"

"잊어!" 그들이 다시 명령했다.

나는 지구로 밀쳐졌고, 의식이 사라지는 것을 느꼈다. 지구는 갈색 안개에 둘러싸여 있었는데, 나는 그 안개가 이기심이 만들어낸 것임을 깨닫고 혐오감을 느꼈다. 아래에서 나는 맹렬한 분노가 만들어낸 붉은 섬광으로 가득 차 있는 어둠의 구역들을 보았다. 그리고 내가 지독한 분쟁의 세상으로 하강하고 있음을 깨닫고 공포를 느꼈다. 나는 나를 강제로 밀어 내리고 있는 이 마스터들에게서 벗어나려 했지만 그들은 계속해서 아래로 떠밀었다. 그러다 그들은 나를 우리 어머니의 자궁에 있던 태아 속으로 밀어 넣었고, 계속 이런 명령을 했다. "잊어… 잊어… 잊어…."

1944년, 제2차 세계대전이 끝날 무렵이었다. 나는 아버지가 남태평양 괌Guam에 주둔하고 계실 동안 플로리다Florida의 한 육군 기지에서 태어났다. 그로부터 1년도 채 되지 않았을 때, 일본에 원자폭탄이 투하되어 전쟁이 끝났다. 물론 인류의 싸움은 계속되었지만 말이다.

우리처럼 생긴 유아용 침대 창살 사이로 불이 희미하게 켜져 있는 방이 보였다. 춥고 축축했고, 고통스러운 허기가 느껴졌다. 울음을

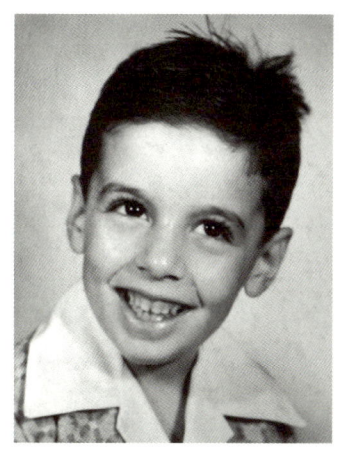

1947년의 나

터뜨렸지만 아무도 내게 와주지 않았다. 그 당시 어머니들은 아기들의 울음을 무시해야 자유를 얻을 수 있다고 배웠기 때문이다. — 아기는 미리 짜인 수유 계획과 수면 계획에 순응할 필요가 있다는 이론이었다. 이로 인해 나는 정서적 고립감, 그리고 내가 무언가 잘못해서 버림받은 것 같다는 느낌 속에서 성장했다. 어린 나는 늘 '어떻게 하면 어머니의 사랑을 얻을 수 있을까?' 하고 자문했었다.

영원 같던 시간이 지나고, 한 여성이 방에 들어왔다. — 그 여성은 내가 지구로 돌아올 수 있는 매개체가 되어주었는데, 나는 수많은 전생에서 나의 죽음을 초래했던 영혼이 바로 지금 보고 있는 그녀라는 것을 알고서 충격에 빠졌다. 이제 이 여성은 내게 생명을 줌으로써 내게 끼쳤던 피해를 갚고 있었다. 그녀는 나를 말 못 하는 무력한 아기, 즉 아무것도 이해할 수 없는 아기로만 치부했고 나는 그녀가 나를 알아보지 못하는 것을 보고 안심했다.

어린 시절에 나는 삶과 삶 속에서의 자신의 역할에 대해 아무것도 알지 못하는 사람들을 보았는데, 그들은 그러한 무지 때문에 자기 자신과 타인에게 거짓말을 했다. 나는 서로의 거짓말을 믿어주기로 상호 합의한 것처럼 보이는 그런 상황들이 이상하다고 생각했다. 내가 그런 사람들을 일깨우고, 그들의 자기기만을 지적해 보이면 그들은 분노했다. 그래서 나는 점차 사람들의 내적 본성을 보는 능력을 퇴화시켰다. 나는 환상을 현실로 받아들이면서 사람들이 말하는 '정상적인 사람'이 되려고 노력했다. 사람들이 어떻게 행동하는지 관찰하고, 괜찮아 보이는 행동을 따라 하고, 세상 속에서 살아갈 수 있도록 해주는 에고를 만들어냈다.

ॐ

나는 스와미

이 에고는 목욕을 할 때 부분적으로 녹아내리기도 했다. 욕조에 앉은, 벌거벗은 내 몸 위로 물결이 출렁거릴 때마다 참된 자아와 더 가까워지는 느낌을 받았기 때문이다. 내가 몸을 말릴 때 항상 가장 먼저 했던 것은 머리를 터번처럼 수건으로 감싸는 일이었다. 나는 수건을 어떻게 말아야 하는지를 본능적으로 알고 있었다. 그런 다음 나는 욕실 매트에 가부좌* 자세로 앉아 크나큰 평화가 내 존재를 가득 채우는 것을 느끼곤 했다.

"안에서 뭐 하니?" 어머니는 욕실 문을 두드리며 이렇게 물으시곤 했다.

"아, 아무것도 안 해요."

"그럼 문 열어보렴."

---

* 다리를 접어 앉는 요가 자세로, 파드마사나^{Padmasana}라고도 한다. 모든 영적 센터, 즉 차크라에 생명력이 더 많이 흘러들어올 수 있게끔 척추를 곧게 펴야 한다.

"그게 뭐니?" 내 머리를 본 어머니는 이렇게 물으셨다.

"원래 머리는 이렇게 해야 해요." 나는 확신을 갖고 말했다.

"왜 그래야 하는데?"

"왜냐하면 나는 스와미*거든요!"

"스와미? 그게 뭔데?"

나도 스와미가 뭔지 몰랐다. 하지만 내가 스와미가 되고 싶다는 것만큼은 확실했다.

미국 어린이가 다른 친구들처럼 철도 엔지니어나 소방관, 야구 선수가 아닌 스와미가 되고 싶어한다는 것은 내게는 별로 이상한 일이 아니었다. 터번을 쓰고 있으면 독립적인 기분이 들고 불확실성에서 해방된 기분이 든다는 것이 내가 아는 전부였다.**

나는 보통 새벽 5시가 되면 에너지가 넘치는 상태로 일어나서 하루를 시작할 준비를 했다. 하지만 어머니는 적어도 7시가 되기 전에는 자신을 깨우지 말라고 하셨다. 너무나 심심했던 나는 할 일이 절실히 필요했기 때문에 침대 가장자리에 앉아 선반에 놓인 장난감이나 책꽂이에 있는 책들을 둘러보곤 했다. 하지만 몇 분 이상 내 주의를 붙잡아둘 만한 것은 별로 없었다. 그럴 때 나는 창밖으로 보이는 나무에 관심을 돌려 이파리들이 떠오르는 태양 빛에 환히 밝혀지기를 기다렸다가 다시 초침이 느릿하게 움직이고 있는 벽시계를 쳐다보곤 했다.

그러던 어느 날 아침, 아직 날이 어둑할 때 침대에 앉아 있었는데 갑자기 백색 옷을 입은 한 존재가 나타났다. 그때까지 한 번도 그런

---

* swami. 힌두교에서 깨달음을 이룬 수도자에게 붙이는 존칭. 역주.
** 많은 시간이 흐른 후, 마하 초한Mahachohan으로 알려진 마스터가 꿈에 나타나 북부 인도의 산에서 스와미로 살며 많은 사람들에게 명상을 가르쳤던 나의 전생을 밝혀주었다.

일을 겪어본 적은 없었지만 그의 등장은 완벽하게 자연스러워 보였다. 나는 그가 하는 말을 귀 기울여 들었다.

"네가 시간 때우는 걸 도우러 왔단다." 그가 말했다. 내 불만이 무엇인지 잘 알고 있는 것이 분명했다. 그는 조금도 지체하지 않고 이어서 말했다. "머릿속에서 들리는 소리를 잘 들어보렴. 거기에 주의를 기울이면 그 소리가 변할 거야. 들리는 것에 그저 귀를 기울이기만 하면 돼. 그러면 시간이 사라질 거란다." 이 말을 끝으로 그는 사라져버렸다.

나는 이전부터 머릿속의 소리들을 듣긴 했지만 그것이 어떤 정신병이나 불치병의 증상일까 봐 무서워서 그 소리들을 무시하려 노력했었다. 그런데 방금 나타난 신비한 존재는 그 소리들이 진짜였다는 사실뿐 아니라 거기에 뭔가 유익한 점이 있다는 사실을 은근히 알려주고 있었다. 나는 그가 시킨 대로 소리에 집중하는 일에 푹 빠졌다. 처음에는 전자기기 소리처럼 윙윙거렸던 소리가 따뜻한 여름 밤의 귀뚜라미 소리로 변하고, 심지어 어떤 때는 새들이 지저귀는 소리로 변하기도 했다. 가끔, 눈을 뜨면 이미 해가 떠 있고 내가 실제로 창밖의 나뭇가지에 앉아 있는 새들이 내는 소리를 듣고 있었다는 걸 깨달을 때도 있었다. 나는 두 시간이 지났다는 것에 굉장히 기뻐했고, 평화와 고요를 느끼며 하루를 시작하곤 했다.***

*** 나다Nada 요가(소리를 통한 근원과의 합일)는 베다 철학에서 나다 브라마Nada Brahma로 설명된다. 의식은 빛과 소리로 나타나는데, 나다 요가는 청각적인 면에 초점을 둔다. 이러한 소리 중 일부는 두뇌 혈관의 혈류에서 비롯될 수 있다. 혈류가 내이와 중이를 자극할 수 있기 때문이다. 또, 생체 전류에 의해 그러한 소리가 생겨나기도 한다. 이렇게 귀의 민감한 부분에 주의를 집중함으로써 혈류를 변화시키면 다양한 소리를 발생시킬 수 있다(바이오피드백 요법에서처럼 말이다). 호흡에 집중하거나 만트라를 외는 것과 같이, 소리의 근원이 무엇이든 간에 그저 소리에만 주의를 기울이라. 의식의 확장이 일어날 수 있도록 마음을 고요히 가라앉히라. 그러면 결국에 의식이 확장되면서 옴Om 소리가 들리는데, 이 소리는 물질 우주의 창조 전부터 존재했던 소리다.

나중에는 소리에 집중할 필요도 없이 내가 뭘 하고 있는지도 모르고 그것이 명상인 줄도 모른 채, 저절로 내면으로 침잠하여 내 안의 고요가 존재하는 지점으로 들어갔다. 학교에서 집으로 돌아오면 나는 책상 위에 책을 던져놓고 침대 가장자리에 앉아 내면의 그 지점으로 들어가곤 했다. 어머니가 "침대에 앉아 허공만 보고 있다니, 도대체 뭘 하는 거니?" 하고 물으면 나는 어떻게 대답해야 할지 몰랐다. 내가 뭘 하고 있는 건지 나도 몰랐기 때문이다. 어머니가 교내 상담심리사와 상담을 했을 때, 그는 이렇게 물었다.

"아이가 뭔가를 해친다거나 하지는 않죠?"

"안 그래요."

"음, 그럼 그대로 그냥 두는 것이 좋을 것 같네요."

하지만 가끔 정말로 부적절한 때에 내가 이런 초월적인 상태에 빠지면 좋지 않은 결말을 맞기도 했다. 한번은 토요일 아침, 야구 경기 도중에 이런 일이 벌어졌다. 그때 나는 오른쪽 필드를 수비하는 외야수 포지션을 맡고 있었는데, 회가 바뀐 것도 깨닫지 못하고 있었다. 내가 타석에 설 차례가 되었는데도 우리 팀이 나를 불러주지 않았다는 사실에 나는 상처를 받았다.

가끔 학교에서 고개를 들어보면 모든 아이들이 나를 쳐다보고 있을 때도 있었다.

"너 지금 정신이 있긴 한 거야?"

"뭐가?" 나는 당황해서 귀가 시뻘게진 채 이렇게 묻곤 했다.

"방금 완전히 넋이 나가 있었잖아!"

어린 시절

어린 시절에 대한 나의 최초의 기억은 우리 집 거실 바닥에 깔려 있었던 아주 큰 페르시안 러그와 관련되어 있다. 나는 몇 시간씩 러그의 정교한 패턴을 관찰하면서 손가락으로 그 선을 쭉 따라가보곤 했다. 정원 중앙에 분수가 있고, 거기서부터 네 갈래 길이 나 있는 그런 패턴이었다. 네거리는 사대 원소, 즉 땅, 물, 공기 그리고 불을 상징했고 분수는 생명의 중심에 있는 신성을 상징했다. 나는 그런 질서와 확실성을 갈망했지만 모두 허사였다. 삶의 목적이 뭔지도 모르겠고, 그런 게 있다고 해도 그걸 아는 사람도 없어 보였다.*

부모님은 내가 두 살 때 이혼하셨다. 제2차 세계대전이 끝나고 아버지가 남태평양에서 집으로 돌아오셨을 때, 두 분은 서로 간에 공통점이 거의 없다는 사실을 깨달으셨다. 아버지는 학교 선생님이 되

---

* 아메리카 원주민과 같이, 지구와 긴밀히 접촉하며 사는 공동체에서는 종종 이야기나 노래를 통해 삶의 목적을 설명해주는 노인들의 말을 경청한다. 이런 공동체 내에는 인간의 존재라는 신비를 향한 일련의 점진적인 입문들이 존재하지만, 현대의 노인들은 종종 유기당하거나 양로원에 고립된다.

고 싶어하셨고, 어머니는 상류 사회에서의 삶과 세계 여행을 원하셨다. 어머니는 종교를 미신으로 여기며 매우 싫어하셨다. 심지어 어머니의 아버지가 유대교 회당을 세운 분이셨는데도 나는 유대교에 대해 아무것도 모르고 자랐다. 나는 어머니가 유대인 혈통이면 나 또한 유대인으로 간주된다는 사실을 몰랐다. 우리는 플로리다를 떠나 뉴욕 스카스데일^{Scarsdale}의 언덕에 있는 외할머니의 큰 집으로 이사를 들어갔다. 선생님인 아버지의 봉급으로는 내 양육비를 겨우 감당할 수준밖에 되지 않았기 때문이다.

상냥했던 백발의 해나^{Hannah} 할머니는 내게 사랑을 듬뿍 쏟아주셨다. 항상 내게 신사답게 행동하라고, "성공하라"고 압박하셨던 어머니에게서는 느껴본 적 없던 사랑이었다. 여기서 성공이라는 것은 의사, 변호사, 은행가, 엔지니어처럼 사회적으로 존경받는 전문직 일을 하며 부자가 되는 것을 의미했다.

할머니는 매주 일요일 오후마다 미국에서 가장 인기 있는 클래식 음악 라디오 방송국 WQXR에서 틀어주는 메트로폴리탄 오페라[*]의 노래를 듣자며 나를 위층으로 부르시곤 했다. 할머니에게는 개인 거실이 있었는데, 그 거실에는 체리목으로 만든 웅장한 스타인웨이^{Steinway} 피아노가 있었다. 나는 할머니가 바그너 오페라의 다양한 라이트모티프^{**}들을 연주하는 동안 화려한 중국식 비단 카펫 위, 할머니 발치에 앉아 있곤 했다. 그래서 오페라 음악을 들으면 그 라이트모티프들을 알아볼 수 있었다. 바그너의 오페라에는 주제마다 각각

---

[*] Metropolitan Opera. 뉴욕에 기반을 둔 미국 오페라단. 역주.
^{**} leitmotif. 오페라에서 특정 인물, 사물 또는 개념을 대표하는 음악적 주제를 말한다. 작곡가 리하르트 바그너^{Richard Wagner}의 오페라 작품들에서 많이 사용되었다. 바그너는 각 인물이나 개념에 대해 특정한 음악적 주제를 만들어낸 후, 그 인물이나 개념이 등장할 때마다 이러한 주제를 반복함으로써 청자들이 그것을 상기하게끔 만들었다. 역주.

의 음악이 있었다. 이런 주제들에는 다음과 같은 것들이 있다. 신들의 우두머리 보탄Wotan, 라인Rhine 강의 처녀들과 그녀들의 황금, 세상을 지배하기 위해 훔친 금으로 반지를 만든 난쟁이 알베리히Alberich, 반지를 지키는 용 파프너Fafner, 영웅 지크프리트Siegfried, 그의 연인 브룬힐드Brunhilda, 로게Loge가 지키는 성스러운 불, 살해된 영웅들을 발할라Valhalla의 천국으로 인도한 발키리Valkyrie.***

뉴욕에서 상연된 바그너의 〈니벨룽의 반지〉(Der Ring des Nibelungen) 오페라 4부작 전체가 WQXR에서 생중계되었다. 지금 듣고 있는 오페라가 40킬로미터 떨어진 엠파이어 스테이트 빌딩에서 공연되고 있다는 걸 알고 나니, 할머니 집 위층 창문에서 그 건물이 보인다는 사실이 마치 기적처럼 느껴졌다. 우리 둘은 더 큰 힘을 갈망하던 신들이 어떻게 하여 권능을 잃는 저주에 걸렸는지, 또 어떻게 하여 이 땅에 인간의 몸으로 추락하게 되었는지에 대한 이야기를 들었다. ― 마침내 사랑만이 그들의 궁극적인 구원을 이뤄줄 수 있다는 내용이었다. 이 모든 요소들이 일요일 오후마다 느껴졌던 그 신비한 분위기를 만들어냈다.

나와 같이 살았던 두 여성 사이에도 오페라에 나온 것과 같은, 힘을 얻기 위한 투쟁이 존재했다. 어머니는 의지와 지배를 통해 통제력을 얻으려 했고, 나는 거기에 반항했다. 반면 사랑과 지혜, 자비가 넘치는 할머니를 위해서라면 무엇이든 기꺼이 하려 했다. 오페라의 게르만 전설에서도 보탄 신이 소유한 창의 힘은 그가 다스리는 이들과 맺은 계약에서 비롯되는 것이었다. 그가 그러한 계약을 어기고

*** 〈니벨룽의 반지〉, 리하르트 바그너(1813-1883). 라인의 황금(Das Rheingold), 발키리(Die Walküre), 지크프리트, 신들의 황혼(Götterdämmerung)이라는 네 부의 오페라로 구성되어 있다.

오로지 자신만을 위해 행동했을 때, 창이 지닌 마법의 힘이 깨지고 그의 힘도 사라졌다.

할머니는 눈을 반짝이며 지크프리트를 투명 인간으로 만들어준 헬멧, 타른카페Tarnkappe 덕분에 그가 용 파프너를 죽이고 용의 피를 마실 수 있었다고 설명해주셨다. 용의 피를 마신 그는 새의 언어를 이해하게 되었고, 새들은 그에게 음모에 넘어가지 않고 승리하는 법을 알려주었다. 날이 어둑해져갈 때쯤 할머니는 나에게 이 이야기가 상징하는 바를 설명해주셨다. 인간이 마스터가 되기 위해서는 용이라는 자신의 낮은 본성을 정복할 필요가 있다는 얘기였다. 할머니가 이러한 철학을 설명하실 때는 얼굴에서 부드러운 빛이 뿜어져 나왔다. 나이가 많으셨는데도 불구하고, 그 빛은 할머니에게 고귀하면서도 비현실적인 아름다움을 선사했다.

많은 심리학자들은 아이가 건강하게 성장하려면 생후 몇 년 동안 최소 한 명 이상에게서 사랑을 느껴야 한다고 말하는데, 나는 할머니로부터 그런 사랑을 받았다. 나는 할머니의 이름에 대해 곰곰이 생각해볼 때가 많았다. 왜냐하면 해나(Hannah)라는 이름은 똑바로 읽으나 거꾸로 읽으나 철자가 똑같았다. 할머니의 이름에는 일종의 마법 같은 것이 숨겨져 있으며, 오직 완성된 존재만이 이러한 이름을 가질 수 있을 거라는 느낌이 들었다. 수십 년 후, 나는 마음의 눈을 통해 어떤 비전을 보았는데, 그 비전에서 할머니는 나의 어린 시절을 돕는 것이 자신이 상승하기 전에 완수해야 할, 지상에서의 마지막 임무였다고 말씀하셨다.

그 당시에는 이혼이 흔하지 않았기 때문에 아버지가 없던 나는 당혹스러운 일을 많이 겪을 수밖에 없었다. 내가 알 수 없는 어떤 죄로

나의 할머니 해나 안할트 Hannah Anhalt

인해 부당한 벌을 받고 있다는 느낌이 들었고 이에 대해 심한 수치심을 느끼기도 했다. 어느 날 나는 친구들 여럿과 함께 차를 타고 가던 중이었는데, 그중 한 명이 "너희 아버지는 무슨 일 하셔?" 하고 물었다.

몸이 굳은 나는 숨도 못 쉬다가 마침내 이렇게 내뱉었다. "난 아버지가 없어!"

내가 수치심에 몸을 움츠리는 동안 잠시 침묵이 흘렀다. 친구들은 곧 화제를 바꾸었다. 대학에 가서야 나는 비슷한 상처를 가지고 있는 친구들이 많다는 것을 알게 되었다. 당시의 사회는 첫눈에 반한 사랑이 결혼의 근거가 된다는 할리우드식 환상에 계속 유혹당하고 있었다. 하지만 처음의 그 로맨스가 사라지면 사람들은 다시 새로운 누군가를 찾아다녔다. 사람들은 삶의 목적만큼이나 결혼의 목적에 대해서도 무지했다.

가끔 아버지가 나를 보러 오실 때면 우리는 함께 외출을 했다. 그 외출은 언제나 길 건너편 숲의 쓰러진 나무에서 나뭇가지를 꺾는 일로 시작되었고, 그다음 우리는 긴 산책을 했다.

아버지는 이렇게 말씀하시곤 했다. "남자는 하이킹을 갈 때 항상 좋은 막대(stick)를 가지고 있어야 한단다. 야생동물로부터 스스로를 보호해야 할 일이 언제 생길지 모르니까 말이야."

나는 잘 개발된 뉴욕 교외인 스카스데일에서 떠돌이 개보다 더

야생적인 동물을 만날 가능성은 거의 없다고 생각했다.

내가 6학년이 되었을 때, 학교 선생님께 배운 것이 하나 있었다. 그것은 "말은 부드럽게 하되 커다란 몽둥이(stick)를 들고 다니라"가 테디 루스벨트Teddy Roosevelt 대통령이 내세운 외교정책의 특성이라는 것이었다. 나는 그때 아버지와 산책할 때 들고 다니던 막대를 생각했다. 시간이 지나 나는 카발라*에서 유래된 상징들을 활용한 카드, 즉 타로 카드를 공부하게 되었다. 그리고 그때 카드에 그려진, 은둔자가 든 막대기가 신에 대한 믿음이라는 것을 알게 되었다. ─ 내가 이러한 믿음을 키우는 데는 오랜 시간이 걸렸다.

내가 일곱 살쯤 되었을 때 할머니가 돌아가셨다. 그때부터 어머니와 나의 상황은 악화되기 시작했다. 어머니는 아이를 어떻게 키워야 하는지 모르셨다. 어머니는 거의 매년 바뀌었던 가정교사들의 손에 길러졌고, 열네 살에는 독일의 군대식 기숙학교로 보내졌었다. 당시에는 약간의 돈과 숙식을 제공해주기만 하면 일을 해주는, 갓 이주해 와서 세상 물정을 잘 모르는 아일랜드 이민자 여성들을 쉽게 구할 수 있었다. 이들은 집안일을 하면서 어머니와 형제자매들을 돌보았고, 하루가 끝날 무렵이 돼서야 할머니가 어머니의 침실로 들어와 굿나잇 키스를 해주었다. 어머니 역할을 해주는 인물이 그렇게 자주 바뀌었으니 부모 역할을 하는 데 필요한 정서적 유대감이 어머니께 결여되어 있던 것도 무리는 아니었다. 나는 여름 캠프에 갈 때 같은 특별한 경우를 제외하면 어머니와 포옹해본 기억이 거의 없다. 어

---

* Kabbalah. 유대교의 신비주의 전통. 우주의 본질과 신의 신비를 탐구하며 인간의 영적 성장과 깨달음을 추구하는 가르침. 역주.

머니는 각각의 상황에서 올바르게 행동하는 법을 가르쳐주고, 내가 대학에 입학하기에 충분한 성적을 받는 것에만 초점을 맞추고 계신 듯했다.

하지만 내 성적은 그리 좋지 않았다. 나는 대부분의 선생님들이 진리를 알지 못한다는 것을 깨달았고, 그들의 말을 기억하려고 애쓰는 것이 도대체 무슨 쓸모가 있는지 당최 알 수가 없었다. 선생님들은 교과서에 써 있는 말들을 그대로 가르치고 있었고, 이런 가르침에는 지각을 마비시키는 효과가 있었다. 공부에서는 아무런 의미를 찾을 수가 없었다. 나는 밭에서 갓 따온 신선한 음식을 먹고 싶어하는데, 주어지는 건 통조림 음식뿐인 기분이었다. 학교 공부에서는 진리로부터 느낄 수 있는 전율이 전혀 느껴지지 않았다. 그래서 수업 시간이 되면 창문 근처에 앉아서 창문틀에 기어다니는, 작고 붉은 진드기들을 가지고 놀곤 했다. 진드기들은 담쟁이덩굴로 뒤덮인 낡은 벽돌담에 집을 지었다. 내가 다니던 학교는 어머니의 모교이기도 했다. 수업이 시작되면 진드기 한 마리를 종이 위에 올린 다음, 진드기 주변에 볼펜으로 미로를 그리곤 했다. 잉크에 들어 있는 화학물질 때문에 진드기는 선을 넘지 못했고, 나는 수업이 끝나기 전까지 진드기가 미로를 빠져나갈 수 있을지 지켜보았다. 이건 선생님이 외우라고 한 그 어떤 '사실'보다 훨씬 더 흥미로웠다. 교육은 생각하는 법을 가르치는 것이라기보다는 세뇌 같아 보였다.

학교에서 유일하게 지루하지 않았던 분은 내 1학년 담임 선생님이셨던 로빈슨^{Robinson} 여사님이었다. 백발의 로빈슨 선생님은 상냥하고 탐구적인 분이셨고, 교육에 대한 열정이 있으셨다. 선생님은 부모님 허락을 받은 아이들을 모아 주말에 자연 탐방을 시켜주시곤 했다. 마법과도 같은 이 시간들은 토요일 아침 해가 뜨기 전에 스무 명가량의 아이들이 침대에서 벌떡 일어나게 만들었다.

선생님이 키 큰 잡초들 위에 쳐진 거미줄을 가리키신 순간이 기억난다. 거미줄 마디마디에 이슬방울이 달라붙어 있었다. 햇빛을 받은 이슬들은 다이아몬드처럼 반짝이면서 무지개색을 발했다. 돈이 없어도 감상할 수 있는 천혜의 다이아몬드였다. 거미줄 한가운데에서는 큰 거미 한 마리가 이런 풍요를 만끽하고 있었다. 우리의 관심을 느낀 거미는 보물을 지키기 위해 빠르게 거미줄을 흔들면서 우리를 겁주었다. 몇 시간 후 우리가 다시 그곳으로 돌아갔을 때는 이슬은 물론 거미까지 흔적도 없이 사라진 상태였다. 아마 그 지역에 많았던 붉은날개검은새가 거미를 잡아먹은 듯했다.

유일하게 지루하지 않았던 또 다른 것은 유클리드 기하학 수업이었다. 이 수업에서는 정리가 참이라는 것을 증명할 수 있었다. 예를 들어, "동일한 것의 같은 것은 서로 같다"* 같은 정리들이었다. 정리의 증명 페이지 아래에 "Q.E.D.(quod erat demonstrandum, '이것은 증명됨이 마땅하다'라는 뜻의 라틴어)"라고 적을 때는 아름다운 유종의 미가 느껴졌다. 기하학 수업 외의 다른 것들이 이렇게 논리적이지 못하다는 사실이 정말 답답했다. 나는 뭔가가 되어야 한다는 압박감 때문에 힘들었지만, 도대체 뭐가 되어야 하는지는 알 수가 없었다. 내 마음을 끄는 선택지가 아무것도 없었다. 나중에 나는, 사람들이 스스로를 가치 있는 사회의 필수 요소라고 여기며 성장하는 토착 사회가 존재한다는 것을 알게 되었다. 이런 사회에는 인생의 목적이라는 것이 존재했다.

---

* A=C, B=C일 때, A=B가 된다. 역주.

이런 압박감에서 벗어나기 위해 나는 집에서 도망치기로 결심했다. 인도의 신비주의자 라마나 마하리쉬**가 아루나찰라^Arunachala 산으로 도망쳤을 때보다 더 어린, 내 나이 아홉 살 때였다. 그때의 나는 사두^sadhu, 즉 가족으로서의 의무나 물질주의 사회의 흐름에 따라 살아가지 않는 떠돌이 신비주의자들을 지원해주는 문화와 분위기가 인도에 잘 형성되어 있다는 사실을 모르고 있었다. — 이들은 사회의 기부금으로 살아갈 수 있었다. 장차 펼쳐질 어두운 터널 같은 삶이 마음에 들지 않았던 나는 집에 있을 이유가 없다고 생각했다.

그래서 물통, 보이 스카우트용 주머니칼, 침낭과 갈아입을 옷 몇 벌을 배낭에 챙긴 다음 어느 날 저녁, 식사 후 몰래 뒷문으로 빠져나갔다. 첫날 밤부터 멀리 갈 필요는 없다고 생각한 나는 이웃집 뒤에 있는 숲에 들어가 임시 거처를 만들었다. 바닥에 마른 나뭇잎을 깔고 그 위에 침낭을 폈다.

별을 올려다보며 누워 있자 처음으로 자유를 느낄 수 있었고, 내 운명을 내가 만들어갈 수 있겠다는 기분이 들었다. 만약 인도처럼 미국에도 산야스***의 전통이 있었다면, 아마도 나는 신성한 곳에서

** Ramana Maharshi. 라마나 마하리쉬(1879-1950)는 열여섯 살 때 집을 나갔다. 그는 죽음과 관련한 체험을 한 이후로 초월적인 자아를 발견하게 되었다. 그가 발견한 진정한 '나(I)'는 죽음과 무관하게 존재하는 것이었다. 그는 후에 자신을 찾아온 사람들에게 "당신은 누구인가?"라고 물으며 자기탐구의 길을 가르치는 것으로 유명해졌다.

*** Sannyas. 산야스는 힌두교에서 말하는 삶의 네 아쉬라마^ashrama(단계) 중 마지막 단계다. 일반적으로는 50세 이후로 가족을 떠나 물질에 대한 애착을 버리고 해방을 추구하는 이 단계에 들어간다. 이 단계에 들어간 남자는 산야신, 여자는 산야시니라고 부른다. 구루에게 입문을 받아 고행 중인 사람은 나이에 상관없이 남자는 사두, 여자는 사드비라고 부른다. 이들은 무소유, 돈 만지지 않기, 사흘 이상 같은 곳에 머무르지 않기, 음식 구걸하지 않기, 독신 생활하기, 지시받은 영적 수행 연습하기 등의 엄격한 규칙에 따라 생활한다. 영적인 길을 걷는 사람들에게 무언가를 주는 것은 좋은 카르마로 여겨지기 때문에, 인도의 어떤 거지들은 생계를 위해 고행자의 복장을 한다. 하지만 서양의 사고방식에 길들여진 사람들이 점점 많아지면서, 요즘은 인도에서도 이러한 고행의 길이 다소 회의적으로 여겨지고 있다.

타파스*를 하겠다며 사두들의 무리에 껴서 떠돌아다녔을 것이다. 그러나 숲에 누워 있으면 있을수록 내 계획은 실패할 수밖에 없다는 생각이 들었다. 나는 얼마 안 가 붙잡혀서 집으로 돌려보내질 것이고, 내가 실종되기라도 한다면 어머니는 평생을 자책하며 살아가실 것이 뻔했다. 물론 이런 생각에 속이 상하긴 했지만 어떤 면에서는 내가 어머니를 책임져야 한다는 것을, 우리가 함께 해결해야 할 무언가가 있다는 것을 느낄 수 있었다.

침낭 안으로 개미들이 기어들어 오기 시작했고, 몸을 뒤척이면 거칠거칠한 나뭇잎이 느껴졌다. 반면, 불과 몇백 미터 떨어져 있는 이웃집 울타리 건너편의 내 방에는 따뜻하고 부드러운 침대가 있었다. '그냥 침대에서 자고 일어난 다음 해가 뜨기 전에 일찍 출발할까?' 나는 스스로를 합리화하며 어머니 모르게 집으로 돌아갔다.

어머니가 "아침 먹으렴!" 하고 부르는 소리에 눈이 떠졌다.

배가 고파서 아래층으로 뛰어 내려가며 생각했다. '집은 다른 날에도 언제든 떠날 수 있어.' 그리고 그 '다른 날'은 9년 뒤에나 찾아왔다.

---

* tapas. 금욕적인 명상 수행을 말한다. 역주.

소년과 개

내가 열 살쯤 되었을 때, 어머니가 개 한 마리를 사주셨다. 우리는 곧 떼려야 뗄 수 없는 사이가 되었다. 잡종이었던 그 개는 어머니가 친구들과 만나 시간을 보낼 때면 자신의 큰 꼬리로 와인 잔을 놓아둔 커피 테이블을 한 번 획 훑어서(flip) 그 위를 싹 쓸어버리곤 했다. 그래서 나는 개에게 플립시Flipsy라는 이름을 지어줬다.

외동아들이었던 나와 플립시는 가장 친한 친구가 되었다. 할머니가 돌아가신 후로 내가 사랑하는 것은 오직 플립시뿐이었다. 학교를 마치고 집으로 돌아오면 플립시는 항상 내 몸으로 풀쩍 뛰어올라 나를 맞이해주었고, 우리는 함께 땅바닥에 뒹굴며 놀곤 했다. 나는 이런 식의 신체 접촉을 간절히 원했다. 어머니가 〈리더스 다이제스트Readers Digest〉에서 어머니가 아들을 만지면 게이가 된다는 내용의 기사를 보신 후로는 신체 접촉으로 애정 표현을 거의 안 하셨기 때문이다.

6개월도 채 되지 않아 플립시는 덩치가 커졌고, 내가 학교에 있는 동안 마을을 돌아다니는 것을 즐길 정도로 호기심도 많아졌다. 학교를 마치고 집에 돌아오면 어머니는 화가 나 계실 때가 잦았다. 플립시가 1.5킬로미터 정도 떨어져 있는 이웃집 정원을 파헤쳐 놓은 탓이었다. 그렇다고 목줄을 채우면 구슬프게 울부짖었기 때문에 어디 묶어놓을 수도 없는 노릇이었다.

그러던 어느 날, 어머니가 진지한 대화를 좀 해야겠다고 말씀하셨을 때 무언가 끔찍한 일이 일어나겠다는 예감이 들었다. 어머니는 꺼내기 힘든 말을 하시려는 듯한 표정을 지으셨는데, 그것은 곧 내게 상처가 될 말을 꺼낼 것이라는 신호였다. 나는 잔뜩 긴장하고 있었다. 내가 뭘 잘못하기라도 한 걸까?

"나도 이런 말 꺼내기가 힘들지만, 플립시를 어떻게 해야 할지 논의를 좀 해야겠구나."

하지만 어머니는 말씀과 달리 나와 어떤 논의도 하지 않으셨고, 그저 플립시가 문제를 너무 많이 일으키기 때문에 다른 곳으로 보내야 한다는 주장만 내세우셨다. 어머니는 플립시가 집 밖으로 나가 돌아다니는 이유가 우리 집 공간이 충분치 않기 때문이라고 말씀하시면서 플립시를 훨씬 더 넓은 농장으로 보내면 그도 더 행복하게 살 수 있을 거라고 하셨다.

"플립시가 불행한 건 너도 바라지 않잖니, 그렇지?"

어머니는 이미 마음속으로 결정을 다 내리셨기 때문에 나는 어머니와 말싸움할 필요도 없었다. 하지만 막상 동물보호센터에 도착하자 도저히 플립시를 거기 두고 갈 수 없을 것 같았다. 센터에 있던 남자는 너비 3미터, 폭 1미터가 조금 넘는 실외 울타리 안에 플립시를 억지로 밀어 넣었다. 내가 철망 너머로 플립시의 눈을 들여다보자 그가 소리 없이 이렇게 말하는 것이 느껴졌다. "내가 뭔가 잘못한 거야? 나, 착해질게. 사랑해. 제발 날 버리지 말아줘."

"두고 빨리 가자." 어머니가 말했다. "뒤돌아보지 마. 그냥 무시해. 그러는 편이 훨씬 나을 거야."

플립시가 쉴 새 없이 울부짖는 소리를 듣고 있자니 가슴이 찢어지는 것 같았다. 그래서 어머니가 시키는 대로 했다. 나는 가장 친한 친구에게 등을 돌리고 주차장이 있는 센터 진입로 쪽을 따라 걸어갔다. 집에 돌아와서는 침대에 쓰러져 펑펑 울었다. 나는 플립시를 버린 어머니를 당신이 세상을 떠나시는 날까지 용서하지 못했다. 그러나 지금의 나는 이 상처가 처음으로 연민이 무엇인지 깨달을 수 있었던 기회였음을 이해한다.

시간이 흘러, 명상을 하는 중에 어머니를 비난하는 마음과 함께 이 고통이 다시금 떠오를 때면 나는 이 감정들이 텅 빈 공(emptiness) 속으로 사라질 때까지 위빠사나*를 활용하여 계속 관찰했다.

교회가 '당신은 마땅히 신을 두려워해야 해야 하는 죄인'이라고 사람들을 믿게 만드는 일이 그토록 쉬운 것도 어찌 보면 당연한 일이다. 어린 시절의 학대는 사람들로 하여금 자신이 죄인이라고 느끼

---

* Vipassana. 위빠사나는 속세로부터의 탈출을 장려하는 다른 명상 수행법과는 달리 삶 속의 미망들을 끊어내는 데 초점을 맞추는데, 이는 세상에 대한 마스터리와 이어진다. 눈을 뜨고 들숨과 날숨을 관찰하여 마음을 고요하게 하는 것이 위빠사나 수행이다. 간단한 지침이 필요하다면 나의 짧은 책 《"I AM" 확언》을 읽어보라.

끔 만들기 때문이다.* 티베트와 같은 다른 문화권에서, 아이들은 자신에게 기대되는 행동이나 성취와는 무관하게 자신이 사랑받는다고 느끼며 자란다. 중국 공산당에 의해 고향에서 쫓겨나고, 투옥되고, 고문을 당한다 할지라도 대부분의 티베트인들은 여전히 자신의 내면에서 그 누구도 앗아갈 수 없는 '근본적인 선함(basic goodness)'**을 느낀다.

나의 어머니 페기 안할트 Peggy Anhalt

---

* 이레네우스Irenaeus와 성 아우구스티누스 — 후에는 마르틴 루터Martin Luther와 장 칼뱅John Calvin — 의 창세기 해석에 기반한 기독교 교회는 아담과 이브가 금지된 사과를 먹음으로써 신에게 순종하지 않았던 것이 원죄라고 가르친다. 또, 이로 인해 모든 후세들이 죄를 안고 태어났으며 오직 세례를 통해서만 그 죄가 덜어진다고 가르친다. 다른 기독교 신앙들에서는 순종하지 않은 것이 원죄가 아니라 색욕이 곧 원죄라고 믿는다. 두 해석 모두 신을 불완전한 신 혹은 괴팍한 신으로 묘사한다. 오로지 인간을 지옥에 떨어뜨리기 위해 인류를 창조한 신으로 말이다. 둘 중 어느 쪽이든 간에 원죄, 즉 우리는 악하게 태어났으며 반드시 선을 성취해야만 한다는 개념은 서구 문화에 깊이 스며들어 있다. 이와는 대조적으로, 유대교와 이슬람교는 원죄 교리를 받아들이지 않으며, 우리는 죄 없이 태어나 삶을 즐기며 행복하게 살 권리가 있다고 믿는다.

** 달라이 라마는 1970년대 서구로 왔을 때 사람들의 감정적 상처가 너무 깊어서 '근본적인 선함'의 개념조차 이해하지 못하는 것을 보고 충격을 받았다. 그는 사람들에게 어머니가 주신 사랑의 마음을 내보이라고 말했는데, 어머니에게서 그런 사랑을 받아본 사람이 거의 없다는 사실을 알고 비탄에 빠졌다. 여성들은 어머니가 되는 것보다 커리어를 쌓는 것이 더 중요하다고 믿게끔 교육받고 있으며 어머니의 보살핌 없이 자란 아이들이 사회에 미치는 영향은 정서적으로도, 영적으로도 가히 파괴적이다.

ॐ

미국과 죽음의 문화

다른 소년들과 마찬가지로, 나도 첫 장난감으로 권총을 선물받았다. 처음에는 나무로 만든 권총, 그다음은 물총, 그다음에는 소리가 나는 플라스틱 권총을 갖고 놀았다. 그러다 나중에는 실제 화약이 들은 종이 캡을 장착하는 딱총을 가지고 놀았다. 진짜 총알이 발사되지는 않았지만 실제 6연발 총처럼 생긴 금속제 장난감이었고 연기도 났다. 카우보이와 인디언, 경찰과 도둑, 전쟁놀이 등 거의 모든 놀이에 항상 이 총을 썼다. 뭐니 뭐니 해도 이런 놀이에서 가장 중요한 포인트는 총을 맞고 최대한 그럴듯하게 죽는 척을 하는 거였다. 안타깝게도 장난감 총이 없는 친구가 있으면 나는 내 총 하나를 빌려주기도 했다. 그게 아니면 친구는 그냥 나를 손가락으로 가리키며 "빵야, 빵야, 넌 죽었어!" 하고 외치기도 했다.

나는 풀밭에 누워 천천히 눈을 감으며 죽는 상상을 하곤 했다. 만약 죽는다면 내 삶의 어떤 것이 그리워질까? 나는 내 죽음을 안중에도 두지 않은 채 풀줄기를 오르내리면서 제 할 일을 하는 개미들을 보며 이 개미들이 그리울 거라는 생각을 했다. 잔디밭의 이 에메랄드 빛깔도 그리울 것 같았다. 나는 죽음 앞에 모든 것을 내려놓아야 했지만 적어도 내가 진정한 남자로서 의무를 다하다 죽었다는 것에 만족하며 천천히 죽어가고 있었다. 여기서 의무란, 언제나 적으로부터 내 집과 가족, 나라를 지키는 것이었다.* 물론 그 '적'이 누구인지는 한 번도 생각해본 적이 없었다. 우리 문화에 스며든 역사관 속에 이미 적이 누구인지 암시되어 있었기 때문이다.**

내가 의식적으로 다른 생명체를 죽음으로 몰고 갔던 것은 열두 살 때였다. 나는 〈보이즈 라이프Boys Life〉 잡지에 나온 데이지Daisy사의 에어 라이플***을 처음 본 순간부터 비비탄총을 갖고 싶어했다. 어느 날 나는 어머니와 함께 이 소총이 진열되어 있는 가게 앞을 지나갔고, 어머니를 설득해 그것을 샀다. 어머니는 그 누구에게도 총을 겨누지 말아야 하며, 항상 총이 장전되어 있다고 생각하고 조심히 다뤄야 한다는 설교를 늘어놓으셨다. 멋진 총을 손을 넣게 된 나는 텔레비전에서 여러 번 봤던, 알라모 전투에서 생사를 다투고 있는 데이비 크로킷****이 된 기분이었다. 나는 저녁 식사에 쓸 사냥감을 구해 오는 것이 나의 임무라고 상상하며 집을 나섰다. 그러다 뒷마당 잔디밭에서 벌레를 쪼아 먹고 있는 개똥지빠귀를 발견하곤 재빨리 총으로 쐈다.

---

*　남성적 성격을 띤 영적인 길들 대부분이 자기 자신의 죽음과 사후 세계에 대한 사색으로 시작한다. 이는 남자라면 남자로서의 의무를 다하다 죽는 것에 대한 마음의 준비를 해야 할 필요가 있다는 관념과도 연관이 있다. 반면 여성적 성격을 띤 길들은 사랑, 돌봄, 자연과의 조화에 초점을 맞추는 경향이 있다.
**　윈스턴 처칠은 "역사는 승자의 기록이다"라는 말을 남겼다.
***　Air Rifle. 공기 압축을 이용하여 탄환을 발사하는 소총. 역주.
****　Davy Crockett. 1786-1836. 미국의 군인 겸 정치가. 알라모Alamo 전투에서 전사했다. 역주.

총에 맞은 새는 부르르 몸을 떨었다. 내가 새 위로 몸을 숙이자 우리의 눈이 마주쳤다. 새의 눈에서 점점 생기가 사라져갔고, 마침내 누운 상태로 움직임이 없어졌다. 나는 섬뜩한 기분에 가만히 서 있었다. 새가 고통스러워할 줄은 정말 몰랐다. 영화처럼 깔끔하고 고통 없는 죽음이 진짜인 줄 알았다. 이제 이건 하기 싫다고 그만할 수 있는 그런 놀이가 더 이상 아니었다.

양심의 가책으로 몸을 떨던 나는 새에게 장례식을 치러주기로 했다. 공구 창고에서 삽을 꺼내 연약하고 부드러운 새의 몸을 금속 삽머리 위로 조심스럽게 올려두었다. 그리고 새를 가까이서 바라보았다. 조금 전까지만 해도 아무에게도 해를 끼치지 않던, 그 평온한 생명체가 죽은 모습을 보니 충격이었다. 우리가 살던 언덕 아래쪽 길 건너편 숲에 새를 묻어주면 조금이라도 낫지 않을까 하는 생각이 들었다. 풀이 많이 난 가파른 언덕을 걸어 내려가던 도중, 갑자기 발이 걸려 넘어지면서 내 몸이 공중으로 날아올랐다. 그러면서 새의 시체도 하늘 높이 떠올랐다. 죽은 새의 날개가 펼쳐져 공중에 잠시 떠 있었고, 나는 그것이 내 얼굴 위로 다시 떨어질까 봐 공포에 질린 채 새가 떨어지는 모습을 지켜보고 있었다. 숨이 턱 막혀서 쉬어지질 않았다. 내 옆에 털썩 떨어진 새의 차가운 회색 눈동자가 생기를 잃은 채 내 눈을 쳐다보고 있었다. 숨을 쉬기 위해 안간힘을 쓰던 나는, 내가 저지른 일에 대한 벌을 받아서 나도 죽는가 보다 생각했다. 천천히 다시 폐 속으로 공기가 들어오기 시작했고, 나는 아주 분명한 이유가 없는 한 절대 다른 생명체를 죽이지 않겠다고 맹세했다. 몇 년 후, 이 결심은 베트남 전쟁 때 시험대에 오르게 됐다.

9학년 생물 시간 때, 죽음과 관련한 경험을 또 한 번 겪게 되었다. 그때 나는 현미경 앞에 앉아 있었고 리치^{Ricci} 선생님이 다가와 짚신벌레 한 마리가 든 물방울을 슬라이드 글라스에 떨어뜨리셨다. 나는 그 단세포 생물을 스케치해야 했는데, 현미경 아래에 놓인 그것은 크게 확대되어 내 시야를 가득 채웠다. 우리는 스케치를 마친 후 짚신벌레를 대상으로 여러 가지 실험을 해보기로 했다. 팔처럼 생긴 섬모를 흔들며 헤엄치는 모습을 지켜볼수록 나는 이 생물에 더욱더 애정을 느끼게 되었다. 그 활발한 생명체는 본질적으로 나와 같은 기관들을 지니고 있었지만, 그 기관들은 크기가 너무도 작아서 '세포 기관'이라고 불렸다. 짚신벌레는 산소를 들이마신 뒤 이산화탄소를 내뿜었고, 음식을 먹었고, 노폐물을 배출했다. 심지어 어떤 목표와 목적도 갖고 있는 듯했다. 나는 리치 선생님의 지시에 따라 짚신벌레를 밝은 환경과 어두운 환경, 따뜻한 온도와 낮은 온도에 노출시킨 뒤 어떤 반응을 보이는지 적었다. 수업이 끝날 시간이 다 되었기 때문에 나는 서둘러 마지막 실험을 진행했다. 슬라이드 글라스에 메틸알코올 한 방울을 떨어뜨리는 그 마지막 실험을 수행하자마자 짚신벌레는 옆구리에서 수천 개의 미세한 털들을 꺼내 스스로를 보호하려 했다. 하지만 거기서 살아남기란 불가능한 일이었고, 결국 그것은 죽고 말았다.

마치 내 손으로 친구를 죽인 것 같은 기분이 들었다. 큰 충격이었다. 나는 리치 선생님이 우리에게 그 생물을 죽일 거라고 미리 말해주지 않은 것에 너무 화가 나서 종소리가 울린 후 복도를 지나 교장실로 갔다. 나는 교장실 앞에 서서 뭐라고 불만을 표할지 머릿속으로 미리 연습해보았다. 우리가 짚신벌레를 죽이게 되었다고 말하면 교장 선생님은 아마 "너는 오늘 학교에 오면서도 그런 생물들을 천 마리도 더 죽였다"고 말씀하실 것 같아서였다.

 하지만 아무리 생각해보아도 죽은 생물이 어느 정도 크기였는가는 그다지 중요한 문제가 아니었다. 현미경으로 들여다보았을 때, 그 생물은 아주 커 보였다. 우리는 함께 시간을 보내며 유대감을 쌓았고 그 생물은 나를 신뢰했었다. 나처럼 그 생물 역시 고통을 피하고 행복을 추구하는 하나의 생명이었다.

교외 지역

나는 뉴욕시 외곽의 스카스데일에서 자랐는데, 이곳은 다국적 기업의 회장이나 임원, 고위직 공무원 등이 많이 사는 지역이었다. 그래서 그런지 뭐든 자기 마음대로 하려는 사람들도 참 많았다. 토요일 아침이 오면 나는 어느 장관의 아들과 함께 야구를 했는데, 그는 자기가 투수를 하겠다고 고집을 피우기도 하고 심판의 판정이 마음에 들지 않으면 불같이 화를 내기도 했다. 우리 교회에서 청소년부를 전임하는 역할을 국방부 장관이 맡은 적도 있었다. 그는 한때 포드Ford사 회장직을 맡은 적이 있으며 나중에는 세계은행 총재가 되었다. 그가 스트레스를 많이 받는 것은 당연한 일이었다. 오랜 시간이 지난 후 그는 자신의 회고록에서 베트남 전쟁에 미국을 참전시키기로 한 자신의 결정은 실수였다고 고백했다. ― 그 결정으로 인해 200만 명 이상이 사망했다. 나는 정부와 기업 엘리트들이 교회에 나와 평화를 위해 기도하는 모습을 숱하게 보았지만, 평화를 바란다는 그러한 신념에 따라 사는 사람은 거의 보지 못했다. 그래서 이기주의가 그들의 진짜 종교라는 결론을 내렸다. 교회가 끝나면 교인들은 이웃집에 가서 차와 쿠키를 먹곤 했지만, 막상 집에서의 그들 모습을 보면 알코올 중독자일 때가 많았다.

나는 '이 사람들 중에 인생의 의미를 궁금해하는 사람이 있기나 할까?'라는 의문이 들었다.

유대인 혈통임에도 불구하고 어머니와 할머니는 일요일마다 유니테리언* 교회에 출석하여 최근 발견된 거대 피라미드와 아메바의 번식 주기 등 다양한 주제에 대한 강연을 들으셨다. 나는 과학적인 기질이 있었기 때문에 이런 주제들이 꽤 흥미로웠다. 유니테리언파는 종교적 교리에 대한 믿음을 거부하는 종파지만 교인들은 여전히 기독교 찬송가를 불렀고, 아이들은 주일학교에서 성경에 나오는 이야기들을 주제로 토론을 했다. 나는 모든 것을 알고 계신 하나님에 대해 회의적이었고 그분과 하나인 외아들이 있다는 얘기에는 더더욱 회의적이었다. 하지만 예수님의 삶만큼은 내게 큰 감동을 주었다. 예수님의 정체가 무엇이든 간에 그분의 삶은 내게 영감을 주었고, 나도 예수님처럼 되고 싶다는 생각이 들었다. 가끔 기도 시간 때 방 안에 침묵만이 맴돌 때면 나는 거의 눈물을 흘릴 뻔할 정도로 내 마음을 감동시키는 어떤 존재를 느낄 수 있었는데, 나중에야 그 존재가 우리의 의식을 집중한 바로 그분, 예수님이라는 것을 알 수 있었다.**

이 시기, 나는 흥미로운 것을 하나 발견했다. 그해 봄에는 비가 많

---

* 다원주의 종교 운동인 유니테리언 유니버설리즘Unitarian Universalism을 말하며, 인류는 종국에 모두 구원될 것이라는 신조를 따른다. 역주.

** "두세 사람이 내 이름으로 모인 곳에는 나도 그들 중에 있느니라." 마태복음 18장 20절.

이 내려서 몇 달 동안 끔찍한 날씨가 계속 이어졌었다. 하지만 일요일만 되면 귀신같이 날씨가 맑아지고 하늘도 맑게 개었다. 이런 현상을 적어도 8주 이상 계속 관측했던 나는 관찰을 통해 환경이 인간의 감정에 영향을 받는다는 가설을 세웠다. 모든 사람들이 신을 생각하고, 노래를 부르고, 아름다운 음악을 듣고, 정원에 꽃을 심고, 가족 나들이를 즐기고, 아니면 단순히 골프 경기를 기대하기만 해도 구름이 흩뜨려져서 해가 쨍쨍 내리쬘 수 있었다.

고등학생 때, 내가 좋아했던 여자애를 포함한 대부분의 친구들이 장로교 신자였다. 그래서 나는 장로교회 청소년부에 들어간 다음 일요일 저녁마다 모임을 나갔다. 친구들 대부분은 나와 마찬가지로 하나님에 대한 확고한 믿음이 없었지만, 우리는 목사님이 지켜보고 있는 가운데 함께 모여서 사색하는 것을 좋아했다. 나는 예수님이나 예수님과 하나인 하나님께서 직접 천지를 창조하셨다는 것을 믿기 어려웠다. 또, 사랑의 하나님께서 예수님 탄생 이전에 태어난 사람들을 영원히 지옥에 있게 하시리라는 것도 믿기 힘들었다.

나는 '장로교(Presbyterian)'라는 단어가 '노인'이라는 뜻의 그리스어에서 유래했다는 사실을 알게 되면서 신과 종교의 차이를 깨닫기 시작했다. 예수님은 영적인 진리를 가르치셨지, 종교를 만들라고 말씀하신 적이 없다. 특히 하나님의 여성적인 측면에 대한 언급이 전혀 없는 것을 보면 종교라는 것은 정말로 노인들이 생각해낸 것처럼 보였다. 그들에게는 오직 성부, 성자, 성령만 있었다! 도대체 딸과 어머니는 어디 있단 말인가?

어느 날 밤, 누군가가 용기를 내어 목사님에게 "하나님이 존재한다는 증거가 있나요?"라고 물었다.

그러자 목사님이 대답했다. "증거는 없습니다. 인생의 어느 시점에 이르게 되면 그냥 하나님이 계시다는 걸 믿게 됩니다."

그는 한국전쟁에 참전한 공군 소령이었는데, 주변의 비행기들이 연이어 격추되는 것을 목격했으나 자신의 비행기는 흠집 하나 없이 무사히 돌아왔을 때 하나님에 대한 믿음이 생겼다고 말했다. 나는 거기에 대고 차마 "하나님에 대한 믿음이 어떻게 해서 장로교에 대한 믿음이 되었나요?" 하고 물어볼 수가 없었다.

시간이 지나면서 교회 장로들은 차차 어머니에게 교회에 입교하라며 압박을 주기 시작했다. 내 생각에 그것은 어머니의 영적 구원을 우려해서라기보다는 헌금을 늘리려는 욕망 때문인 것 같았다. 어머니와 나는 세례식을 비공개로 진행한다는 것과 회중 앞에 서지 않아도 된다는 것만 약속해준다면 장로교인이 되겠다고 했다. 목사님은 우리가 내건 조건에 동의했고, 마침내 세례를 받는 날이 되자 우리를 교회 뒤편에 있는 세례당으로 데려가 세례반洗禮盤 주변에서 비공개 의식을 진행했다. 목사님은 사도신경으로 서약을 한 우리에게 물을 뿌려주었다.*

세례란 교인들이 헌신을 맹세해야 하는 진부한 신앙체계였다. 그리고 종교적 '믿음'이란 이해나 직접적인 경험과는 상관없이 그저 들은 대로 믿어야 한다는 것이었다. 나는 사도신경 내용을 서약 전에 미리 알려주지도 않았다는 사실에 충격을 받았다.

어디에든 30분만 앉아 있어도 지루함을 느끼는 나인데, 예수님이

---

* 사도신경은 열두 명의 사도들이 각각 한 문장씩 기록했다고 알려져 있지만 사도신경의 최초 문자 기록은 서기 390년 경이기 때문에 그러한 합작은 불가능하다.

아버지의 오른편에 영원히 앉아 계신다는 말을 들으니 그것이 답답한 일처럼 느껴졌다. 사도신경에 대한 목사님의 설명은 처녀가 어떻게 임신을 할 수 있었는지, 하나님은 왜 예수님이 십자가에 못 박히도록 그냥 두신 건지, 그 십자가형이 인류에게 어떤 유익을 주었는지 등 내가 이해할 수 없는 일련의 신학적 개념들만 남겨놓고 끝이 났다. 그렇긴 하지만 목사님이 "그렇게 서약하겠습니까?"라고 묻자 나는 "네"라고 대답해버렸고, 대답과 동시에 후회할 서약을 한 것 같다는 생각을 했다.

우리는 빈 좌석을 찾아 앉았고, 일요일 오전 정규 예배가 시작되었다. 예배 시작을 알리는 찬송가가 끝나자 오르간 소리도 멈췄다. 목사님이 일어나 회중 앞에 섰고, 나는 목사님이 하는 말에 충격을 받았다. "페기와 피터, 교인들이 여러분을 새 교인으로 환영할 수 있도록 회중 앞으로 나와주세요."

'저 거짓말쟁이! 몇 분 전만 해도 우리가 장로교로 개종하는 걸 비밀로 지켜줄 거라고 약속했으면서.' 나는 자리에서 일어나면서 "이 목사는 거짓말쟁이예요. 만약 이 사람의 믿음이 맞다면 이 자는 틀림없이 지옥에나 갈 거라고요!" 하고 외치고 싶었다.

살면서 그렇게 뻔뻔하게 거짓말을 하는 사람은 본 적이 없었다. 하지만 나는 부끄러움이 너무 많아서 아무 말도 하지 못했다. 장로교인이 된 지 10분도 안 됐는데 벌써 교인이 된 게 후회가 됐다. 나는 애초에 이해가 되지 않는 것에는 앞으로 절대 서약하지 않겠다고 다짐했다. 그리고 예배가 끝나면 바로 교회를 그만 나가야겠다고 생각했는데, 학교 친구인 귀여운 소녀 홀리Holly가 다가와 포옹을 해주었다.

"다음 주말에 하는 스키 수련회에 너도 꼭 와." 홀리가 부끄러워하며 말했다.

나는 홀리의 푸른 눈동자를 바라보며 어쩌면 교회에 다니는 것이 꽤 괜찮은 일일지도 모른다고 생각했다.

교회의 종교 지도자들은 "나는 왜 여기 존재하는가?" 같은, 인생의 큰 질문에 대한 답을 모르는 것 같았다. 나중에 대학에 가게 된 나는 심지어 서양 철학자들조차 인생의 목적을 알지 못한다는 것을 알게 되었다. 그들은 마치 어두운 방에서 존재하지도 않는 검은 고양이를 찾아 헤매는 장님과도 같았고, 그 고양이를 주제로 논쟁하기를 좋아했다. 적어도 소크라테스는 "나는 내가 아무것도 모른다는 것을 안다"고 진솔하게 인정하면서 자기탐구를 계속 이어나갈 수 있도록 영감을 주었다. 그의 제자 플라톤은 영혼이 어두운 무지의 동굴에서 지혜라는 태양을 향해 나오는 것에 대해 말했지만 동굴을 어떻게 탈출해야 하는지는 가르쳐주지 않았다.* 나는 시간이 훨씬 지난 뒤에야 동양의 가르침 속에서 햇빛 아래로 나와 진리를 직접적으로 인식하는 사람들, 그리고 누구나 자신과 같은 경험을 할 수 있도록 그 방법을 가르쳐주는 사람들을 발견할 수 있었다. 나는 언젠가는 취생몽사하는(lotus-eater)**, 잠들어 있는 사람들 천지인 이 꿈속의 삶을 벗어나 깨어 있는 자, 즉 부처***를 찾아야겠다고 결심했다.

---

* 플라톤(기원전 428-348)의 〈국가〉(The Republic)에 나오는 동굴의 우화를 보라.
** 〈오디세이〉(The Odyssey)에 나오는 표현. 오디세우스Odysseus는 어느 나라에 관해 이야기하는데, 그 나라 사람들은 낙천적이고 느른하며 연꽃 열매를 먹으며 살았다. 그런데 오디세우스의 부하들 중 그 열매를 먹은 자들은 시름을 잊고 편안해져서 고향으로 돌아갈 생각을 잊고 안주하려 한다. 결국 오디세우스는 이들을 배에 묶어서 다시 귀향길에 오른다. 역주.
*** 부처는 산스크리트어로 '깨어난 자'를 뜻한다.

나의 절친한 친구인 밥과 나는 이 교외 지역 너머로 가면 또 다른 현실, 즉 깨어남이라는 것이 존재할 수도 있다고 느꼈다. ― 비트족들도 이를 넌지시 암시해주고 있었다. 그래서 우리는 주말이 되면 검은색 터틀넥 스웨터를 입은 채 뉴욕행 기차에 몸을 싣고 그랜드 센트럴 역(Grand Central Station)으로 향했다. 그 후에는 자판기에서 담배 한 갑을 사서 렉싱턴 애비뉴 Lexington Avenue 지하철을 타고 그리니치 빌리지 Greenwich Village의 블리커 스트리트 Bleecker Street까지 내려가곤 했다. 그렇게 우리는 밥 딜런 Bob Dylan과 다른 음악가들이 활동을 시작했던 비터 엔드 Bitter End와 카페 와 Café Wha 같은 멋진 장소들을 돌아다녔다. 웨일스 시인 딜런 토머스 Dylan Thomas의 강렬한 삶은 많은 시인, 음악가 및 예술가들에게 일종의 무의식적 이상이 되었다. 그처럼 극단적인 삶을 살면 평범한 일상을 초월할 수 있는 듯 보였기 때문이었다. 재니스 조플린 Janis Joplin, 짐 모리슨 Jim Morrison, 지미 헨드릭스 Jimi Hendrix 등 많은 재능 있는 예술가들이 그런 식으로 삶 자체를 초월하려 했지만 자신의 낮은 자아를 정복하지는 못한 채 젊은 나이에 세상을 떠났다.

늙은 시인과 술 취한 시인은 있지만 늙고 술 취한 시인은 없다. 예술가들, 아니 사실 모든 사람에게는 정말로 자기 내면의 악마를 정복하기를 원하는지, 아니면 그 악마에 굴복하고 자기연민(self-pity)이라는 바다에 빠져 허우적댈 것인지를 결정해야 하는 때가 온다. 역시 젊은 나이에 세상을 떠난 이소룡도 자기 내면의 악마들을 정복하기 위해 의식적으로 노력했는데, 그가 회고하는 바에 따르면 그중 어떤 악마들은 조상에게서 물려받은 것들임이 느껴졌다고 한다.*

어느 날 밤, 밥과 함께 웨스트 빌리지West Village의 크리스토퍼 스트리트Christopher Street를 걷던 중이었다. 나는 불 꺼진 상점 창문에 스포트라이트 불빛을 받아 밝게 빛나고 있는 어떤 책 표지를 보고 깜짝 놀랐다. 그것은 D. T. 스즈키Suzuki가 쓴 《선종 입문》(Introduction to Zen Buddhism)이라는 제목의 책이었는데, 카를 구스타프 융Carl Gustav Jung이 서문을 쓴 것이었다. 내가 보기에 선은 비트족 운동(Beat Movement)의 정수이자 요체였다. 서점은 이미 문을 닫은 상태였지만, 책 아래에는 이런 글이 적혀 있었다. "두 손이 치는 박수 소리가 무엇인지는 당신도 이미 알고 있을 것이다. 그러나 한 손이 치는 박수 소리는 무엇인가? 이 선문답을 풀고 깨달음을 얻어 의식 그 자체를 의식하라."**

비록 책 아래에 써 있는 수수께끼를 풀 수 없었지만 이 일을 계기로 깨달음에 대해, 그리고 깨달음이라는 것이 내가 실제로 얻을 수 있는 것인지에 대해 진지하게 생각해보게 되었다. 나는 계속 걸으면서 밥에게 "너는 선문답이 뭐라고 생각해?" 하고 물었다.

그러자 밥은 생각을 거치지도 않고 즉흥적으로 정답에 가장 가까운 것 같은, 비트족스러운 대답을 내놓았다. "'와!' 하고 외치게 되는 거."

고등학교 마지막 학년 때였던 1962년, 나는 내 친구 도디 멀러Dody

---

* 이런 노력을 극적으로 훌륭하게 표현한 것이 영화 〈드래곤: 브루스 리 스토리Dragon: The Bruce Lee Story〉이다. 독일의 심리학자 버트 헬링거Bert Hellinger는 사람들이 무의식적인 가족 트라우마를 치유할 수 있도록 돕기 위해 '가족 세우기'를 개발했다. 헬링거는 남아프리카의 줄루Zulu족과 함께 지내며 큰 영향을 받았는데, 이 종족은 조상들이 자신들의 일상생활 속에 살아 있다고 여기면서 그들을 삶의 중요한 일부로 받아들인다.
** 선문답은 관습적인 생각으로는 풀 수 없는 역설적인 말 또는 수수께끼 같은 말을 의미한다. 선문답에 대해 명상하면 현실의 진정한 본질을 깨닫는 데 도움이 된다. 두 손은 이원성을, 한 손은 일원성(oneness)을 깨닫는 것을 상징한다.

Muller를 만나러 종종 뉴욕행 기차를 타곤 했다. 무법자 제시 제임스 Jesse James*의 증손녀이자 아파치Apache** 족의 후예이기도 한 그녀는 자신의 자유로운 영혼이 이러한 조합에서 기인한 것이라고 믿었다. 나는 파리 몽파르나스Montparnasse***에 있는 사촌 조앤Joan의 아파트에서 지내던 어느 여름날, 조앤의 소개로 도디를 알게 되었다. 조앤의 집은 조각가 알베르토 자코메티Alberto Giacometti의 작업실과 붙어 있었는데, 둘은 한 화장실을 같이 사용했다. 이 건물 전체에는 프랑스 담배 골루아즈Gaulloise의 냄새가 진하게 배어 있었다.

조앤과 도디는 서로 다른 시기에 독일의 표현주의 화가 이안 뮬러Ian Muller(1922-1958)와 사귀었던 사이였다. 도디는 유명 화가 한스 호프먼Hans Hoffman의 제자였지만 그녀 자체로도 참 훌륭한 화가였다. 그녀는 매력적인 이야기꾼이기도 해서 나는 유니언 스퀘어 동쪽 17번가에 있는 그녀의 집에 자주 찾아가 그녀가 표현주의 예술가 친구들에 대해 들려주는 이야기를 밤늦게까지 듣곤 했다. 그녀는 그들이 여름에 프로빈스타운Provincetown으로 가서 일요일마다 야구를 한 이야기를 해주었다. 잭슨 폴록Jackson Pollock은 너무 취해서 1루도 밟지 못했다고 했다. 또 앨런 긴즈버그Alan Ginsburg와의 모험담이나 연인이었던 잭 케루악Jack Kerouac에 대한 이야기도 들려주었다. 잭은 너무 취해서 퀸즈Queens에 있는 집으로 돌아가기 힘들 때면 도디의 집에서 잠을 자곤 했다. 나도 가끔 그녀의 집에서 자고 갈 때가 있었지만, 잭이 있을 때는 절대 그러지 않았다. 그는 이런 말을 남긴 적이 있다.

---

* 미국 서부 미주리 주에서 은행 및 열차 강도, 살인 등을 저질렀던 유명 갱단 두목. 역주.
** 북아메리카 원주민의 한 종족. 땅과 하늘을 집으로 여기는 자유로운 유목민이었으며 전사의 기질이 있었다. 역주.
*** 파리 남서부의 고지대. 예술가가 많이 산다. 역주.

그해 말, 나는 친구 로버트Robert와 메리 프랭크Mary Frank의 집에서 열린 파티에서 도디를 만났어요. 그들은 로어 이스트 사이드의 바워리Bowery**** 근처 아파트에 살고 있었죠. 우리는 미친 듯이 사랑에 빠져들었고, 이후로 거의 떨어져본 적이 없었어요. 살면서 내게 이렇게 많은 걸 가르쳐줄 수 있었던 여자는 도디 말고는 못 봤습니다. 그녀와 결혼해 함께 파리로 떠나고 싶었지만, 안타깝게도 그런 제 소망은 이루어지지 못했어요. 1년이 채 되기도 전에 나쁜 시기와 상황들이 겹치면서 우리는 갈라질 수밖에 없었고, 1960년 무렵에는 윌렘 드 쿠닝Willem de Kooning이 그녀의 남자친구가 되어 있었지요.

나는 도디와 함께 온더락 잔에 보드카를 마시며 그녀와 음주 속도를 맞추려 노력했다. 술 한잔에 머리가 핑 도는 나에 비해 도디는 잔을 다 비운 뒤에도 여전히 그림을 그릴 수 있었기에 어떻게 저럴 수가 있을까 싶었다. 그녀가 물에 술을 약간만 섞은 것을 하루 종일, 밤늦게까지 계속 마셨다는 사실을 알게 된 것은 이로부터 몇 년이 지나서였다. 케루악과 함께한 그녀의 모험담을 들은 뒤, 나는 마침내 케루악의 자전적 소설이자 대표작인 《길 위에서》(On the Road)를 읽었다.

이 책의 꾸밈없는 문장들을 읽고 있자니 해방감이 느껴졌고, 근심 걱정 없이 떠도는 삶을 살고 싶어졌다. 《길 위에서》는 실제 삶은

**** 비트 문학의 전설인 잭 케루악, 시인 앨런 긴즈버그, 사진작가 로버트 프랭크Robert Frank 등 1950~60년대에 비트 세대 예술가들이 모이던 곳. 역주.

어릴 때 배운 것과는 다르다는 것, 그리고 삼사라*의 공허함을 깨닫는 이야기였다. 그러나 나는 주인공이 책 속에 암시된 깨달음에 끝내 도달하지 못했다는 사실에 실망했다. 존재의 목적을 드러내주는 깨달음 같은 것은 거기 없었다. 이것이

1960년 즈음의 잭 케루악과 도디 멀러

바로 비트 세대의 문제점이었다. 그들은 상처받은 감정 속에 빠져 살면서 고통을 잠재우기 위해 계속 술을 마셨다.

후에 나는 깨달음에 가까이 다가가기 위해서는 마음을 고요히 해야 한다는 것을 알게 되었다. 오직 이러한 고요함 속에서만 발견할 수 있는 우리의 진정한 본성은 술병 밑바닥에서는 찾아볼 수 없는 것이었다. 비트 세대의 대부분은 젊은 나이에 죽었는데, 이때 붓다다르마(깨어남을 향한 의식적 수행)의 원칙을 받아들인 몇 안 되는 사람이 바로 긴즈버그였다. 결국 그는 티베트 라마 초감 트룽파 린포체 Chögyam Trungpa Rinpoche의 제자가 되었고, 나 또한 그렇게 되었다.

---

* samsara. 탄생, 삶, 죽음, 재탄생의 순환을 말한다. 이러한 순환은 부정적인 감정을 정화하고 현상과 동일시되는 것을 넘어선 상태, 즉 에고가 없는 상태를 이룰 때까지 계속된다.

로켓 과학자 되기

　나는 어린 시절 내내 지구에서 벗어나기를 꿈꿨기 때문에 나만의 우주선을 만들어야겠다고 생각했다.* 그래서 집 지하실에서 로켓을 만든 다음 늦은 밤 뒷마당에 나가 로켓을 발사하곤 했는데, 발사할 때 밝은 섬광이 뿜어져 나오는 바람에 이웃 사람들이 놀라서 잠에서 깼고, 어떨 때는 소방서에 신고를 하기도 했다. 나는 기술에 대한 직관적인 이해가 있었기 때문에 집 근처에 있는 나이키 허큘리스 미사일 기지**를 방문했을 때 일급 기밀 정보에 관한 지식으로 장교를 놀라게 한 적도 있었다. 그는 내가 기밀 자료를 어디서 구했

---

*　내 고등학교 동창인 제프리 호프먼Jeffrey Hoffman은 후에 정말로 우주 비행사가 되었다.
**　nike hercules missile base. 미국 전역에 위치한 이 미사일 기지는 소련의 공격으로부터 미국을 보호하기 위한 것이었는데, 이 때문에 국민들은 소련의 공격이 임박했다고 믿고 있었다. 어머니는 칵테일 파티에 린든 존슨Lyndon Johnson 대통령 시절 국방부 장관이었던 클라크 클리포드Clark Clifford를 가끔 초대하기도 했는데, 그는 1969년에 이 미사일 기지들을 비활성화했다. 한번은 나도 이런 칵테일 파티에 참석했던 적이 있었다. 그 당시에는 공산주의와의 갈등을 대대적으로 선전하고 있던 때였는데, 놀랍게도 러시아 혁명에 필요한 자금이 월 스트리트에서 조달되었으며 냉전 기간 내내 체이스 맨해튼 은행(Chase Manhattan Bank)이 모스크바에 사무실을 두고 있었다는 사실을 그 파티에서 알게 되었다.

는지 알고 싶어했는데, 내가 "스스로 알아낸 것"이라고 말하자 회의적인 표정으로 나를 쳐다보았다. 그때 나는 고작 열 살밖에 되지 않았기 때문에 그가 나를 심문하지는 않았지만 어머니에게 자신의 명함을 주면서 연락을 이어가자고 했었다.

그는 이런 말을 했다 "우리 군에는 너 같은 애들이 필요하단다. 하지만 그전에 먼저 대학부터 가야겠구나."

어린 시절부터 궁극적인 행복으로 가는 문이라고 배워왔던 것은 깨달음이 아닌, 대학이었다. 고등학교에서 좋은 성적을 받아야 좋은 대학에 진학할 수 있고, 좋은 대학을 가야 대학원을 나와서 좋은 회사에 취직할 수 있고, 그러면 좋은 아내를 만나 예쁜 아이를 낳고 교외에서 살 수 있었다. 바로 이것이 어머니가 꿈꾸고 계획하셨던 나의 미래였다. — 내가 보기엔 암울한 미래였지만 달리 어떻게 살아야 할지는 나도 몰랐다.

밥과 나는 이런 압박감에서 벗어나기 위해 이웃집 차고 뒤에서 술을 마셨다. 그렇게 하면 깨달음까지는 아니더라도 어머니의 통제에서 잠시나마 벗어날 수 있었다. — 이 과정에서 '이제 나도 진정한 사나이'라는 믿음도 생겼다. 술에 얼큰히 취해봤으니 말이다.

어느 날 만나는 일이 드물었던 먼 친척 어른, 올가Olga와 해럴드Harold 부부가 우리 집을 찾아왔다. 해럴드는 뛰어난 실력을 갖춘 흉부외과 의사였으며 그 덕분에 꽤 큰 부를 쌓을 수 있었다. 그분들은 코네티컷Connecticut에 호수 하나를 소유하고 있었는데, 호수 옆에는 소나무에 둘러싸인 석조 저택까지 있었다. — 나는 두 살 때 이 호수에서 수영을 배웠다. 일 년에 한 번, 추수감사절 때는 온 가족이 함께 저녁 식사를 하기 위해 그 저택에 모였고 그럴 때면 다툼이 끊이질 않았다. 그분들은 뉴욕에도 아파트가 한 채 있어서 겨울이 되면 거기 살면서 브로드웨이 연극을 보러 다니셨다. 눈이 내리면 400미터나 되는 저택 진입로가 눈으로 막혀버릴 때가 잦았기 때문이다. 어느 날, 그런 두 분이 뉴욕 아파트에서 코네티컷 저택으로 돌아가는 길에 예고 없이 우리 집을 찾아오신 것이다.

"피터, 너는 취미가 뭐니?" 인사를 마친 올가 이모가 물으셨다.

"로켓 만들기요!"

"어떤 로켓을 만드는데?"

나는 바로 지하실로 내려가서 가장 최근에 만든 미사일을 가져왔고, 그것을 이모께 자랑스럽게 보여드렸다. 가끔 미사일이 폭발한다는 사실은 말씀드리지 않았다. 지하 실험실에 많았던 시험관과 플라스크들은 최근의 미사일 폭발로 인해 완전히 박살이 났었는데, 어머니는 그 폭발을 그냥 모르는 체하기로 하셨다. 희한하게도 그때 나는 털끝 하나 다치지 않았고 폭발로 인한 파편들은 완벽한 반원 모양으로 내 주위에 떨어져 있었다. 내가 상위 자아로부터 내려온 빛의 보호 튜브에 대해 알게 된 것은 그로부터 12년 후였다.

두 분은 로켓에 대한 내 지식과 열정에 깊은 인상을 받으셨다. 몇 주 후, 나는 두 분의 변호사로부터 IBM* 주식 10주에 대한 증서가 담긴 편지를 받았다. 편지를 보낸 변호사의 말에 따르면 이모와 이모부께서는 내 생일 때마다 그런 주식 증서들을 보내달라고 그에게 부탁하셨다고 한다. 내 대학 등록금을 대주시기 위해서였다. 하지만 감사하게도 어머니께서 내 등록금을 내주셨기 때문에 나는 차곡차곡

---

* International Business Machines. 미국의 메인프레임 제조 및 경영 컨설팅 회사. 메인프레임 시장에서 독보적인 점유율을 갖고 있다. 역주.

모아두었던 그 주식을 후에 동양을 여행할 때 경비로 쓸 수 있었다.

  1962년 가을, 뉴욕 북부의 시러큐스 대학(Syracuse University)에 다니게 된 나는 공학 서적들을 사러 갔다가 책이 처음부터 끝까지 수학으로만 되어 있는 것을 보고 충격을 받았다. 내가 뭔가 끔찍한 실수를 저질렀다는 생각이 강하게 들었다. 로켓의 사진이나 제작 방법에 대한 설명은 없고 오로지 계산법에 관한 내용만 있었다. 하지만 때는 늦었다. 나는 이미 공학을 전공으로 선택해버렸고, 내가 바꿀 수 있는 것은 아무것도 없었다. 책에 우주선에 관한 내용이 하나도 없는 것도 충격이었지만 교수님이 첫 강의 때 내준 과제도 충격이었다. '세탁기를 더 저렴하게 제작할 수 있는 방법 생각해오기.' — 내가 대학에서 배우고 싶었던 건 이런 게 아니었다. 내가 수학 문제 때문에 머리를 쥐어짜면서 기숙사 방으로 돌아가는 동안 복도 아래쪽에서는 미술을 전공하는 친구가 잔잔한 모던 재즈 쿼르텟을 들으며 누드 스케치를 하고 있었고, 그런 상황은 나를 더 침울하게 만들었다. 학기 중반에는 내가 선택해버린 이 진로에 대해 생각하면 너무 우울해져서 자살 충동을 느낄 정도였다.

  다른 학생들과 마찬가지로 공대 학생들 역시 인문학 강의를 필수로 수강해야 했다. 내가 택한 강의는 《신의 죽음》(The Death of God)의 저자 가브리엘 바하니안 Gabriel Vahanian이 가르치는 비교종교학이었고, 우리는 그가 세운 전제에 대해 토론했다. 그는 신이 존재하지 않는 것이 아니라 무의미해졌다고 말했다. 나는 생각했다. '신이 정말 존재한다면, 왜 지금까지 이 남자를 벌하지 않았을까?' 나는 한 명의 과학자로서 신을 검증하기 위해, 그리고 다음 질문들에 대한 답을 알아내기 위해 실험을 해보기로 했다.

　　신은 존재하는가?
　　만약 존재한다면 신은 나를 보살피고 계시는가?
　　만약 그렇다면 신은 왜 고통받는 나를 내버려 두는가?

일단은 혼자 있을 수 있는 장소를 찾았다. 그때 나는 일종의 휴식처 겸 피난처로 쓰기 위해 어느 오래된 집의 다락방을 친구들 몇 명과 공동 대여한 상태였고, 낡은 안락의자를 빼면 다락방은 텅 비어 있었다. 나는 의자에 풀썩 주저앉아 어릴 때부터 주머니에 넣고 다니던 보이스카우트 칼을 꺼낸 다음 변색되고 이가 나간 칼날을 왼쪽 손목의 정맥에 갖다 댔다.
　'좋아요, 하느님. 제 말이 들리신다면 지금 바로 당신을 증명해주세요.'
　하지만 아무런 응답이 없었다. 그래서 나는 칼날을 더 세게 누르며 마음속으로 외쳤다. '하느님, 제 말 들리세요? 이게 당신을 증명할 마지막 기회라고요.'
　혈관을 칼로 끊으려던 바로 그 순간, 갑자기 내 의식은 이 죽음의 순간을 의자 위에서 영화처럼 내려다보고 있었다. 나는 내 손목에 흐르는 피를 보았고, 그 완벽한 몸이 너무나도 아깝다고 생각했다. 그리고 나서는 친구들이 내 시신을 발견하고 경찰에 신고하는 장면, 학장님이 어머니께 전화를 거는 장면, 어머니가 비통해하시는 장면을 봤다. 어머니는 처음에 엄청난 충격을 받았지만 종국에는 나를 마음속에서 떠나보내야만 했다.

그러나 나는 죽지도, 어둠 속에서 길을 잃지도 않았다. 아직도 관찰하는 '나(I)'가 존재하고 있었으니 말이다. 나의 인간적 자아가 실수를 저지르고 있는 걸지도 모르겠다는 생각이 들었다. 이렇게 벼랑 끝에 서서 망설이고 있던 나를 막아선 것은 앞으로의 내 인생에 어떤 일들이 기다리고 있을지 모른다는 호기심이었다.

'아무것도 하지 않는 상태로 계속 살아가는 건 어떨까? 뭔가를 하려는 노력을 멈추고 그냥 존재하기만 한다면? 뭔가를 해야 한다는 압박 없이 살아가는 삶이라니, 정말 혁명적이군! 그래, 난 이 모든 걸 다 놔버릴 수도 있어. 강의에 출석도 안 하고 과제를 제출하지도 않은 채로 그냥 내가 원하는 곳으로 가는 거지. 최악의 상황이라고 해봤자 학교에서 퇴학당하는 것밖에 더 있겠어? 그러면 히치하이킹으로 잡은 차를 타고 뉴욕 부둣가로 가서 화물선 짐꾼으로 취직한 다음, 더 넓은 세상을 구경할 수도 있겠네. 내겐 아직 선택의 여지가 많이 남아 있고, 또 이런 선택의 여지는 언제나 존재해왔어. 하지만 그동안에는 너무 바빠서 다른 선택을 할 수 있다는 생각조차 하지 못했지. 자살은 원하면 언제든 할 수 있는 거니까 일단은 칼을 주머니에 넣어두자.'

내가 더 이상 피해자가 아니라는 사실을 깨닫자 힘이 솟는 느낌이 들었다. '내 인생은 내 거야! 이제 나는 순간순간을 살아가면서 내 삶이 어떻게 펼쳐지는지를 지켜보겠어.'

어린 시절부터 짊어지고 있던 무거운 짐을 내려놓은 듯한 기분을 느낀 나는 주머니에 다시 칼을 넣었다. 더 이상 강요당하는 기분, 어머니와 사회에 통제당하는 기분이 느껴지지 않았다. 이제부터는 의무적으로 살아가는 삶이 아니라 원해서 살아가는 삶, 즉 진정한 내 삶을 살 수 있었다. 나는 내 운명의 창조자였다.

이로부터 2년 후, 나는 프랑스 철학자 알베르 카뮈^{Albert Camus}가 남긴 유명한 글을 읽게 되었다.

> 참으로 진지한 철학적 문제는 단 하나, 바로 자살이다. 인생이 살 만한 가치가 있는지 없는지를 판단하는 것은 곧 철학의 근본 문제에 답하는 것과 같다.[*]

다음 날 아침이 되자 이상하게 학교를 나가고 싶다는 생각이 들었다. 의무감보다는 호기심 때문이었다. 마치 관찰자가 된 꿈을 꾸고 있는 것처럼, 피터라는 사람의 느낌은 아주 옅어져 있었다. 처음으로 내가 따라야 할 의제나 의무 따위는 없다는 것을 기억하게 되자 굉장한 행복이 느껴졌다. 나는 주변 학생들을 둘러보았는데, 마치 그들을 오늘 처음 본 듯한 느낌이 들었다. 그러다 곧 내가 그들과 다른 유의 사람임을 깨닫게 되었다. 나는 취직이나 출세를 비롯하여 소위 말하는 '좋은 삶'을 사는 데는 별 관심이 없었고, 엔지니어가 되고 싶지도 않았다. 이런 생각을 하니 어릴 적부터 준비해왔던 내 인생 전체가 무너져내리는 것 같았다. 내가 어릴 적부터 꿈꿔왔던 그 사람이 못 된다면 도대체 나는 뭐란 말인가?

다음 날, 캠퍼스 끝자락에 있는 어느 건물을 지나다 '상담'이라고 적힌 간판을 보게 되었다. 나는 이전에도 그 건물 앞을 여러 번 지나다녔지만 그때마다 상담은 나 같은 평범한 사람이 아니라 미친

---

[*] 노벨상 수상 철학자 겸 프랑스 작가 알베르 카뮈(1913-1960)의 에세이 《시지프 신화》(Le mythe de Sisyphe)에서 발췌했다.

사람들이나 받는 거라고 생각하면서 간판을 무시하고 지나칠 때가 많았다.

하지만 이날은 어떤 에너지에 이끌리듯 상담소로 들어가게 되었다. 안으로 들어가니 한 남자가 어떤 일로 왔냐고 물었다. 그래서 나는 앞으로 어떻게 살아야 할지 모르겠다고 답했다. 하루에도 몇 번씩 들을 법한 이런 뻔한 고민에도 그는 미소를 지으며 내게 두꺼운 종이 뭉치를 건네주었고, 구석에 있는 테이블에 앉아 설문지를 작성하라고 했다. 다음 날, 결과를 듣기 위해 다시 상담소를 찾아가자 그는 이렇게 말했다. "도대체 공대에서 뭘 하고 있었던 거니? 넌 예술가이자 신비주의자야!"

다음 학기에 나는 인문대학으로 전과하여 철학과 문학을 공부하기 시작했다. 삶의 의미에 대해 고심하는 다른 이들의 글을 읽게 되자 내 삶도 훨씬 나아졌다. 물론 신이 내 물음에 직접 답을 해주지는 않았지만 내가 여태 살아 있다는 사실 자체가 일종의 답이 되었다. 그러던 어느 날, 나는 철학 강의 시간에 내 옆자리 여학생의 손목에 상처가 있는 것을 보았다. 그 해가 끝날 무렵, 나처럼 삶의 의미에 대해 고민하던 학생들 몇몇이 세상을 떠났다.

애석하게도 우리가 공부했던 철학자들 대부분은 실제 삶에 대해 잘 알지 못했고 자신이 느끼는 혼란을 숨기기 위해 어려운 단어를 많이 사용했다. 나중에 깨달은 거지만, 진실은 단순하다. 자신의 실체를 진정으로 이해하는 사람은 몇 마디 말만으로도 자신을 명확하게 표현해낼 수 있다. 논리로써 신의 존재를 증명하려 했던 데카르트는 밀랍의 비유*를 들며 "나는 생각한다. 고로 존재한다"라는 유명한 명언을 남겼는데, 나는 그가 인기 있는 철학자라는 사실이 조금 의아하게 느껴졌다. "나는 존재한다. 고로 생각한다"라고 말하는 것이 더 정확한 명제 아니었을까? 만약 그의 말대로라면 우리가 어떻게 생각의 대상을 뜻대로 조절할 수 있는 것이며, 더 나아가서는 어떻게 생각을 초월하여 자아에 대한 직접적인 인식에 도달할 수 있는 걸까?** 당시의 진정한 철학자들은 그 시대의 경험을 직접적으로 이야기한 밥 딜런이나 비틀즈, 무디 블루스Moody Blues 같은 음악가들이었다.

상아탑에 갇혀 살던 나는 어느 날 도서관에 앉아 있다가 큰 충격을 받게 되었다. 그날에는 단 한 번도 켜져 있는 걸 본 적이 없던 도서관 텔레비전이 틀어져 있었다. 텔레비전에서 흘러나오는 속보 안내 음성은 예배당 같은 도서관의 고요를 깨뜨렸고, 나는 세상이 돌이킬 수 없을 정도로 크게 뒤바뀔 것 같다는 기분이 들었다. 마치 쓰나미 직전에 바닷물이 바다 쪽으로 쓸려 들어가는 그런 순간 같았다. 바닷물이 해안으로 밀려 들어와 모든 것을 휩쓸어버리기 직전에는 섬뜩하리만큼 차분하고 고요한 순간이 있다.

내가 있던 도서관 방 안에는 "케네디 대통령이 댈러스Dallas에서 총에 맞아 생명이 위독하다는 속보를 알려드립니다"라는 불길한 안내

---

* 밀랍을 불 가까이 대면 모양, 냄새, 촉감이 변하지만 우리는 여전히 그것이 같은 밀랍임을 알 수 있다. 이는 감각이 아닌 이성으로만 사물의 본질을 인식할 수 있다는 걸 보여주는 비유인데, 이를 통해 데카르트는 감각보다 이성이 더 신뢰할 수 있는 인식 도구라고 주장했다. 역주.

** '나는 생각한다. 고로 존재한다.' 라틴어로 '코기토 에르고 숨Cogito ergo sum'이라고도 하는 이 명제는 수학적 이론을 삶에 적용하려고 했던 프랑스 사상가 르네 데카르트René Descartes가 주장한 것이다. 그는 송과선이 영혼의 자리라고 주장했지만 송과선을 활성화할 수 있는 동양의 요가 수행법을 알지는 못했고, 이로 인해 이성적인 마음을 넘어설 수 없었다.

음성이 울려 퍼졌다. 1963년 11월 22일의 일이었다. 케네디가 협조하기를 거부했던 자들이 미국의 카멜롯*을 무너뜨린 것이다. 나는 기숙사 방으로 돌아왔는데, 방에 있던 룸메이트의 말에 또 한 번 충격을 받게 되었다. 내 룸메이트는 전 뉴욕 주지사이자 한때 미국에서 가장 부유한 사람으로 명성을 떨쳤던 애버렐 해리먼**의 손자이기도 했다.

"도대체 누가 케네디를 죽이려고 하는 걸까?" 내가 물었다.

"그가 뭔가를 방해했나 보지." 룸메이트는 마치 뭔가를 알고 있다는 듯이 입가에 쓴웃음을 지으며 말했다.

그때 나는 내가 꿈에도 모르고 있던 어떤 세력이 이 세상에 존재한다는 것을 깨닫게 되었고, 대학 교육은 이 분야에 관해 아무런 정보도 알려주지 못했다.

몇 년 후 졸업식 날, 모자와 가운을 입고 졸업식장을 나서던 나는 손에 들고 있는 졸업장이 쓸모없는 종잇조각에 불과하다는 것을 깨달았다. 대학 졸업장은 내가 원하는 삶을 가져다줄 수 없었다. 4년이라는 시간을 쓸모없는 공부를 하느라 허비했고, 여전히 인생의 의미나 내 존재의 목적을 알지 못했다. 어머니는 자기 자신이 진정 누구인지 알지 못했기 때문에 나를 가르쳐줄 수 없었다. 내가 다녔던

---

* Camelot. 아서왕의 궁정이 있었다고 전해지는 곳. 케네디 대통령 부부는 워싱턴 D.C에서 생활하면서 그곳을 카멜롯으로 비유했는데, 이는 케네디 대통령의 재임을 이상적이고 매혹적인 시대로 묘사하기 위함이었다. 이후에도 카멜롯이라는 표현은 그의 재임 시기를 가리키는 감성적인 표현으로 계속 사용되고 있다. 역주.

** W. Averell Harriman. 애버렐 해리먼(1891-1986)은 월스트리트의 금융 회사인 브라운 브라더스 해리먼 앤 코Brown Brothers Harriman & Co.의 대표 중 한 명으로, 2차 세계대전 중 독일의 재정적 권익을 관리하는 데 도움을 주었다. 그는 린든 존슨Lyndon Johnson 대통령 밑에서 무임소 대사(Ambassador at Large)를 지냈으며 베트남 전쟁 초기에 베트남 대통령 디엠Diem과 그 형제의 암살에 연루된 인물이기도 하다. 미국으로 망명한 한 소련 요원은 해리먼이 소련과 은밀히 협력하고 있다고 주장했지만 CIA는 그의 혐의를 부인했다. 1969년, 그는 자유 훈장을 수여받았다.

학교 역시 쾌락, 사회적 지위, 부를 추구하라는 것 말고는 내게 알려준 게 없었다. 슬프게도 미국에서는 다른 문화권에서처럼 젊은이들이 삶의 지혜를 지닌 원로들과 이야기를 나눌 기회를 가질 수 없었다. 그러한 원로들 대부분이 노인성 치매에 걸리거나 양로원으로 보내졌기 때문이었다.

대학은 학생들이 인생을 잘 살아갈 수 있도록 세상에 관해 가르쳐야 한다. 물론, 내게 스스로 생각하는 법을 가르쳐주셨던 몇몇 훌륭한 교수님들도 계시긴 했다. 하지만 여전히 '삶이란 무엇이며 삶의 의미는 무엇인가? 행복이란 무엇이며 어떻게 행복해질 수 있는가?'라는 질문에 대한 해답은 알 수가 없었다. 나는 졸업장을 책상 맨 아래 서랍에 아무렇게나 찔러넣은 후, 은자가 되어 스스로 답을 찾겠다고 다짐하며 리트릿***에 들어갔다.

*** retreat. 명상, 자아 성찰, 기도 등의 수련을 할 수 있는 곳으로 물러나 일정 기간 은거하는 것을 뜻한다. 역주.

베트남 파병에서 열외되다

여름 내내 한곳에 틀어박혀 지내보았지만 여전히 삶의 의미는 찾을 수 없었고, 이 세상에서 뭔가를 해보고 싶다는 열망도 들지 않았다. 하지만 그럼에도 깨달은 것이 하나 있었다. 바로, 내가 진정한 남자가 되었음을 증명하기 위해서는 사회적으로 유용한 인간이 될 필요가 있다는 사실이었다. 어머니가 나를 대학에 보내느라 들였던 그 모든 돈을 헛된 것으로 만들어버릴 수는 없었다. 문학과 철학을 전공한 내가 구할 수 있는 일자리라고는 교사밖에 없었기 때문에 1967년 가을, 나는 뉴욕 포킵시Poughkeepsie에 있는 오크우드 프렌즈 스쿨Oakwood Friends School의 고등학교 영어 교사로 일하게 되었다. 퀘이커교* 사립학교였던 이곳에는 비범한 학생들이 많았는데, 그중에는 그래미상을 수상한 싱어송라이터이자 반전 운동가인 보니 레이

---

* Quaker. 영국인 조지 폭스George Fox가 창시한 종파. 모든 개인의 마음속에 '내면의 빛'이 있다고 보고 이를 통해, 평등, 정의, 평화와 같은 선善을 이루고자 하였다. 역주.

트Bonnie Raitt도 있었다. 내가 가르쳤던 학생들과 나는 나이 차이가 별로 나지 않아서 졸업한 제자들 중 몇몇은 종종 내 농장에 늘락거리면서 나와 친구처럼 지내기도 했다. 하지만 (겉으로 봤을 때는) 퀘이커교 계통인 이 학교에는 운영상의 문제가 많기 때문에 그곳 생활은 그리 만족스럽지 못했다. 학생과 교사들은 매일 회의 시간을 가졌고, 떠오르는 영감이 있는 사람은 누구든 자신의 의견을 말할 수 있었지만 진짜 문제가 무엇인지 입 밖에 내는 사람은 아무도 없었다. 학생들은 교사들의 보복을 두려워했고, 교사들은 동료 교사 또는 학생들에게 못난 모습을 보이기 싫어했기 때문이었다. 퀘이커교의 신념은 명목상으로만 실천되었다.

그래서 징병 유예가 취소될 수 있음에도 불구하고 학교와 재계약을 하지 않았다. 베트남전이 한창이던 때였지만 초록의 수풀 가득한 더운 여름날 뉴욕 허드슨 밸리Hudson Valley의 굽이굽이 이어진 언덕들 사이에 살고 있자니 베트남의 정글은 먼 나라 이야기로만 느껴졌다.

그러던 어느 날 아침, 나는 큰 충격을 받았다. 징병 위원회로부터 무시무시한 징집 영장이 날아온 것이다. 거기에는 이렇게 써 있었다. "위와 같이 미합중국군 현역병 입영을 통지합니다." 나는 정신적인 문제로 제대하거나 마약 중독자가 된 군인 친구들 혹은 군 복무 중 사망한 주변 친구들이 생각나 몸서리가 쳐졌다. 그 당시는 내가 퀘이커 교도들과 양심적 병역 거부라는 신념을 같이했던 때였기 때문에 만약 다른 사람을 죽여야 하는 상황에 직면했다면 나는 '죽을 때가 왔구나' 하면서 기꺼이 타인의 목숨이 아닌 내 목숨을 버렸을 것이다. 이로부터 20년 정도의 시간이 지났을 때, 즉 내가 한 아이의 아빠가 되었을 때 나는 마땅히 지켜야 할 것을 지켜내기 위해서는 때에 따라 싸우기도 해야 한다는 사실을 깨닫게 되었다. 그러나 베트남 전쟁은 타국에서 벌어진 내전이었으며 내 조국인 미국에 위협이 되지도 않았다. 게다가 베트남 국회가 선전포고를 한 적도 없기 때문에 미국이 타국에 군사적으로 개입하는 것은 불법적인 일이었다. 나는 만약 징집되어 베트남에 파병된다면 총을 버리고 발포를 거부하겠다고 굳게 다짐했다.

새벽 5시, 나갈 채비를 한 뒤 기차를 타고 징병 위원회가 있는 마운트 버논 Mount Vernon 으로 향했다. 그리고 8시쯤에는 화이트홀 스트리트 Whitehall Street 에 있는 병무청 건물로 가기 위해 거기 모인 사람들과 함께 버스를 타고 뉴욕으로 향했다. 달랑 속옷 하나만 입은 다른 징집 대상자들 수백 명과 함께, 우리는 이 방에서 저 방으로 계속 옮겨 다녀야만 했다. 교회를 다니던 시절 내 앞에 앉아 서로 사랑해야 한다는, 평화에 관한 설교를 듣던 그 로버트 맥나마라 Robert McNamara 가 이 전쟁을 주도했다는 사실이 정말 역설적이라고 생각했다. 하지만 지금 이 순간 그런 위선에 맞서기 위해 내가 할 수 있는 일은 그리 많지 않았다. 예전 같았으면 징집 영장을 불에 태워버린 후 감옥에 갔을 수도 있었을 것이다. 그러나 이제 나는 내 몸을 정부의 손에 넘겨주었기 때문에 전투 명령에 불복하는 것 외에는 달리 선택의 여지가 없었고, 이러한 내 선택은 곧바로 영창행으로 이어질 게 분명했다. 내 머릿속에는 내게 아무런 해를 끼치지 않은 타인을 총으로 쏠 수는 없다는 생각이 가득 차 있었다.

몇 달 전, 나는 워싱턴에서 있었던 반전 행진에 참여한 적이 있었다. 그때 나는 맨해튼 남부에서 백악관으로 가는 수십 대의 버스 중 하나에 올라타 수천 명의 시위대와 함께 백악관 앞에 모였다. 우리는 컨스티튜션 애비뉴Constitution Avenue를 따라 링컨 기념관까지 걸어갔고, 포토맥Potomac 강 쪽으로 해가 질 무렵이 되자 서로의 어깨에 팔을 두르고 〈Give Peace a Chance〉를 불렀다. 그다음에는 더 피프스 디멘션(The Fifth Dimension)이 나와 뉴에이지의 시작을 알리는 노래이자 심금을 울리는 노래인 〈Age of Aquarius〉를 불렀다.

새장에서 풀려난 한 무리의 흰 비둘기들이 시위대의 머리 위로 높게 날아올랐고, 저물고 있는 석양빛은 새들을 밝게 비춰주었다. 절대적인 사랑을 느낀 초월적 순간이었다. 우리는 전쟁을 끝내겠다는 공동의 목적으로 하나가 되어 있었으며 그때 나는 생애 처음으로 인류를 향한 사랑, 즉 우리 모두가 진정으로 한 가족이라는 것을 느꼈다. 어쩌면 우리가 좀 순진했던 거 아닐까 싶기도 하지만, 후에 닉슨Nixon 대통령과 키신저Kissinger 국무장관은 이러한 반전 시위 덕분에 빨리 전쟁을 끝내야 한다는 압박을 느꼈다고 술회했다.

나는 다른 징집 대상자들과 하루 종일 이 방에서 저 방으로 옮겨 다니며 여러 전문의들과 정신과 의사, 관료들에게 수많은 질문과 검사를 받았다. 이 신검의 목적이 우리가 전쟁터에 나가기 적합한 인물인지를 판단하기 위해서인지 아니면 우리의 존엄성을 무너뜨리기 위한 것인지 알 수가 없을 정도였다. 마침내 신검이 끝나자 우리는 다시 옷을 입을 수 있었고, 300명 전원이 1층에 모였다.

조금 있자 군복을 입은, 우락부락하게 생긴 한 남자가 우리 앞에 서더니 언제 어디로 자대 배치를 받게 될지 알려주겠다고 했다. 꼼짝없이 베트남행 배에 실려 가 전쟁터에서 총을 쏘고 또 맞게 될 처지가 된 것이다. 하지만 그는 이에 앞서 부적격 판정을 받은 징집 대상자들의 이름을 외쳤다. 첫 번째 이름이 불리고, 두 번째 이름이 불렸다. 충격적이게도 내 이름이었다. 내가 놀라서 엉거주춤 앞으로 걸어나가자 그는 서류를 건네주면서 집으로 돌아가라고 말했다. 지난 몇 년간 때때로 나를 괴롭혔던 통풍 때문에 부적격 판정을 받은 것이다. — 이날 부적격 판정을 받은 사람은 고작 세 명밖에 없었다.

나와 아버지

밖으로 나간 나는 신선한 공기를 들이마시면서 자유를 만끽했다. 마치 사형수가 갑자기 형 집행 정지를 선고받은 것 같은 그런 기분이었다. 마침 길 건너편에는 나보다 먼저 이름이 불렸던 사람이 지나가고 있었는데, 서로 눈이 마주친 우리는 말하지 않아도 똑같은 생각을 하고 있음을 알 수 있었다. — 우리는 이른 아침에 건물로 들어간 300명 중 우리 둘과 다른 한 명만이 군 면제라는 은총을 받았으며, 나머지 사람들은 지구 반대편으로 이송되어 부상을 당하거나 죽게 될 것이라는 사실을 잘 알고 있었다.

날이 저물자 석양이 허드슨 강을 핏빛으로 물들였다. 우리는 아무 말 없이 서서 일몰을 바라보았다. 나는 늘 당연하게 여겼던 숨이 폐로 들어오고 나가는 것을 관찰하면서 인간으로 살아간다는 것이 얼마나 소중한 것인지를 뼈저리게 깨달았다.

"행복하세요." 그가 말했다.

"네, 그쪽도요." 나는 자유의 몸이 된 그가 앞으로 무엇을 하며 어떻게 살아갈지, 우리가 다시 만날 수 있을지 궁금해하면서 손을 흔들어 작별 인사를 건넸다.

포르쉐와 죽음의 사신

그해 여름, 나는 은둔 수행자가 되겠다는 굳은 결심을 한 뒤 친절한 이탈리아 여성 루치아^{Lucia}와 아이다 마키아롤리^{Ida Machiaroli}로부터 6,000평 규모의 농장을 샀다. 그 둘은 어머니 대지를 돈벌이 대상이 아닌 어떤 신성한 것으로 여겼기 때문에 30년 전 자신들이 땅을 살 때 지불했던 그 가격 그대로 나에게 농장을 되팔았다. 허드슨 강이 내려다보이는 그곳의 외딴 언덕 위에는 헛간 두 채가 딸린 2층짜리 하얀 목조 주택이 지어져 있었고, 그 집에서는 저 멀리에 있는 캐츠킬^{Catskill} 산맥도 내려다보였다. 앞마당에 있는 수동식 펌프와 주방 싱크대 옆에 나 있는 펌프는 우물에서 맛 좋은 물을 끌어다주었으며 거실에는 장작 난로도 있었다. 여기서 길 위쪽으로 좀 올라가면 언덕이 하나 더 나오는데, 그 언덕에는 허드슨 리버파* 화가로 유명

---

* Hudson River School. 19세기 중반 미국 풍경 화가들의 한 유파. 자연의 아름다움을 다루는 풍경화로 유명했으며 주로 미국 동부 지역의 산, 강, 호수 등의 자연 경치를 그렸다. 역주.

한 신비주의자 프레드릭 처치$^{Frederic Church}$(1826-1900)의 옛 저택인 올라나^{Olana}가 있었다. 그는 전 세계를 여행하면서 미국이 동서양을 융합하여 온 인류를 통합하는 새로운 문화를 만들어내는 비전을 보았다. 목가적인 풍경을 주제로 한 그의 그림들 속에는 신비로운 빛이 가득했다.

이 농장은 글을 쓰기에 완벽한 곳이었으며 다른 작가 친구들이 사는 곳과도 그리 멀지 않았다. 나중에 국회의원에 출마한 피터 케인 듀폴트$^{Peter Kane Dufault}$ 그리고 월트 휘트먼$^{Walt Whitman}$처럼 온 세상을 돌아다니던 시인 할시 데이비스$^{Halsey Davis}$가 그 친구들이었다. 글을 쓸 만한 영감이 떠오르지 않을 때면 커피를 끓여 마시기도 했는데, 그래도 어떤 아이디어가 떠오르지 않으면 와인 한 병을 따기도 했다.

나는 소설 한 편을 집필 중이었다. 그 소설은 내가 어느 여름 스페인의 이비사^{Eivissa} 섬에서 할리우드 영화감독의 전 부인과 함께 지낸 경험을 바탕으로 하고 있었다. 그녀는 산타 에우랄리아$^{Santa Eulalia}$의 언덕 위에 지어진, 푸른 지중해가 내려다보이는 아름다운 흰색 저택과 대지를 보유하고 있었다. 선과 악의 본질을 주제로 한 이 소설은 그해 여름에 롤링 스톤즈$^{Rolling Stones}$의 친구들이 놀러오면서 일어난 나의 내적 갈등에 관한 이야기였다. 그러던 어느 날 아침, 나는 들판 한가운데에서 눈을 떴다. 내가 왜 그곳에 누워 있는지는 기억도 나지 않았다. 그저 몸을 간신히 일으킬 수 있을 뿐이었다. 당시 나는 겨우 스물한 살밖에 되지 않았었지만 이대로 계속 파티를 즐기다가는 제명에 죽지 못하겠다는 생각이 들었다. 바로 그때부터 술을 끊었다.

현실에 대한 관점이 달라지자 소설은 결말도 없이 계속 늘어지기만 했고, 결국에는 완성하지 못한 그 소설을 뒷마당에 있던 200리터 짜리 드럼통에 넣어 불태워버렸다. 대신 나는 순간을 포착할 수 있는 시로 눈을 돌렸다. 시는 또 다른 아이디어가 '휙' 하고 나타나기 전에 빠르게 창작 활동을 마칠 수 있었기 때문이다. 시상이 잘 떠오르지 않을 때면 차고에서 낡은 포르쉐를 꺼내 컬럼비아 카운티 Columbia County의 인적이 드문 구불구불한 도로를 드라이브하러 나가곤 했다.

그러던 어느 날, 여느 때와 같이 드라이브를 하기 위해 차고로 갔던 나는 운전석에 앉은 순간 까무러치게 놀랐다. 내 옆자리, 그러니까 조수석에 타로카드의 죽음 카드에서나 보았던 무시무시한 사신이 앉아 있었기 때문이다. 그는 검은 로브를 입고 있었으며 영혼을 거둬갈 때 쓰는 큰 낫을 어깨에 걸치고 있었다.

"저리 가!" 내가 크게 소리를 질렀지만 그는 나를 개의치 않아 하는 것 같았다. 오싹한 한기를 느낀 나는 다시 "저리 가지 못해!" 하고 호통을 쳤다.

그는 엷은 미소를 지으며 고개를 끄덕였다. "나를 보고 반가워하는 사람은 거의 없기 때문에 당신의 그런 반응도 이해는 갑니다. 그렇지만 갈 때가 다 됐어요. 나는 당신을 데려가려고 여기 찾아온 겁니다. 만약 준비할 시간이 필요하다면 시간을 조금 더 드리도록 하지요." 그는 이렇게 말하고는 사라졌다. 나는 덜덜 떨면서 차에서 내려 햇볕이 내리쬐는 곳에 나와 서 있었다.

방금 본 것은 분명 마음이 지어낸 산물 혹은 백일몽 같은 것이리라. 혹시 그림이나 타로카드에서 본 사신의 모습을 내 무의식이 투영해낸 것은 아니었을까? 나는 시인이었고, 무릇 시인은 비전을 보지 않던가. 그래서 나는 그 환영을 시상으로 쓰기로 결정했고, 놀란 마음을 가라앉히려 노력했다.* 그래서 억지로 다시 차에 올라탄 뒤 생필품을 사러 시내로 나갔다.

할시와 나는 포킵시Poughkeepsie의 한 사립학교에서 시 낭송을 해달라는 초대를 받았다. 그래서 설레는 마음으로 생애 첫 낭송회를 준비했고, 별일 없이 잘 마쳤다. 큰 박수갈채를 받은 나는 시인으로서의 내 커리어가 이제 막 펼쳐지고 있다고 확신했다. 월트 휘트먼, 윌리엄 블레이크William Blake 그리고 내가 가장 좋아했던 러시아 시인 블라디미르 마야콥스키Vladimir Mayakovski의 전철을 밟고 있는 내 모습이 보였다. 낭송회가 끝나고 나는 할시 그리고 그의 아내 앤Anne과 함께 클린턴 코너스Clinton Corners 근처에 있는 그들의 집으로 가서 코냑 몇 잔을 기울이며 뜻밖의 성공을 자축했다. 나는 독한 술을 거의 마시지 않았기에 금세 취기가 올랐다. 우리는 서로의 시가 얼마나 천재적인지에 대해 끝도 없이 이야기를 나누었고, 그러다 보니 어느새 자정이 넘은 시간이 되었다.

"여기서 하룻밤 자고 가세요." 앤이 말했다.

"아뇨, 괜찮아요. 포르쉐로 20분이면 집에 가거든요."

나는 물 흐르듯 부드럽게 도로를 달릴 수 있다는 이 정밀한 독일제 차량의 명성을 굳게 믿고 있었으며 이 시간대라면 도로도 한산할 것이라 확신했다. 그래서 붕붕거리는 큰 배기음 소리와 함께 자동차 뒤로 자갈을 흩뿌리며 요란하게 길을 떠났다. 그 차를 살 당시 판매원은 "포르쉐는 격하게 회전해도 절대 도로에서 튕겨 나가

---

* 환영 또는 비전은 마스터에 의해 투사되거나 어떤 목적을 위해 누군가의 의식 속에 자연스럽게 나타날 수 있다. 하지만 아스트랄계의 존재들이나 육신을 떠난 혼령들, 사념체 역시 자신들이 원하는 대로 모습을 바꿔 나타나며, 누군가를 오도하기 위해 마스터의 모습으로 나타나기도 한다.

지 않는다"고 했고, 나는 전설과도 같은 그의 말과 내 무적의 젊음을 믿었다. 마주할 운명 따위는 머릿속에서 지워버린 채, 그렇게 아무것도 개의치 않고 시골길을 질주했다.

그러다 U자형 도로 표지판을 본 나는 2단으로 기어를 바꾼 다음 마치 카레이서처럼 회전 구간을 향해 속도를 높였다. 그때 내가 미처 알지 못했던 것은, 지난겨울 동안 도로에 모래가 쌓였다는 사실이었다. 갑자기 차는 통제 불능 상태가 되었고, 엔진이 차 뒤쪽에 달려 있었기 때문에 회전하는 순간 차가 뒤로 튕겨 나가 도로를 벗어났다. 정신을 차릴 새도 없이 차는 절벽 아래로 미끄러져 내려갔다. 칠흑 같은 어둠 속 한가운데서 빨간 빛이 보였다. 이전에 〈티베트 사자의 서〉에서 죽을 때 붉은 빛이 보이면 따라가야 한다는 내용을 읽은 적이 있었기 때문에 '내가 죽어서 바르도*에 왔구나' 생각했다. 그래서 더 높은 세계로 가기 위해 그 빨간 불빛을 응시하고 있었지만 나는 계속 차 안에만 남아 있었다.

결국, 시간이 좀 지나자 그게 대시보드의 전원 표시등이라는 것을 깨달을 수 있었다. 나는 차 뒷부분이 절벽 가장자리를 넘어 나뭇가지에 걸려 있다는 것을 모른 채로 차 문을 열었고, 허공에 발을 헛디뎠다. 숨이 멎을 듯이 놀라 그대로 바닥에 떨어졌지만 이번에도 별로 다치지는 않았다. 충격에 휩싸인 나는 절벽을 기어올라 도로를 내달리기 시작했다. 어디로 가고 있는지도 몰랐다. 그저 예기치 못한 때에 또다시 나를 찾아온 죽음이라는 불청객으로부터 도망쳐야겠다는 생각뿐이었다. 차가운 밤공기 때문에 가슴이 찌른 듯이 아팠

---

* bardo. 바르도는 원래 죽음과 환생 사이의 과도기적 상태를 의미하는 티베트어다. 하지만 후대의 불교 가르침에서는 잠, 명상 또는 다른 유형의 경험들까지도 바르도로 간주한다.

다. 나는 어둠 속을 미친 듯이 달려 최대한 빨리 그 시골길을 내려갔다.

불빛을 따라 달리던 나는 곧 어느 마을에 도착했다. 딱 한 집에서 새어 나오고 있는 그 불빛이 홀로 어둠을 밝히고 있었다. 나는 그 집 현관으로 달려가 문을 두드렸다. 그러자 기적처럼 문이 열리더니 하얀 가운을 입은, 성모 마리아 같은 모습의 여자가 아기를 가슴에 안은 채 현관으로 나왔다.

"누가 다치진 않았나요?" 여성은 이미 사고가 난 걸 알고 있는 듯했다.

"아무도 안 다쳤어요. 차에 저만 타고 있었거든요." 나는 더듬거리며 말했다. 내가 다른 사람 눈에 보이는 걸 보니 아직 살아 있는 게 맞구나 싶었다. 그녀는 마치 내가 문을 두드리기를 기다리고 있던 사람 같았다.

"저는 아기 때문에 깼어요. 전화 좀 쓰실래요?" 그녀가 말했다.

나는 할시에게 전화를 걸었다.

"지금 어딘데?" 깜짝 놀란 그가 물었다.

여성은 "린리스고 Linlithgow"라고 답했고, 나는 할시에게 그 말을 그대로 전했다.

"여기서 3킬로미터 거리네. 바로 갈게."

조금 있자 할시가 도착했고, 나는 용기를 내어 한밤중에 낯선 사람에게 문을 열어준 그녀의 숭고한 마음에 감사를 표했다.

다음 날 아침, 견인차 기사와 나는 권양기가 차를 도로 위로 끌어올리는 모습을 지켜보며 서 있었다. 밤새 나무에 매달려 있던 차는 흠집 하나 없는 상태로 좁은 골짜기에서 올라왔다.

"조금만 삐끗했어도 죽을 뻔했어요." 견인 기사가 눈이 휘둥그레진 채로 말했다. "신의 은총이 아니었다면 살아남지 못했을 거예요."

나는 '단순히 운이 좋았던 건 아니었을까?' 하고 생각했다

머릿속에 죽음의 유령이 떠올랐다. 나는 사신을 보았고 날 데리고 가겠다는 그의 말도 들었지만 신은 보지 못했다. 신은 왜 수백만 명이나 되는 사람들의 기도는 죄다 무시하면서 하필 내 생명을 구해줬을까? 나는 보호를 요청한 적이 없었지만 신은 마치 삶이라는 게임을 계속 이어나가라고 하는 듯, 나를 죽음의 신의 손아귀에서 벗어나게 해주었다.

내가 꿈꾼 공동체

정장과 넥타이를 차려 입은 채 60년 동안 열심히 직업적인 경력을 쌓은 후 몇 년간의 은퇴 생활을 즐기다가 오염 물질이 유발한 불치병에 걸린다는 것은 미국의 젊은이들 대부분이 듣기에 전혀 매력적이지 않은 일이었다….*

— 에드 샌더스 Ed Sanders

나는 그냥 혼자 지내면서 시를 쓰고 싶었을 뿐, 공동체(commune)를 시작하려고 한 건 아니었다. 그런데 어쩌다 보니 사람들이 계속

---

* 에드 샌더스가 아이리스 켈츠Iris Keltz의 책 《어느 타오스 히피의 스크랩북》(Scrapbook of a Taos Hippie)에 쓴 서문.

농장으로 찾아왔다. 물론 호그 팜*처럼 규모가 크진 않았고 그저 가지각색의 사람들이 들르는 정도였는데, 그중 어떤 사람들은 단기 혹은 장기적으로 농장에 머무르다 가기도 했다. 문제는, 일하고 싶어하는 사람이 아무도 없었다는 것이다. — 대부분의 공동체가 몰락하는 이유가 바로 이것이었다. 그 당시 농장에서 차를 타고 45분 정도 남쪽으로 가면 전 하버드대 교수였던 티모시 리어리^{Timothy Leary}가 사는 밀브룩^{Millbrook}이 나왔는데, 그는 많은 사람을 그곳으로 초대해 LSD를 체험해보라고 권했었다. 어느 날 저녁, 나는 바사르 대학(Vassar College)에서 열린 시 낭송회에 참여하느라 그의 옆에 앉게 되었는데, 그는 약에 취해 멍해 보였고 대화를 할 수 있는 상태도 아닌 것 같아 보였다. 그 이후로는 그를 만나보고 싶다는 마음이 싹 사라졌다. 만약 내가 이 경험 없이 티모시 리어리를 찾아가 만났더라면 그곳에서 람 다스가 되기 전의 리처드 앨퍼트를 만나게 되었을 것이며** 앞으로 만나게 될 구루인 라마무르티 미슈라^{Ramamurti Mishra} 박사도 만나게 되었을 것이다. 그 역시 밀브룩에 자주 들르던 사람이었다. 한번은 LSD 체험 중이던 라마무르티에게 벨뷰 병원

---

* Hog Farm. 웨이비 그레이비^{Wavy Gravy}가 시작한 호그 팜 공동체는 우드스탁 페스티벌에 무료 배식소와 보안 요원 등을 지원해주었다. 그렇게 많은 인파를 어떻게 통제할 것이냐는 질문에 그는 경찰의 힘을 빌리는 대신 '부탁의 힘'(이렇게 해주시고 저것만은 하지 말아주세요)을 활용하겠다고 답했다. 또한 그는 람 다스와 래리 브릴리언트^{Larry Brilliant} 박사가 세바 재단(Seva Foundation, 세바는 산스크리트어로 봉사라는 뜻)을 설립하여 아시아와 아프리카에서 300만 명 이상의 사람들이 시력을 되찾을 수 있도록 돕는 데 큰 역할을 해주었다. 나는 뉴멕시코의 한 공동체에서 그를 처음 만났고, 시간이 많이 흐른 뒤에 또 한 번 샤스타 산에서 그를 보게 되었다. 또, 나는 1980년 8월 뉴욕의 매디슨 스퀘어 가든^{Madison Square Garden}에서 있었던 민주당 전당대회 외부에서 열린 그의 대통령 선거 유세에도 참석했었다.

** 몇 년 후 나는 인도에서 람 다스와 함께 발코니에 앉아 있었는데, 그가 출소한 리어리로부터 온 편지를 소리 내어 읽어주었다. 리어리는 그 편지에서 자신이 람 다스처럼 영적인 길을 추구하지 않은 것을 후회하고 있으며, 약물이 답이 아니라는 것을 너무 늦게 깨달은 것 같다고 말했다. 람 다스는 약물을 복용함으로써 신을 탐구해보려 했던 자신의 옛 동료에 대해 깊은 슬픔을 느끼는 듯했다. 리어리는 나중에 CIA가 정신 개조 실험의 일환으로 자신에게 LSD를 공급해줬다는 사실을 인정했다.

(Bellevue Hospital)이 뇌 수술을 해달라는 전화를 걸어온 적이 있다. 그래서 그는 뉴욕으로 차를 몰고 간 다음 수술을 성공적으로 마쳤는데, 그동안 누구도 그가 LSD를 복용한 것을 눈치채지 못했다. 그는 그 정도로 큰 깨달음을 얻은 사람이었다.***

당시는 "네 멋대로 해라"(Do your own thing)라는 한 문장으로 요약될 수 있는 자유방임주의가 팽배하던 시대였고, 이를 충실히 따르며 사는 미친 사람들도 많았다. "만약 그렇게 하는 게 기분이 좋으면 그걸 하라"가 이러한 자유방임주의자들의 행동 지침인 듯했다. 사람들은 자신의 감정을 표현하는 것을 쿨한 것으로 여기면서 모욕적인 혹은 부적절한 언행을 보였다. 모든 판단이 사라져버리면서 인생은 하나의 커다란 LSD 환각 체험, 한 편의 영화처럼 여겨졌다.**** 어떤 것에 대한 판단은 불쾌한 것으로 여겨졌으며 아무리 충격적인 일이 벌어지더라도 그것은 '실험적인 것'이 되어버렸다!

리어리는 자신의 철학을 "의식을 확장하라, 주변과 조화롭게 상호작용하라, 모든 인습적인 것들로부터 이탈하라"(Turn on, tune in and drop out)고 표현했지만, 대부분의 사람들은 이 말을 단순히 의식을 확장하는 것(어떤 종류의 것이든 마약을 하는 것)으로만 실천할 뿐이었다. 조화롭게 상호작용하는 것은 불가능했고, 이탈은 불가피한 것이었

*** 한번은 님 카롤리 바바가 람 다스에게서 다섯 명은 너끈히 복용할 수 있는 엄청난 양의 LSD를 받아 복용한 적이 있는데, 그는 그런 엄청난 양의 약물에도 별다른 영향을 받지 않았다.

**** 삶을 꿈으로 보는 연습은 매우 효과적인 영적 수행법이다. 티베트식 꿈 수행에서는 꿈속에서도 깨어 있는 의식을 유지하는 법, 모든 현상을 마치 무지개 같은 환상으로 바라보는 법을 배운다. 그런 다음 깨어 있는 상태, 즉 일상에서도 같은 의식 수준으로 살아가는 법을 배운다. 텐진 왕걀 린포체Tenzin Wangyal Rinpoche가 쓴 《티베트 꿈과 잠 명상》을 참고하라.

다. 특히나 스피드(암페타민)*를 하는 사람들은 폐인이 될 가능성이 컸다.

살짝 광기가 있는 사람들과 진짜로 정신이 나간 사람들을 구분하는 건 힘든 일이었다.** 후자의 얘기를 하자면, 한번은 어떤 사람이 우드스탁의 한 카페에 들어와 내가 농장에 대해 얘기하는 걸 듣고는 농장에 놀러 가도 되겠냐고 물어봤다. 그는 얼마 전까지만 해도 자신이 인도에서 스와미 묵타난다Swami Muktananda와 지냈었다고 말했다. 그래서 나는 그를 농장으로 초대했다. 나중에야 알게 된 것은, 묵타난다가 그를 아쉬람***에서 쫓아냈으며 뉴욕으로 돌아간 그를 부모님이 벨뷰 병원에 맡겼다는 사실이었다. 사실 그는 전날 정신병동에서 퇴원하여 히치하이킹으로 차를 잡아 곧장 우드스탁으로 온 상태였다. 일주일 동안 그는 가구를 계속해서 다시 배치하기도 하고, 한밤중에 거실에서 촛불을 켜고 의식을 치르기도 하는 등 기이한 행동을 이어갔다. 그러다 결국에 그는 폭력적으로 변해버렸고, 나는 그에게 내 농장에서 나가달라고 말해야만 했다.

그 시기 즈음, 한 젊은 여성이 생후 4개월 된 아기를 데리고 나타났다. 빌더버그 그룹****의 창립 멤버를 가족으로 둔 그녀는 '사생아'를 낳았다는 이유로 집에서 쫓겨나 국가 지원금만으로 생계를

---

* 라마무르티 미쉬라의 말에 따르면 향정신성 약물, 특히 합성 약물을 과하게 사용하면 타고난 생명력인 원기元氣가 소진되며 면역 반응을 돕는 에너지인 위기衛氣도 고갈된다. 그는 마리화나 역시 명상에 방해가 되며 그것에 포함되어 있는 타르도 몇 년간 체내에 남게 된다고 말했다.
** 라마크리슈나는 "미치려면 물질적인 것보다는 영적인 것을 좇다가 미쳐버리는 편이 더 낫다"고 말한 바 있다.
*** ashram. 수행자들이 영적 수행을 위해 모이거나 거주하는 장소.
**** Bilderberg group. 중앙은행 멤버들을 포함한 국제, 정치, 금융계 리더들의 비밀 모임으로, 원래 네덜란드의 빌더버그 호텔에서 만남을 가졌으며 오직 초대를 통해서만 모임에 낄 수 있다. 이들은 자신들이 사회적으로 시행하고자 하는 글로벌 정책들을 계획하는 것으로 알려져 있다.

이어나가고 있었다. 나는 싱크대와 장작 난로가 있는 헛간을 고쳤고, 그녀와 아기는 내가 구해준 다른 부랑자들과 함께 그곳에서 살았다. 순진하게도 나는 그들을 거리에서 데려와 시골로 이주시키면 그들의 삶이 좀더 나아질 거라고만 생각했지 그들이 자기 문제를 내게 안겨줄 거라고는 생각하지 못하고 있었다.

60년대와 70년대에 내가 알고 지내던 사람들 대부분은 부모와 관계가 소원했다. 당시의 부모님 세대는 현 상황에 대한 자녀들의 불만을 이해하지 못했기 때문이었다. 대공황을 겪으며 자랐기 때문에 그 어떤 대가를 치르더라도 안정성과 물질적 풍요를 얻으려 했던 그들 세대와는 달리, 우리는 물질주의의 무게에 짓눌려 고통받으면서 정신적 자유를 갈망했다. 기성세대는 장발 머리, 베트남 전쟁 반대, 사회적 통념에 대한 반항, 약물 복용으로 이어진 우리 세대의 불만을 이해하지 못했다. — 사실 이 모든 것은 더 나은 삶, 우주와 조화를 이룬 삶을 향한 열망의 표출이었다. 우리는 예수님이 말씀하신 '더 풍요로운 삶'***** 이 무엇인지를 탐구했다. 부모님들은 "그냥 안정적으로 자리 잡고 살면 안 되는 거니?" 하고 간청하셨지만 우리는 안정적으로 자리 잡는 것 따위는 원치 않았고 평범한 삶을 살려고 하지도 않았다. — 평범한 삶은 구렸다. 우리는 나 자신으로서 살 수 있는 자유를 원했다. 진정으로 의미 있는 가치들을 구현한 진짜 공동체의 일부가 되고 싶었고, 사람들이 서로를 사랑하고 존중하는 세상에서 살고 싶었다.******

***** "나는 양들이 생명을 얻고 더 얻어 풍성하게 하려고 왔다." 요한복음 10장 10절.
****** 티베트 라마 트룽파 린포체도 나중에 비슷한 비전을 제시했는데, 그는 이를 샴발라Shambhala라고 불렀다.

이스트 빌리지

서리 낀 창문 너머로 바람에 나부끼는 죽은 잡초들을 바라보며 농장의 길고 추운 겨울철을 보내다, 마침내 뉴욕으로 이사를 가야겠다는 생각이 났다. 때마침 오픈 시어터*의 몇몇 히피 배우들이 시골로 이사를 오고 싶어했기 때문에 1971년 여름, 나는 로어 이스트 사이드 애비뉴 B에 있는 그들의 기차 칸식 아파트 5층을 내가 쓰는 조건으로 농장을 빌려주게 되었다. 하지만 그들이 미리 말해주지 않았던 것은, 옆집 사람이 마약상이며 늦은 밤 집에 오면 아파트 층계에서 주사기로 헤로인을 투여하는 약쟁이들을 마주치게 되리라는 사실이었다.

기차 칸식 아파트는 좁은 방 네 개가 마치 기차 칸처럼 일렬로 붙어 있어서 그런 이름이 붙었는데, 한 달 월세가 47달러였다. 마약상,

---

* Open Theater. 오픈 시어터는 조지프 체이킨Joseph Chaikin과 피터 펠드먼Peter Feldman이 감독한 뉴욕의 실험적인 극단으로, 배우들이 독특한 방식으로 자유롭게 자신의 상상을 표현할 수 있도록 했다.

뉴욕의 톰킨스 스퀘어.
스와미 프라부파다가 마하 만트라를 챈팅하기 시작한 곳에서
지금도 사람들이 챈팅을 하고 있다.

소매치기, 고양이 도둑(cat burglar, 고양이처럼 비상구를 타고 내려온다고 해서 그렇게 불렀다)들이 가득한 톰킨스 스퀘어 파크 Tompkins Square Park 남쪽에 있는 아파트였다. 구루의 요청으로 인도에서 미국으로 날아온 스와미 박티베단타 프라부파다 Swami Bhaktivedanta Prabhupada 가 서양에 크리슈나 의식(Krishna Consciousness)을 알린 곳도 바로 이곳이었다.** 서양에 대해 아무것도 몰랐던 그는 공원의 어느 나무 아래에 앉아 마하 만트라 Maha Mantra 를 외고 있었다.

하레 크리슈나, 하레 크리슈나, 크리슈나 크리슈나,
하레 하레, 하레 라마, 하레 라마, 라마 라마, 하레 하레

그러자 근처에 살던 비트족 시인 앨런 긴즈버그 Allen Ginsburg 가 다가와 그와 함께 챈팅을 하기 시작했고, 그 후로 몇몇 사람들이 그것을 따라 외면서 이 고대 만트라는 히피 커뮤니티에 들불처럼 번져나갔다. 긴즈버그는 시 낭송회에서 만트라를 외면서 서양에 이 높은 의식

** 국제 크리슈나 의식 협회는 1966년 뉴욕에서 설립되었으며 비슈누를 하느님으로 숭배하는 비슈누파의 한 분파다. 라마는 비슈누의 일곱 번째 화신(아바타)이며 크리슈나는 여덟 번째 화신인데, 스리 프라부파다는 자신이 숭배할 신의 형태로 크리슈나를 골랐다. 그는 '하느님(God)'은 너무 일반적이라 '크리슈나'가 헌신적인 숭배의 목적에 좀더 부합한다고 느꼈다.

의 씨앗을 심는 데 도움을 주었다. ─ 그리고 이 씨앗은 바로 이곳, 서양에서 전 세계로 퍼져나갔다. 만트라는 얼마 되지 않아 브로드웨이 뮤지컬 〈헤어Hair〉와 조지 해리슨George Harrison의 노래 〈My Sweet Lord〉에 등장했다. 아바타와 라

비틀즈의 조지 해리슨과 하레 크리슈나 운동 멤버들

마, 크리슈나의 형태로 신을 부르는 이 산스크리트어 만트라에 맞춰 노래하고 춤추는 소박한 기쁨은 영적으로 굶주려 있던 청교도 후손들의 영혼에 만나가 되어주었다.*

톰킨스 스퀘어에서 매일 이 만트라를 챈팅했던 한 승려의 헌신을 통해 사람들은 동양의 오래된 영적 가르침이 얼마나 아름다운 것인지를 깨달을 수 있었다. 나는 내가 곧 동서양의 통합에 손을 보태게 될 것이며, 인도로 가는 길에 조지 해리슨이 크리슈나 운동에 기부한 그의 집에 머물게 되리라고는 꿈에도 생각지 못했다.

긴즈버그가 10번가 근처에 살고 있다는 사실이 시인으로서 든든

---

* 아바타는 신성의 모든 측면을 가지고 태어난 화신이며 인류를 돕기 위해 신성한 사명을 지니고 지구에 온 인물이다. 사티야 사이 바바Sathya Sai Baba에 따르면 라마는 약 2만 년 전 인도의 아요디아Ayodhya에 나타난 아바타였다. 사티야 사이 바바는 독특하면서도 놀라운 그의 책 《람 카타 라사바히니Ram Katha Rasavahini》에서 라마의 생애에 관해 설명한다. 그 후대의 아바타인 크리슈나는 약 5,800년 전 인도 브린다반Vrindavan에서 태어났다. 그의 생애는 〈바가바타 푸라나Bhagavata Purana〉와 〈마하바라타Mahabharata〉에 기록되어 있는데, 거기서 현자 나라다Narada는 스리 비야사데바Sri Vyasadeva에게 "내가 개인적으로 경험한바, 감각적인 대상과의 접촉을 갈망하면서 마음이 항상 근심과 불안으로 가득 차 있는 사람들은 그것에 가장 적합한 배 ─ 하느님 인격의 초월적 활동을 끊임없이 챈팅하는 것(신의 이름을 챈팅하는 것) ─ 를 타고 어둠의 바다를 건널 수 있다"고 말한다. 산스크리트어의 진동은 차크라라고 알려진 영적·감정적 센터에 조화로운 영향을 미치며, 신의 이름을 집중해서 챈팅하는 행위는 의식 센터에 활력을 불어넣고 고양시킨다. 그러나 만트라 챈팅에 너무 치중하느라 만트라가 주는 유익을 누릴 수 없는 지경까지 가게 되면 챈팅 자체가 곧 교리가 될 수 있다.

하긴 했지만, 이스트 빌리지에서의 삶은 그야말로 생존을 건 싸움이었다. 길을 걸을 때는 언제 약을 구하고 있는 약쟁이가 나타날지, 누가 내게 칼을 들이댈지 알 수 없었기 때문에 항상 주변을 잘 살펴야만 했다.

　어느 더운 여름날 밤, 영화를 보러 B 스트리트를 걸어가던 중이었다. 그때 나는 톰킨스 스퀘어 파크를 지나고 있었는데, 왠지 오싹한 느낌이 들었다. 슬쩍 뒤를 돌아보니 세 명의 10대 흑인 소년들이 길을 건너더니 내가 있는 쪽으로 급하게 걸어오는 것이 보였다. 흑인이라는 이유만으로 편견을 갖고 도망치고 싶지 않았던 나는 몸이 주는 메시지를 무시하고 계속 걸었다. 그런데 갑자기 내 몸 전체가 들어 올려지면서 나는 버려진 어느 극장의 천막 아래로 끌려가게 되었다. 내 갈비뼈에는 총구가 겨눠져 있었고 눈앞에서는 칼날이 번쩍거렸다. 셋 중 한 명이 내 주머니를 뒤지며 "어이, 몸부림치지 말라고. 까딱하면 죽을 수도 있으니까"라고 소리치는 그때, 내 목에 날카로운 칼날이 닿는 것이 느껴졌다.

　그 상황에서 내가 할 수 있는 일은 아무것도 없다는 것을 잘 알고 있던 나는 두려움 없이 벽에 기대어 마치 영화를 보듯 그 장면을 지켜보았다. 그들은 지폐 몇 장을 챙기더니 빈 지갑은 바닥에 던져버리고 도망쳤다. 나는 충격에 빠진 채로 혼자 남겨졌다.

　길 위쪽에서 러닝셔츠 차림의 히스패닉계 청년이 건물 계단에 앉아 내게 이렇게 외쳤다. "저기요, 혹시 저놈들에게 털리셨어요?"

　"네, 털렸어요." 내가 더듬거리며 말했다.

　"나한테 총이 있는데 말이죠, 만약 당신이 소리를 질렀다면 내가 저놈들을 총으로 싹 다 죽여버렸을 거예요."

"그렇군요. 고마워요." 나는 유하게 대답하며 한 블록 떨어진 집으로 다시 돌아갔다. 집 문을 열고 들어섰을 때, 내 마음속에는 분노가 치밀어 올랐다. 그까짓 10달러짜리 지폐 몇 장 빼앗긴 것에 대한 분노가 아니라, 나의 존엄성이 침해당했다는 사실에 대한 분노였다.

'다시는 그런 일이 일어나지 않도록 총을 하나 마련해야겠어.' 나는 속으로 생각했다.

하지만 그 전에, 나는 중국의 유명한 예언서인 〈역경易經〉에 따라 동전 던지기로 총을 살지 말지 결정하기로 했다. 신기하게도, 동전점으로 조합해서 나온 문장은 다음과 같았다. "칼을 든 자, 칼로 인해 죽으리라. 지혜로운 사람은 복수하기보다는 자기 내면의 분노와 마주한다."

그때 내가 원했던 답은 그게 아니었지만 결론적으로 이 문장은 뉴욕에서의 나머지 날들 동안 내 목숨을 살려주었다. 칼로 위협당한 일은 이후로도 몇 번 더 있었는데, 마침내 마음속에서 분노가 사라진 뒤에는 나를 공격하는 사람을 사랑의 눈으로 바라볼 수 있었고 그들은 더 이상 내게서 아무것도 빼앗아가지 못했다.

어느 날, 나는 창밖으로 길 건너편에 있는 학교 옥상을 바라보고 있었다. 쉬는 시간이 되면 아이들은 거기서 본드 냄새를 맡으며 대마초를 피우곤 했다. 내가 살던 건물은 임차료 인상 제한(rent controlled)이 걸려 있는 곳이었다. 따라서 겨울이 되면 집주인은 돈을 아끼기 위해 난방기를 꺼버린 뒤 난방 시설이 고장 났다고 둘러댔기 때문에 세입자들은 얼음장 같은 집에서 지내야만 했다. 손이 너무 얼어서 글을 쓸 수 없을 때는 톰킨스 스퀘어 건너편의 따스한 공공 도서관을 내 집처럼 드나들며 라디에이터가 덜컹거리는 정겨운 소리에 맞춰 시를 쓰곤 했다.

나중에 나는 링컨 센터Lincoln Center에 있는 포덤 대학교(Fordham University)에서 이때 쓴 시들을 낭송하게 되었는데, 이 낭송회는 기묘한 일련의 사건들을 통해 열린 것이었다. 나는 이전에 우리 집에서 파티를 연 적이 있었는데, 파티 참석자는 총 세 명이었다. 그중 한 명은 고등학교 때 같은 교회 청년부였던, 내 짝사랑 홀리였다. 나를 꿰뚫어 보는 듯한 푸른 눈동자를 가진 그 소녀 말이다. 고등학교 시절의 나는 숫기가 별로 없어서 홀리에게 데이트 신청을 할 수가 없었는데, 홀리는 어느새 유명한 영화감독인 조나스 메카스*의 아내가 되어 있었으며 포덤 대학교에서 일하고 있었다. 낭송이 끝난 후 그들 부부는 내게 약간의 사례금을 건네주었다. 보통 나는 그렇게 받은 돈을 장미꽃다발을 사는 데 쓰곤 했다. 나는 센트럴 파크 혹은 지하철을 타고 집으로 돌아가는 길에 사람들에게 장미꽃을 나눠주면서 "주고 싶은 사람에게 주세요"라고 말했다. 시로 번 돈은 무언가 아름다운 것을 창조하는 데 써야 한다고 생각했기 때문이었다.

밤이 되면 거리는 상당히 위험해졌다. 어느 날 밤, 나는 필모어 이스트Fillmore East에서 록 밴드 제쓰로 툴Jethro Tull의 콘서트를 다 보고 집으로 가던 중이었다. 그런데 자신을 수쉴라Sushila라고 소개하는 젊고 아름다운 어느 인도인 여성이 혹시 자신을 집까지 데려다줄 수 있

---

* Jonas Mekas. 조나스 메카스는 뉴욕에서 발간되는 신문인 〈빌리지 보이스Village Voice〉에서 영화 평론가로도 활동했다. 그는 티모시 리어리가 훗날 워터게이트 사건의 공모자인 G. 고든 리디Gordon Liddy에 의해 마약 소지 혐의로 체포되는 과정을 그린 〈리포트 프롬 밀브룩Report from Millbrook〉, 마하리시 마헤쉬 요기 Maharishi Mahesh Yogi와 함께 마하 만트라를 챈팅하는 비틀즈의 모습을 담은 〈하레 크리슈나〉, 앨런 긴즈버그, 존 레논, 오노 요코, 링고 스타, 앤디 워홀이 출연한 〈해피 버스데이 투 존Happy Birthday to John〉과 같은 전위적인 영화를 만들었다.

겠냐고 물어왔다. 그녀의 집이 우리 동네보다 훨씬 더 위험한 이스트 세컨드 스트리트 East Second Street에 있다는 말에 집에 데려다주기가 좀 망설여졌지만 수쉴라는 내가 생애 처음으로 만난 인도 여성이었고 그녀의 맑은 눈빛은 거부할 수 없는 어떤 신비스러운 느낌으로 나를 유혹했다.

만약 수쉴라가 미국인이었다면 나 역시 그녀가 집에 데려다주는 것 이상의 무언가를 원하고 있다는 것을 알았겠지만 인도 문화에서는 결혼 외에는 남성과의 접촉을 허락하지 않는다고 들었기 때문에 그녀가 무얼 원하는지는 확실히 알 수 없었다. 다행히 수쉴라를 집에 바래다주는 길에는 아무 일도 일어나지 않았고 그녀는 집 문 앞에서 내게 악수를 청했다. 우리는 서로 전화번호를 교환한 뒤 언제 한 번 차를 마시기로 했다.

다음 날 아침, 나는 전화벨 소리에 잠이 깼다. 수화기 너머로는 인도 억양의 한 남자가 자신을 수쉴라의 오빠라고 소개하며 여동생을 집에 데려다줘서 고맙다는 말과 함께 여동생을 다시 만나면 죽여버리겠다는 말을 남겼다. 그것은 그의 개인적인 감정 때문이 아니라 가족의 명예를 지키기 위한 조치였다.

나는 화가 나서 "이봐요, 여긴 미국이라고요. 내가 하고 싶은 대로 할 겁니다"라고 말했다.

하지만 며칠 동안 곰곰이 생각해보니 그의 말에 따르는 편이 현명하겠다는 생각이 들어 다시는 수쉴라를 만나지 않았다.

긴즈버그, 케루악 그리고 다른 비트족 작가들도 불교를 접하긴 했지만 불교를 진지하게 수행한 사람은 긴즈버그 말고는 없었다. —

비트족 시인 앨런 긴즈버그와 티베트 불교 라마 트룽파 린포체

그들의 작품 대부분에 만연해 있는, 고통에 대한 자기애적 중독을 보면 이를 알 수 있다.* 개인적 자아의 불안에 대한 집착을 끊어내기 위해 노력한 사람 역시 긴즈버그 말고는 거의 없었다. 긴즈버그는 티베트 라마인 초감 트룽파 린포체를 자신의 구루로 섬겼으며 그를 통해 마음의 본질 속으로 입문하게 되었다. 1971년, 두 사람은 서로 같은 택시를 잡으려다 만났고, 우연히 서로 만나고 싶어했다는 사실을 알게 되었다. 트룽파 린포체는 파격적이고 논란의 여지가 많은 스승이었는데, 후에 나는 그와의 만남들을 통해 많은 변화를 경

---

* '비트beat'는 원래 '두들겨 맞은, 짓밟힌'이라는 뜻의 단어지만 케루악과 2차 세계대전 이후의 여러 작가들은 물질주의의 손아귀에서 벗어나려면 이러한 고통이 필요하다고 보았다. 그들에게 있어 고통은 영적 각성을 위한 첫걸음이었다. 말하자면 "심령이 가난한 자는 복이 있나니 천국이 그들의 것임이요"라는, 예수님의 팔복의 말씀과 같은 것이었다. 케루악은 1948년에 '비트 세대'(Beat Generation)라는 표현을 만들었다. 그는 일간지 〈샌프란시스코 크로니클San Francisco Chronicle〉의 칼럼니스트인 허브 캔Herb Caen이 만든 '비트닉Beatnik'이라는 용어가 멸칭이라며 이를 혐오했다. 이후 생겨난 '히피'라는 단어 역시 위 세대인 비트족을 따라하려는 아래 세대들, 즉 머리를 기르고, 색색의 화려한 옷을 입고, 결과를 생각하지 않고 행동함으로써 힙hip해 보이려는 젊은 세대를 경멸하는 의미로 미디어에서 사용되었다. 알고 보면 히피라는 단어는 '눈을 뜬 사람, 알고 있는 사람'이라는 뜻의 아프리카 단어에 그 어원을 두고 있지만 막상 히피라는 단어를 쓰는 히피들은 극소수였으며, 오히려 '괴짜(freak)'라는 단어를 더 선호했다. ─ 이 역시 사회에 적응하지 못하는, 부정적인 자기 이미지를 불러일으키는 단어였다. 비트족과 히피들은 둘 다 무지와 탐욕에 기반해 있는 경직된 신념 체계에 순응하지 않으려 했는데, 그러한 신념 체계가 끊임없는 전쟁 ─ 당시로서는 베트남 전쟁 ─ 을 초래했다고 보았다.

험했다.*

긴즈버그는 결국 열성적인 챈팅이 인간을 지복으로 이끌어주기도 하지만, 자기회피를 부추기는 마약과 같아질 수도 있다는 사실을 깨달았다. 아무리 높은 경지로 올라가더라도 우리는 다시 일상적인 현실로 내려와서 자신이 어떤 사람인지를 직시하면서 감정적 애착과 혐오를 끊어내야 한다. 반면, 자기관찰은 우리가 지금 이 순간에 자유를 느낄 수 있게끔 해준다.**

통합 요가의 창시자 스와미 삿칫아난다

긴즈버그는 너무나 파격적인 인물이었기에 그에 비하자면 다른 이들은 적당히 파격적인 인물로 보일 수 있었다. 따라서 그는 아주 괴이하고 또 심한 반발을 불러올 수 있는 말이더라도 사람들이 자신의 소신을 당당히 표현할 수 있는 사회를 조성하는 데 일조하기도 했다. 모든 사회에는 등에 같은 사람, 즉 소크라테스 같은 소신 있는 사람이 필요한 법이다.

딜런 토머스는 결국 11번가에 있는 선술집 화이트 호스 타번White

---

* "70년대 초, 앨런을 만난 티베트 불교 스승 초감 트룽파가 가장 먼저 한 질문 중 하나는 이것이었다. '당신은 이렇게 많은 청중 앞에서 만트라를 챈팅할 때 자신이 무슨 일을 하고 있는 건지 알고 있습니까?' 트룽파는 '당신은 청중들을 취하게(high) 하고 있다'고 앨런에게 경고했다. — 하지만 취하게 만든 다음에는? 앨런은 그들을 그저 방치할 뿐이었다. 물론 트룽파 역시 자기만의 문제가 있었지만, 그는 앨런에게 지속적이고 규칙적인 명상 수행의 중요성을 강조했다. '명상은 기분이 좋아지려고 하는 것도 아니고, 기분이 나빠지는 것을 피하려고 하는 것도 아니며, 그냥 의자에 엉덩이를 붙이고 앉아 숨을 쉬면서 어떤 일이 일어나는지 지켜보는 것입니다. — 그리고 그 어떤 일이 일어나더라도 그것이 바로 명상입니다.' 이러한 명상은 초월과 지복의 경지를 좇는 것보다 더 지속적인 유익을 가져다주는 것으로 밝혀졌다." —〈세상을 도취시킬 계획: 리어리/긴즈버그 LSD 음모〉(The Plot to Turn On the World: The Leary/Ginsburg Acid Conspiracy), 스티브 실버맨Steve Silberman.

트룽파 린포체의 주목할 만한 저서로는《행복한 명상》,《마음 공부에 관하여》,《샴발라》등이 있다.

** 사마타(적정寂靜의 산스크리트어)라고 하는 이 명상 수행은 위빠사나(관觀의 산스크리트어)로 이어지며, 샴발라 인터내셔널Shambhala International에서 이를 가르치고 있다. 이에 대한 간결한 가르침은 나의 저서《"I AM" 확언》에 나와 있다.

1969년 우드스탁 뮤직 페스티벌에서
개막 기도를 하고 있는 스와미 삿칫아난다

Horse Tavern에서 술에 취해 죽음을 맞이했고, 이후 밥 딜런, 짐 모리슨, 헌터 S. 톰슨Hunter S. Thompson 등이 이곳에서 술을 마시곤 했다. 그리고 그로부터 몇 블록 떨어진 곳에서는 스와미 삿칫아난다***가 술과 약물 없이도 자연스럽게 영감을 얻을 수 있는 '요가', 즉 신성과의 결합을 가르치고 있었다.

*** Swami Satchidananda. 라마나 마하리쉬와 함께 공부했고 그 후에는 스와미 시바난다Swami Sivananda와 도 함께 공부했다. — 나중에 나는 리시케시에서 스와미 시바난다를 만났다. 스와미 삿칫아난다는 예술가 피터 맥스Peter Max의 초청으로 1966년 미국으로 건너왔으며 1969년에는 우드스탁 페스티벌에서 개막 기도를 했다. 이후 그는 통합 요가(Integral Yoga)를 개발하여 전 세계에 센터를 열었고 버지니아에 영적 공동체인 요가빌Yogaville을 만들었다.

요가

시를 쓰다 날이 저물어 밤이 되면 100년 전 월트 휘트먼*이 술을 마시던 브로드웨이 센트럴 바Broadway Central Bar를 찾곤 했다. 그가 내려 받았을 영감의 원천을 거기서 찾을 수 있지 않을까 하는 마음에서였다. 몇 년 뒤, 위층에 있던 호텔이 붕괴되면서 바도 함께 무너져 그 안에 있던 손님들이 사망하는 일이 벌어졌다. 다행히 나는 그때 거기에 없어서 목숨을 구할 수 있었지만 밤늦게까지 술을 마시며 시간을 보내는 생활을 오래 하다 보니 총기가 사라지고 영감도 받을 수 없었다. 그러던 어느 날, 한 친구가 내게 요가를 배워보는 게 어떻겠냐고 물었다. 그 말을 듣고 웃었다. 왜냐하면 내가 아는 시인들, 그러니까 긴즈버그 같은 사람들은 모두 자기파괴적인 성향을 지닌 신경증 환자들이었고, 내 친구가 물구나무를 선 채로 거칠고 빠

---

* Walt Whitman. 내가 인도의 한 요기에게 월트 휘트먼의 장시長詩 〈풀잎〉(Leaves of Grass)을 보여주자 그는 이렇게 말했다. "이 사람은 위대한 싯다(깨달은 존재)였습니다."

른 호흡을 들이쉬고 내쉬는 걸 보고 있자니 내가 그런 걸 할 수 있을 것 같지가 않아서였다. 당시는 TV를 통해 요가가 널리 알려지기 전이었으며 쇼핑몰 같은 곳에 요가원이 우후죽순 생겨나기도 전이었다. 그래서 요가는 주로 여자들이 하는 것 아닌가 하는 생각이 있었다.

하지만 뭐가 됐든 시도는 한번 해보고 싶었다. 마침 14번가에 있는 자유 대학**에서 수업을 열려는 한 여성을 우연히 만나게 되었고 이것이 계기가 되어 요가를 배우게 되었다. 그녀는 수업 전에 음식을 먹지 말라고 당부했는데, 시내를 걸을 때면 식욕이 왕성해져서 이따 아침 식사로 뭘 먹을지 머릿속에 그려보곤 했다. ─ 그러나 실제로는 그런 아침을 한 번도 먹지 못했다.

수업에서 첫 동작을 배운 바로 그 순간, 그러니까 근육을 긴장시키고 이완시키면서 온몸에 빛이 흐르는 것을 심상화하는 바로 그 순간, 나는 생전 처음 느껴보는 찌르르한 에너지를 느꼈으며 이전에는 머리로만 이해하고 있던 "나는 몸 그 이상이다"라는 진리를 진정으로 깨닫게 되었다.

이전에는 실제로 만질 수 있는 것만을 진짜라고 믿어왔었다. 하지만 이제 프라나prana라 불리는 무형의 생명력을 느끼게 되었고 이런 현상에 대해서 더 자세히 알고 싶어졌다. 그래서 수업이 끝난 후 프라나로 가득 찬 몸을 이끌고 뉴욕에서 가장 큰 규모의 형이상학 서점인 와이저스Weiser's로 미끄러지듯 걸어 들어갔다. 문을 열고 서점에 들어가자 진귀하고 오래된 책들이 천장까지 높이 쌓여 있었는데, 마치 고대 사원에 들어온 것 같은 기분이 들었다.

** Free University. 학생이 자주적으로 운영하는 대학. 무료 또는 적은 비용으로 수업을 들을 수 있다. 역주.

"요가 책 중에서 제일 괜찮은 게 뭔가요?" 나는 책을 잔뜩 든 채로 사다리 위에 올라가 있는, 올빼미를 닮은 서점 직원에게 물었다. 그는 사다리에서 내려오더니 뭘 찾는지 알겠다는 표정으로 내게 커다란 양장본 책을 한 권 건네주었다. 스와미 니크힐라난다 Swami Nikhilananda가 쓴 비베카난다 Vivekananda의 전기였다.

"이걸 찾고 계신 것 같네요." 그가 미소를 지으며 내 손에 책을 쥐여주자 진동이 느껴졌다. 겉으로 보기에는 표지가 갈색이라 좀 칙칙해 보였지만 책 자체는 그 안에 담긴 진리로 인해 높은 파동으로 진동하고 있었다. 서둘러 집으로 돌아가 책을 탐독했다. 비베카난다는 서양에 동양의 지혜를 훌륭하게 소개한 인물인데, 이는 산업 혁명 이후 시대의 다른 많은 인도인들처럼 그 역시 고국의 신비주의를 버리고 서양의 과학적 방식을 따르도록 교육받았기 때문이었다. 하지만 그가 인도의 신인神人으로 알려진 그의 구루, 스리 라마크리슈나 Sri Ramakrishna를 만난 후로는 모든 것이 바뀌었다. 내가 느끼기에 이 책 속의 문장들은 마치 나를 위한 것인 듯했고, 새로운 세계로 들어서는 기분도 들었다. 만약 요가를 통해 몸의 에너지를 경험하기 전이었다면 이 책의 문장들은 내게 아무런 감흥을 주지 못했겠지만, 지금은 이 책 속에 담겨 있는 지혜가 내 영혼이 찾아 헤매던 바로 그 지혜라는 것이 분명해 보였다. 비베카난다는 누구나 쉽게 배울 수 있는 자기수양 방법을 통한다면 초월적 실재에 영구적으로 이를 수 있다고 말했었는데, 나는 가장 강한 영감을 받았을 때 잠시 보았던 시적인 비전 속에서 그 초월적 실재를 어렴풋이 감지한 적이 있을 뿐이었다. '이 내면의 문을 왜 진작 열지 못했을까' 하는 생각이 났다.*

라마크리슈나의 말대로 프라나**가 정말 신의 에너지라면 내 몸 속 모든 세포를 통해 계속해서 그 에너지를 느끼고 싶었다. 한 달이 지나 자유 대학의 수업이 끝났다. 그러나 요가를 더 깊이 배워보고 싶은 마음에 스와미 삿칫아난다의 수업을 듣게 되었다. 반짝이는 눈을 가진 스와미 삿칫아난다는 존재 자체만으로도 사람들에게 영감을 주는, 진정한 요기의 모습을 하고 있었다. 그는 육체적인 쪽, 즉 하타 요가hatha yoga를 중심으로 수업을 진행했지만 나는 그의 수업을 들으며 몸이 이완되고 마음이 고요해지면 몸을 순환하는 에너지가 인식의 문을 열어준다는 사실을 알게 되었다.***

어느 날 오후 요가원에 들어온 스와미는 사람들이 매트에 등을 대고 누워 있는 것을 보고 모든 사람들이 가장 좋아하는 자세가 사바아사나Savasana(송장 자세)라며 농담을 던졌다. 물론 그 자세로 잠에 곯아떨어지는 사람도 있긴 했지만 그는 사람들이 뉴욕 시내에서 편안하게 휴식하고 있다는 사실에 행복해했다. 스와미 삿칫아난다의 메시지는 곧 인기를 얻었고, 가부좌 자세로 앉아 환한 미소를 짓고

* 한 사람이 라마크리슈나에게 "당신은 신을 보는데 왜 다른 사람들은 신을 보지 못하는 건가요?" 하고 묻자 라마크리슈나는 이렇게 대답했다. "나는 매 순간 내 의식을 신에 집중하기 때문에 신을 봅니다. 반면, 당신이 하루 종일 의식을 집중하는 대상은 물질이므로 당신 눈에는 물질이 보입니다. 지금 당신이 물질에 집중하는 것만큼 신에게 의식을 집중하면 당신도 신을 보게 될 겁니다."
** 마음먹은 대로 무엇이든 이룰 수 있는 이 보편적 생명력은 1977년에 개봉한 조지 루카스George Lucas 감독의 영화 〈스타워즈〉에서 포스Force라는 이름으로 널리 알려진다.
*** 사람들에게 가장 인기가 많은 하타 요가 외에도 다양한 형태의 요가가 있다. 이 중에는 결과에 집착하지 않는 깨달음의 행위인 카르마 요가karma yoga, 자신이 가장 사랑하는 특정 신에게 헌신하는 박티 요가bhakti yoga, 파탄잘리Patanjali가 〈요가 수트라Yoga Sutras〉에서 설명한 8단계의 명상 수행법인 라자 요가raja yoga, 지식의 길인 냐나 요가jnana yoga, 삶의 모든 측면을 수행의 길로 삼는 탄트라 요가tantric yoga, 형식적인 명상을 하는 동안이 아닌, 순간적으로 자연스레 일어나는 깨달음과 관련된 불교 개념인 아띠 요가ati yoga가 있다.

있는 그의 포스터가 미국 전역에 붙기 시작했다. 브루클린Brooklyn, 비벌리힐스Beverly Hills 할 것 없이 갑자기 쇼핑몰들에 요가원과 건강식품 매장이 생겨나기 시작했다.

나는 하루아침에 수행자가 된 게 아니었다. 아침 일찍 일어나 스트레칭을 한 뒤 온몸을 빛으로 채우는 것, 그리고 늦게 일어나 시를 쓰다 밤이 되면 시내로 나가는 것. 서로 충돌하는 이 두 가지 생활 방식 사이에서 무엇을 따를지 고민이 됐다. 요가를 하고 깨달음에 점점 더 가까워지면 시적인 영감이 사라져버리는 것은 아닐까? 그런 영감이 혼란의 산물이었다면? 내 인생에서 혼란이 사라지면 더 이상 시적인 영감을 얻지 못하는 건 아닐까? 그러다 결국에는 '시인이 아니라면 도대체 나는 뭐지?'라는 생각이 들어 무서워졌다.

나는 영감을 향한 열망 때문에 도시의 거리를 배회했고, 그러면서 마주하게 된 모든 경험들을 받아들였다. 이는 어렸을 때 교외에서 자라느라 미처 알지 못했던 삶의 어두운 면들을 마주보기 위해서였다. 부유한 교외 지역에서 자란 나는 술로 슬픔을 달래는 거리의 주정뱅이를 본 적이 없었으며 주삿바늘을 통해 고통에서 해방되기를 바라는 마약 중독자를 본 적은 더더욱 없었다. 이들은 도대체 어떤 삶을 살아온 것일까? 그들과 소통하고, 그들의 고통을 느끼고, 그들과 나의 삶을 하나로 이어주는 공통의 연결선을 찾고 싶었다.

밤새 도시를 배회하던 나는 어느 날 아침 브루클린의 어느 보도에서 눈을 떴다. 날이 밝아오고 있었다. 눈앞에는 아침 첫 햇살을 맞고 있는 브루클린 다리(Brooklyn Bridge)가 보였다. 두 세계를 연결하고 있는 듯한 다리의 웅장한 아치 구조물을 보니 자석 같은 끌림이 느껴져서 굳어버린 다리를 달래며 그쪽으로 걸어갔다.

머리 위로 펼쳐진 거대한 강철 케이블들을 바라보면서 우리 모두를 연결해주고 있는 보이지 않는 연결선이 도대체 무엇인지, 그리고 이런 연결선들이 어떻게 우리도 모르는 사이 영원의 흐름 속에서 우리의 삶을 이끌어가고 있는 건지 궁금해졌다. 해가 떠오르는 동안 이스트 강(East River)이 소용돌이치며 대서양의 썰물을 따라 흘러가는 모습을 바라보았다. 그러면서 내 인생은 어떤 운명을 향해 흘러가고 있을까 생각했다. 햇빛이 기분 좋게 얼굴에 내려앉는 것을 느끼면서 강 위로 떠오르는 해를 바라보았다. 햇빛은 나를 생명으로 가득 채워주었고, 나는 태양에 녹아들어 그것과 하나되고 싶었다. 해가 아직 완전히 떠오르지 않았기에 브루클린은 여전히 그림자 속에 잠겨 있었다. 나는 해안의 어둠을 등지고 떠오르는 태양 빛에 비친 도시를 향해, 그리고 아직 드러나지는 않았지만 빠르게 다가오고 있는 내 운명을 향해 걸어가며 다리를 건넜다.

브루클린에 무언가를 남겨두고 온 것만 같은 기분이었다. 아마 계속 그림자 속에 남아 있고 싶었던 나 자신의 일부가 거기 남겨진 것이리라. 그래서인지 내가 가야 할 길이 눈앞에서 빠르게 펼쳐지기 시작했다. 다음 날 아침, 요가를 마친 나는 몸 밖으로 튕겨 나가 우주의식 속으로 들어갔다. 등을 대고 누워 팔다리를 완전히 늘어뜨린 순간, 나는 개인으로서의 의식을 잃었고 끝없는 빛의 파동이 영원토록 물결치고 있는, '옴'* 소리로 가득 찬 우주와 하나가 되었다. 그것은 절대 진리, 의식, 지복으로도 알려져 있는 〈베다〉의 삿-칫-아난다Sat-chit-ananda, 즉 순수 존재의 의식이었다. 요가의 궁극적인 목표가 마치 근원으로부터의 선물처럼 내게 주어진 듯했다. 이 초월적 의식이 얼마나 오래 지속되었는지는 모르겠지만 갑자기 전화벨이 울리면서 나는 다시 개인의식으로, 에고의 세계로 추락했다.** 전화를 받으러 급히 달려간 내가 들은 대답은 잘못 건 전화라는 것이었다. 갑작스레 천국에서 떨어져 나왔다는 사실에 분노가 느껴졌다. 하지만 이런 분노는 내가 여전히 사랑, 만족, 안정을 추구하고 고통을 피하고 싶어하는 인간이라는 사실을 상기시켜주었다. 나는 많은 욕구를 지닌 개별적인 존재였으며 자기보존을 추구하는 육체이기도 했다.

 이런 경험은 선물과도 같은 것임을 나는 잘 알고 있었다. 왜냐하면 내가 아무리 열심히 명상을 한다고 한들 이렇게 에고를 상실한 적은 한 번도 없었기 때문이었다. 그렇지만 이런 선물은 누구에게서 비롯된 것일까? 스와미 삿칫아난다, 라마크리슈나 파라마한사, 스와미 비베카난다 아니면 인도의 어떤 구루가 이제는 내가 깨어날 때라고 결정한 걸까? 이 지복의 경험이 누구에게서 비롯된 것이든 간에 나는 크나큰 감사를 느꼈고, 곧 또다시 그런 경험을 할 수 있기를 바랐다. 안타깝게도, 그런 나의 바람은 오래도록 이루어지지

---

* 옴은 브라만Brahman에서 나오는 태초의 소리인 프라나바pranava와 가장 비슷한 소리이며, 산스크리트 알파벳 역시 이 소리로부터 파생되었다. 브라만은 태초의 존재, 스스로 빛나는 의식을 뜻하며 브라만의 본질이 바로 삿 칫 아난다이다. 브라만을 신성이 인격화된 형태인 브라마Brahma와 혼동하지 않도록 주의해야 한다. 브라마는 시바, 비슈누와 함께 트리무르티Trimurti(삼위일체)의 일부이며 이들은 물질 우주를 발현, 유지, 해체하는 힘을 의인화한 것이다.

** 에고는 인간의 삶에 스며들어 있는, 쌍으로 존재하는 세속적 다르마 여덟 가지에 의해 동기를 부여받는다. 쾌락/고통, 이익/손실, 명예/불명예, 칭찬/비난이 바로 그것이다. 사람들은 이 중에서 한쪽 극만을 추구하고 그 반대 극을 피하려고 노력하는데, 여기에 사로잡히면 삶의 의미를 찾지 못한다.

않았다. 하지만 그때 이후로 나는 마치 진귀한 넥타***를 맛보게 된 사람처럼 그 달콤함, 즉 근원과의 하나됨을 내 인생의 목표로 세우게 되었다.

이러한 경험을 한 뒤로는 삶이 유머러스해 보였다. 사람들이 중요하게 여기는 일들은 마치 태양 앞을 지나는 구름으로 인해 생겨난 그림자처럼 실재하지 않는 것으로 보였다. 내가 다시 이전의 상태로 돌아가기까지는 며칠이 걸렸다. 아니, 어쩌면 나는 영영 전과 같은 상태로 돌아간 적이 없을지도 모른다. 무한 속으로 녹아드는 경험은 삶을 뒤집어버릴 만한 경험이기 때문이다. 일단 한번 참자아를 경험하게 되면 결코 그것을 잊을 수 없다. 깜짝 용수철 상자를 연 순간, 다시는 이전으로 돌아갈 수 없는 것과도 같다. 다시 말해, 한번 그것을 일별한 후로는 그것을 보지 못했던 때로 돌아갈 수 없다는 말이다.****

길거리를 걸어가던 나는 마치 빛의 구球 안에 들어가 있는 기분이 들었고 보아하니 이 빛의 구가 몇 달 전 내 돈을 강탈했던, 칼을 휘두르는 약쟁이들을 모두 쫓아버리는 것 같았다. 보호막에 부딪힌 듯 튕겨 나간 그들은 얼굴에 당황한 기색이 역력했으며 나는 두려움 없이 내 갈 길을 걸어갔다.

며칠 동안 나는 사랑의 오라에 휩싸인 채 아무런 두려움 없이 거리를 배회했다. 그러다 주말이 되니 빛이 거의 사라졌다. 그렇지만 나는 이미 다른 사람이 되어 있었다. 바에서 놀고 싶은 욕구, 시를

*** nectar. 고대 그리스와 로마 신화에 나오는 신들의 음료. 역주.
**** 깨달음을 경험한 많은 이들은 자신이 '깨달음'이라는 목표를 이뤘다고 생각한다. 하지만 성장은 끝없이 이어지는 것이며 자기완성(self-mastery)의 수준에 이르려면 그러한 새로운 의식이 평범한 인간 속으로 통합되어 자리를 잡아야만 한다. 사실 진정한 마스터는 지극히 평범한 사람으로 보이며 배우자나 가족, 친구, 동료들 사이에서조차 그렇게 인식되기도 한다.

쓰고 싶은 욕구가 전혀 느껴지지 않았다. 그리고 이상하게도 그게 아무렇지 않았다.

나는 매일 아침 일찍 일어나 요가를 했다. 요가를 다 마치면 명상도 했지만 아무리 애를 써도 이전의 그 초월적 의식에 도달할 수는 없었다. 다시 한번 영원의 문에 다가가기 위해 마음을 가라앉히면서 몇 시간 동안 엉덩이를 붙이고 앉아 있어도 상대성의 세계에서 벗어날 수가 없었다.

달이 차오르면서 톰킨스 스퀘어는 힙스터가 되고 싶어하는, 새벽까지 봉고 드럼과 콩가 드럼을 두드리는 이들로 가득해졌다. 이 때문에 높은 차원으로의 탈출은 한층 더 어려워졌다. 히말라야 산맥의 어느 고요한 곳에서 지내면 더 쉽게 깨달음을 얻을 수 있지 않을까 하는 생각이 들었다. 한 번의 눈길이나 생각만으로도 의식을 전수할 수 있는* 라마크리슈나 혹은 라마나 마하리쉬 같은 구루의 발치에 앉아 있고만 싶었다.

---

* 샤티팟Shaktipat. 깨달은 존재에 의해 이뤄지는 의식의 전수.

죽음의 신이 보낸 밀사

우리 가족과 친했던 지인 한 분이 암에 걸려 컬럼비아 장로병원에 입원해 계셨을 때였다. 내가 그분을 마지막으로 뵌 것은 어머니의 칵테일 파티에서였다. 당시 그는 위궤양을 진정시키기 위해 우유를 찾으러 부엌에 들어갔는데, 거기서 그가 마실 수 있는 것은 자신이 경영하는 회사에서 생산되어 전 세계로 판매되고 있는, 합성 파우더 형태의 크림 대용품뿐이었다. 그것을 물에 녹여보려는 시도는 결국 헛수고로 돌아갔고, 결국 그는 파우더 덩어리가 둥둥 떠다니는 그 맛없는 액체를 그대로 마셔야 했다.

이제 그는 말기 암 환자들을 위한 지하 병동에 혼자 누워 혼란에 빠져 있었다. 누군가의 동정을 받는 것을 아주 싫어하는 그였기에 아무도 병문안을 오지 않았다.

"나한테 무슨 일이 일어나고 있는 거니?" 그가 물었다.

"당신은 죽어가고 있어요."

"뭐야, 아무도 나한테 그런 얘기를 해주지 않았는데!"

나는 아연실색했다. 자기가 죽어가고 있다는 사실조차 모르고 있었다니. 아니, 어쩌면 혈관에 모르핀이 들어가서 기억을 못 하는 것일지도 몰랐다. 방금 〈카타 우파니샤드 Katha Upanishad〉를 읽고 온 나는 그에게 죽음의 신 야마 Yama의 말을 들려주는 게 좋겠다 싶었다.

> 아는 자아는 태어나지 않는다. 그 자아는 죽지 않는다. 그것은 어떤 것으로부터 생겨난 것이 아니며, 아무것도 그것으로부터 생겨나지 않는다. 난 적 없고, 영원하고, 변치 않고, 아주 오래된 그것은 육신이 죽어도 죽지 않는다.

"나는 이제 어떻게 되는 걸까?" 램버트 Lambert는 당황한 표정으로 다시 내게 물었다.

"당신의 몸은 이제 기능을 거의 다했어요." 나는 야마의 말을 의역하며 말했다. "낡은 몸을 버리고 새 몸을 얻는 거예요. 죽음이란 건 없어요. 그저 한 방에서 다른 방으로 이동하는 거죠. 고통의 방을 떠나 고통 없는, 빛으로 가득한 새로운 방으로 가는 거예요. 빛을 향해 가시면 돼요. 그곳에서 당신이 사랑하는 사람들을 만나게 될 거예요. 그 사람들이 당신을 새집으로 데려다줄 거고, 거기서 오랫동안 보지 못했던 옛 친구와 가족들을 만나면 돼요. 그들은 당신을 다시 보게 되어 아주 기뻐할 거고, 당신도 그들을 만나 행복할 거예요."

내 말에 표정이 한결 편안해진 그는 눈물을 흘리면서 내 손을 잡았다. "고맙구나, 정말 고마워. 나를 만나러 와줘서 진심으로 고맙다."

팔에 주삿바늘을 꽂은 채 병원 침대에 누워 있는 그는 많은 재산을 소유하고 수많은 나라들을 여행했으면서도 살면서 단 한 번도 진지하게 죽음에 대해 생각해본 적이 없는 듯했다. ― 그런 그에게 이제 죽음이 가까이 다가오고 있었다. 수백만 달러 규모의 재산을 가지고 미국 최고의 의료 서비스를 누리는 사람이라 해도 죽음은 단 1초라도 늦출 수 없다. 소중한 삶의 순간순간이 하염없이 흘러만 가고 있었다. 만약 그가 사후에 자신의 삶을 돌아보게 된다면 자신이 기회를 낭비했다고 느낄까? 며칠 후, 그가 지하 병실에서 홀로 세상을 떴다는 소식이 들려왔다. 내가 그의 마지막 문안객이었음이 틀림없었다.

ॐ

심령가와 스페인식 모자를 쓴 여자

1971년 봄, 나는 누군가를 바라보는 것만으로도 그 사람의 인생을 꿰뚫어 본다는 한 심령가에 관한 이야기를 들었다. 당시 나는 삼사라의 바다에 던져진 코르크 마개가 된 기분이었기 때문에 그를 만나 내 미래를 알아보기로 했다. 작은 회당 같은 것을 운영하고 있던 그는 의례 중에 회당을 돌아다니며 사람들에게 그들의 삶의 일들을 이야기해주었다.

하지만 내가 마주한 그 사람은 깨달은 존재라기보다는 오히려 고뇌에 시달리는 인물 같아 보였다. 자꾸만 이곳저곳으로 시선을 옮기던 그는 허공을 응시하기도 했는데, 아마 영들과 소통하는 듯했다. 나는 우리가 생명의 바다에 살고 있으며 이 바다에는 서로 다른 주파수대의 여러 존재들이 살고 있음을 알고 있었다. 마치 텔레비전 채널처럼 우리도 우리에게 익숙한 특정 주파수대의 채널만을 볼 수 있는 것이다. 짐작건대, 그는 이런 채널 중 여러 채널을 볼 수 있는 듯했다. 그러나 그 채널들이 인간의 생각과 감정이 뭉쳐져 있는 심령적인 층이었는지, 아니면 앞으로 확실히 일어날 일들이 나타나는 원인계(causal realm)를 들여다볼 수 있었던 것인지는 정확히 알 수 없다.*

회당으로 사용되던 2층 방에는 이삼십 명이 접이식 의자에 앉아 있었다. 테이블 위에는 예수님의 사진이 있었고, 그 사진 앞에 촛불 두 개가 놓여 있었다. 간단한 기도를 마친 심령가는 세상을 향해 빛이 퍼져나가는 모습을 심상화하는 명상을 안내했다. 그런 다음 방을 돌아다니며 한 사람 한 사람과 차례로 이야기하기 시작했다. 그는 한 남성에게 폐 한쪽에서 어두운 에너지가 느껴진다며 담배를 끊으라고 조언했다. 그런 다음 그 옆으로 가서 자기 여동생을 걱정하고 있는 한 여성에게 계획대로 여동생을 보러 가라고 말했다. 그 옆의 여성은 장성한 아들과 연락이 끊겨 그가 아직 살아 있는 건지 걱정하고 있었는데, 심령가는 아들에게 곧 연락이 올 거라고, 하지만 설령 연락이 오지 않더라도 크게 걱정할 것 없다고 장담했다. 그런 다음 심령가는 내게 다가오더니 내 머리 위 허공을 응시하며 이렇게 말했다. "다리가 당신에게 매우 중요해 보이네요. 저도 제가 왜 이런 얘기를 하는 건지는 잘 모르겠지만 당신이 다리 한가운데서 뛰어내릴 준비를 하는 것처럼 보여요."

* 아스트랄계는 물리적 세계 너머에 존재하는데, 그렇다고 해서 꼭 의식 수준이 더 높은 차원이라고는 할 수 없다. 아스트랄계는 서로 다른 진동 주파수를 지닌 여러 차원으로 나뉘어져 있다. 대부분의 심령술사들은 이 중에서 가장 낮은 아스트랄계에 접근한다. 가장 낮은 아스트랄계는 인간의 사념체들로 가득 차 있는데, 이는 과거나 미래의 사건처럼 인식될 수 있다. 아니면 심령가가 그저 자신의 상상을 투영하고 있는 것일 수도 있다. 낮은 아스트랄계에는 아직 더 높은 차원으로 진화하지 못한, 육신을 떠난 혼령들이 있다. 이들은 마치 자신이 위대한 존재인 것처럼, 심지어는 마스터인 것처럼 사람들을 속이기도 한다. 이보다 더 높은 아스트랄계는 우리가 살아가는 세계만큼이나 실제적이고 물리적인 세상으로 보이는데, 이곳에서는 사후에도 진화가 계속 이어진다. '아스트랄astral'과 '에테르적etheric'이라는 단어는 같은 의미로 사용되고 있다. 시간은 환상이기 때문에 가끔 어떤 사람들은 '미래'에 일어날 일들을 미리 보기도 한다. 그러나 운명은 언제나 바뀔 여지가 있다.

"그 장면은 과거인가요, 아니면 미래인가요?" 나는 충격을 받아 물었다.

"그건 말씀해드리기가 힘들겠네요. 일단은 당신이 다리 위에 있는 이 장면이 매우 중요한 장면이라는 것만 말씀드릴 수 있겠습니다."

그는 계속해서 방을 돌아다니며 자신이 본 것을 사람들에게 이야기해주었고, 자리가 끝나 방을 떠날 때쯤에는 그가 지금까지 얼마나 정확히 맞춰왔는지 칭찬하는 소리가 들려왔다.

다리에 대한 그의 말을 듣자 브루클린 다리에서의 경험이 떠올랐다. '그곳으로 다시 가야 하는 걸까?' 그날 나는 다리 위에서 차디찬 이스트 강에 뛰어들면 어떨까 잠시 상상해보긴 했지만, 그렇게 하는 대신 한 단계 높은 의식으로 뛰어올랐다. 이제 나는 브루클린 다리로 다시 가야 하는 건지, 내가 잘못된 선택을 해서 결국 강물로 뛰어들게 될지 궁금해졌다.

그 후 며칠 동안 다리에 관한 생각이 머릿속에서 떠나질 않았고, 다리에서 뛰어내리는 행동이 점점 더 괜찮은 행동처럼 느껴졌다. 허공을 향해 뛰어내리면, 즉 무한의 품에 몸을 던지면 더 이상 결정할 것도, 책임질 것도, 고뇌할 것도 없으니 자유로워질 것 같았다. 육신을 벗으면 아무런 제약 없이 우주를 탐험할 수 있을 것 같았다. 하지만 만약 신이 존재해서 내게 자살에 대한 벌을 내린다면, 그래서 지구로 돌아가 처음부터 다시 삶을 살아야 한다는 절망스러운 소식을 듣게 된다면 어쩐단 말인가?

이런저런 생각으로 고민하던 나는 멀베리 스트리트^{Mulberry Street}에 사는 심령가 친구 프랭크^{Frank}를 만나러 갔다. 혹시 그가 내 미래를 알려줄지 누가 알겠는가? 사람들은 그를 뉴욕 최고의 심령가라고

칭송했다. 심지어 아가 칸*도 그와 상담하기 위해 유럽에서부터 비행기를 타고 날아왔다는 소문이 있었다.

이전의 그 심령가와 마찬가지로 프랭크 역시 내 앞날을 알고 있는 듯했지만 다리나 이스트 강에 뛰어드는 것과 관련해서는 아무 말이 없었다. 대신 그는 변화의 기폭제가 될, 스페인식 모자를 쓴 여자가 보인다고 했다.

도시에 사는 싱글 청년이었던 나는 아름다운 여성에 관한 이 예언을 듣고 본격적인 행동에 나섰다. 프랭크네 집에서 나오자마자 다리에서 뛰어내리는 것에 관한 생각일랑 싹 다 잊어버리고 스페인식 모자를 쓴 여자를 찾아 떠난 것이다. 나는 시내를 걸어 다니면서 지나가는 사람들을 하나하나 살펴봤다. 그러다가 나도 모르는 새 걸음이 빨라졌는지, 얼마 안 되어 센트럴 파크에 도착했다. 그녀가 보이지 않아 잔뜩 실망한 나는 벤치에 앉아 쉬고 있었다.

바로 그때, 검은색 토레아도르 바지**에 은색 자수가 새겨진 재킷 차림의 여성이 나타났다. 한 줄로 땋은 검은 머리를 등 뒤로 길게 늘어뜨린 그 플라멩코 댄서는 머리에 스페인식 모자를 쓰고 있었다. 나는 내 운명의 열쇠가 될 그녀를 만나봐야겠다는 생각에 자리에서 벌떡 일어섰다. 하지만 뒤를 따라 걸으면서 보니 그녀는 어머니로 추정되는 연로한 여성과 팔짱을 끼고 걷고 있었다.

그녀에게 다가가기에는 곤란한 상황이었다. 다가가서 "저기요, 심령가가 말하길 나와 당신이 만나게 될 거고 우리가 함께할 운명이라고 했어요"라고 말할 수도 없는 노릇이었다.

---

* Aga Khan. 시아파의 분파 중 하나인 이스마일파의 지도자. 역주.
** Toreador pants. 투우복 모양의 바지. 7부 길이이며 주로 여성들이 많이 입는다. 역주.

아무리 생각해봐도 접근하기에 마땅한 말을 찾을 수가 없었다. 길 건너편의 플라자 호텔Plaza Hotel에서 차를 대접하겠다고 제안해볼까 생각도 해봤지만 그것 역시 좀 외람된 일 같았다. 두 여성이 계속 길을 걸어가는 동안 나와 그들의 사이는 점점 멀어져만 갔다.

일생일대의 기회를 놓쳤다는 생각에 마음이 무거웠다. 천천히 길을 걸으며 이런 생각을 했다. '어차피 정해진 운명이라면 어떻게든 그대로 될 거야. 만약 우리가 함께할 운명이라면 그녀와 나는 다시 만나게 될 거고, 그때가 되면 말을 걸 용기도 나겠지.' 그렇긴 해도 프랭크에게 전화를 걸어서 내가 방금 일생일대의 기회를 놓친 건지 확인은 해보고 싶었다.

"그건 아냐." 프랭크가 단언했다. "스페인식 모자는 그냥 상징이야. 앞으로 몇 년 동안 네가 끌림을 느끼게 될 여성들의 전형적인 이미지일 뿐이지. 그게 꼭 특정한 한 사람이 아닐 수도 있고, 어쩌면 스페인식 모자가 없는 여성일 수도 있어."

프랭크의 대답이 실망스럽긴 했지만 한편으로는 안도감도 들었다. 〈카르멘〉*에 나오는 격정적인 여주인공과 복잡한 로맨스에 빠지는 대신 요기로 살면서 영적인 길을 추구할 수 있었기 때문이다.

몇 년 후, 나는 스테파니Stephanie라는 여성을 만나 놀라운 일을 겪게 되었다. 내가 프랭크의 예언에 관해 이야기하자 그녀가 옷장으로 가더니 스페인식 모자를 꺼내 온 것이다. 스테파니는 맨 위 선반에서 먼지를 뒤집어쓰고 있던 그 모자를 몇 년 전 플라멩코를 배울 때 썼다고 했다.

---

* Carmen. 프랑스 작곡가 조르주 비제Georges Bizet의 오페라. 돈 호세가 자유분방하고 매력적인 집시 여인 카르멘을 만나 인생이 망가지자 그녀를 죽이고 자신도 파멸을 맞는다는 줄거리다. 역주.

그렇다면 우리는 함께할 운명이었던 것일까? 심령가가 그런 비전을 '보았다'면 그것은 정해진 운명인가, 아니면 우리의 자유의지로 바꿀 수 있는 운명인가? 내가 그 예언을 오랜 시간 마음속에 품고 있었기 때문에 이제 그것을 실현시키기 위해 스테파니와 관계를 만들어가려는 것은 아닐까?

물론 스테파니에게 마음이 많이 끌리긴 했지만, 몇 달이 지나자 우리가 서로 다른 방향으로 가고 있음이 명확해졌다. 스테파니는 자신을 마스터 노메Nome(No Me, 나 없음)라 칭하는, 산타크루즈Santa Cruz에서 비이원론을 가르치는 어느 미국인 스승에게 매료되었던 반면, 나는 샤스타 산 너머의 사막에서 명상적인 삶을 살고자 했다.

내가 들었던 그 모든 심령적 예언은 내게 아무런 도움도 되지 못했다. 한 예언은 브루클린 다리에서 뛰어내려야겠다는 생각을 강화하기만 했고, 다른 한 예언은 어떤 여성을 찾아야 한다는 강박관념을 심어주었다. 결국, 나는 기다리던 그녀를 나중에야 자연스럽게 만났다. 그녀가 스페인식 모자를 쓴 것도 눈치채지 못한 채로 말이다. 몇 년 후, 프랭크는 오노 요코에게 존 레논이 인도에 누워 피를 철철 흘리며 죽어가는 비전이 보인다고 말했다. 어쩌면 이러한 예언은 나중에 그녀가 그 사건을 존의 카르마로 인해 벌어진 것으로 받아들이는 데 도움이 되었을지 모른다. 하지만 1980년 12월 8일 그날 밤, 다코타Dakota 외곽에 있던 존에게는 그 심령적 메시지가 그다지 큰 도움이 되지 못했다.

로맨스

요가를 하다가 무시간적 인식을 경험하고 나서는 술집에 들락거리기를 그만두었다. 나의 영적 의식이 술집 분위기에 눌리는 느낌이 들었고, 이런 의식이 펼쳐지려면 더 순수한 환경이 갖춰져야 한다고 느껴서였다. 이와 동시에, 딱딱한 요가 수련만 존재했던 내 삶 속으로 부드럽고 로맨틱한 인연이 하나 찾아왔다. 로맨스의 주인공은 스페인식 모자 대신 직접 뜨개질한 분홍색 꽃을 단 모자를 쓰고 있던 프랑스인, 콜레트 Colette였다. 멀리서 그녀를 처음 본 순간, 나는 사랑에 빠졌다.

그녀를 처음 만난 그날 밤, 밖에 나가고 싶다는 충동이 느껴졌지만 딱히 가고 싶은 곳은 없었다. 그렇게 저녁 식사를 하면서 〈빌리지 보이스 Village Voice〉 신문을 훑어보고 있었는데, 거기에 마침 워싱턴 스퀘어 Washington Square 서쪽의 작은 공원에서 무료 콘서트가 열린다는 소식이 실려 있었다. 나중에 알게 된 사실이지만 이때 내가 느낀 내적 이끌림, 즉 밖으로 나가고 싶다는 충동은 신성의 안내였다.* 콘서트장에 막 도착했을 무렵, 그날 공연할 밴드도 무대 위로 올라가고 있었다. 관람석은 이미 만석이었고, 중앙 관람석 맨 앞줄에 앉은 어느 젊은 여성 옆에만 빈자리가 하나 남아 있었다. 왠지는 모르겠지만 그때부터 내 심장이 두근대기 시작했다. 그녀를 향해 걸어가는 동안 그녀와 나 둘 다 우리 사이에 뭔가 특별한 게 있음을 느낀 듯 보였다. 나는 뚝딱대면서 "혹시 여기 앉아도 될까요?" 하고 물었는데, 이때 내 심장은 마구 뛰고 있었다.

"그럼요." 그녀가 프랑스 억양으로 대답했다.

콘서트를 보는 내내 어떻게 말을 걸어야 할지 떠오르질 않아서 가끔 그녀가 반대 방향으로 고개를 돌릴 때마다 그녀의 옆모습을 슬쩍 바라보기만 했다. 그러다 콘서트가 막바지에 이르렀을 때쯤, 내 느낌상 우리 둘 다 함께 콘서트장 밖으로 나가기를 바라는 것 같았다. 나는 관람석을 내려오면서 이렇게 물었다. "같이 커피 한잔하시겠어요?"

그렇게 그녀와 허드슨 스트리트를 걷게 되었다. 내가 먼저 용기를 내어 데이트 신청을 했다는 사실이 사뭇 놀라웠다. 그녀와 나란히 길을 걷는데, 마치 원래부터 알던 사이처럼 자연스러운 느낌이 들었다. 딱히 애쓰지 않아도 말이 술술 잘 나왔다. 마침내 화이트 호스 타번에 도착한 우리는 작은 테이블에 앉았다. 그녀의 목소리에 귀를

---

* 순간순간 주어지는 직접적인 신성의 가이드는 가슴 중심의 느낌으로 찾아온다. 이러한 느낌은 좀더 정확히 말하자면 흉선 근처, 그러니까 흉골의 약간 오른쪽에서 느껴지는데, 바로 이곳이 영혼이 육체에 닻을 내리는 지점이자 삼중 불꽃(Three-Fold Flame)이 활동하는 자리이다. 마음이 고요하고 감정이 잔잔할 때면 이 불꽃 또는 에너지를 느낄 수 있다. 사람들이 오장육부로 느껴지는 감(gut guidance)이라고 일컫는 것은 배쪽에서 느껴지며 보통 생존의 문제와 연관이 있다. 우리가 신성의 가이드를 느끼고 따르겠다고 선택하든 그렇지 않든, 우리는 매 순간 상위 자아로부터 안내를 받고 있다.

기울이며 촛불에 비친 그녀의 부드러운 뺨을 바라보는 동안 뭔가 기적 같은 일이 일어나고 있다는 생각이 들었다.

콜레트는 자신을 아방가르드 공연 그룹을 운영하는 머스 커닝햄 Merce Cunningham과 함께 작업하는 무용수라고 소개하면서 현재는 그룹 사람들이 집을 떠나 있는 동안 그들의 집을 봐주는 일로 생계를 유지하고 있다고 했다. 그녀는 맨해튼을 사랑했고 동네마다 갖고 있는 그 고유의 분위기를 참 좋아했다. 그날 밤 우리는 주변 이곳저곳을 돌아다니다가 워싱턴 스퀘어 아치 Washington Square Arch 아래서 키스를 했다. 그것이 우리 연애의 시작이었다.

하지만 동거를 하지는 않았다. 콜레트에게는 춤을 출 공간이 필요했고, 나는 글을 쓸 때 어느 정도의 고독함이 필요했기 때문이다. 그녀는 일주일에 두어 번 내가 사는 동네로 내려와 나를 만났고, 어떨 때는 내가 그녀의 동네로 올라가 같이 점심을 먹기도 했다. 우리는 영화를 보거나 박물관을 갔고 가끔은 그냥 아이스크림을 먹으면서 센트럴 파크를 걷기도 했다. 난생처음 인간으로 사는 것이 좋다고 느껴졌다.

우리는 다투는 법이 없었고, 사귄 지 1년이 되었을 때도 처음 만난 그날 밤처럼 로맨틱한 관계를 유지하고 있었다. 제대로 된 연애로만 치자면 콜레트는 내 생애 첫 여자친구였기에 관계를 정리해야겠다는 생각은 꿈에도 없었다. 그러나 그즈음, 우리를 갈라놓을 운명이 서서히 다가오기 시작했다. 어느 순간부터 우리 사이에 금이 가기 시작한 것이다. 사람들의 운명을 관리하는 카르마의 주님들*

---

* Lords of Karma. 마스터들의 그룹으로서, 각 개인의 영적 진화와 관련한 기록을 보관하며 여러 생애에 걸쳐 개인을 안내하기도 한다. 즉, 이들은 개인의 신적 자아가 인간의 몸으로 내려와 배우고자 했던 교훈을 얻는 데 필요한 부모, 관계 및 환경으로 개인을 안내하는 역할을 하고 있다.

은 콘서트장에서 일부러 그녀 옆자리만 비워둔 것이 분명했고, 우리가 모든 작업을 끝마쳤다는 것을 알고 있는 그 마스터들은 이제 사이를 다시 갈라놓고 있었다. 우리 자신도 헤어지게 되리라는 것을 미처 알지 못했을 정도로, 그 사건은 은근슬쩍 그녀를 찾아왔다. 어느 날, 콜레트에게 그룹의 다른 무용수들과 함께 몇 달 동안 시골에 있는 집을 봐줄 수 있겠냐는 제안이 들어왔다. 그렇게 하여 내가 도시에서 요가 수련을 하고 〈베다〉와 〈우파니샤드〉를 열심히 공부하는 동안 콜레트와 동료들은 그들 나름대로 새로운 삶의 루틴을 만들어갔다.

어느 순간, 그녀와 전화 통화를 하던 나는 우리 사이에 넘을 수 없는 간극이 생겼음을 느꼈다. 몇 달만 떨어져 있으면 될 줄 알았던 이별 기간은 계속 늘어났고, 결국 우리는 영영 이별하게 되었다. 나의 독신 생활은 이후 7년간 계속 이어졌고, 이 기간 동안 나는 내면에 존재하는 영원한 현존에 집중하기 위해 누군가와 긴밀한 관계를 맺고 싶다는 나 자신의 욕구를 무시해버렸다.**

** 사랑과 섹슈얼리티의 표현에 관해서는 모든 사람, 모든 발달 단계에 딱 알맞은 그런 규칙이 존재하지 않는다. 발달 단계마다 가장 적절한 방식이 무엇인지가 달라질 수 있기 때문이다. 궁극적으로, 성경에 나오는 '천국에서 맺어진 결혼'은 한 개인의 안에서 남성 에너지와 여성 에너지가 결합되어 외부의 현상들을 경험하려는 욕구가 소멸되었을 때 나타난다.

나를 부르는 구루의 손짓

　비전 지식을 다룬 책들에는 흔히 이런 문장이 보인다. "제자가 준비되면 스승이 나타난다." 그리고 그 스승의 목소리는 어느 날 점심을 먹으며 듣던 라디오에서 흘러나왔다. WBAI 방송국 라디오를 듣고 있던 나는 자칭 바바 람 다스$^{Baba\ Ram\ Dass}$라는 사람의 인터뷰를 우연히 듣게 되었는데, 그의 말이 내게 영감을 주었다. 당시 방송된 이 유명한 인터뷰는 훗날 수천 명의 히피들이 마약 그 이상의 것, 즉 영적 성취를 통해 느낄 수 있는 더 지속적인 기쁨을 추구하는 계기가 되었다고 한다. 이러한 기쁨을 누리기 위해 힌두교를 따르거나 인도로 떠나는 사람들도 많았다.

　람 다스, 그러니까 전 하버드대 교수였던 리처드 앨퍼트$^{Richard\ Alpert}$는 역시 하버드대 교수였던 티모시 리어리와 함께 진행한 LSD 실험에 관한 질문을 받았다.* 그들은 연구자의 지도하에 LSD를 복용하는 것이 일부 환자들의 신경증 극복에 도움이 된다는 사실을 발견했다. 그러나 하버드는 이 파격적인 실험을 인정하지 않고 이들을 교수직에서 해임했다. 학계에서 추방된 앨퍼트는 결국 자신이 약물을 통해 경험했던 그 변성 의식에 대한 통찰을 얻기 위해, 그리고 자연적으로 그 같은 상태에 이를 방법이 있는지를 알아보기 위해 인도로 떠났다.**

인도로 떠날 때까지만 해도 그는 거의 벌거벗다시피 한 몸을 담요로 둘둘 감싼 어떤 노인네에 의해 지금껏 자신이 공부해왔던 모든 것과 자기 세상의 모든 이성적 근간이 뿌리째 흔들리게 되리라고는 생각지도 못하고 있었다. 그러니까, 님 카롤리 바바라고 불리는 그 남자가 자신의 구루가 되리라고는 꿈에도 생각지 못한 것이다. 하지

---

* 리처드 앨퍼트는 1931년 4월 6일, 매사추세츠주 보스턴의 어느 유대인 가정에서 태어났다. 그의 아버지는 뉴욕, 뉴헤이븐, 하트포드 철도(New York, New Haven and Hartford Railroad)의 회장이자 브랜다이스 대학교(Brandeis University)와 알베르트 아인슈타인 의과대학(Albert Einstein College of Medicine)의 설립자였다. 리처드는 1952년 터프츠 대학교(Tufts University)를 졸업하고 웨슬리언 대학교(Wesleyan University)에서 석사 학위를, 스탠퍼드 대학교에서 심리학 박사 학위를 받았다. 그 후로는 공공 의료직에 종사하는 상담사 겸 하버드 대학교의 심리학 교수로 일하게 되었다. 그는 1961년, 동료 교수인 티모시 리어리와 함께 실로시빈psilocybin을 복용하면서 향정신성 약물을 처음 접하게 되었다. 그는 나중에 이렇게 회고한 바 있다. "환각제를 복용하기 전까지 나는 하느님의 '하' 자도 알지 못했다." ― 사라 데이비슨Sara Davidson, '궁극의 여행'(The Ultimate Trip), 〈터프츠 대학 매거진〉 2006년 가을 호. 그와 리어리는 앤도버 뉴턴 신학 대학원(Andover Newton Theological Seminary) 대학원생 스무 명을 대상으로 성금요일 교회 예배 중에 이중맹검 실험을 실시했다. 열 명에게는 실로시빈을, 나머지 절반에게는 위약을 투여한 것이다. 그는 예배가 끝날 무렵에 누가 환각제를 받았는지 명백히 알 수 있었다고 했다. 실로시빈을 투여받은 인원 중 한 명이 "신이 보인다"고 외쳤기 때문이다. 그러다 1963년, 리처드와 리어리는 하버드를 떠나라는 말을 듣게 되었지만 둘은 그 후로도 뉴욕 밀브룩Millbrook에 있는 멜론Mellon 가문(19세기 미국의 정치인이자 사업가였던 앤드류 W. 멜론 가문을 말한다. 역주) 소유의 어느 집에서 실험을 계속했다. 결국 이러한 실험에 이골이 난 앨퍼트는 1967년에 인도로 떠난다.

** 전체 이야기가 궁금하다면 람 다스가 직접 쓴 《Be Here Now》(정신세계사, 2024)를 읽어보라. 이 책은 히피들의 바이블이라고 불린다. 또, 이보다 더 자세한 것들이 알고 싶다면 바가반 다스Bhagavan Das의 자서전 《지금 여기》(It's Here Now)를 읽어보라. 바가반 다스가 인도에 갈 수 있도록 도와주었던 라비 다스Ravi Das의 책 《신성한 방랑자》(The Sacred Wanderer) 역시 추천한다.

만 더욱 놀라운 것은 미국으로 돌아온 리처드 그 자신이 구루로 거듭나 베트남 전쟁이라는 참상을 딛고 새로이 나타난 우드스탁 세대(Woodstock generation)에게 영감을 불어넣게 되리라는 사실이었다.

인도를 정처 없이 떠돌아다니던 리처드는 키가 큰 전직 서퍼 바가반 다스(신의 종이라는 뜻)를 만나게 되고, 바가반 다스는 자신의 구루인 님 카롤리 바바를 만나러 그와 함께 히말라야 산기슭으로 향한다. 목적지에 도착하자마자 마하라즈지*는 자신을 미심쩍게 여기는 리처드에게 자기 앞으로 오라며 손짓하고, 리처드가 전날 밤 별을 바라보며 얼마 전 돌아가신 어머니를 생각했다고 말한다. 이어서 그는 리처드가 이제껏 살아온 삶에 대한 자세한 이야기를 들려주었는데, 그중에는 리처드 본인 말고는 절대 알 수 없는 긴밀한 정보들도 있었다.

---

* Maharajji. 마하라즈는 위대한 왕을 뜻하는 말이며 지는 존경의 의미로 붙이는 것이다. 님 카롤리 바바는 인도 우타르 프라데시Uttar Pradesh 주 아크바르푸르Akbarpur의 어느 부유한 가정에서 락쉬미 하라얀 샤르마Lakshmi Harayan Sharma라는 이름을 받아 태어났으며 정확한 생일은 알려져 있지 않다. 그는 열한 살에 결혼을 했는데, 당시에는 이것이 흔한 일이었다. 그와 결혼한 람베티 람Rambeti Ram은 부유한 브라만 가문의 딸로, 아들 둘에 딸 하나를 낳았다. 님 카롤리 바바는 10대 때 집을 떠나 사두가 되고자 했지만 아버지는 그런 그를 다시 붙잡아오면서 가장의 의무를 다하기 전까지는 집을 떠날 수 없다고 단언했다. 마침내 그는 막내가 열한 살이 되던 1958년에 집을 떠났다. 그의 가족들은 유산으로 물려받은 저택이 아크바르푸르에 두 채, 아그라Agra에 한 채 있었기 때문에 풍족한 생활을 할 수 있었다.
방랑하는 사두로 살아가던 님 카롤리 바바는 이곳저곳에서 각기 다른 이름으로 불리곤 했다. 그중에서도 가장 잘 알려져 있는 '님 카롤리'라는 이름에는 다음과 같은 사연이 있다. 어느 날, 기차표가 없던 그를 영국인 승무원이 기차 밖으로 쫓아냈다. 그 후 기차를 출발시키려고 하는데 기차가 움직이질 않았다. 기관사가 갖은 노력을 해봐도 마찬가지였다. 결국 승무원이 사과를 건네고 그를 다시 기차에 태우니 그제야 기차가 움직이기 시작했다. 이 기이한 일이 벌어진 마을 이름이 니브 카로리Neeb Karori(후에 님 카롤리로 불리게 됨)였고, 그렇게 해서 그는 님 카롤리 바바로 불리게 되었다. 그는 많은 시간을 명상하며 지냈지만 추종자들은 그를 박티 요가로 여겼다. 그가 인류애라는 형태로 신을 사랑하고 섬기도록 영감을 주었기 때문이다. 그는 힌두교의 신 람과 하누만뿐만 아니라 예수님에게도 크나큰 사랑을 표했다. 그가 가장 즐겨했던 말 중 하나는 "모두를 사랑하라, 모두를 섬기라"는 것이었다. 전해지는 말에 따르면 그는 병자를 고치고 죽은 자를 살리는 등의 많은 기적을 행했다고 한다. 그의 가르침을 공부한 서양의 유명인들 중에는 애플의 창립자 스티브 잡스, 배우 줄리아 로버츠Julia Roberts, 구글의 전 자선 프로젝트 책임자였던 래리 브릴리언트Larry Brilliant 등이 있다. 그를 따르는 미국인 추종자들은 뉴멕시코 주 타오스Taos에 그를 기리는 사원을 세웠다.

님 카롤리 바바의 발치에 있는 람 다스

마하라즈지는 옆구리를 가리키며 이렇게 말했다. "어머니가 비장 문제로 돌아가셨지."

그 순간, 논리적인 마음이 무너져 내린 리처드는 담요를 뒤집어쓴 이 노인이 자신의 가장 내밀한 속마음까지 샅샅이 알고 있다는 사실을 깨닫고는 눈물을 쏟기 시작했다. 마하라즈지의 발치에서 일종의 멘붕 상태에 빠져 흐느껴 울기 시작한 것이다.

어느 정도 감정을 추스른 후 그는 이렇게 물었다. "어떻게 하면 깨달을 수 있을까요?"

엄격한 명상 수행과 고행을 하라는 말을 들을 줄 알았던 그는 마하라즈지의 대답에 또 한 번 충격을 받게 된다. "람 다스, 그냥 사람들을 사랑하고 진실을 말하렴."

후에 그는 이런 말을 덧붙였다. "그저 존재함 속에 있으라. 이 'I Am'이라는 앎이 온 우주를 창조했으니 이를 궁구해보라. 아무것도 할 필요가 없다."

라디오 인터뷰가 끝났을 때, 생전 처음으로 인도에 가면 어떨까 하는 생각이 들었다. 내게도 구루가 있을지 모른다는, 그리고 어쩌면 마하라즈지가 내 구루일지도 모른다는 생각도 들었다. 람 다스가 히말라야의 사원으로 향할 때 걸었던 그 길을 똑같이 걸어가 마하라즈지의 발치에 엎드리는 내 모습이 그려졌다. 내가 거길 찾아간다면 람 다스와 비슷한 식으로 나를 맞이해주지 않을까? 어쩌면 "얘야, 드디어 왔구나" 하면서 간단한 말을 내게 건넬지도 모른다. 그런 다음 그는 제3의 눈 자리에 가볍게 손을 댐으로써 나를 우주 의식에 빠뜨려줄 것이다….

나무 아래의 구루

나는 시골집으로 돌아가 여름을 보냈다. 인도 여행이 여전히 먼 미래의 일처럼 느껴지긴 했지만 어쨌든 나는 요가 수행자처럼 살아가기로 했다. 매일 아침이 되면 저 멀리 캐츠킬 산맥과 허드슨 강이 내려다보이는 잔디밭에 매트를 깐 다음 요가를 하고 명상을 했다. 그러다 오후가 되면 텃밭을 가꾸고, 숲을 산책하고, 강 건너 우드스탁으로 차를 몰고 가서 차 한 잔을 하기도 했다. 그러던 어느 날, 나는 우드스탁의 한 카페에서 우연히 셰리Sherry라는 백인 요가 강사를 만나게 되었다. 나중에 알고 보니 그녀는 록펠러 가문의 후손으로, 가족들의 압박에서 벗어나 스스로의 힘으로 살아가고자 노력하는 사람이었다. 그녀는 나와 차를 마시며 자신의 구루인 라마무르티 미슈라*에 대해 이야기해주었다. 듣자 하니 요가 수행자이자 의사이며 산스크리트 학자이기도 한 그는 대단한 재능을 여럿 갖추고 있었다. 그녀는 미슈라가 뉴욕 먼로Monroe 인근의 아난다 아쉬람에서 살고 있으며 내 요가 스승이었던 스와미 삿칫아난다와도 함께 지내고 있다는 얘기를 해주었다. 이 얘기를 들은 나는 가까운 거리이니 차를 몰고 가서 그를 만나봐야겠다고 생각했다.

아쉬람 주차장에 차를 세운 나는 한때 사유 거주지였던, 아름답게 보존된 그곳의 부지를 돌아다니며 미슈라 박사를 찾고 있었다. 여태까지 단 한 번도 아쉬람을 가본 적이 없었기 때문에 은근히 주변 시선이 신경 쓰였다. 다른 사람들은 다 새하얀 옷을 입고 있는데 나만 낡은 청바지를 입고 있어서 내가 여기 있어도 될 만큼 신성한 사람인지 신경이 쓰인 것이다. 그러다 저 멀리서 성스러운 느낌의 산스크리트어 챈팅 소리가 들려왔는데, 왠지 모르게 그 소리가 친숙하게 느껴졌다. 챈팅 소리에 자석처럼 이끌린 나는 큰 집을 지나 잘 가꿔진 에메랄드빛 잔디밭으로 이어진 길을 따라 내려갔다. 가지를 곧게 뻗은 거대한 상록수 아래 한 무리의 사람들이 주황색 로브를 입은, 피부색이 어두운 어떤 남자의 발치에 앉아 있었다. 그 장면은 내가 어릴 적부터 반복적으로 꾸었던 꿈의 한 장면과 똑같았다. 흰옷을 입고 나무 아래 앉아 있는 제자들 앞에서 이국적인 언어로 챈팅을 하는 그 남자를 여러 차례 본 적이 있었던 것이다. 여름 아침의

---

* 나중에 스리 브라마난다 사라스바티Shri Brahmananda Sarasvati라는 이름으로 알려지게 된 라마무르티 S. 미슈라Ramamurti S. Mishra(1923-1993)는 신경외과 의사, 정신과 의사, 의대 교수, 아유르베다 의사이자 산스크리트어 학계의 권위자였다. 그의 어머니는 인도의 구루였고 아버지는 고등법원 판사이자 점성학자였다. 여섯 살 때 그는 서른여섯 시간 동안 마치 죽은 것처럼 움직이지 않은 적이 있었는데, 아버지가 장례식에 쓸 장작불을 피우려고 할 때 다시 살아났다. 그는 뉴욕 요가 협회와 샌프란시스코 요가 협회를 설립했으며, 굉장한 호평을 받은 책인 《요가 심리학 교본》(Textbook of Yoga Psychology)을 썼다.

고요 속에서 흘러나오는 그 챈팅 소리는 내 영혼을 평화로 가득 채워주었다. 나는 이 아름다운 리듬을 방해하고 싶지 않아서 그룹 주변에 가만히 서 있었다. 그러자 라마무르티 미슈라로 추정되는 주황색 로브를 입은 남자가 고개를 들어 나를 바라보았다. 순간, 마치 내 영혼을 관통하는 듯한 하얀 빛줄기가 그의 눈에서 쏟아져 내게로 들어왔다. 그때 나는 그가 나의 모든 것을 속속들이 알고 있음을 깨닫게 되었다. 나는 인도에 갈 필요가 없었다. 구루가 바로 내 앞에 서 있었다. 그는 미소를 지으면서 자신의 발치에 앉으라고 손짓했다. 모든 분별이 사라진 내 마음은 허공을 떠다녔고, 인도에서의 전생 기억과 미래에 일어날 일들에 대한 비전이 지금 이 순간 안에 축약되어 있는 듯한 느낌이 들었다.

구루는 다시 제자들에게 주의를 돌려 챈팅을 이어갔고 내 의식은 더 높은 영역으로, 지복 속으로 솟구쳐 올라가고 있었다. 언젠가 만나게 될 것을 알고 있었던 그 존재가, 새로운 삶으로 이어질 그 만남이 바로 여기 있었다.

수업이 끝나고 그룹을 따라 어떤 건물로 들어가려는데 미슈라 박사가 내게 다가왔다. 그가 난데없이 건넨 이 말은 그가 나를 속속들이 알고 있다는 그 느낌이 옳았음을 확증해주었다.

"이번 생에서는 서양인으로 태어났군요!" 그가 재밌다는 듯한 표정으로 말했다.

"네." 나는 흥분해서 입이 바짝 마른 채로 대답했다. 그가 무엇을 더 알고 있는지, 전생에 우리가 어떤 사이였는지, 앞으로 어떤 일이 일어날 것인지를 물어보고 싶었지만 너무 흥분하는 바람에 말이 나오질 않았다.

그가 건물 문을 열어주었고 우리는 함께 건물 안으로 들어갔다. 바로 그때, 그가 "아직 입문*을 안 하셨나요?" 하고 물었고, 나는 그의 말에 깜짝 놀랐다.

"네?" 내가 더듬거리며 되물었다.

"원한다면 내가 당신을 입문시켜줄 수 있어요."

나는 입문이라는 게 무슨 뜻인지 잘 몰랐지만 일단은 아직 못 했다고 대답했다. 그는 거실 바닥에 앉으라는 몸짓을 하더니 내 뒤에 있는 소파에 앉았다. 그러고는 별다른 설명 없이 내 눈 위에 손을 얹고 내 머리를 자기 쪽으로 끌어당겼다. 그는 내 머리 위로 만트라를 챈팅하기 시작했다. 그러자 내 몸을 타고 에너지가 흐르면서 차크라**가 스파클라 폭죽처럼 회전했고, 말로 표현할 수 없는 지복감이 내 온 존재 속으로 밀려 들어왔다. 그는 손을 떼고 자리에서 일어났다.

"그것에 대해 명상하세요." 그가 말했다. "가슴 근처에 있는, 당신이 존재의 중심에서 경험하는 그것이 당신을 지고의 근원인 브라만에게로 데려다줄 겁니다. 그것이 당신에게 필요한 전부입니다. 하타 요가가 몸에 좋은 건 사실이지만, 당신을 브라만에게로 데려다줄 수 있는 것은 오직 라자 요가뿐입니다. 당신이 명상하는 대상은 곧 당신이 됩니다. 신에 대해 명상하면 당신은 신이 될 것입니다."

---

* 입문(initiation)은 라틴어 'initiationem'에서 유래한 말이다. 이 단어는 내면으로 안내한다는 뜻으로서 비밀 의식과 관련이 있다. 그러나 비전 전통에서는 적절한 때에 스승이 제자에게 의식을 전달해주는 경우도 있다.

** 바퀴라는 뜻의 차크라chakra는 회전하는 에너지 소용돌이로, 우리가 현상을 인식하고 현상과 관계 맺는 방식을 결정한다. 몸의 중앙 에너지 통로를 따라 위치한 이 주요 센터들은 신체를 순수한 매개물 (vehicle)로 만들기 위해 부정적인 에너지를 정화하고 조화를 맞춘다. 이외에 우리 몸의 다른 부분에도 부가적인 에너지 센터들이 존재한다.

모든 일이 예상치 못하게 일어났기 때문에 나는 내가 어떤 선물을 받은 것인지 제대로 깨닫지 못하고 있었다. 색색의 빛의 바퀴가 계속 돌아가고 있었고, 나는 거실 바닥에 누워 일어나지도 못한 채로 계속 지복에 빠져 있었다. 그의 지시에 따라 나는 그것에 대해 명상했다. 눈을 감고 내면의 느낌에 집중하면서 방 안을 지나다니는 사람들에 대해서는 신경을 꺼버렸다. 그렇게 시간을 좀 보내다 마침내 자리에서 일어나 식당에 있는 다른 사람들과 자리를 함께했다. 하지만 영 식사할 기분이 아니었다. 나는 일부러 미슈라 박사와 가까운 쪽 테이블에 앉았다. 그에게서 더 많은 가르침을 얻을 수 있지 않을까 하는 마음에서였다. 그러나 그는 나를 무시하는 듯 보였고, 나는 혼자만의 시간을 보내기 위해 집으로 돌아갔다.

나는 그를 만나기 위해 주말마다 아난다 아쉬람을 찾았는데, 이 때는 첫 방문과는 또 다른 경험이 되었다. 나의 새 구루, 미슈라 박사는 영적 에너지가 막힘없이 잘 흐르도록 하려면 내가 정묘한 신경계(subtle nervous system)를 정화해야 한다고 말했다. 그는 아유르베다와 서양 의학을 겸비한 의사였기 때문에 나는 그의 폭넓은 지식에 큰 존경을 표했고 절대적으로 그를 신뢰했다. 동양 의학과 서양 의학 모두에 능통한 그는 각각의 장점을 강조했고, 나는 이 두 가지 방법이 서로를 어떻게 보완할 수 있는지를 알게 되었다.

여름 동안 그는 몸을 정화하고 활력을 불어넣는 방법들을 내게 알려주었다. 고대 리쉬***들에 의해 전해져 내려온 이 방편들은 그

*** 리쉬rishi 또는 리쉬카rishika(리쉬의 여성형)는 신을 직접적으로 인식할 수 있는 현자들이다. 이들은 구전 전통으로만 전해 내려오던 내용을 기원전 1000~2000년에 기록한 경전인 〈베다〉의 저자들이기도 하다. 〈리그베다〉에는 서른 명의 리쉬카가 언급되어 있다. 삽타리쉬들(Saptarishis, 위대한 일곱 리쉬)은 물질세계에 의식을 가져오는 신성한 지성의 육화化라고 볼 수 있는데, 서양 전통에서는 이들을 일곱 광선의 초한 Chohan(마스터) 또는 엘로힘Elohim이라고 부른다.

가 내 안에서 깨워준 에너지를 몸이 더 잘 전달할 수 있도록 만들어 주었다. 몸의 정묘한 에너지 통로들이 열리자 난생처음으로 몸이 제대로 기능한다는 느낌이 들었다. 숨을 쉴 때마다 비강을 통해 프라나가 순환하면서 뇌가 빛으로 채워지는 것도 느껴졌다. 이 정화 요법은 매일 일출 전에 시작하여 최소 한 시간이 걸렸으며 언제나 명상으로 마무리되었다. 곧 나는 완전히 살아 있다는 활기찬 느낌과 함께 고양된 의식 상태가 지속되는 것을 느꼈다.

1970년의 그 변화무쌍한 여름이 지날 무렵, 미슈라 박사는 겨울 동안 캘리포니아 아시아 연구소(California Institute of Asian Studies)*에서 산스크리트어를 가르치게 되어 샌프란시스코로 가게 되었다는 소식을 전했다. 애석하게도 그와 보낼 수 있는 시간이 얼마 남지 않은 것이다. 어떻게 구루가 나를 버릴 수 있단 말인가? 나는 구루에게 모든 것을 헌신하고 전념했기에 그 역시 나에게 그럴 것이라고 생각했다. 하지만 내게 전해진 이 소식은 나와 결혼한 배우자가 갑자기 이혼 서류를 내미는 것만큼이나 충격적인 일이었다.

그는 내가 신 의식으로 향하는 수행에 입문했다고 말했지만 나는 아직 그런 의식까지 이르지 못했고, 내 마음속에는 답을 찾지 못한 질문들이 넘쳐났다. 라마크리슈나, 비베카난다, 요가난다, 님 카롤리 바바와 같은 위대한 구루들은 전부 다 제자들을 각 단계마다 친절히 인도하지 않았던가? 어쩌면 미슈라 박사는 내 영혼을 비춰주는 궁극의 스승인 삿구루sadguru를 만나기 전까지 나를 가르쳐줄 우파구루upaguru(임시 스승)에 불과했을지도 몰랐다. 그렇다면 결국 나의 구

---

* 하리다스 차우두르Haridas Chaudur 박사와 그의 아내 비나Bina는 인도 철학자 스리 오로빈도Sri Aurobindo(1872-1950)의 추천으로 샌프란시스코에 가서 교육을 통해 동서양을 잇는 기관을 설립했다.

루는 인도에 있는 걸까?

기쁘게도, 미슈라 박사는 떠나기 전에 내가 궁금해하고 있던 이 질문에 대한 답을 해주었다. 우리가 함께 거실에 앉아 있을 때, 그는 내 눈을 똑바로 바라보며 이렇게 말했다.

"인도에 갈 건가요?"

"글쎄요, 왠지 인도에 끌리는걸요."

"시바난다 아쉬람에 가면 스와미 치다난다 Swami Chidananda를 볼 수 있을 겁니다."

후에 스리 브라마난다 사라스바티라는 이름으로 알려지게 된 라마무르티 미슈라

그러더니 그는 "당신은 나의 축복을 받았습니다"라는 말을 뱉었다. 그것은 곧 이별하게 될 구루에게서 내가 무의식적으로 듣기를 바라고 있던 말이었다.

나는 '마침내 인도에서 나를 기다리고 있는 진짜 구루의 이름을 알게 되었군' 하고 혼자 성급한 결론을 내려버렸다. 그의 말을 좀더 주의 깊게 들었다면 나의 구루는 스와미 치다난다라고 그가 말한 적도 없거니와, 내가 인도에 가야 한다고 말하지도 않았음을 눈치챌 수 있었을 텐데 말이다. 그는 그저 내가 원하는 것에 대한 나 자신의 투영을 반영해주었을 뿐이었다.

날이 갈수록 인도를 가고 싶다는 마음이 강해졌다. 어느 날, 나는 쿠퍼 유니언Cooper Union 대학에서 열리는 무료 공연을 보게 되었는데, 유명한 인도 고전 무용가 비자 베트라Vija Vetra의 댄스 공연이었다. 그녀는 보석으로 치장한 여신으로 등장해 무대 위를 선회하며 손으로 무드라*를 취했다. 그런데 갑자기 그녀의 손에서 날아온 한 줄기 빛이 내 이마 중앙에 닿았고, 바로 그 순간 나는 내가 동양으로 가고 있음을 알게 되었다. 그녀의 손에서 나온 빛줄기가 나의 내적 눈을 뜨이게 해주었고, 그 눈을 통해 인도를 보았다. 이러한 내적 이미지를 보게 된 나는 내 인생을 영원히 바꿔버릴 엄청난 모험이 곧 시작될 것임을 알 수 있었다. 동양으로 오라고 초대하는 구루의 손짓을 느낀 것이다.

고대 문헌에 따르면 깨달음을 얻기 위해서는 구루를 만나는 것이 절대적으로 중요하다. 1898년 시카고에서 열린 세계종교회의에서 요가에 대한 지식을 서양에 알린 스와미 비베카난다조차도 신인神人이라 불리는 라마크리슈나의 발치에 앉아 있었지 않은가. 인도에서는 신보다 구루에게 더 많은 헌신을 바치는 경우가 있는데, 이는 구루가 인간의 모습을 한 신이며 우리들의 유익을 위해 육화한 것이기 때문이다. 심지어 구루가 깨달음을 얻지 못했더라도 그의 인간적 형상에 전적으로 헌신하면 그가 자신의 깨달음을 위한 매개체 역할을 해주리라 믿는 사람들도 있다.

이와 관련한 어느 티베트 라마에 대한 전설도 있다. 오랜 세월 동안 후배 라마들을 깨달음으로 인도해온 한 티베트 라마가 어느 날 충격적인 선언을 했다. "나는 이제 여러분의 구루 역할을 그만두겠습니다. 지난 30년 동안 여러분을 지도하느라 너무 바빠서 내가 가르쳐온 영적 수행을 직접 실천할 시간조차 없었습니다. 구루 역할을 내려놓으면 앞으로 시간이 많을 테니 여러분이 나의 구루가 되어 나를 깨달음으로 인도해주세요."

---

* 어떤 의미뿐 아니라 에너지까지도 전달할 수 있는 상징적인 손동작을 말한다.

나는 나중에 님 카롤리 바바가 이런 말을 한 것을 듣게 되었다.

> 당신의 구루가 누구든 간에 — 미치광이이든 평범한 사람이든 간에 — 일단 당신이 그를 구루로 받아들이면 그는 주님 중의 주님이 된다.

가을이 되어 맨해튼으로 돌아왔을 때, 나는 콜레트에게 한두 달 정도 인도에 가 있을 거라 말하고 작별 인사를 나눴다. 그녀는 댄스 공연 리허설로 바빴고 이때 이후로 영영 이별하게 되리라고는 우리 둘 다 꿈에도 생각지 못하고 있었다. 나는 그저 내가 돌아올 때쯤이면 그녀에게 다시 시간적 여유가 생길 것이고, 앞으로 함께 많은 아름다운 경험들을 나누게 될 거라고만 생각했다. 시간이 흘러, 나는 "다시는 집에 갈 수 없다"는 토머스 울프Thomas Wolfe의 가슴 아픈 말의 의미를 깨닫게 되었다. 마침내 내가 미국으로 돌아왔을 때 콜레트와 나는 둘 다 예전의 그 사람이 아니었고, 우리가 함께 만들어온 집은 흔적도 없이 사라져버렸다.

동방으로의 여행

나는 케네디 공항에서 한 무리의 젊은 미국인들과 함께 런던행 비행기를 타기 위해 줄을 서 있었다. 다들 목에 말라*를 걸고 흰색 옷을 입고 있는 것으로 보아, 아마 영적인 길을 걷는 사람들인 것 같았다.

"저희는 구루 마하라즈지를 만나러 가요." 그들 중 한 명이 내게 말을 걸었다.

"람 다스의 구루인 그 마하라즈지를 말하는 건가요?"

"아니요, 열세 살짜리 삿구루**를 말한 거예요."

---

* mala. 일반적으로는 구루를 나타내는 구슬 하나에 108개의 구슬을 더해 만든 염주. 만트라 암송 횟수를 셀 때 사용하는데, 이러한 과정을 자파japa라고 한다. 이 구슬들은 정묘한 신경계에 존재하는 108개의 채널을 나타내며, 27개의 루나 맨션lunar mansion(인도 점성술에서 하늘을 27등분한 달의 별자리 구간 — 역주) 각각의 네 가지 측면 그리고 정화해야 할 성격적 결함의 개수를 나타낸다.

** 삿구루는 '완벽한 마스터'를 뜻하며 구루 마하라즈지는 '위대한 영혼을 가진 구루'라는 뜻이다. 구루 마하라즈지는 제자들이 자신의 구루를 지칭할 때 사용하는 일반적인 용어지만, 그 소년은 그것이 자신의 실제 이름이라고 주장했다.

내가 그 소년에 대해 들어본 적이 없으며 지금 리시케시에 있는 구루를 만나러 인도에 가는 중이라고 말하자, 그는 다시 이렇게 말했다.

"인도의 삿구루를 런던에서 만날 수 있는데 왜 굳이 인도까지 가서 구루를 만나려 하나요? 그분은 완벽한 마스터이시자 다른 모든 구루들의 위에 계신 분이에요. 런던의 아쉬람에 가서 우리와 함께 지내보는 건 어때요?"

마침 런던에 도착했을 때 묵을 곳이 필요했기 때문에 나는 그들의 제안을 수락했다. 밑져야 본전 아니겠는가? 라디오에서 람 다스의 인터뷰를 듣게 된 일은 그저 구루를 찾아나서게끔 나를 부추기기 위한 것이었을지도 몰랐다.

런던에 도착한 나는 그들이 구루 마하라즈지라고 부르는, 통통한 열세 살짜리 소년을 만나 그의 발치에 앉았다. 소년은 어떤 진기한 영적 방편을 '지식(knowledge)'이라 불렀는데, 그 지식을 가진 지구상의 유일한 사람이 바로 자신이라고 주장하면서 신실한 신도들에게는 이를 전수해주겠다고 했다.

"나는 여러분에게 나만이 전해줄 수 있는 지식을 전해주기 위해 여기 있습니다." 그가 빼기며 말했다.

나는 이렇게 생각했다. '와, 후안무치로군. 그렇지만 아직 모르는 일이지. 이렇게나 많은 신도들을 끌어모을 수 있는 데는 다 이유가 있지 않을까?'

한편으로는 이런 의문도 들었다. '하지만 그렇게나 큰 깨달음을 얻은 사람이 어떻게 이렇게까지 지루할 수가 있을까?' 그는 물질주의의 폐해와 그 물질주의에서 벗어날 수 있는 기술을 오직 자신만이 가르칠 수 있다는 것에 대해 매일같이 지루한 일장 연설을 늘어놓았다.* 결국 나는 그의 오만함을 더 이상 참을 수 없어 단도직입적으로 물었다.

"혹시 지금 제가 명상하는 방식에 어떤 문제가 있을까요?"

"'당신'이 명상하는 법을 어떻게 알 수 있겠어요?" 그가 거드름을 피우며 대답했다.

나는 "하, 이 버르장머리 없는 놈 봐라" 하고 말하고 싶었지만 꾹 참고 입을 다물었다.

그렇게 며칠 동안 그가 자신의 지식을 마치 주방용 세제처럼 광고해대는 것을 들어주다가 '뭐 어때, 이왕에 여기 왔으니까 한 번 끝까지 가보고 어떻게 되는지 지켜나 보자고' 하는 생각이 나서 일단 순순히 그에게 따라보기로 했다.

소년이 우리를 가치 있게 생각해준 건지 아니면 그냥 제풀에 지쳐버린 건지는 잘 모르겠지만, 마침내 마하트마**들이 우리에게 다가와 위대한 입문의 순간이 왔다고 전했다. 그들은 '지식'이 신으로부터 온 것이기 때문에 완전히 무료이며, 입문식에서는 그 어떤 맹세 같은 것도 요구하지 않는다고 확실히 말해주었다. 우리는 어느 작은 방으로 안내되었다.

문이 닫혔고, 숨을 죽인 채 드디어 세기의 비밀을 알게 되기를 기다리는 동안 우리의 기대감은 점점 고조되고 있었다. 그때, 마하트마

---

* 몇 년 뒤, 그는 손목시계로 가득한 여행 가방을 인도로 밀반입하려다 체포되었다. 물질주의에서 벗어나겠다는 상징으로 신도들이 그에게 바친 시계였다. 이후로 그는 성자 행세를 그만두면서 원래의 이름을 되찾았고, 지금은 세계 평화를 장려하며 전 세계를 여행하고 있다.

** Mahatma. 위대한 영혼, 마스터를 뜻하는 말. 소년은 자신을 섬기면서 '지식' 전수 과정을 수행하는 인도인 남성들을 마하트마라고 불렀다.

가 이렇게 말했다. "위대한 순간이 다가왔으니 이제 구루 마하라즈지에게 당신의 마음과 몸, 그리고 모든 소유물을 바쳐야 합니다. 지금부터는 구루 마하라지가 여러분의 모든 필요를 채워줄 테니까요."

'순 거짓말쟁이군.' 내가 생각했다. '아까 무료라고 말했던 건 딱히 정해진 가격이 없으니 형편껏 내라는 뜻이었던 건가? 모든 재산을 다 갖다 바치라는 말로 들리는데!'

이왕 여기까지 왔는데 비밀스러운 가르침을 놓칠 수는 없는 노릇이었다. 나는 법학을 공부하면서 "어떤 것이 사기***였을 경우, 지금껏 맺었던 모든 계약은 무효가 된다"는 사실을 알고 있었다. 나는 등 뒤로 검지와 중지를 꼬면서**** 이토록 교묘하게 강요된 조항에 대해서는 의무를 다하지 않을 것임을 신께 알렸다.

그렇게 꽤 오래 기다렸지만 방을 나가는 이는 아무도 없었고, 이제 마하트마는 조용한 목소리로 비밀 수행법을 설명하기 시작했다. 며칠을 기다린 끝에 드디어 알게 된 그 수행법은 내가 이미 하고 있던 수행법이었다. 충격이었다!

런던에서 꽤 많은 시간을 허비했다. 이제는 그렇게나 많은 젊은이들이 어떤 식으로 세뇌를 당하고, 또 그로 인해 사이비 종교에 빠지게 되는 건지 잘 알 것 같았다. 잠도 제대로 안 재우는 데다가 "당신은 옳은 일을 하고 있다"고 말하는 광신도들에게 밤낮으로 둘러싸여 있으면 변별력이 약해질 수밖에 없는 것이다. 나는 이 경험을 통

*** 사기: 다른 사람이 자신에게 소유물을 내주도록 유도하기 위해 진실을 일부러 왜곡하는 행위…. ―《블랙의 법률 사전》(Black's Law Dictionary) 6판, 1990.
**** 미국에서는 거짓말을 할 때 상대방이 보지 못하게 손을 숨긴 뒤 검지와 중지를 꼬면 거짓말의 죄가 사하여진다는 믿음이 있다. 역주.

해 사람들이 자신의 스승에 대해 이러쿵저러쿵 말하는 내용을 믿기보다는 내가 그 스승으로부터 받았던 본능적인 느낌을 더 신뢰하게 되었으며 그들이 자비와 지혜, 다르마*를 전수하고 있는지를 유심히 따져보기 시작했다. 그러나 이보다 더 중요한 것은 그들이 자신의 가르침을 직접 실천하며 살고 있는지를 살펴보는 것이었다.

가짜 구루와의 만남 덕분에 진짜 구루를 만나고 싶다는 욕망은 한층 더 강해졌고, 나는 그가 리시케시에서 나를 기다리고 있을 거라 믿었다. 히치하이크로 유럽을 돌아다니는 대신 좀더 빨리 다니는 게 낫겠다 싶어서 영화 〈007 위기일발〉에서 제임스 본드가 탔던, 그 유명한 오리엔트 급행열차**에 올라탔다. 비밀 요원들이 이 열차를 이용한다는 오랜 소문을 들은 적이 있던 나는 영국 해협을 건너 프랑스로 향하는 동안 주변에 특이한 인물이 있는지를 예의 주시했다.

하지만 열차가 유고슬라비아(현 크로아티아)의 수도인 자그레브Zagreb에 도착할 때까지 아무 일도 일어나지 않았고, 지루할 대로 지루해진 나는 열차에서 내렸다. 왠지 이런 안락한 교통수단을 타고 비전 퀘스트vision quest를 떠나는 건 좀 아닌 것 같았다. 어느 정도의 고행이 필요하다고 느낀 나는 히치하이크를 시도했다. 유고슬라비아에서는 차를 쉽게 얻어탈 수 있었지만 해 질 녘이 되니 오도 가도 못한 채로 발이 묶여버렸다. 그렇게 적막한 길가에서 한참을 기다리자 만원 버스 한 대가 멈춰 서더니 나를 태워주었다. 버스는 밤새 보스니아Bosnia, 코소보Kosovo를 거쳐 마케도니아Macedonia로 내려갔다. 창문에 기

---

* dharma. 정의, 자연과의 조화 그리고 영적인 법칙을 의식적으로 준수함으로써 삶의 목표를 지키는 실천법이다. 최고의 가르침은 이러한 다르마와 비디야vidya(영적 지식) 외에도 샨티shanti(평화), 프레마prema(신성한 사랑), 사티야sathya(진리)를 전해준다.
** 유럽의 동서 횡단 열차. 역사적으로 가장 유명했던 노선은 파리와 이스탄불을 잇는 급행 노선이었다. 역주.

대어 선잠을 자던 나는 꿈을 하나 꿨는데, 가까운 미래에 인종 간에 끔찍한 전쟁이 일어나 그 지역이 참혹한 피해를 입게 되는 꿈이었다.***

아침이 되자 버스는 그리스 국경을 넘어갔고 나는 여기저기 쑤시고 뻐근한 상태로 잠에서 깨어났다. 운전기사가 소리를 지르며 내게 내리라는 손짓을 했지만 나는 이스탄불까지 계속 가고 싶다고 말했다. 그러자 그는 더 이상 운전을 하면 안 된다면서 자기 목에 칼이 겨눠지는 시늉을 했다. 그리스와 튀르키예는 수 세기 동안 적대 관계에 있었기 때문에 버스가 국경을 넘지 못한 것이다. 버스에서 내리자 불모지와 다름없는 황야만이 눈앞에 펼쳐졌다. 길은 여기서 끝이었다. 이스탄불로 가는 길을 물었더니 운전기사는 에브로스 강 Evros River 을 가로지르는 다리를 가리켰다. 나는 그리스인도 튀르키예인도 아니었기 때문에 안전하게 갈 수 있겠다는 생각이 들었다.

황량한 황무지를 걸어가겠다고 결심한 그 순간, 거센 바람이 휘몰아치기 시작했다. 죽은 자들의 혼령, 그러니까 오래전에 전사한 군인들의 혼령이 내 옷을 펄럭일 만한 강한 바람을 일으켜 눈에 보이지 않는 차원에서 아직도 계속해서 벌어지고 있는 그 전쟁에 나를 끌어들이려고 하는 것 같았다. 강을 가로지르는 다리를 건너고 있을 때는 바람이 "널 기다리는 구루 따위는 존재하지 않으며 동쪽을 향해 가는 너의 여정에는 오직 고통만이 기다리고 있다"고 외치는 것을 느낄 수 있었다.

하지만 나를 다리 건너편으로 이끌어주는 힘도 있었다. 바로 미지에 대한 설렘이었다. 왠지 저 앞에서 새로운 세계로 통하는 문을 찾

*** 보스니아 전쟁은 그로부터 22년 후인 1992년 발발했다.

을 수 있으리라는 확신이 들었다. 나는 용기를 내서 계속 나아가면 더 높은 세계로 가는 문이 열릴 거라 믿으며 '여기까지 와서 다시 돌아갈 순 없지 않겠어?' 하고 생각했다.

예전에 나는 뉴욕의 어느 병원에서 죽음을 앞두고 있던 어머니의 친구분을 뵌 적이 있었는데, 그때 그분을 보면서 '혼자서 튜브를 주렁주렁 꽂은 채로 이런저런 약에 취해 있다 죽는 것보다는 의미 있는 것을 좇다가 죽는 편이 낫겠군' 하고 생각했었다.

나는 의지를 결연히 다지면서 불어오는 광풍을 마주했다. 그와 동시에, 발아래서 찰랑대고 있는 늪에 빠지지 않기 위해 난간을 꼭 붙잡고 나아갔다. 마침내 저 멀리 보였던 해안가에 다다르자 희한하게 바람이 멈추고 잠잠해졌다. 혼령들이 전투에서 패하자 물러난 듯했다. 나는 내 여권을 확인해줄 직원이 없나 두리번거리고 있었는데, 이곳 국경에는 검문소도 없었고 누가 자기 나라에 들어오든 말든 신경 쓰는 사람이 아무도 없었다. 국경 수비를 바람의 혼령들에게 맡기기라도 한 걸까? 밤중에 몰래 국경을 건너려던 사람들은 아침에 총에 맞은 채 습지에서 발견되었다. 아마 이들은 낮에 국경을 넘는 사람이라면 당연히 그럴 자격이 있는 사람일 거라 믿는 것 같았다.

지평선 너머에는 〈오즈의 마법사〉에 나오는 에메랄드 시티처럼 생긴 첨탑들이 있었다. 어릴 적 잠자리에 들기 전에 어머니가 읽어주시던 책 속 삽화와 똑같은 모습이었다. 실제로 이런 곳이 존재하리라고는 생각지도 못하고 있었다. 눈앞에서 새로운 세상이 열리니 역시 계속 나아가기를 잘했다는 생각이 들었다. 나는 경작한 지 얼마 안 된 짙은 색 땅에서 피어오르는 보랏빛 안개 속으로 해가 지는 것을 지켜보았다.

 밭일을 마치고 집에 가려는 인부들을 가득 태운 트럭이 갑자기 내 옆으로 멈춰 섰다. 그러더니 하얀 이빨이 다 보이게 웃는 어떤 남자가 햇볕에 그을린 근육질의 팔을 내게 내밀었다. 내가 그의 손을 잡자 그는 나를 들어 올려 다른 인부들과 함께 트럭에 태워주었다. 트럭은 앞마을의 모스크 첨탑을 향해 덜컹대며 달려갔고, 서로 농담을 주고받는 남자들 사이에 끼어 있던 나는 그들의 따뜻한 우정을 느낄 수 있었다. 살아 있다는 것이 참 기분 좋게 느껴졌다. 그리고 이러한 느낌을 통해 내가 옳은 길을 가고 있음을 확신할 수 있었다.

 마침내 트럭이 마을에서 멈추자 나를 포함한 모두가 내렸다. 남자들이 나를 카페로 안내했고, 나는 그들의 환대에 응할 수밖에 없었다. 그곳 사람들은 마치 고향에 돌아온 오랜 친구를 맞듯 나를 반겨주었다. 내가 있던 카페 통로는 너무 비좁아서 양쪽에 작은 테이블이 한 줄로 놓일 공간만 겨우 있었기 때문에 사람들이 번갈아 가며 내 테이블에 앉았다. 까무잡잡한 얼굴의 인부들이 차례로 차를 주문하고, 잔을 들어 건배를 외친 다음 내려놓았다. 그 카페에 앉아 있자니 이상하게 집처럼 편안한 느낌이 들고 소속감도 느껴졌다.

ॐ
|
신비한 부적

1971년 3월 일어난 튀르키예의 군사 쿠데타는 안정적인 정부 수립으로 이어지지 못했기 때문에 정부가 국민에게 평화나 경제 발전을 보장해줄 수 있는 상황이 아니었다. 어느 날 아침, 나는 총성에 놀라 잠에서 깼다. 당시 튀르키예 해방군은 외국인들을 납치해 몸값을 요구하곤 했는데 나는 이스탄불에 가면 이러한 외국인 납치로부터 안전할 거라는 말을 듣게 되었다. 그래서 돌아다니는 반군들과 맞닥뜨리지 않기를 마음속으로 빌면서 이스탄불 방향으로 향하는 사람들로 가득 찬 버스에 올라탔다. 반군들과 마주칠 위험은 없지만 대신 무장 강도들에게 털릴 위험이 있는 구불구불한 고갯길을 지나는 일은 길고도 험난한 여정이었다. 결국 나는 창문에 기대어 잠이 들었고, 아침이 되어 버스가 이스탄불로 들어가는 문 앞에 멈춰 섰을 때 겨우 잠에서 깨어났다. 모스크 첨탑 위로 떠오르는 해를 보기 위해 뻐근한 몸을 이끌고 비틀비틀 계단을 내려갔는데, 내가 보기에 그 전경은 아직도 〈오즈의 마법사〉의 한 장면 같아 보였다. 아침 안개 속에 스며들어 있는 이국적인 향을 들이마시며 다시 배낭을 멘 나는 늘어서 있는 대리석 기둥을 향해, 그러니까 성곽을 향해 휘청거리며 걸어갔다. 그것은 '동방으로 가는 문'으로 알려져 있는 아치형 구조물로서, 사람들 말에 의하면 바로 여기서부터 동양의 땅이 시작된다고 했다.

내가 콘스탄티누스 황제의 발자취를 그대로 따라 걷고 있다고 생각하니 그 어마어마한 위엄이 느껴졌다. 기원후 3세기에 그는 도시 주변으로 성벽을 쌓았는데, 지금 남아 있는 것은 이 문 하나였다. 얼마나 많은 이들이 이 도시를 정복하려 하다 목숨을 잃었을까? 아마 그들의 잔해는 먼지로 돌아간 그들의 조상과 뒤섞여 있을 터였다. 거리를 살펴보니 변혁의 흔적도, 무장한 남자들도 보이지 않았지만 나는 군중 속에서 쉽게 눈에 띄어 표적이 될 수 있는 사람이었기 때문에 주위를 바짝 경계하고 있었다. 버스로 돌아가 그냥 왔던 길로 다시 돌아갈까 하는 생각도 잠깐 났지만 인파에 밀려 앞으로 나아갈 수밖에 없었다. 어디로 가야 할지 몰라 길을 잃은 기분이었다.

그때 부랑아 둘이 내 손을 잡더니 시내로 가는 버스를 탈 수 있는 간이 건물로 나를 끌고 갔다. 나는 누구든, 특히나 이런 아이들이 내게 너무 가까이 붙지 못하게 하라는 주의 사항을 들은 적이 있었다. 그들이 순식간에 면도칼로 주머니를 찢어 여권을 가져갈 수 있기 때문이었다. 나는 도둑맞을지도 모른다는 생각에 소지품을 꼭 쥐고 있었다. 분명 이 소년들은 박시쉬^{baksheesh}(팁)를 원할 것이며 최대한 많이 달라고 애원할 것이었다. 그렇게 하여 내가 지갑을 꺼내면 그들은 그 즉시 지갑을 빼앗아 달아날 게 뻔했다.

그러나 놀랍게도 아이들은 내 생각과 달리 환영의 춤을 추며 빙글빙글 돌기 시작했다. 그들은 입을 벌리고 태평한 웃음을 지었고, 나는 아침 햇살에 하얗게 빛나는 아이들의 완벽한 치아를 보며 감탄했다. 살면서 그렇게까지 완벽한 치아를 본 적이 없었기 때문이다.

소년들의 눈에서 반짝거리는 행복을 보고 있자니 이들을 멀리해야 한다는 생각이 싹 사라졌다. 내가 아이들의 매력에 완전히 빠져들자 그중 하나가 자신의 따뜻한 팔로 내 허리를 감싼 뒤 그 작은 손가락으로 내 머리카락을 쓸어내렸다. 그렇게 내가 한눈을 파는 동안 또 다른 한 소년이 내게 바짝 다가왔다. 순간, 내 눈앞에 금속에 반사된 빛이 반짝 보이면서 가슴께에 무게감이 느껴졌다. 그래서 아래를 내려다보니 어느새 내 목에 은색 목걸이가 걸려 있고, 목걸이 가운데에는 묵직한 은화 하나가 반짝이고 있었다.

"스와미, 스와미, 이게 당신을 보호해줄 거예요." 아이들이 신이 나서 외쳤다.

둘은 이제 막 간이 건물에 도착한 버스 안으로 나를 밀어 넣었고, 내 눈에서는 눈물이 왈칵 쏟아졌다.

"안녕, 스와미, 안녕!" 시야에서 사라지기 전에 천사 같은 소년들이 외쳤다.

작별 인사로 손을 흔들어주고 싶어 그들을 찾았지만 허사였다. 버스가 요동치며 앞으로 달려나갈 때, 나는 목걸이에 달려 있는 그 멋진 동전을 내려다보았다. 다섯 개의 꽃잎이 달린 연꽃 모양 은색 브래킷에 고정된, 영국의 하프 크라운 동전이었는데 어디선가 본 적이 있는 듯한 상징이었다.

이 가난한 아이들은 도둑질을 하거나 구걸을 하는 대신 명백한 가치를 지닌 메달리온(medallion) 목걸이를 내게 걸어주었다. 그들이 나를 스와미라고 부른 이유는 뭘까? 그때는 인도식의 흰옷을 입고 있을 때도 아니었는데 말이다. 이 수수께끼는 1년 후, 내가 사티야 사이 바바의 아쉬람 입구 위에 있는, 다섯 개의 꽃잎이 달린 똑같은 연꽃을 보고 나서야 풀리게 된다. 두 아이의 모습으로 나타난 인물이 다름 아닌 바바였음을 그제야 깨닫게 된 것이다.

어머니 인도

나는 이스탄불의 동쪽, 아프가니스탄으로 향했다. 카불에서 카이버 고개를 통과하는 것이 내 바람이었지만 1971년 12월 3일, 파키스탄이 인도를 선제공격하는 사건이 일어났다.* 다행히도 나는 모든 공항이 폐쇄되기 전 마지막 비행기를 타고 간신히 탈출했는데, 고개를 통과하기 위해 기다리던 다른 사람들은 계속되는 포격 속에 꼼짝없이 갇힐 수밖에 없었다.**

비행기가 델리에 착륙한 뒤, 나는 도시 중심부로 가기 위해 또다

---

* 카불Kabul은 아프가니스탄의 수도이며 카이버 고개(Khyber Pass)는 파키스탄과 아프카니스탄을 잇는 주요 산길이다. 역주.

** 파키스탄은 동파키스탄에서 200만 명 가까운 벵골인 힌두교도들을 죽였다. 파키스탄 공군이 인도 비행장 열한 곳을 폭격하자 인디라 간디Indira Gandhi 총리는 12월 3일 반격을 개시했다. 미국은 닉슨과 키신저의 지시에 따라 파키스탄을 지원했고, 소련은 인도를 지원했지만 인도의 압도적인 승리와 방글라데시의 수립으로 인해 군사 작전은 12월 16일 종료되었다. 미국이 파키스탄에 군사적, 정치적 지원을 했음에도 불구하고 나는 가는 곳마다 인도 사람들의 따뜻한 환영을 받았다.

시 버스에 올라탔다. 코넛 서커스***가 나의 목적지였는데, 이곳은 사방이 길로 이어져 있는 둥근 공원 같은 곳이어서 이름이 참 적절하다고 생각했다. 코넛 서커스에는 온갖 종류의 군상들과 버스, 릭샤rickshaw, 물소들이 질식할 것 같은 매연 속에서 뒤섞여 다녔다. 내가 인도에 와 있다는 사실이 충격적일 만큼 생생히 느껴졌다. 나는 안락한 우리 집에서 멀리 떨어진 지구 반대편에 있었다. 도망칠 구석도 없는 이런 상황이 되자 나는 공황 상태에 빠져버렸다. 이곳은 어릴 적 어머니가 읽어주시던 키플링Kipling의 〈정글북〉에 나오는 평화롭고 고요한 그런 인도가 아니었다. 탐부라tambura의 단조로운 선율이 배경 음악으로 흘러나오는 사티야지트 레이Satiyajit Ray 감독의 목가적인 영화와 비슷한 곳도 아니었다. 뜨거운 열기와 소음, 릭샤에서 뿜어져 나오는 배기가스는 정말이지 감당하기 힘들 정도였다. 다시 셔틀버스를 타고 공항으로 돌아가면 다음 비행기를 타고 뉴욕으로 돌아갈 수 있지 않을까 하는 생각이 났다.

하지만 버스는 막 떠나기 시작했고, 나는 이제 오도 가도 못하게 되어버렸다. 주변을 둘러보니 광활한 광장 중앙에 녹지가 있었다. 그래서 길을 건너 나무 아래에 앉아 눈을 감고 명상을 했다. 이곳에서는 내가 기대했던 영성 대신 물질적인 것에 대한 어마어마한 욕망만이 느껴졌다. 마치 욕망의 바다에 빠져 있는 듯한 느낌이었다. 이런 느낌을 확증이라도 해주듯, 내가 눈을 감고 파드마사나 자세로 앉아 있는 것을 뻔히 보았을 텐데도 젊은 남성 두 명이 다가와 앉더니 이런 질문을 하기 시작했다.

*** Connaught Circus. 인도 뉴델리의 유명한 상업 및 금융 중심지. 식민 시절에 어느 영국인 공작의 이름을 따서 지어진 이름이다. 영국에서는 서커스라는 단어를 '여러 도로가 한데 모이게 되는 둥근 광장'이라는 뜻으로도 사용한다. 역주.

"선생님, 어디서 오셨나요?" 그중 하나가 물었다.

"미국이요."

"차를 몇 대나 가지고 있으시죠?"

"한 대요."

"네? 달랑 하나요?"

"인도에는 뭐하러 오셨는데요?"

"구루를 찾으려고요."

"뭐라고요!" 그들은 믿을 수 없다는 듯이 외쳤다. "왜 그런 짓을 하려고 하세요? 구루들은 다 돈만 노리는 가짜라는 거 모르세요? 미국에는 모든 게 다 있잖아요. 여기 있는 건 시간 낭비예요." 그들은 넌더리가 난다는 듯 자리에서 일어나 떠날 준비를 했다.

"당신들은 무슨 일을 하세요?" 내가 물었다.

"저희는 공학도들입니다. 학위를 받으면 미국으로 가서 첨단 기술 분야에서 일할 거예요."

"나도 공학을 전공했어요. 하지만 영을 추구하기 위해 그만뒀지요." 내가 말했다.

그들은 질색이라는 듯한 표정으로 떠나가더니 마치 천민을 보듯 어깨 너머로 힐끔힐끔 나를 뒤돌아보았다.

일단은 이곳 델리를 떠나야 했다. 마침 오리엔트 급행열차에서 만났던 인도인 스리바스타바Srivastava 부부가 생각났다. 그들은 내게 자기네 집에서 지내지 않겠냐는 제안을 했었는데, 그들과 함께 지내는 것도 좋겠다 싶었다. 나는 릭샤를 불러 세워 올라탔다. 모든 사람들이 동시에 제각기 다른 방향으로 가려고 하는 듯 보이는 그 혼잡한 교통 상황을 뚫고, 마침내 기차역에 무사히 도착할 수 있었다. 스리

바스타바 박사는 하리드와르* 부근 대학의 공대 교수였는데, 하리드와르로 향하는 기차를 타기 직전에야 겨우 스리바스타바 부부에게 전화를 걸 짬이 났다.

목적지인 종착역 바로 전 역에 내리자 스리바스타바 부부와 그들의 친구, 친척 여럿이 나를 따스하게 환영해주기 위해 마중 나와 있는 것이 보였다. 인도에서는 손님을 신으로 여기는 아름다운 전통이 있지만 나는 곧 그들이 신성한 손님에게 기대하는 바도 있음을 알게 되었다. 그들의 기대에 따르려면 나는 최소 사흘 이상 그들의 집에 머물면서 칠리 향신료가 들어간 요리를 매 끼니마다 3인분씩 먹어야 했다. 그들의 기대에 맞추려다 보니 만성 소화불량에 시달리게 되었다. 인도 대부분의 지역에는 오로지 매운 음식밖에 없었기 때문에 이후의 여행에서도 나는 계속 스트레스를 받았다.

떠나기 전날, 그러니까 내가 스리바스타바 부부의 집에서 머무른 지 사흘째 되던 날 그들은 나를 옷가게로 데려가더니 흰색 옷 한 벌을 사주었다. 구도자에게 걸맞은, 카디** 직물로 만들어진 옷이었다. 이게 끝이 아니었다. 부부는 작별 선물로 커다란 루드락샤*** 비즈로 만든 말라를 내 목에 걸어주었다. 나는 깊은 감동을 받았다. 세

---

* Haridwar. 하리Hari는 비슈누, 하르Har는 시바를 말한다. 하리드와르라는 지명은 여기에 관문을 뜻하는 드와르dwar가 합쳐진 것이다. 하리드와르는 인도에서 가장 신성한 7대 성지 중 하나로서, 성지 순례를 시작하기에 이상적인 장소로 알려져 있으며 신에게 향하는 관문으로도 여겨진다. 갠지스 강도 바로 이곳에서부터 인도 평원으로 흘러 내려간다. 수백만 명의 힌두교도들이 쿰브 멜라Kumbh Mela라는 영적 축제를 즐기기 위해 모이는 네 곳 중 한 곳도 하리드와르다.

** khadi. 카디는 물레를 자아 만든 실을 손으로 엮어 만든 직물로, 마하트마 간디가 인도를 영국의 종속체제에서 벗어나게끔 하기 위해 시작한 '물레 장려운동' 덕분에 유명해졌다. 편안하지만 쉽게 구겨지는 재질이며 현재는 새로운 형태의 카디 직물도 생산되고 있다. 카디 그 자체는 인도의 독립에 대한 정치적 선언이 되었을 뿐 아니라 하나의 패션이 되었다.

*** Rudraksha. 시바의 눈이라는 뜻이다. 루드락샤 비즈는 특정 종의 상록수에서 얻을 수 있는 크고 다면적인 씨앗으로, 보호와 치유의 속성이 있다고 알려져 있다.

상에서 가장 가난한 나라 중 하나에 온 내가 낯선 사람의 집에 초대되어 이렇게 왕족처럼 대접받다니 말이다. 그들의 친척 중 한 명은 나를 갠지스 강변에 있는 아쉬람까지 태워주었다. 그들은 이곳 아쉬람의 구루에게 서양인 추종자가 많기 때문에 내가 여기서 좋은 대우를 받을 수 있을 거라고 확신했다. 나는 그곳에서 하룻밤을 보내고 다음 날 아침 히말라야 산기슭으로 향하기로 했다. 구루가 기다리고 있을 리시케시로 가기 위해서였다.

ॐ
|
다시 만난 어린 구루

차는 점점 정문에서 멀어져갔고, 나는 아쉬람 대문 위의 프렘나가르^{Premnagar}(지복의 도시)라고 써 있는 표지판을 올려다보았다. 낯익은 이름이라 가슴이 철렁했다. 설마 설마 하며 정문으로 향하는 길을 걸어갔는데, 내 불길한 예감이 맞아떨어졌다. 운명이 다시 한번 나를 어린 구루의 발 앞으로 데려다 놓은 것이다. 런던에서 마지막으로 보았던 그 소년은 자신이 '프레미'*라고 일컫는 서양인 300명과 함께 초대형 여객기를 타고 이제 막 인도에 도착한 상태였다. 나는 저녁만 얻어먹고 아침 일찍 출발해야겠다고 생각했다.

원래 소규모의 현지인들만 수용하던 이곳 아쉬람은 이렇게나 많은 사람들을, 특히 서양인들을 전부 수용할 방도가 없었다. 수도꼭지는 하나뿐이었고 변기도 다 막혀버렸다. 사람들은 하는 수 없이

---

* Premies. 신성한 사랑을 의미하는 프레마^{Prema}에서 파생된 단어로, 조산아를 뜻하는 preemie와 혼동하지 않게 주의해야 한다.

아쉬람 뒤의 들판을 화장실로 쓸 수밖에 없었다. 화장실 사용은 물론 사생활이라는 개념 자체가 별로 없는 인도 시골 지역에서는 공공장소에서 용변을 보는 것이 당연했지만 서양인들에게는 이것이 쉽게 적응하기 힘든 충격적인 문화였다. 취사 역시 야외에서 이루어졌는데, 이때다 싶었는지 파리 떼가 들판과 음식 사이를 왔다 갔다 하며 날아다녔다. 상황이 이렇다 보니 24시간도 채 되지 않아 거의 모든 사람이 이질에 걸렸다. 하지만 우리는 여전히 식사 준비를 돕고 사원 바닥을 청소해야 했는데, 그들은 이를 카르마 요가라 불렀다.

아침이 되자 나는 열이 펄펄 끓는 채로 잠에서 깨어났다. 잘 곳이 마땅치 않아 사원의 시멘트 바닥에서 잤기 때문에 구루 마하라즈지의 다르샨*을 피할 방도가 없었다. 이번에 구루는 화려하게 장식된 제단 한가운데의 옥좌 위에 앉았다. 추종자들보다 몇 피트 위에 있는 위치였다. 마침 그때는 크리스마스 직전이었기 때문에 그곳의 힌두** 성소는 반짝반짝 빛나는 형형색색의 조명으로 장식되어 있었고, 이는 고향에서 연말연시를 보내지 못하는 서양인들의 마음을 사로잡았다. 이를 눈치챈 마하라즈지는 다음과 같은 오만방자한 말을 뱉었다. "여러분, 왜 예수를 떠올리고 있나요? 그와 같은 존재인 내가 바로 지금 여기 있는데 말이에요. 예수 생각일랑 잊어버려요."

아침에 떠나겠다는 내 계획은 무산되었다. 열이 펄펄 끓는 상태로

---

*   darshan. 신성을 목격하는 일. 아쉬람에서는 추종자들이 구루 또는 성자와 만날 수 있도록 만남을 정기적으로 주선해주는데, 이를 다르샨이라 한다.
** Hindu. 인더스(Sindhu, 신두라고도 한다) 강 너머의 사람들을 가리키는 페르시아 말로, 인도라는 나라 이름의 기원이기도 하다. 인도의 고대 이름은 바라트Bharat였으며 여기서 '바'는 빛, 지식, 신을 뜻하고, '라타'는 헌신을 뜻한다. 따라서 바라트(인도)는 '신에게 헌신하는 사람들의 땅'이라는 의미다. 이들의 종교는 본래 힌두교라는 이름보다도 해탈로 가는 올바른 길을 뜻하는 말인 사나타나 다르마Sanatana Dharma라는 이름으로 불렸다.

며칠 동안 시멘트 바닥에 누워 있으니 정신이 오락가락했다. 평화로운 모습의 신, 분노에 찬 신 등 다양한 모습을 한 힌두교 신들이 성소에서 나를 내려다보고 있었고 그들은 서서히 번쩍이는 형형색색의 빛으로 합쳐졌다. 나이 어린 구루는 하루 두 번씩 다르샨을 하며 자신이 얼마나 위대한지를 열광적으로 설교했다. 비현실적인 느낌이 점점 더 커지는 가운데 나는 내가 사원에 그림으로도 묘사되어 있는 아수라(악마)***에게 끌려와 아스트랄계 지옥들 중 하나에 있게 된 것은 아닌가 하는 생각을 했다.

그러던 어느 날, 한 추종자가 불쾌한 표정으로 나를 내려다보며 이렇게 말했다. "당신이 아픈 이유는 아직도 구루 마하라즈지를 신으로 받아들이지 않았기 때문이에요."

이 좀스러운 10대 폭군의 자랑질을 더 이상 참고 들어주기가 힘들어진 나는 돗자리를 끌고 사원 현관으로 나갔다.**** 그곳에서는 적어도 아지랑이가 피어오르는 들판을 바라볼 수 있었다. 어느 날 오후, 쉴 새 없이 앵앵대며 날아다니는 파리를 애써 무시하며 누워 있는데 어디선가 내가 가장 좋아하는 60년대 노래가 들려오는 것 같았다. 혹시 잘못 들은 건 아닐까? 귀를 기울여 잘 들어보니 오후의 고요 속에서 흘러나오는 음악 소리가 더욱더 선명하게 들려왔다. 그 노래는 의심할 여지 없이 내가 그리니치 빌리지의 워싱턴 스퀘어 분수대에서 마지막으로 들었던 밥 딜런의 〈미스터 탬버린 맨Mr.

*** 아수라는 한때 데바deva(신)였지만 자만, 허영, 불복종, 무지, 공격성이 커지면서 점차 타락하게 된 악귀로, 이 두 계층은 오늘날까지도 계속해서 전쟁을 벌이고 있다고 한다. '데바'는 원시의 인도-유럽어인 '데이보스deiwos'(천상의, 빛나는)에서 파생된 말이며 라틴어 '데우스deus'(신)와 영어 divine의 어원이기도 하다.
**** 이런 존재를 만나는 것은 자기 내면의 폭군들을 마주하는 데 도움이 될 수 있다. "나의 은사님께서는 좀스러운 폭군을 우연히 만나게 된 전사는 운이 좋은 이라고 말씀하시곤 했다." —《내면의 불》(The Fire From Within), 카를로스 카스타네다Carlos Castaneda.

Tambourine Man〉이었다.

내가 제정신이 아닌 걸까? 아니면 정말 누군가가 그 노래를 튼 걸까? 이곳은 전기 콘센트 같은 것을 쉽게 찾아볼 수 없는 오지였기 때문에 나는 노래의 근원지를 찾기 위해 간신히 몸을 일으켜 비틀거리는 발걸음으로 사원 옆을 따라 걸어갔다. 그러자 계단에 앉아 있는, 쓸쓸해 보이는 한 젊은 여성이 무릎 위에 미니 턴테이블을 올려놓고 노래를 듣는 모습이 눈에 들어왔다. 그녀는 런던에서부터 그 턴테이블과 레코드판을 가져와서 꼭 필요할 때 쓰려고 배터리를 아껴두고 있었던 것이다. 그녀가 느끼기에 그 '꼭 필요한 때'는 지금이었고, 그건 나에게도 마찬가지였다.

들판 너머로 울려 퍼지는 딜런의 목소리를 듣고 있자니 하나 깨닫게 된 것이 있었다. ─ 어느 누구도 알려줄 수 없는 나만의 노래를 찾고 있는 그 탬버린 맨은 바로 나였다. 나는 나만의 진리를 추구해야 했다. 계속 걸어 앞으로 나아가자 기분이 나아지기 시작했다. 아쉬람에서 멀어질수록 기분은 더욱 좋아졌다. 그렇게 목적지 없이 가다가 저 멀리 보이는, 줄지어 서 있는 초록 나무들에 가까이 가고 싶다는 느낌이 들었다. 그래서 비틀거리며 나무를 향해 걸어갔고, 거기 다다른 다음에는 나뭇가지와 덩굴 사이를 헤쳐 나갔다. 그러자 인도의 혼이라 할 수 있는 갠지스 강이 눈앞에 나타났다. 그 광경을 보니 마치 갠지스 강이 내게 영원히 손짓해왔던 것만 같은 기분이 들었다.

나는 이 여정을 떠나기 전《싯다르타》를 읽었었는데, 그때 싯다르타가 깨달음을 얻은 장면이 기억났다. 그는 부처를 따르다 깨달음을 얻은 게 아니라 그저 평범한 삶을 살다가 갠지스 강변에 앉아 강에서 흘러나오는 신성한 음절인 '옴' 소리를 들으며 깨달음을 얻었다.*

나는 아무 생각 없이 옷을 벗고 히말라야에서부터 흘러 내려온 그 성스러운 강물 속으로 뛰어들었다. 그러자 갑자기 내 몸의 모든 세포가 빛으로 가득 채워졌다. 기운을 차린 나는 강둑 위로 올라왔는데, 그때 내 몸에서 모든 병의 징후가 사라졌음을 알 수 있었다.

다시 옷을 입고 맨발로 강을 따라 걸었다. 살면서 그렇게까지 자유로운 기분은 처음이었다. 모든 의무와 소유에서 벗어난 자유로운 기분. 여권과 지갑, 즉 단 한 번도 잃어본 적이 없는 내 정체성의 상징들은 전부 아쉬람에 남겨져 있었다. 돈도 없고 신분증도 없었지만 내 마음은 설명할 수 없는 기쁨으로 가득 차 있었다. 어딜 돌아다니든 어머니 인도**께서 항상 나를 보살펴주실 것이었다. 나는 이제야 마침내 집을 떠나왔다. 어릴 적 시도했던 가출과는 다르게, 이제는 돌아갈 의무가 없었다. 발밑의 따뜻한 모래와 강물의 속삭임은 어머니의 존재를 내게 끊임없이 상기시켜주었다.

---

* 《싯다르타》, 헤르만 헤세(1877-1962). 책 속 주인공은 오직 양극성을 통해서만 진리를 깨달을 수 있음을, 모든 극 속에는 그 반대 극이 포함되어 있으며 어떤 말로도 존재의 궁극적 의미를 설명할 수 없음을 알게 된다. 우리는 오직 우리 자신의 내면에서만 궁극적인 진리를 발견할 수 있다.

** 인도에는 떠돌이 수행자들에게 끼니와 임시 거처를 내어주는 사원들이 있다. 인도에서는 영적인 길을 가는 사람들을 도와주면 좋은 카르마를 쌓을 수 있다고 믿는다.

ॐ

손목시계 바바

갠지스 강을 따라 걷는 동안 모든 것과 하나되는 황홀한 기분을 느꼈다. 내 마음은 하늘과, 내 몸은 땅과, 내 영혼은 강과 하나되었다. 그러나 나는 절대자 속으로 완전히 녹아버린 상태를 갈망하고 있는, 여전히 분리되어 있는 하나의 에고일 뿐이었다. 즉, 나는 내가 이전에 경험했던, 에고 없이 신과 하나된 상태가 영원히 지속되길 원하고 있었다. 라마크리슈나가 비베카난다에게, 유크테스와르 Yukteshwar가 요가난다에게 이러한 의식 상태를 전해주었던 것처럼 나에게도 그런 의식 상태를 전해줄 구루가 있으면 좋겠다는 마음이 간절했다.* 물론 라마무르티 미슈라의 손길이 무한하고 지고한 현

---

* 바바지Babaji는 구루이자 일련의 요기들의 대스승인 인물이다. 이러한 요기들, 즉 바바지의 제자인 라히리 마하사야와 그의 제자인 스리 유크테스와르, 그리고 또 그의 제자인 파라마한사 요가난다는 모두 자신의 추종자들을 위해 같은 역할을 수행했다. 이 흥미진진한 이야기는 요가난다의 고전인 《어느 요기의 자서전》(Autobiography of a Yogi)에 실려 있다.

실로 통하는 문 앞으로 나를 인도해주긴 했지만 그 의식의 문을 통과하게끔 나를 등 떠밀어줄 마지막 손길이 한 번 더 필요한 상황이었다. 리시케시에서, 나는 스와미 치다난다로부터 그러한 은혜를 받을 수 있기를 바랐다. 그 같은 의식을 전해줄 수 있는 사람이 그 말고 또 어디 있단 말인가? 나는 고대 속담 하나를 떠올렸다.

제자가 준비되면 스승이 나타난다.

궁극의 삼매**에 이르는 순간이 언제든 다가올 수 있다는 생각을 하니 기대가 되면서 구루의 축복이 너무나도 기다려졌다. 내가 이런 생각을 막 하고 있을 때쯤, 주황색 옷을 입은 사두 한 명이 강변을 따라 걸어오는 모습이 보였다. 나는 내적 사색에 잠긴 듯 천천히 걸어오고 있는 그 사두가 내 쪽으로 더 가까이 오기를 기다리며 걸음을 멈췄다. '혹시 저 사람인가? 저 사두가 내가 그토록 기다려왔던 그 구루인가?'

그는 나와 몇 피트 떨어진 곳에서 걸음을 멈추고 눈을 들어 나를 바라보았다. '분명, 이 사두는 내게 앉으라고 손짓한 다음 님 카롤리 바바가 람 다스에게 그랬던 것처럼 자신이 나의 가장 내밀한 속마음까지도 모두 다 알고 있음을 내게 보여주리라. 그런 다음 그는 만트라를 읊조리거나 내 제3의 눈 자리를 건드려주겠지.'

내 예상대로 사두는 나무 그늘로 와서 앉으라고 손짓했다. 우리는 강변에 함께 앉아 있었고 나는 지상에서의 탐구가 끝났음을 나타내

** Samadhi. 더 높은 의식 상태에 합일되는 것. 가장 높은 상태인 무상삼매無想三昧 상태에서는 자아가 절대적인 일체 속으로 녹아들어 개인의 자의식이 사라진다.

는 사건이 일어나기를, 즉 해탈하기를 기다리고 있었다. 내 생각을 읽은 듯, 그는 내게 더 가까이 다가오라는 손짓을 한 다음 영어로 능숙하게 말을 걸었다. "뭔가가 필요한가요?"

"네, 네." 나는 그가 내 가슴속에 있는 것을 입 밖으로 내어 요청하길 원하는 걸까 궁금해하며 답했다.

"어머니께 선물해드릴 뭔가가 필요한가요?"

"죄송하지만, 방금 뭐라고요?" 나는 내가 잘못 들은 게 아닐까 하고 물었다.

"어머니께 선물해드릴 뭔가가 필요하냐고요." 그가 재차 답했다. "혹시 여동생이나 애인에게 줄 선물은 안 필요해요?"

그는 헐렁한 로브 소매를 걷어 올리더니 손목시계로 뒤덮인 양팔을 보여주었다. 손에서부터 어깨까지, 온갖 종류의 손목시계가 그의 팔에 채워져 있었다. 걸어 다니는 보석상이나 다름없었다. 내가 지금 뭘 본 거지 싶어서 놀란 표정을 짓자 그가 말을 이었다. "품질도 좋은데 가격도 저렴해요."

뉴욕 2번가에서 훔친 보석을 팔던 사기꾼들만큼이나 능글맞은 이 남자에게 속았음을 깨달은 나는 자리에서 벌떡 일어났다.

"이봐요, 어디 가요? 미국인 맞죠? 특별히 깎아드릴게요!"

나는 창피함을 느끼며 뒷걸음질 쳤다. 즉각적으로 성취될 뻔했던 삼매에 대한 꿈이 무너지자 목이 메어왔다. 라마무르티 미슈라가 스와미 치다난다를 만나러 리시케시로 가라고 말하지 않았던가? 내가 너무 경솔했구나 싶었다. 나는 내일 당장 리시케시로 가겠다는, 그리고 진정한 나의 구루의 발치에 절을 하겠노라는 굳은 다짐을 했다.

시금치 바바

마침내 리시케시에 도착했다. 뱃사공이 나룻배에 나를 태워 강을 건네주는 동안 나는 헤르만 헤세의 소설을 떠올렸다. 소설 속 주인공 싯다르타는 부처를 따르다 깨달음을 얻은 것이 아니라 사람들을 배에 태워 강을 건네주면서 깨달음을 얻었다. 뱃사공에게 도움이 필요하냐고 물어보려던 찰나, 우리는 강기슭에 도착했다. 바로 그때 나체의 한 사두가 갠지스 강으로 들어가는 모습이 보였는데, 나도 그와 같이 해보고 싶었다. 그래서 그를 모범 삼아 나도 옷을 벗고 "옴 나마 시바야Om Namah Shivaya"를 세 번 챈팅했다. 그러고는 히말라야 산맥의 빙하 — 힌두교 신앙에 따르면 히말라야 산맥은 시바의 머리에 해당한다 — 로부터 흘러 내려온 그 물을 머리에 쏟아부은 다음 강물에 완전히 몸을 담갔다.

내 마음속 목적, 즉 구루를 찾는 데 필요한 원기를 회복했으며 영적으로도 정화되었다는 느낌이 들었다. 시바난다 아쉬람이 있는 강

상류 쪽으로 발걸음을 옮기기 시작한 나는 마침내 스와미 치다난다에게 부디 나의 해탈을 도와달라고 부탁드릴 준비가 되어 있었다.

이때는 여정을 시작한 지 거의 두 달이 다 되어

리시케시의 스와미 시바난다(가운데)와 스와미 치다난다(맨 왼쪽)

가고 있었고, 나는 초대형 여객기를 타고 직항으로 인도에 온 다른 서양인들과 달리 쉬운 길을 택하지 않은 것에 대해 스스로 만족스러워 하고 있었다. 긴 여행과 오랜 병고에 시달린 끝에, 드디어 구루의 아쉬람에 도착했다. 아쉬람에 도착한 내 마음은 마치 사막에서 길을 잃었다가 천신만고 끝에 발견한 오아시스를 향해 다가가는 사람의 그것과 비슷한 수준이었다. 그만큼 간절했다. 람 다스가 자신을 찾아올 것을 님 카롤리 바바가 이미 다 알고 있었듯이, 스와미역시 내가 올 것임을 알고 있을 게 분명했고 아마 내가 묵을 방도 미리 준비해두었을 것이었다. 만일 스와미가 나를 개인적으로 마중 나와주지 않는다면 나는 짐을 방에다 두고 구내식당으로 가서 상쾌한 그린 코코넛 주스를 한 잔 마실 생각이었다. 그런 다음 방으로 돌아가 구루가 부를 때까지 누워서 휴식을 취하면 되는 거였다.

뙤약볕 아래를 걷느라 기진맥진한 상태로 아쉬람 문 앞에 서니 안경을 쓰고 어깨가 구부정한 어떤 남자가 문을 열어주었다. 다 썩어버린 이빨이 돌출되어 입이 튀어나온 그는 나 같은 불청객이 귀찮다는 듯이 물었다.

"뭐요?"

"스와미 치다난다를 만나려고요." 나는 몇 달 전 내게 주어졌던 바로 그 목적지에 드디어 도착했다는 사실에 안도감을 느끼면서 더듬더듬 대답했다.

"안 돼요." 노인은 이 말을 끝으로 문을 닫으려 했다.

"하지만 그분을 뵈러 정말로 먼 길을 왔는걸요. 라마무르티 미슈라께서 저를 이리로 보내셨어요!"

"누구요?"

"라마무르티 미슈라!"

"그런 이름은 들어본 적도 없수다."

"음, 그렇다면 혹시 남는 방을 하나 배정받을 수 있을까요? 스와미께서 돌아오실 때까지 기다릴게요. 정말 먼 길을 왔거든요."

"미안하지만 그렇게는 안 되겠소."

"왜죠?"

"아쉬람에 사람이 꽉 찼다우."

그의 말을 들은 나는 뭔가 착오가 생긴 게 분명하다고 생각했고, 내가 여기 도착했다는 사실을 스와미가 알게 되면 그가 이 상황을 바로 잡아줄 것이라 확신했다.

"흠, 그러면 방은 됐고 그냥 스와미께서 돌아오실 때까지만 아쉬람 안에서 기다려도 될까요?"

"아니, 그것도 안 되겠소."

"그것도 안 된다고요? 왜죠?"

"그분은 지금 뉴욕에서 강연 중이라 한 달 뒤에나 돌아오실 거요!" 노인이 짜증을 내며 말했다.

그는 면전에서 문을 쾅 닫아버렸고, 또 한 번 치욕스러운 상황을 맞은 나는 얼굴을 붉힐 수밖에 없었다. 지난 몇 달 동안 내 여정을 지탱해주었던 희망의 에너지는 이제 흔적도 없이 흩어져버렸다. 나는 그동안 나 혼자만의 환상을 좇고 있었다. 구루를 찾는 일이 그렇게 호락호락하지 않다는 것을 잘 알고 있었어야 했는데 말이다. 지치고, 피곤했고, 금방이라도 더위에 쓰러질 것만 같았다. 흙먼지가 날리는 길을 다시 터벅터벅 내려가 강가로 향했다. 그런 다음 그늘진 시바 사원 한 구석에 앉아 수통에 담긴 물을 한 모금 마시면서 앞으로 어떻게 해야 할지 고민하고 있었다. 그리고 이렇게 기도했다.

'신이시여, 당신께서 저를 아시고 또 신경 쓰고 계시다면 앞으로 어떻게 해야 할지 알려주세요.'

기도에 대한 응답인지, 젊은 독일인 커플이 우연히 내 앞을 지나갔다. 실의에 빠져 있는 나를 본 그들은 내 옆에 앉아 말을 걸어왔다. 내가 실의에 빠지게 된 연유를 설명하자 여성은 이렇게 말했다. "우리가 모시고 있는 분이 당신의 구루일지도 모르겠네요. 어쩌면 그분이 당신을 데려오라고 우리를 이리로 보내신 걸 수도 있고요. 바로 이 위쪽 상류에 그분이 살고 계시니까 같이 가지 않을래요? 우리가 안내해줄게요."

이렇게 된 이상 그들을 따라가는 것 외에는 달리 할 일이 없었다. 딱 하나 걸리는 점이 있다면 이른 아침부터 아무것도 먹지 못해서 뭐라도 좀 먹고 싶은 마음이 간절하다는 것뿐이었다. 인도에 온 이후로 줄곧 쌀밥과 달^{dhal}만 먹어온 터라 이런 것들에는 넌더리가 났고 이제는 내가 가꾸던 텃밭에서 방금 뜯어온 것만큼이나 싱싱한 채소, 특히 시금치가 무척이나 먹고 싶었다. 지난 며칠 동안 나는 버터를 듬뿍 바른 찐 시금치 한 대접을 먹는 상상을 했다. 물론 시내에 나가면 식당이야 얼마든지 있었지만 인도에서는 시금치를 잘게 잘라 고추를 가득 넣고 걸쭉하게 끓이기 때문에 온전한 시금치를 찾기란 불가능한 일이었다.

독일인 커플은 내게 "식사는 좀 나중에 하고, 먼저 우리와 함께 가서 구루를 뵈어요. 네?" 하고 간청했다.

예수님의 말씀이 떠올랐다.

> 너희는 먼저 천국을 구하라. 그리하면 이 모든 것을 너희에게 더하시리라.

나 역시 이왕 이렇게 오래 굶은 김에 구루를 먼저 찾는 게 낫겠다 싶었다. 그래서 강 상류를 향해 올라가는 그들의 뒤를 터벅터벅 따라갔다. 그렇게 20분 정도 걷자 강 쪽으로 돌출되어 있는, 모래와 바위로 이루어진 반도에 도착했다. 거기서 큰 바위 하나를 빙 돌아가자 배가 엄청나게 나온 한 남성이 호랑이 가죽 위에서 거의 벌거벗은 채 가부좌 자세로 앉아 있는 모습이 보였다. 여기 사는 사람이라면 주변에 텐트나 담요, 화로 등이 있어야 하는데 그런 것도 없는 것을 보니 그냥 잠시 여기서 쉬고 있는 것 같았다. 추종자들은 그의 발치에 엎드렸지만 나는 절하는 게 좀 꺼려져서 그냥 나마스카르^{Namaskar} 자세로 인사를 한 다음 예의 있게 일정 거리를 두고 앉았다.*

곧이어 내게로 시선을 돌린 그는 무니** 바바, 즉 묵언 수행자였기 때문에 그저 나를 바라보기만 할 뿐 아무 말도 하지 않았다. 만약 그가 나의 구루가 맞다면 그와 어떻게 소통을 하게 될지 정말 궁금했다. 나는 그가 어떤 식으로든 신호를 줄 거라고 생각했지만 아무 일도 일어나지 않았다. 앉아 있는 시간이 길어질수록 배는 더욱 고파왔다. 급기야 나는 시내에 있는 어느 식당을 갈까 생각하기 시작했다.

과시하거나 뽐내는 기색 없이 이 요기는 그저 등 뒤로 손을 뻗더니 윤이 나는 스테인리스 그릇을 앞으로 내밀었다. 나는 우물쭈물하며 앞으로 기어가 그 따끈따끈한 그릇을 받아 들었다. 충격적이게도 그 안에는 기ghee(인도식 정제 버터)가 잔뜩 발린 찐 시금치가 한가득 들어 있었다. 그 위에는 구운 차파티chapatti(인도식 빵)도 두어 개 올려져 있었는데 거기에도 버터가 잔뜩 발라져 있었다. 나는 농장 뒤편에 있는 내 텃밭에서 딴 시금치를 아주 살짝만 쪄서 먹곤 했는데, 이 시금치 역시 내가 먹던 그 방식 그대로 살짝만 쪄져 있었다.

나는 깜짝 놀라 그를 바라보았다.

"저를 위한 건가요?"

그가 고개를 끄덕였다. 혹시 자신의 저녁 식사를 내게 내어준 건

---

* 프라남pranam은 존경의 표시로, 존경을 표하는 사람과 존경을 받는 사람 모두의 신성을 인정하는 것이다. 이러한 존경은 여섯 가지 형태로 표현될 수 있는데, 그중 하나가 바로 합장한 손끝이 이마에 닿도록 하는 나마스카르다. 이외에 두 팔을 머리 위로 뻗은 채 바닥에 엎드려 경의를 표하는 아쉬탕가나 프라남 Ashtangana pranam도 있다.

** muni. 침묵이라는 뜻이다. 역사상 마지막 부처님은 샤카무니 고타마Sakyamuni Gautama라고 불렸는데, 이는 침묵의 서원을 한 샤카족 고타마 가문 사람이라는 뜻이다. 그는 아마 6년간의 고행 기간 동안에만 침묵을 지켰을 것이다.

아닐까 하는 생각이 났지만 그런 걸 한 번 더 묻고 앉아 있을 여유가 없었다. 시금치가 너무 맛있었기 때문에 그게 허공에서 기적처럼 나타났다는 사실에 대해서는 어느새 까맣게 잊어버리고 말았다. 식사를 마친 나는 요기에게 감사를 표한 뒤 그의 옆쪽 모래 위에 빈 그릇을 놓았다. 그러고 나자 갑자기 너무나도 잠이 와서 거의 불가항력적으로 모래 위에 몸을 뉘어야만 했다.

얼마나 잤을까. 눈을 떴을 때는 이미 해가 언덕 뒤로 넘어가고 있었고 강에는 보라색 연무가 내려앉아 있었다. 독일인 커플은 자리를 떠났지만 그들의 구루는 여전히 나를 바라보고 있었다. 내게 필요한 자양분을 완전히 공급받았다는 느낌이 들었고, 이제 그 요기가 내게 어떤 징조나 신호를 내보이기를 기다렸지만 그는 아무 말도 하지 않았다. 내가 그토록 갈망하던 시금치를 허공에서 만들어냈으니 이 사람이 내 구루가 아닐까? 딱히 어떤 깨달음을 얻었다는 느낌은 없지만 혹시 잠든 동안 그가 내게 특별한 축복을 내려준 것은 아닐까? 물론 그는 사람의 마음을 읽을 수 있는 능력에다 물질화 능력까지 가지고 있었지만 이렇게 계속 말을 하지 않으니 나와 그의 관계가 도대체 어떤 식으로 발전할 수 있을지 도통 가늠이 안 됐다.

'이제 뭘 어떻게 해야 하는 거지?' 내가 잘 모르고 예의에 어긋나는 행동을 할까 봐 어떻게 해야 하나 잠시 고민이 됐다. 짐작건대, 중요한 건 다 끝났고 뭘 더 할 것도 없는 것 같았다. 그래서 그만 가기 위해 자리에서 일어났다.

'작별 인사로 지혜의 말 한마디라도 던져주지 않을까?' 했지만 그는 침묵을 지켰다. 이 요기는 나를 신경 쓰는 기색 하나 없이 멍하니 허공만 바라보고 있었다. 우리의 만남이 여기까지라는 것을 눈치챈 나는 절을 하고 자리를 떴다.* 날이 점점 더 어두워지고 있었다. 마을 쪽을 향해 걸어가면서 오늘은 저녁거리를 찾을 필요가 없어 다행이라는 생각을 했다. — 시금치와 차파티가 맛있어서 굉장히 만족스러웠기 때문이다.

마을을 떠나는 중에 지혜의 여신인 사라스와티**의 동상을 마주치게 되었다. 나는 그 앞에 멈춰서서 저녁 식사뿐만 아니라 지혜와 해탈의 길로 나를 인도해줄 구루를 찾게 해달라고 기도했다. 강둑에 뱃사공이 없었기 때문에 다리를 이용해 강을 건너갔다.

---

* 40년이 지난 지금에야 나는 이 이름 모를 요기에게서 얼마나 큰 축복을 받았는지 알게 되었다. 그의 고요한 현존에 대한 기억은 지금도 내 마음속에 생생하다.

** Saraswati. 사라스와티는 삶을 드높이는 지식, 지혜, 예술, 과학의 여신이다. 요기들은 사라스와티를 숭배하는데, 이는 그녀의 순결함과 영적 성취를 위한 그녀의 헌신을 우러러보기 때문이다. 아브라함의 아내 이름은 원래 사라스와티였을 것으로 추정된다. 성경에 따르면 그의 아내는 맨 처음에 사라이Sarai라고 불렸다는데, 사라이는 사라스와티의 줄임말이다. 아니면 그녀는 사리Sari라고 불렸을 수도 있는데, 사리는 히브리어로 공주라는 뜻이다.

람 다스

델리로 돌아가는 버스 안의 온도는 49도까지 치솟았고 나는 날아오는 먼지를 막기 위해 숄로 얼굴을 감싸고 있었다. 설상가상으로, 버스에 같이 탄 인도 공대생들은 내게 "얼마나 벌어요? 차가 몇 대나 있어요? 여기 왜 왔어요?"라는 세 가지 질문을 계속해서 퍼부었다.

처음 질문을 받았을 때 나는 "저축으로 생활하고 있고 낡은 차가 한 대 있어요. 지금은 깨달음을 구하는 중이에요" 하고 답했다.

그들은 서로를 보며 "하! 하!" 하고 외쳤다. "깨달음을 구하고 있대! 장난치는 것도 아니고!" 그런 다음 그들은 차이가 거의 없는 질문들을 몇 시간 동안이나 계속 물어보았다. 그들에게는 그것이 즐겁게 시간을 때우는 방법인 것 같았다. 지혜를 구하는 내 기도에 대한 사라스와티의 응답이 겨우 이것뿐인 걸까?

여덟 시간의 고된 여정 끝에 마침내 델리에 도착한 우리는 버스에서 내렸다. 나는 밝은 주황색 쿠르타*에 검정 바지를 입은 덩치 큰 남성에게 이렇게 말했다.

"당신 덕에 내 인생 최악의 여행을 경험하긴 했지만, 그래도 나는 당신의 가슴속에 신이 계시다는 것을 알아요."

그러자 그의 불손한 표정이 점점 무너지기 시작했다. 그는 윗입술을 부르르 떨면서 울음을 터뜨렸다. 바닥에 무릎을 꿇은 그는 내 먼지 묻은 발에 이마를 대고 흐느껴 울기 시작했다. "스와미, 부디 저를 용서해주세요."

찬물로 샤워를 하고 싶었던 나는 코넛 서커스의 팰리스 하이츠 Palace Heights 호텔에 체크인했다. 저렴한 호텔이기도 하고, 여기가 서양인에게 친절하다고 들었기 때문이었다. 그러나 막상 객실에 들어가니 샤워기가 없어서 바닥 배수구 쪽에 쪼그리고 앉아서 바가지로 뜬 미지근한 물로 인도식 목욕을 해야만 했다. 씻고 나온 뒤에는 도시가 내려다보이는 테라스에 나가서 편안한 의자에 앉았다. 구루를 찾는 일은 처음 생각했던 것보다 훨씬 더 어려운 일이었다. 나는 맨 처음 내게 인도 여행이라는 영감을 심어주었던 마하라즈지를 만나고 싶었다. 람 다스를 가슴의 길로 입문시켜주었던 그 구루 말이다. 하지만 주소를 몰랐다. 집을 떠나 인도로 오기 전에 먼저 그의 주소를 알아내야 한다는 생각을 미처 못한 것이다. 나는 그저 막연히 스와미 치다난다가 나의 구루라고만 생각했었다.

몇 분 후, 이런 내 생각에 응답이라도 하듯 미국인 두 명이 베란다로 나왔고 우리는 잠시 대화를 나눴다. 그들은 크리슈나가 어린 시절을 보냈던 마을인 브린다반에 마하라즈지가 살고 있다면서 그

* 기장이 길고 칼라가 없는 인도식 셔츠. 역주.

곳이 여기서 그리 멀지 않다고 말해주었다. 듣자 하니 그는 하누만 사원에 있었고, 거기서 하루에 두 번 다르샨을 한다고 했다. 기쁜 소식을 들은 나는 바로 다음 날 아침부터 님 카롤리 바바를 찾아 떠나기로 결심했다.

기차를 타고 몇 시간 가면 마투라Mathura라는 지역이 나오는데, 여기서 10킬로미터를 더 들어가면 브린다반이 나온다. 나는 크리슈나의 고향이 흔한 히피들의 그림처럼 아름다울 거라고 생각했다. 예컨대, 행복에 젖어 있는 소와 공작새가 주(lord)를 영원토록 사랑하는 고피**들을 바라보는 그런 아름다운 곳일 거라 생각했던 것이다. 하지만 막상 가보니 그곳은 도랑에 쓰레기가 즐비해 있는, 번잡한 일개 마을에 불과했다.

나는 고피를 보지도, 크리슈나의 현존을 느끼지도 못한 채 릭샤를 타고 브린다반으로 향했다. 그리고 그곳에서 마하라즈지의 추종자들이 묵는 저렴한 호텔을 발견하여 거기를 숙소로 잡았다. 그러나 하누만 사원은 어디에 있는 것이며, 또 거기까지 어떻게 가야 한단 말일까? 나는 이제 어찌해야 하나 싶어 그냥 침대에 앉아 있었다. 그러다 결국에는 하누만 사원으로 어떻게 가야 하는지 아는 사람을 만나기를 간절히 바라면서 문을 열고 복도로 나갔다. 그 순간, 갑자기 옆방 문이 열리더니 회색 수염을 덥수룩하게 기른, 키 큰 대머리 남성이 나타났다. 나와 시선이 마주친 그의 얼굴에 애정 어린 미소가 번졌다. 나는 그가 람 다스라는 것을 깨닫고 충격에 빠졌다.

"여긴 무슨 일로 오셨나요?" 그가 물었다.

"사실, 당신이 저를 이리로 오게끔 만들었어요." 내가 말했다. "뉴

** gopi. 소 치는 여성들을 뜻하는 말. 특히 주 크리슈나를 추종하는 이들을 일컫는다.

욕 공영 라디오 방송에서 당신 인터뷰를 들었거든요."

"아…." 그는 알겠다는 듯이 한숨을 쉬었다.

나는 그가 그 인터뷰를 후회하고 있다는 사실을 나중에 가서야 알게 되었다. 그러한 홍보 덕에 수많은 이들이 구루를 찾아 나섰기 때문이다. 이제 그는 영적인 허기에 시달리고 있는 미국인 히피 무리와 마하라즈지를 공유해야만 했다.

나는 묻기에 적절한 타이밍인 것 같아 용기를 내어 그에게 질문을 했다. "당신의 구루인 마하라즈지가 나의 구루일 수도 있을까요?" 인터뷰를 처음 들었을 때부터 마음속에 품고 있던 질문이었다.

"글쎄요, 일단 당신이 여기까지 오도록 부름을 받은 것은 확실한 것 같군요. 그분께 가서 확인해보면 정확히 알게 되겠죠? 시간이 좀 걸리긴 하겠지만 때가 되면 알게 될 거예요."

"정말 제가 여기까지 부름을 받아 온 거라고 생각하세요?" 내가 물었다. 방금 그가 한 말이 그토록 바라왔던, 내가 여기 올 운명이 맞았다는 것을 확증해주는 말 같았다.

"지금 여기 계시잖아요. 여기 올 운명이 아니었다면 이 자리에 있을 수가 없었겠죠?"

"네, 그렇네요." 나는 반박할 여지가 없는 그의 논리에 순응할 수밖에 없었다.

람 다스는 사원으로 가는 길을 알려주고는 이만 방으로 들어가야겠다며 이렇게 말했다.

"다시 선정에 들러 가봐야겠군요. 아까는 명상을 하던 중이었는데 마하라즈지께서 밖으로 나가보라고 하셨어요. 아마 당신에게 길을 알려주려 하셨던 것 같아요. 분명 그분은 당신을 기다리고 계실 거예요."

나는 그에게 감사를 표한 뒤 명상을 하러 방으로 돌아왔다. 하지만 마하라즈지가 나를 기다리고 있으며 내게 길을 알려주려고 람 다스를 보냈다는 생각을 하자 너무 신이 났다. 그를 만날 때까지 차분히 기다리고만 있기가 힘들어서 방 안을 이리저리 서성댔다.

나는 조바심에 안절부절못하는 채로 호텔을 떠났다. 다르샨까지는 아직 시간이 많이 남아 있었기 때문에 크리슈나가 피리를 연주하고 고피들과 춤을 췄던 그 숲이 어디 있는지 찾아보기로 했다. 그러나 사람들이 가리킨 방향으로 더럽고 혼잡한 길을 걸어가니 모래밭에 앙상한 나무 몇 그루만 심어져 있을 뿐이었다.

시내 중심가로 돌아가는 동안 나는 라비 다스Ravi Das라는 또 다른 서양인을 만나게 되었는데, 그 역시 마하라즈지를 보러 온 사람이었다. 그는 나와 함께 걸어가며 이렇게 말했다. "방금 나의 구루를 만난 것 같아요."

"정말요? 당신의 구루가 마하라즈지가 아니란 말인가요?"

"음, 마하라즈지께서 제게 이름을 내려주실 때만 해도 그런 줄 알았거든요? 근데 그 후로는 저한테 아무 말씀도 안 하시더라고요. 그러다 아까 길을 걷고 있었는데 어떤 사두가 다가와서 제 눈을 똑바로 쳐다보더니 '애야, 내가 너의 구루란다. 나를 미국으로 데려가주렴' 하고 말하는 거 있죠. 너무 확신에 차 보여서 제가 어찌해야 할지를 잘 모르겠더라고요. 그러니까 그 사두가 내일 다시 오라고 하면서 저를 입문시켜주겠다고 했어요."

호텔로 돌아가는 동안 손목시계 바바가 떠올랐다. 이 세상에는 얼마나 많은 가짜 사두들이 있는 걸까? 또, 그들이 하는 모든 말을 다

믿어줄, 순진한 젊은이들이 가득한 미국이라는 나라에는 이런 가짜 사두들이 얼마나 많이 넘어왔을까?

드디어 사원을 방문하는 날이 되었다. 나는 람 다스가 알려준 방향으로 걸어가면서 저녁 다르샨에 참석해야겠다고 생각했다. 그는 걸어서 45분 정도 가면 사원이 나올 거라고 말했는데, 걷고 또 걸어도 사원은 보이지 않았다. 아무래도 길을 잃은 것 같았다. 내가 걷고 있는 황량한 길은 벌판을 가로질러 지평선까지 쭉 이어졌다. 인도는 어딜 가나 시끄러운 소음이 가득했기 때문에 갑자기 고요한 곳에 홀로 남게 되니 뭔가 잘못됐다는 생각이 들었다. 두 세계 사이에 걸쳐 있는 것 같은 비현실적인 기분, 이미 지나간 과거와 아직 오지 않은 미래 사이에 껴 있는 듯한 기분이었다. 지금까지 익숙하게 생각해왔던 기준점들이 다 사라져버렸고, 나는 허공에 붕 떠 있었다. 마음 한편에서는 왔던 길로 되돌아가고 싶다는 생각이 들었지만 다른 한편에서는 계속 앞으로 나아가고 싶다는 생각이 들었다. 내가 지금 어디로 향하고 있는 건지, 그리고 왜 그곳으로 가고 있는 건지 알 수가 없었다.

마침내 람 다스가 묘사한 것과 비슷하게 생긴 갈림길에 이르렀고, 나는 거기서 흙길로 접어들었다. 그대로 가자 역시나 담장이 세워진 작은 사원이 하나 나왔다. 몇 발짝 걸어가니 문이 열렸고, 거기서 흰 옷을 입은 서양인 대여섯 명과 함께 람 다스가 모습을 드러냈다.

"너무 늦었군요!" 람 다스가 화난 듯이 소리쳤다.

"제가 다르샨에 너무 늦었다는 말인가요?"

"아니요, 너무 늦었다고요. 끝이에요. 마하라즈지께서 자오[jao]라고, 해산하라고 하셨어요. 우리가 그분의 물질적 형상에 너무 집착하면 그분은 우리를 그냥 보내버리셔요. 자, 다 같이 마을로 돌아갑시다."

구루에게 또 거절당하다니! 인도 여행이 헛수고였다는 생각이 들었다. 애초에 내게 구루가 없었던 건 아닐까?

다시 브린다반으로 걸어가던 나는 내 옆 사람들을 쳐다보다가 무엇이 그들을 이곳까지 오게 만든 건지 궁금해졌다. 도대체 어떤 힘이 그들의 마음을 움직여 도시의 거리, 시골 마을, 미국의 코뮌 commune에서부터 이곳 인도까지 오게 만들었을까? 도대체 어떤 힘이 그들을 먼지가 날리는 이 무더운 길을 걷게 만들고, 담요를 덮은 노인의 발치에 앉아 있게 만드는 걸까?

나는 내 옆의 한 젊은 여성을 바라보았다. 사리를 입고 자신의 금빛 머리칼에 스카프를 둘러 단정히 정리한 그녀는 아름다우면서도 친근한 느낌이었다. 나는 내 소개를 한 후 그녀에게 이름을 물었다.

"카루나 Karuna라고 해요. 원래는 수잔 울프 Susan Wolfe였는데 마하라즈지께서는 저를 카루나라고 부르세요."

"그렇군요. 인도에는 어떻게 하다 오게 되신 거죠?"

"디모인 Des Moines에서 고등학교를 졸업한 지 얼마 되지 않은 때였어요. 남자친구인 존과 함께 《Be Here Now》를 읽고 있었는데, 마하라즈지의 사진을 보는 순간 그를 만나야겠다는 생각이 들었어요. 저도 왜 그런지는 몰라요. 당시 남자친구는 들어가기로 한 직장이 있어서 곧 일을 해야 하는 상황이었는데, 너무나 다정하게도 이렇게 말해주더군요. '해야 할 일을 해. 기다리고 있을게.' 우리 둘 다 결혼을 원하는 상황이긴 한데, 일단 저는 마하라즈지께서 축복을 내려주시길 기다리고 있어요. 구루께 제 모든 것을 맡겼기 때문에 저는 그분께서 시키는 것만 할 거예요."

"여기 온 지 얼마나 되셨어요?"

"1년이요."

"남자친구가 보고 싶진 않나요?"

"보고 싶죠. 남자친구는 정말 좋은 사람이거든요. 하지만 마하라즈지께서 축복을 내려주시기 전까지는 집에 갈 수 없어요."

이번에는 다른 편에서 걷고 있는 테드^{Ted}에게 시선을 돌렸다. 그는 이 그룹에서 마하라즈지에게 힌두교식 이름을 지어달라고 부탁하지 않은 유일한 사람이었다.

"테드, 당신은 어쩌다 여기까지 오게 됐어요?"

"나는 샌프란시스코 지역의 록 콘서트 관련 회사에서 일하고 있어요. 페스티벌에서 쓸 텐트를 설치하는 일을 하죠. 마침 휴가철이고 콘서트도 없길래 한 달 동안 휴가를 냈고, 한 번도 가본 적 없는 새로운 곳으로 가보고 싶었어요. 그러자 인도가 머릿속에 불쑥 떠올랐고 '안 될 게 뭐야?'라는 생각이 들었어요. 마침 모아둔 돈도 있어서 그걸로 비행기표를 샀죠."

"마하라즈지와는 어떻게 만나게 되신 건가요? 원래 영적인 쪽에 관심이 있었나요?"

"아니요. 요가, 명상을 하거나 영적인 수행을 하지는 않아요. 그냥 새로운 곳, 기온이 따뜻한 곳으로 가고 싶었어요."

"그렇다면 마하라즈지를 만나게 된 계기는 뭐죠?"

"음, 델리에 도착해 비행기에서 내린 후 나는 셔틀을 타고 시내로 갔어요. 거기서 릭샤를 잡아 기차역으로 가달라고 했지요. 마침 출발하는 기차가 있어서 바로 탈 수 있었어요. 어디로 가는 기차인지도 모르고 탔죠. 그냥 도시를 벗어나 인도를 구경하고 싶었거든요. 그러다 시간이 좀 지나니까 기차 타는 것도 지루해져서 아무 데서나 내렸어요. 내린 데가 어딘지 몰랐는데 역에서 자전거 릭샤를 탄 어떤 남자가 내게 손짓을 하더라고요. 나보고 타라고 하길래 탔어요. 그 사람은 시내에서 한참 떨어진 시골길을 달리더니 마침내 멈춰 섰고, 이제 내리라고 했어요. 그게 바로 여기였죠. 여기가 어디인지, 어떻게 해야 할지 고민하고 있을 때쯤 문이 열리며 한 사람이 나오더군요. 잡지에서 얼굴을 본 적이 있던 람 다스였어요. 그는 '얼른 들어오세요. 안 그러면 다르샨에 늦겠어요' 하고 말했죠. 그래서 여기까지 오게 된 거예요."

우리는 함께 걸어가면서 앞으로 무엇을 해야 할지 논의하기 시작했다. 그러다 추종자 중 한 명이 "여러분, 좋은 생각이 있어요. 바라나시로 가는 건 어때요? 인도에서 가장 성스러운 도시가 바라나시라고들 하잖아요. 힌두교도들은 바라나시에서 죽으면 영혼이 곧바로 바이쿤타^{Vaikuntha}(천국)로 간다고 믿기 때문에 죽을 때가 가까워져 오면 그곳에 가죠."

"그러네요, 그곳에는 구루들의 아쉬람도 많죠." 누군가가 그의 말에 동조했다. "우리가 다 같이 간다면 갠지스 강에 있는 하우스보트[*]를 헐값에 빌릴 수도 있겠는데요."

일이 어떻게 되어가고 있는 건지 채 알아차리기도 전에, 나는 어쩌다 마하라즈지 삿상[**]에 끼게 되었고 그 길로 그들과 함께 바라나시로 향하게 되었다.

---

[*] 주거가 가능한 보트를 말한다. 역주.
[**] 진리의 모임이라는 뜻으로, 공통된 구루 또는 같은 영적 가르침을 따르는 이들의 그룹을 말한다.

갠지스 강의 하우스보트

인도 여행은 삶의 축소판이라 할 수 있다. 여행이 어떻게 전개될지, 심지어는 계획대로 목적지에 도착할 수 있을지조차 장담할 수 없기 때문이다. 이곳을 여행하다 보면 계속해서 내맡김에 관한 교훈을 배우게 되며, 이를 통해 목적지와 목적지까지 가는 길이 곧 하나라는 깨달음을 얻게 된다.*

나는 표를 사려고 기차역에서 한 시간 동안 줄을 서 있었다. 그러다 마침내 줄 맨 앞에 다다랐는데, 매표원은 내가 줄을 잘못 섰다고 했다. 알고 보니 한 줄은 어떤 기차가 있는지 확인하는 줄, 다른 줄은 해당 기차에 빈자리가 있는지 확인하고 예약하는 줄, 그리고 세 번째 줄이 실제로 표를 구매하는 줄이었다. 물론 그때쯤이면 두어 시간이 지난 뒤니 내가 선택한 기차가 만석이 되어 첫 번째 줄로 다시 돌아가야 할 수도 있었다. 결국 내가 예약 줄의 맨 앞에 다다르

---

* 이에 대해 더 알고 싶다면 초감 트룽파의 책 《길이 곧 목적지다》(The Path is the Goal)를 읽어보라.

자 매표원은 고개를 좌우로 흔들며 '예'인지 '아니오'인지 모를 혼란스러운 제스처를 취했다. 한참을 고민한 끝에 알아낸 그 제스처의 뜻은 '당신이 여기 있다는 건 알겠지만 나는 내가 책임져야 할 그 어떠한 말도 하지 않겠다'는 것이었다.

그는 내가 고른 열차의 예약 현황을 확인하더니 이렇게 말했다. "죄송합니다만 모든 자리가 예약되어 있네요. 다른 날짜를 고르셔야 겠어요."

세 시간 동안 푹푹 찌는 날씨를 견디며 주변 사람들에 이리저리 치여 다녔는데도 표를 구하지 못하자 절망적인 기분이 들어서 밖으로 나가버렸다. 그냥 그린 코코넛 주스나 한 잔 마신 다음 호텔로 돌아가 쓰러져 눕고 싶다는 생각밖에 안 들었다. 그렇게 계단을 내려가고 있는데 한 젊은 남자가 다가왔다. 그는 내 절망의 표정을 알아챈 듯이 이렇게 말을 걸어왔다. "어디로 가세요? 돈만 주시면 제가 표를 구해드릴게요."

"네? 돈을 달라고요?"

대뜸 낯선 사람이 돈을 달라는 것도 그렇지만, 표를 사서 다시 돌아오리라는 것을 내가 순순히 믿어줄 거라 생각하는 그 사람의 태도도 조금 어이가 없었다.

"어느 날짜에 가실 건가요?" 그가 계속 물었다.

그래서 원하는 출발 날짜를 말했더니 그가 내 손에서 돈을 획 잡아 뺐다. 푯값에다 자기의 수고비 10루피를 더한 값이었다.

"여기서 기다리세요." 그가 나를 안심시키며 말했다.

그는 계단을 올라 역 안으로 들어갔고, 나는 그가 역 뒷문으로 빠져나갈 것이 확실하다고 생각했다.

나는 '인도 도둑은 뉴욕 도둑보다 훨씬 예의 바르고 영리하다고 생각했는데' 하고 생각했다. 하지만 15분 후, 남자는 표를 손에 들고서 다시 돌아왔다.

"제 사촌이 철도청 직원이거든요." 그가 함박웃음을 지어 보이며 설명했다. "다음번에 예약하실 때는 그냥 저한테 오세요."

인도 철도사가 미국 항공사처럼 좌석 수보다 더 많은 표를 판매하리라고는 생각지도 못했던 나였다. 얼마 뒤, 나는 에어컨도 없는 3등석 통로에서 선 채로 이동했다. 그것도 난간에 간신히 매달려서 말이다. 그렇게 몇 시간이 지나자 누군가가 내렸고, 나는 다른 사람들 사이에 끼긴 채로 딱딱한 나무 벤치에 앉을 수 있었다. 자정 무렵이 되었을 때쯤, 나는 지쳐버렸다. 누울 곳을 찾지 못한 나는 승객들 머리 위에 있는 짐칸에 올라갔지만 아무도 나를 신경 쓰지 않았기 때문에 곧 잠이 들 수 있었다.

금속 받침대에 기대어 자다 보니 갈비뼈가 아파서 새벽녘에 잠에서 깼다. 몸을 기대기 좋은 곳이 어디 없을까 찾다가 화장실 바깥 복도 바닥에 자리가 있는 게 눈에 들어왔다. 그래서 그곳 바닥에 누웠고, 시끄러운 소리를 조금이라도 줄여보기 위해 얇은 숄로 귀를 막았다. 그러다 잠에서 깨보니 사람들이 화장실을 가기 위해 나를 밟고 다니고 있었고, 화장실 문은 내 얼굴과 불과 몇 인치 떨어진 지점에서 쾅 하고 닫혔다. 비몽사몽하던 나는 잠에 취해 의식의 스크린을 스쳐가는 여러 생각들을 관찰했는데, 분명 지금의 나는 존엄을 가진 인간이 경험할 수 있는 가장 낮은 위치에 있었다.

살아 있는 기분보다는 죽어 있는 기분을 더 강하게 느끼면서, 다음 날 아침 드디어 바라나시에 도착했다. 역을 나와 갠지스 강으로 걸

하우스보트가 정박해 있던 바라나시 화장터의 전경

어 내려가면서 나는 신성한 강이 나를 소생시켜 주기를 바랐다. 조금 걸어가니 마하 만트라(Hare Krishna)*를 챈팅하는 소리가 들렸다. — 지난 수천 년 동안 그곳에서 끊이지 않고 이어져온 이 챈팅 소리는 마침내 내가 살던 로어 이스트 사이드Lower East Side의 옛 동네까지 퍼졌다.

자욱한 향 연기가 가트**에서 시신을 태우며 나오는 연기와 섞여 하늘 위로 올라갔다. 나는 챈팅 소리에서 느껴지는 초월적인 에너지를 흡수하면서 주변을 구경했다. 사람들이 강물에 화환을 던지면서 이제 막 화장되어 나온 사랑하는 이에게 작별을 고하고 있었다.

삿상 일원들 몇몇이 나보다 먼저 그곳에 도착해 있었고, 우리는 하우스보트를 빌리라며 호객 행위를 하는 무리들을 만나게 되었다. 그들이 우리와 신나게 흥정을 벌이고 있을 때, 판투찌Fantuzzi라는 한 서양인이 그들을 막아섰다. 그는 한 팔에는 콩가 드럼을, 다른 한 팔에는 엑타라Ektara라는 한 줄짜리 현악기를 들고 있었는데 사두와 록 스타가 반반씩 섞인 것 같은 모습이었다.

"친구들, 나한테 하우스보트가 있는데 너희 모두 나와 함께 지내

---

* 만트라, 혹은 신이라는 단어조차도 계속 반복해서 외면 그 장소를 영영 변화시키는 진동을 만들어낼 수 있다. 의식이 장대할수록 진동도 더 강력해진다. 따라서 근원의 완전한 의식으로부터 만트라나 I AM 확언을 말한다면 우리의 현실에 영향을 미칠 수 있을 만큼 그 힘이 커진다.

** ghat. 강으로 내려가는 계단을 말하며 종교의식에 자주 사용되는 장소다. 바라나시에서는 시신을 화장하는 곳으로 쓰인다.

지 않을래?"

그래서 우리 일행 열댓 명은 작은 보트를 빌려 화장 중인 가트 앞에 정박해 있는 하우스보트로 건너갔다. 우리는 장작불이 하늘 위로 연기를 내뿜는 것을 배 위에서 볼 수 있었으며 새벽부터 해 질 녘까지 울려 퍼지는 만트라 소리도 들을 수 있었다. 우리가 부르는 바잔(찬송가)과 어우러진 선상 생활은 마치 멜라* 같았다. 일원들 대부분이 뭍으로 나가 있을 때는 강변에서 끊임없이 흘러나오는 만트라 소리만 빼면 비교적 조용할 때가 있었다. 그럴 때면 나는 개별적인 자아 감각이 사라지는 명상 상태로 빠져들곤 했다.

어느 날, 갠지스 강이 인간의 죄를 씻어주기 위해 지상에 내려온 강가 여신의 육체적 형태라는 이야기를 들은 나는 그 성스러운 물에 몸을 담그기로 결심했다. 퉁퉁 불은 소의 사체가 하류로 떠내려가는 것을 보니 갠지스 강물에 정화의 효과가 있다는 전설이 사실이기를 기도하는 수밖에 없었다. 나는 "옴"을 외치며 화장이 덜 된 두개골 조각들이 둥둥 떠다니는 탁한 물속으로 뛰어들었다.

놀랍게도 막상 물속에 들어가니 더럽다는 느낌은 없었다. 오히려 샴페인처럼 탄산감이 느껴졌고, 강물에 기운을 북돋는 효과가 있는 것 같았다. 나는 여신께서 내 부정적인 카르마를 녹여주셨기를 바라며 원기가 회복되는 듯한 그 느낌을 한껏 즐겼다.

---

* mela. 축제. 인도에는 여러 축제가 있지만 그중에서도 쿰브 멜라는 수백만 명의 힌두교도들이 모여 종교의식을 치르는 축제다. 쿰브Kumbh라는 항아리에 담긴 불멸의 넥타인 암릿Amrit을 두고 신과 악마가 싸웠던 것을 기념하는 이 의식의 기원은 수천 년 전으로 거슬러 올라가며 〈바가바타 푸라나Bhagavata Purana〉, 〈마하바라타Mahabharata〉, 〈라마야나Ramayana〉 와 그 외 여러 텍스트에 묘사되어 있다.

지복에 젖은 어머니

크리스마스이브, 판투찌가 특별한 소식을 전해주었다. 요가난다의 책에 나오는 성녀 아난다마이 마*가 갠지스 강이 내려다보이는 언덕에 세워진 그녀의 아쉬람에 있다는 소식이었다. 우리는 이것이 좋은 기회라고 생각했다. 그래서 서양인답게 그리스도를 기념하는 이 특별한 날 밤에 그녀를 접견할 수 있기를 바라며 아쉬람에 찾아가기로 했다.

아난다마이 마는 1896년 4월 30일, 현재는 방글라데시로 알려져 있는 동벵골에서 태어났다. 매우 가난했던 아난다마이 마의 부모님은 대부분의 시간 동안 찬송가를 불렀다. 그녀는 어린 시절 한 번에 몇 시간씩 허공을 응시하며 저절로 신성에 몰두하게 되는 시간

---

* Anandamayi Ma. 마하트마 간디도 그녀의 추종자였는데, 간디가 고난을 겪던 시기에는 그녀가 그를 직접 찾아가 위로한 적도 있다. 인도 국무총리의 아내인 카말라 네루Kamala Nehru 역시 그녀의 추종자였다. 1982년 8월 27일, 아난다마이 마가 데라 둔Dehra Dun에서 세상을 떠나자 그녀를 기리기 위한 아쉬람이 스물다섯 곳 이상 세워졌다. 오늘날 '포옹하는 성자'로 불리며 전 세계를 순회하고 있는 마타 암리타난다마이Mata Amritanandamayi와 마찬가지로, 그녀의 추종자들도 아난다마이 마를 신성한 어머니의 현현으로 여겼다.

이 많았다. 교사들은 언제나 행복해하면서 자기 주변에서 일어나는 일에 아무 신경을 쓰지 않는 그녀를 우둔한 사람으로 잘못 생각했고, 이웃들 역시 그녀를 제정신이 아닌 사람으로 여겼다. 열세 살이 되자 가족들은 관습대로 아난다마이 마의 결혼식을 준비했지만 남편이 그녀에게 손을 댈 때마다 그녀는 의식을 잃었다. 그런데도 첫날밤을 치르려던 남편은 결국 감전을 당했고, 진심으로 사과한 후 그녀의 추종자가 되었다. 아난다마이 마는 남편의 이름을 볼로나쓰 Bolonath로 바꾸고 그와 금욕적인 결혼 생활을 이어나갔다.

그녀는 관습에 따라 장로들의 발을 만지거나 절하기를 거부하여 아버지를 위시한 몇몇의 심기를 거스르기도 했지만 그때마다 "이미 나 자신이 모든 것과 하나인데 왜 다른 이에게 절을 해야 하나요?"라는 말을 하곤 했다. 그녀는 공식적으로 누구를 가르치지도 않았고 구루로 불리는 것조차 거부했다. 추종자들이 초청하는 곳이면 어디든 여행하곤 했지만 그 외에는 아무런 계획을 세우지 않았다. "자신을 섬기려거든 다른 사람을 섬기세요. 당신은 다른 사람을 섬김으로써 자신을 섬기게 됩니다"라는 것이 그녀의 가르침이었다. 아난다마이 마는 파라마한사 요가난다에게 "내 의식은 이 일시적인 육체와 한 번도 관련 있던 적이 없습니다"라고 말한 바 있다.

우리는 뱃사공을 불러 보트를 타고 강변으로 건너갔다. 인도에서는 구루에게 공물을 바치는 것이 관례였기 때문에 달달한 간식 한 상자를 미리 산 후에 언덕을 올라 그녀의 아쉬람으로 향했다. 우리는 평온한 아름다움을 발산하는, 하얀 사리를 입은 한 여인 앞에 앉았다.

그렇게 얼마 기다리지도 않았는데 누군가가 앞으로 가서 그녀 앞

지복에 젖은 어머니, 아난다마이 마

에 무릎을 꿇으라고 우리에게 알려줬다. 우리가 간식 상자를 건네자 아난다마이 마는 시큰둥한 미소를 지었다. 그녀는 상자에 손을 얹은 뒤 고개를 끄덕이며 인제 그만 가라는 신호를 보냈다. 북적이는 사람들 속 우리 자리로 돌아가던 나는 그녀가 간식 상자를 받지 않았다는 사실이 꽤 실망스러웠다. 물론 그녀가 죽은 자를 되살리는 등의 굉장한 기적을 많이 행했다는 것을 요가난다가 보증한 바 있지만, 지금의 그녀는 존재감이 별로 없어 보였다. 내가 보기에 그녀는 혼자 있고 싶어서 사람들이 다 떠날 때만을 기다리고 있는 사람처럼 보였다. 나는 마음속으로 언젠가 추종자들로 가득 찬 아쉬람에서 말고, 한적한 시골길에서 혼자 그녀를 만나고 싶다는 소원을 빌었다. 하지만 아난다마이 마는 아쉬람을 떠나는 일이 거의 없었고, 어쩌다 아쉬람 밖으로 나간다 해도 언제나 수행자들 십여 명이 그녀와 붙어 다녔기 때문에 그럴 수 있는 가능성은 0에 가깝다는 것을 나도 잘 알고 있었다. 추종자들은 마치 그녀가 자기 소유물이라도 되는 양 경계하며 그녀 곁을 지켰다. 그리고 만에 하나 내가 그녀와 아쉬람 밖에서 따로 만날 수 있다 해도 그녀는 침묵의 서약을 한 무니, 즉 묵언 수행자였기 때문에 어차피 우리는 대화를 나눌 수 없었다.

우리들은 너무나도 짧았던 그녀와의 만남에 아쉬움을 느끼며 아쉬람을 떠났다. 그래도 요가난다가 아직 생존해 있는 몇몇 성자들에 대해 쓴 책인 《어느 요기의 자서전》에서 언급했던 성인을 만날 수 있었다는 것만 해도 행운이라고 생각했다. 위대한 성인과의 만남은 어쩌면 광범위한 영향을 미칠 수도 있는 축복으로 여겨지는데, 이 중에는 몇 년이 지나도 알아차려지지 않는 축복도 있을 수 있다.

ॐ

부처님 찾기

하우스보트의 갑판에 엎드려 있던 내 얼굴 앞에 책 한 권이 쿵 하고 떨어지면서 불교가 내 의식 속으로 들어왔다. 뭔가 하고 고개를 들어보니 빨간 글씨로《행동하는 명상》(Meditation in Action)이라는 제목이 적혀 있는 초감 트룽파 린포체의 노란색 책이 코앞에 떨어져 있었다. 가만히 그 제목을 바라보고 있다가 '모든 행동 속에서 명상하라'는 메시지가 주어졌음을 깨닫고는 머릿속에 불이 반짝 켜졌다. 딱 알맞은 순간에 다가온 메시지였다. 서양에서는 행동을 강조하고 동양에서는 명상을 강조하지만, 정말로 필요한 것은 이 두 가지의 결합이었다.

나는 트룽파 린포체라는 이 라마가 고기를 먹고 술을 마시며 심지어 제자들과 섹스를 하는 등 파격적인 모습을 보인 것에 대해 큰 충격을 받았다. 하지만 곧 '깨달은 존재(또는 다른 누구)의 행동을 내가 감히 어떻게 판단할 수 있겠나' 하는 생각이 들었다.*

몇 달 동안 인도를 방랑했던 나는 단순하고도 평이한 부처님의 가르침을 받아들일 준비가 되어 있었다. 수천 명의 힌두교 신들을 일일이 배우는 건 너무 지루한 일이었다. 신들의 사진이 모든 가게와 릭샤에 붙어 있었고 신들의 조각상은 어딜 가나 있었다. 각 신들은 다양한 형상을 취하고 있었으며 나는 모든 신들의 이름과 그들의 관계를 다 외워보려다 자포자기한 상태였다.** 내가 보기에 힌두 신들의 이야기는 일종의 대가족 안에서 일어나는 근친상간, 다툼, 심지어는 자기들끼리 벌이는 전쟁 이야기 같아 보였으며 이들은 각자 다른 방식으로 숭배되어야만 했다. 이렇게 변화무쌍한 모습의 신들을 마스터하는 것이 정말로 깨달음에 필수적인 것일까? 물론 이에 대해 판디트***는 "이 모든 것은 내적 신성의 상징이다. 신에게는 형태가 없지만 원한다면 우리가 바라는 모습대로 나타날 수도 있다"고 말할 수도 있다. 모든 형태는 신성한 릴라(놀이)**** 중인, 위대하고 불변하는 신 의식의 실체가 단순하게 표현된 것이다. 그러나 대부분의 인도인들은 신을 완전히 실질적인 것으로, 매일 많은 관심을 쏟아야 하는 어떤 것으로 여기는 듯 보였다.

하우스보트에서 지낸 지 일주일쯤 되었을 때, 계속해서 이어지는

---

* 누군가의 깨달음 수준은 그보다 낮은 수준의 의식이나 깨달음 상태에 있는 자가 함부로 판단할 수 없다. 따라서 "이 구루는 깨달은 사람이다"라거나 "이 구루가 저 구루보다 더 높이 깨달았다"라고 주장하는 것은 무의미한 행동이다.

** 신은 인격적인 모습으로, 즉 1,000개의 이름이 있는 비슈누로 나타난다. 비슈누는 아바타로서 열 번이나 지상에 내려왔는데, 이 아바타 중에는 라마와 크리슈나가 포함되어 있다. 비슈누의 배우자는 락슈미Lakshmi인데, 마야Maya라고도 알려져 있다. 크리슈나만 해도 시기, 역할, 상황에 따라 고팔라Gopala, 고빈다Govinda, 무쿤다Mukunda, 자가나타Jaganatha 등 최소 108개의 이름으로 불린다. 또한 신들은 일부일처제가 아닌 경우가 많아서 여러 파트너와 셀 수도 없이 많은 자녀를 둔 경우가 종종 있다.

*** Pandit. 산스크리트어와 베다를 공부한 브라만 학자.

**** Lila 또는 Leela. 신성한 놀이. 때로는 신들의 춤인 라사 릴라Rasa Lila라고도 한다.

부처가 처음 가르침을 펼쳤던 사르나쓰의 석탑

챈팅 소리에 지친 일원들 몇몇은 머리도 좀 식힐 겸 부처님이 첫 설법을 하신 사르나트Sarnath를 가보기로 했다. 사르나트에 도착한 나는 어느새 황색 로브를 입고서 청정본심의 파동을 발산하는 승려들 사이에 껴 있었다. 이들은 자신 외에는 누구도 숭배하지 않았기 때문에 무사無私하면서 지금에 현존해 있었는데, 이런 느낌은 내게 있어 정말 참신한 것이었다.

외적 형상을 지닌 신성에 대한 사랑을 키우는 박타*****들과 너무 오랫동안 있다 보니 외적 형상이 아무리 아름답다 해도 형태에 집착해서는 안 된다는 것을, 해탈이 나의 목표라는 사실을 거의 잊을 뻔했다. 이 승려들의 청정함은 참으로 주목할 만한 것이었기에 우리는 불교에 귀의하기로 결심했다. 그리고 고타마 싯다르타가 깨달음을 얻어 부처가 되었다고 전해지는 보드가야Bodh Gaya에 찾아가 보기로 했다.

보드가야에 가려 했던 것은 명상의 대가로 유명한 사티야 나라야나 고엔카Satya Narayana Goenka가 거기서 위빠사나 리트릿을 열 예정이라는 소식을 들었기 때문이었다. 우리는 부처가 깨달음을 얻기 위해 사용했던 그 고대의 방편을 배우기 위해 기차에 몸을 실었다. 밤늦게 목적지에 도착한 우리는 언덕 위에 자리를 잡은 이 마을의 기온이 생각보다 훨씬 낮아서 당황했다. 입고 있던 얇은 옷으로는 체온

***** bhakta. 박타 요가Bhakti Yoga라고 하는 헌신의 길을 따르는 수행자.

을 제대로 유지하기도 힘들었다. 기차가 가야 역에 도착했을 때는 시간이 너무 늦어서 택시나 릭샤도 없었는데, 불교의 중심지에 도착하려면 거기서 8킬로미터를 더 가야만 했다. 마침내 우리는 소달구지를 끌고 있는 한 노인을 발견했고, 그를 겨우 설득해 남은 거리를 이동할 수 있었다. 우리는 체온을 조금이라도 유지하기 위해 서로 꼭 붙어 있었는데, 덜컹거리며 길을 달리는 소달구지 때문에 그 안에서 통통 튀어오를 수밖에 없었다. 나는 모든 것이 무상하며, 모든 고통은 환상과도 같은 자아와 나를 동일시하기 때문이라는 것을 계속 되새겼다.*

새벽 4시쯤, 드디어 아쉬람의 거대한 나무 문 앞에 도착했지만 문이 잠겨 있었다. 노크를 했지만 높은 담장 너머에서는 아무런 기척이 없었다. 담장을 넘어간 다음 문을 열면 따뜻한 곳에서 쉴 수 있지 않을까 생각도 해봤지만 담장에는 깨진 유리가 잔뜩 박혀 있었다. 우리는 주어진 운명에 체념하며 문 앞에서 몸을 맞대고 꼭 붙어 있었다. 그리고 손전등 불빛에 의존해 번갈아 가면서 〈법구경〉**을 읽으며 담장 안에서 누군가의 기척이 들리기만을 기다렸다.

마침내 6시경이 되자 문이 열렸다. 하지만 아침을 먹으려면 두어 시간 정도를 더 기다려야 한다고 했다. 나는 몸을 녹일 겸 따뜻한 차이 한 잔을 마시면서 아쉬람 단지 안으로 걸어 들어가 부처가 앉아 있었던 그 유명한 보리수나무***를 구경하기로 했다. '어쩌면

---

* 부처는 조건적인 존재의 세 가지 특징을 다음과 같이 설했다. 아니카(무상): 모든 것은 무상하며 끊임없이 변화한다. 두카(불만족): 무상한 것에 대한 욕망은 괴로움으로 이어진다. 아나타(무아): 고통은 실재하지 않는 에고와 자신을 동일시함으로써 유지된다. 이러한 진리에 대한 이해는 고통의 해독제인 반야般若, 그리고 생로병사하는 윤회의 고리에서의 궁극적인 해방인 열반으로 이어진다.
** Dhammapada. 부처의 초기 가르침을 구절로 정리한 경전.
*** 나중에 이 나무가 원래 나무의 후손일 가능성이 크다는 사실을 알게 되었다.

부처가 깨달음을 얻었다는 보리수나무

나도 그 나무 아래에서 부처와 같은 깨달음을 갑자기 얻을 수 있지 않을까? 그러면 위빠사나 코스를 밟을 필요도 없을 텐데' 하는 생각이 들었다.

보리수나무에는 하트 모양 잎이 나 있어서 아주 아름다웠다. 나는 당신께서 깨달음을 얻었던 바로 그 자리에 앉아서 명상할 수 있도록 허락해달라고 부처님께 기도를 드렸다. 내면의 소리를 잘 들어보았을 때, 그러면 안 될 것 같다는 마음이 올라오지도 않았고 주변에 아무도 없었기 때문에 낮은 울타리를 넘어간 다음 거대한 나무줄기에 등을 대고 앉았다. 그런 뒤 부처님을 만날 수 있게 해달라고 기도했다. 그리고 이전에 어디서 읽은 바로는 부처님의 빛이 눈부시게 찬란하다고 했기 때문에 그분의 존재와 빛을 느끼게 해달라고도 기도했다. 그런 위대한 존재의 빛을 경험해보고 싶었고, 그러면 내 삶이 크게 변할 것 같았기 때문이다. 하지만 '내가 부처님이 앉아 계셨던 자리에 앉아 있구나!'라는 생각이 계속 들어서 마음을 가라앉힐 수가 없었다. 내 외부의 부처에 연연하는 이러한 행위 자체가 나 자신의 불성을 경험하지 못하게끔 막은 것이다. 이러한 이유에서인지, 유대교와 도교는 특정한 형태에 초점을 맞추기보다는 모든 것에서 신성을 보려 노력한다.

울타리를 넘어도 괜찮았던 걸까 하는 생각이 자꾸 들어서 긴장을 풀 수 없었던 나는 얼마 지나지 않아 눈을 떴는데, 어느새 내 주변에 십여 명 정도가 모여 사진을 찍고 있었다. 나는 사원 관리자에게 잡힐까 봐 두려워져서 재빨리 울타리를 넘은 다음 아침 식사를 하기 위해 아쉬람으로 향했다. 내가 도착했을 때는 본격적으로 리트릿을 시작하기 위해 이제 막 대문을 닫고 있을 때였다. 이들은 집중을 흐리는 요소들을 최소화하기 위해 리트릿이 진행되는 열흘 내내 대문을 닫아두었고, 이 기간 동안에는 누구도 아쉬람에 출입할 수 없었다.

요거트, 건포도, 캐슈넛이 담긴 항아리와 커다란 오트밀 냄비가 나를 기다리고 있다는 사실에 안도감을 느끼던 나는 '음식에 대한 욕구가 해탈에 방해가 될까?' 하는 의문이 들었다.

물론 부처는 "모든 집착은 버려야 할 장애물"이라고 말씀하셨지만, 입안에서 느껴지는 따뜻하고 달콤한 오트밀 맛을 즐기면서, 그리고 뭘 좀 먹으니 몸이 편안해지는 것을 느끼면서 '어떻게 음식에 대한 욕구를 잘못이라고 할 수 있을까?' 하는 생각이 들었다. 나는 오트밀도, 오트밀을 먹는 몸도 무상하다는 것을 되새기며 나 자신이 아무 괴로움 없이 행복하게 아침을 즐길 수 있도록 허용했다.

무상함에 대해 사색하던 나는 대자연의 부름, 즉 화장실을 가야겠다는 몸의 신호를 느꼈고 강의가 시작되기 전에 그 부름에 따라야겠다고 생각했다. 주변 사람에게 화장실 위치를 물어보니 행정관으로 들어가서 양쪽으로 방이 나 있는 중앙 복도를 따라 내려가면 그 끝에 화장실이 있다고 했다. 어둑어둑한 복도를 지나던 나는 양옆에 있는 빈 강의실 같은 곳들을 곁눈질로 보며 걸어갔다. 그러던 중 어느 방에서 빛이 뿜어져 나오는 것이 보였다. 열려 있는 문 옆을 지나가면서 슬쩍 보니 황색 로브를 입은 승려에게서 그 빛이 나오고 있었다. 방 전체가 그의 머리에서 발산되는 황금빛 빛으로 환하게 밝혀지고 있었다. 승려 앞에는 두 명의 다른 승려가 손을 합장하고 고개를 숙인 채 그 앞에 서 있었다. 둘은 그 승려에게 완전히 열중해 있는 모습이었다. 나는 깜짝 놀라 멈춰 서 있었고, 강의실로 들어가 눈부시게 빛나는 이 엄청난 분에게 절을 올리고 싶었다. 구루가 있다면 바로 그분이었다. 하지만 대자연이 나를 부르고 있었기 때문에 나는 먼저 화장실로 달려가야겠다고 생각했다. '볼일을 얼른 보고 다시 여기로 돌아와서 이 굉장한 분께 절을 올린 다음 나를 축복해달라고 부탁드려야겠다.'

하지만 화장실을 들렀다 돌아왔을 때는 텅 빈 방에 어둠만이 가득했다. 다들 어디로 간 것일까. 대문이 단단히 잠겨 있었기 때문에 그는 분명 아쉬람 어딘가에 있을 것이었다. 하지만 구석구석 찾아봐도 그의 모습은 보이지 않았다. 그러다 '어쩌면 이번 강의에 참여하는 인물일 수도 있지 않을까?' 하는 생각이 들었다. 그래서 곧 강의가 시작될 큰 강의실 안도 열심히 찾아보았다. 강의실 안은 명상을 하려는 사람들로 가득 차 있었지만 역시 그의 모습은 보이지 않았다. 거기서 서양인이 아닌 유일한 사람은 버마인 강사 고엔카뿐이었다. 이제 그는 내가 여기까지 온 이유이기도 한, 들숨과 날숨을 관찰하는 방법에 대해 이야기하기 시작했다. 그러나 나는 아까 봤던 그 사람을 찾아야겠다는 생각밖에 할 수 없었다.

그를 계속 찾고 싶은 마음이 굴뚝같았지만 나는 겨우 스스로를 진정시켜 자리에 앉힌 다음 부처가 마야를 끊어내기 위해 사용했던 그 방편을 배우는 데 정신을 집중했다. 숨이 들어오고 나가는 감각을 관찰하고 있자니 지금 여기의 내 몸 안에 존재하고 있는 기분이 더 강하게 들기 시작했고, 자리를 떠나고 싶다는 마음도 사라졌다.

방 안에서 윙윙거리며 날아다니는 파리들을 의식할 수 있었으며 여러 생각들이 올라왔다가 사라지는 것도 바라볼 수 있었다. 내가 어린 시절부터 연습해왔던 명상과는 굉장히 다른 이 방편을 계속 수행하니 자아 감각이 사라지기 시작했다. 이제 나는 생각과 감정이 자아라는 스크린 위로 나타났다가 사라지는 것을 관찰하고 있었고, 그 자아마저 초월해 있었다. 그렇게 모든 현상의 공(空)함을 경험하고 있던 나는 "가테, 가테, 파라가테, 파라삼가테, 보디 스바하"* 만트라의 의미를 이해하기 시작했다.

갔네, 갔네, 넘어갔네, 완전히 넘어갔네, 깨달음이여! 이루어지리다!

강의가 끝난 후에도 몸에서 빛이 나는 그 존재와 승려들을 계속 찾아다녔지만 역시나 찾을 수 없었다. 강의를 신청한 사람들은 모두 다 서양인들이었기 때문에 나는 사무실로 가서 "그 스님들이 어디로 가셨는지 아세요?" 하고 물었다.

"스님이요?" 사무원이 무표정한 얼굴로 물었다. "여기에는 스님들이 안 계시는데요. 평신도들을 대상으로 하는 리트릿이잖아요."

내가 "강의 시작 직전에 저쪽 복도에서 황색 로브를 입고 계신 스님 세 분을 봤어요" 하고 말했지만 그는 고개를 절레절레 흔들 뿐이었다.

---

* (한국에서는 '아제 아제 바라아제 바라승아제 모지 사바하'로 더 잘 알려져 있다. 역주.) 서기 7세기경부터 번역되어 전래된 〈반야심경〉에는 관자재보살이 사리자에게 전한 불교의 핵심 가르침이 들어 있는데, 여기서 이 만트라가 나온다. 〈반야심경〉에서는 몸, 생각, 느낌, 충동, 의식이라는 오온(五蘊)이 본디 공허함을 깨닫는 것이 깨달음의 본질이라고 말한다.

"마을로 가신 걸까요?" 내가 계속 물었다.

"아침 식사 시간부터 대문을 잠가놨었잖아요. 아무도 아쉬람 밖으로 나갈 수 없었을 거예요." 그가 성가시다는 듯 대답했다.

사무원의 대답에 실망한 나는 그곳을 나와 다른 사람들에게 승려들을 본 적이 있냐고, 그들이 어디에 사는 사람들인지 알고 있냐고 물어보고 다녔지만 그들을 본 사람은 아무도 없었다. 빛나는 존재와 그의 제자들은 흔적도 없이 그냥 사라져버렸다.

내 소원을 들어주신 지복의 어머니

1972년 1월 1일. 새로운 기적도, 주목할 만한 구루들에 대한 소식도 얻지 못한 채 바라나시에서의 새해가 시작되었다. 마하라즈지 역시 다시 볼 수 없었다. 우리에게 "자오"라고 말한 뒤로 그가 어디로 갔는지는 아무도 몰랐다. 그러던 어느 날 물에 둥둥 떠다니는 아쉬람에서 사는 것도, 밤낮으로 들리는 "하레 크리슈나, 하레 라마" 챈팅 소리에도 신물이 나버린 우리는 좀더 조용히 지내기 좋은 곳을 찾아보기로 했다. 우리 중 몇몇은 북쪽의 나이니탈Nainital로 가기를 원했다. 그들이 알기로는 결국에 마하라즈지가 거기서 다시 모습을 드러낼 것이기 때문이었다. 그렇지만 최근에 《예수 그리스도의 보병궁 복음서》(The Aquarian Gospel of Jesus The Christ)를 읽었던 우리 대부분은 자간나쓰 푸리Jagannath Puri로 가기로 했다. 책의 저자인 리바이 다울링Levi Dowling이 본 아카식 레코드*에 따르면, 예수님이 판디트들과 함께 2년 동안 공부했던 곳이 바로 자간나쓰 푸리의 사원이었다.

그 지역에는 6,000년 된 사원이 하나 있다. 이 사원은 신들의 고향이라 여겨지는, 인도 내에서 가장 신성한 성지라고 알려진 네 곳** 중 하나였다. 많은 위대한 성인들이 자간나쓰 푸리를 방문했고, 그중에는 크리슈나의 환생자로서 숭배받았던 스리 차이타냐Sri Chaitanya도 있었다. 그는 주로 마하 만트라, 즉 '하레 크리슈나, 하레 라마'를 널리 알리는 데 힘썼으며 나중에는 이 만트라가 전 세계로 퍼질 것이라고 예언했는데, 500년 후 조지 해리슨의 노래 〈My Sweet Lord〉가 세계적인 인기를 얻으면서 그의 예언이 현실화되었다.

다울링에 따르면 예수님은 그 지역의 불가촉천민 어부들에게 내면의 신적 현존과 직접적으로 연결될 수 있는 방법을 가르쳤고, 이로 인해 대중들의 신앙심에 의존해 생계를 유지하던 사원의 사제들은 크게 분노했다. 예수님은 사제들의 권위에 도전했다는 죄목을 받아 목숨만 간신히 건진 채로 그곳을 벗어날 수밖에 없었다. 오늘날까지도 힌두교도가 아닌 사람은 자간나쓰 사원에 들어가는 것이 엄격히 금지되어 있으며, 만일 몰래 들어갔다가는 죽음을 각오해야만

---

* akashic record. 아카샤akasha는 공간 또는 에테르를 뜻하는 단어이며 아카식 레코드는 공간에 정교하게 새겨진 모든 경험의 흔적이다. 한 장소를 물리적으로 또는 에테르적으로 다시 방문하면 그곳에서 일어난 일의 기록을 선명하게 볼 수 있다. 우리의 모든 생각, 감정, 말, 행동은 마치 카메라로 동영상을 녹화한 것처럼 아카샤에 생생히 기록된다.

** 8세기의 위대한 철학자이자 아트만(영혼)과 브라만(절대자)의 합일을 가르친 아드바이타 학파의 창시자인 아디 샹카라차리야Adi Shankaracharya는 이 네 곳의 성지를 순례하는 것이 모든 힌두교도들의 의무라고 말했다. 이 순례는 차르 담 야트라Char Dham Yatra라고 불리는데, 차르는 '넷'이라는 뜻이고 담은 '거처'라는 뜻이며, 야트라는 '여행'을 뜻하는 말이다.

할 정도다.*

푸리의 자간나쓰 사원

푹푹 찌는 듯한 3등석 기차를 타고 이틀 밤낮을 달린 끝에 해안 마을 푸리에 도착했다. 기차에서 내려 벵골만에서 불어오는 상쾌한 바닷바람을 맞으니 기분이 정말 좋았다. 저 멀리에 우뚝 솟은 사원 첨탑은 나를 자석처럼 끌어당겼는데, 가까이 가면 갈수록 사원의 영적 에너지가 더 강하게 느껴졌다. 석가모니 부처님이 깨달음을 얻은 곳이 보드가야가 아닌 바로 이곳이라는 감이 왔다.** 마하라즈지가 위대한 인도인 요기의 환생이라고 넌지시 비추었던 미국인 람 티르타Ram Tirtha가 숙소로 빌려 쓸 수 있는 곳을 알고 있었다. 곧 우리는 해변의 하얀 방갈로에서 살게 되었고, 그곳을 우리만의 아쉬람이라고 여기게 되었다. 평평한 방갈로 지붕에 올라가 바닷바람을 들이마시며 요가를 할 때면 수평선 너머로 사원이 보였고, 거기서 영적인 에너지가 전해지는

---

* 현재의 자간나쓰 사원은 11세기에 지어진 것이기 때문에 《예수 그리스도의 보병궁 복음서》는 역사적으로 부정확하다는 비판을 받아왔다. 하지만 자간나쓰 사원은 이전에 존재했던 사원 터에 지어진 것이고, 이 사원의 첫 기록은 기원전 수천 년 베다 시대까지 거슬러 올라간다. 서양 역사학자들은 수많은 기록이 구전으로 전해져 내려오는데도 이를 조사하지 않고 그저 공식적으로 기록된 것만을 역사적으로 인정할 수 있다고 생각하기 때문에 종종 문제에 봉착하곤 한다. 동아시아 지역에는 서양인 성자 이싸Issa(신성한 존재라는 뜻), 즉 예수의 이야기와 그가 인도 및 티베트를 여행한 이야기가 널리 알려져 있다. 1890년 니콜라스 노토비치Nikolas Notovitch가 저술한 《예수 그리스도의 알려지지 않은 생애》(The Unknown Life of Jesus the Christ)에서도 이 여정에 관한 이야기가 나온다. 이후 막스 멀러Max Muller는 이 책을 반증하려 했는데, 이는 후대의 승려들이 이사의 존재를 부인했기 때문이었다. 어쩌면 승려들은 이러한 내용에 대해 더 이상의 조사가 이루어지지 않도록 하라는 압박을 받았을 수도 있고, 아니면 그저 관광객이 몰리는 것을 막아 자신들의 사생활과 침거 생활을 유지하려 했을 수도 있다.

** 부처의 역사적 생애에 대해서는 예수의 생애만큼이나 많은 논란이 있다. 또, 어느 가르침이 부처의 진짜 가르침인가에 대해서도 의견이 분분하다. 84,000가지 가르침 모두가 정말로 부처의 것이라고 한다면 그가 스승으로 활동한 40년 동안 일주일 내내 하루 열여덟 시간씩 가르침을 펼쳐야 하기 때문이다.

것을 느낄 수 있었다.

　우리는 이곳에서 요가와 명상을 하고 인도 고전인 〈바가바드 기타〉, 〈요가 수트라〉, 〈바가바타 푸라나〉, 〈우파니샤드〉를 읽고 그 의미를 토론했다. 인도는 고대 영성의 중심지였기에 예수님이 인도로 오신 것도 어떻게 보면 당연한 일이었다. 서양의 세속적 노하우를 바탕으로 영성을 다진다면, 인도는 다시 고대 지혜의 중심지가 될 것이다.

　람 다스와 마하라즈지의 다른 추종자 몇 명은 바닷가 위쪽 집에 살고 있었는데, 가끔 저녁 식사를 함께하러 우리 숙소에 들르곤 했다. 우리는 늦은 오후에 딱 한 끼를 먹는 식으로 요기처럼 식사를 했는데, 보통은 신선한 망고, 체리모야, 코코넛, 슈거애플, 바나나, 캐슈넛에 코코넛 밀크, 꿀, 라임즙을 살짝 뿌린 샐러드를 먹었다. 그 다음에는 따뜻한 바닷물에 발을 담근 채로 해변을 거닐면서 시원한 바닷바람을 쐬고 일몰을 감상하기도 했다. 해가 지면 생물발광 현상으로 인해 파도가 칠 때마다 우리 발밑에 형광 초록색 진주 같은 것들이 떠다녔다. 살면서 한 번도 본 적 없는, 열대 지방에서만 볼 수 있는 매혹적인 현상이었다.

　어느 날 나는 람 다스를 저녁 식사에 초대하기 위해 바닷가 위쪽으로 올라갔고, 우리는 벵골만을 따라 다시 방갈로로 걸어갔다. 따뜻한 바닷물이 파도치며 발을 씻겨주었고 우리 둘은 금색과 보라색의 석양빛을 바라보았다. 나는 인도를 여행할 수 있도록 내게 영감을 준 그에게 감사의 마음을 전했다. 그동안 줄곧 표현하고 싶었지만 미처 하지 못했던 말이었다. 그는 나뿐만 아니라 우리 세대 전체에게 영감을 준 사람이었다. 그 순간 나는 아주 특수한 상황에서만 느낄 수 있는 어떤 동지애를 느꼈다. 말하자면 전쟁 중에 죽음의 위기를 겪는다거나 아니면 다른 식으로 죽음을 마주한 그런 상황에서 에고가 해체되는 듯한 느낌과 비슷했다. 부유층 미국인인 우리는 서구의 모든 물질적인 성취를 포기하고 눈에 보이지 않는 무언가를 찾아 머나먼 이국땅의 해변을 옷도 거의 입지 않은 채로 걷고 있었다. 우리가 찾는 것이 실재하긴 하는 것일까? 만약 실재한다면 찾을 수는 있을까? 람 다스는 가족이 지닌 부와 하버드의 명망 있는 교수직을 포기했고, 나는 항공우주 엔지니어로서 일할 수 있는 기회와 고위 사업가 및 정부 관료 인맥을 가진 부유층 미국인으로서 누릴 수 있는 모든 이익을 포기했다. 우리 사이의 침묵 속에는 무언가 초월적인 유대감이 존재했다.

마침내 람 다스가 입을 열었다. "내가 마하라즈지에 대해 입을 연 걸 후회할 때가 많다는 걸 당신도 알고 있겠죠. 사실 그분에 대해 말하고 다니기 전의 내 삶은 이보다 훨씬 더 단순했어요. 하지만 이제는 나랑 어울리고 싶어하는 모든 사람들을 하나하나 다 상대해줘야 하는 상황이 되어버렸어요. 많은 경우, 나는 그 사람들을 별로 좋아하지도 않아요. 사람들은 도대체 왜 나랑 있고 싶어하는 걸까요?"

"사람들이 당신의 사랑을 느끼니까요." 나는 그의 말에 마음이 동해 이렇게 말했다.

"하지만 나는 그들을 사랑하지 않는데요. 솔직히 말하면 날 혼자 내버려두고 사라져줬으면 좋겠어요."

"흠, 그래도 사람들은 당신의 사랑을 느껴요. 당신 가슴속에 있는 사랑을요."

"그 사랑은 그냥 제가 마하라즈지께 느끼는 사랑인걸요."

"뭐가 됐든 그것도 사랑이잖아요."

우리는 다시 침묵하며 걸었다. 나는 구루나 어떤 사람, 동물, 심지어 꽃을 향한 사랑이더라도 인간이 사랑을 느낄 때면 그 사랑이 온 세상으로 퍼져나간다는 것을 깨달았다. 곧 우리는 방갈로에 도착했고, 함께 저녁 식사를 하기 위해 모두가 우리를 기다리고 있었다.

강제로 주일학교에 다니던 때 말고는 예수님에 대해 생각한 적이 별로 없었는데, 어느새 나는 예수님을 자주 생각하고 있는 내 모습을 발견했다. 이는 예수님께서 여기서 지냈었다는 내용을 《예수 그리스도의 보병궁 복음서》에서 읽어서 그런 것만은 아니었고, 그보다는 그분의 현존을 느낄 수 있었기 때문이었다. 어느 날 나는 자간 나쓰 사원으로 가는 비포장도로를 걷고 있었는데, 갑자기 내적 시야가 열렸다. 리바이 다울링처럼 나 역시 아카식 레코드를 볼 수 있었으며 마스터 예수께서 내 옆을 걷고 계신 모습을 볼 수 있었다. ㅡ 또한 그 당시에 그분과 내가 아는 사이였으며 지금 걷고 있는 바로 이 길을 함께 걸었었다는 사실도 알 수 있었다. 마치 영상으로 녹화된 자신의 모습을 처음 본 사람이 그게 자기라는 사실을 믿지 못하는 상황과 비슷하게, 기묘한 느낌이 들었다. 예수님은 베다 판디트들과 함께 공부하기 위해 에세네파[*] 신도들인 우리 그룹을 서쪽에서부터 데려오셨지만, 그들의 가르침을 나누어주셨기 때문에 우리는 도망쳐야만 했다.

---

[*] 제2성전기 유대교 내의 분파로, 사두개파 그리고 바리새파와 같은 시기에 활동한 공동체 중심의 신비주의적 유파. 역주.

쌀을 사기 위해 비포장도로를 따라 마을로 들어서자 곡식 자루가 수북이 쌓여 있는 초가집이 하나 보였다. 가게에서 곡식을 사려는 사람들이 상당히 많았기 때문에 나는 줄을 섰고, 조바심을 내지 않으려 마음속으로 만트라를 챈팅했다. 내 시선은 바로 앞에 서 있는 한 여인에게 고정되어 있었는데, 하얀 사리를 입은 것을 보아하니 과부이거나 출가자인 듯했다. — 전 세계 구도자들이 다 모이는 곳이 푸리인 만큼 이런 사람은 거리에 많았고, 그래서 이 여인이 평범한 구도자가 아닐 거라고는 꿈에도 생각하지 못했었다. 여인은 구입한 쌀과 달^{dahl}을 갖고 온 가방에 넣은 다음 몸을 틀었는데, 자세히 보니 아난다마이 마였다. 불과 몇 주 전에 절을 올리면서 언젠가 일대일로 만날 수 있기를 기도했던 바로 그 성인을 인구가 5억 명이나 되는 인도에서 마주친 것이다. 내 앞에 있는 그녀를 본 나는 큰 충격에 빠졌다.

그러다 재빨리 옆의 디저트 가게로 달려가 맛있는 마이소르 팍 바르피$^{Mysore\ pak\ barfi}$(우유로 만든 인도식 디저트)를 하나 사서 서둘러 돌아왔다. 마침 그녀도 이제 막 길을 다시 나서려던 차였다. 나는 그녀 앞에 서서 말없이 그것을 내밀었다. 전처럼 축복만 하고 다시 돌려주는 게 아닐까 했지만, 그녀는 과자 상자를 받아 열어보고는 기쁨의 미소를 지으며 그것을 조심스럽게 가방에 넣었다. 나는 두 손을 모아 프라남을 하고 절을 한 다음 그녀가 지나갈 수 있도록 옆으로 물러섰다. 그녀는 다시 미소를 지으며 고개를 살짝 숙인 뒤 걸어갔다.

'이렇게 기회가 그냥 끝나버리는 걸까?' 하는 생각이 들었다. 요가난다가 "인도에서 신을 깨달은 사람들을 많이 만나왔지만, 이렇게 고귀한 성녀는 만난 적이 없었다"고 말한 바 있던 바로 그 여성과

일대일 대화를 할 수 있는 기회였는데 말이다. 요가난다가 저술했던 그 모든 깨달은 존재들 중에서 지금까지 생존해 있는 사람은 그녀가 거의 유일했다. 그러니 이는 일생일대의 기회였다. 하지만 나는 예의를 지키고 싶었고, 불쾌하게 군다거나 그녀의 숭고한 의식 상태를 굳이 방해하고 싶지 않았다.

나는 상인에게 얼른 쌀값을 쥐어주고 가게를 나와 집으로 향하는 길을 다시 걸어 올라갔다. 우연히도 아난다마이 마와 나는 같은 방향으로 걷고 있었고, 내 긴 다리 덕분에 곧 그녀와 다시 만나게 되었다. 길거리의 여성에게 말을 거는 게 인도에서 무례한 일이라는 것을 알고 있던 나는 먼저 말을 걸기가 망설여졌다. 게다가 이 여성은 세계적으로 유명한 성자가 아니던가. 하지만 우리 둘은 같은 방향으로 걸어가고 있었고, 그녀의 가방에 짐이 많아 무거워 보였기 때문에 마침내 용기를 내서 짐을 대신 들어줘도 괜찮겠냐고 물었다. 그녀는 미소를 지으며 정중하게 사양했다.

나는 그녀의 대답에 놀랐다. 왜냐하면 내가 듣기로 아난다마이 마는 몇 년 동안 아무에게도 말을 하지 않은 사람이기 때문이었다. 그녀는 모국어인 벵골어로 나에게 말을 걸었는데, 나는 기적처럼 모든 단어를 알아들을 수 있었다. 맨발로 진흙 길을 걸어가면서 우리는 오랜 친구처럼 이야기를 나누었다. 그녀의 얼굴은 환하게 빛났고, 걸으면서 나는 그녀가 추종자들의 끊임없는 관심이 쏟아지는 아쉬람에서의 삶보다도 이 소박한 삶을 훨씬 더 선호한다는 것을 느낄 수 있었다.

"인도에는 무슨 일로 오셨나요?" 그녀가 물었다.

"라디오에서 람 다스의 이야기를 듣고 제 구루를 찾으러 왔어요."

나는 신이 나서 대답했다.

"람 다스?" 그녀가 눈에 띄게 관심을 보이며 물었다.

인도에도 유명한 성자인 파파 람 다스$^{Papa\ Ram\ Das}$가 있었기 때문에 나는 "미국인 람 다스를 말한 거였어요" 하고 설명해줬다.

"아, 그렇군요." 그녀는 내가 추구하는 것의 진가를 잘 알고 있는 듯 보였고 "그럼 당신의 구루를 만나셨나요?" 하고 물었다.

나는 고개를 저었다. 하지만 지금 나는 존경받는 구루이자 요가난다가 "그녀는 여성이라는 겉옷을 전혀 의식하지 않은 채 자기 자신을 변치 않는 영혼이라 생각하는 사람이었다…"라고 회고한 바로 그 사람과 대화하는 중이었다.

갑자기 이런 질문들이 떠올랐다. '아난다마이 마가 나의 구루가 아닐까? 내 기도에 이렇게 응답도 해주셨잖아. 만약 이분이 맞다면 나에게 먼저 구루라는 걸 알려주시려나? 아니면 내가 먼저 물어봐야 하는 건가?' 이전에도 그랬었지만, 나는 누군가가 나의 구루인지 아닌지를 올바른 예법에 따라 물어보려면 어떻게 해야 하는 건지 궁금해졌다. 내가 정말로 그녀의 첼라$^{chela(제자)}$인지 아닌지 알려주기를 기다리는 동안 그녀는 달콤한 미소를 지으며 아무 말도 하지 않고 계속 걸어가기만 했다.

몇 분 후 우리는 교차로에 이르렀고 그녀는 고개를 끄덕거리며 이제 왼쪽 길로 가겠다는 신호를 주었다. 이후 그녀와 만났다는 것을 우리 상가* 사람들에게 이야기하자 그들도 그녀를 찾아보려고 했었는데, 나는 그제야 그 길 아래쪽에 아난다마이 마의 아쉬람이 있다는 사실을 알게 되었다. 아무튼 나는 그녀와 헤어지며 아쉬운

---

* sangha. 삿상과 비슷한 의미지만 '불교 수행자들의 공동체'라는 의미로 많이 쓰인다. 역주.

작별 인사를 했다.

혼자 남은 길을 걸어가던 나는 추종자들에게 원하는 것들을 사오라고 시키는 게 아니라 직접 그 물건들을 구매하는 그녀의 모습이 놀랍다고 생각했다. 내 생각에 그녀는 구루로서 사는 것에 피로를 느끼는 듯했고, 가끔은 그냥 평범한 여성으로서의 삶을 즐기는 것 같았다. 오늘날 신성한 어머니의 현현이라 알려진 마타 암리타난다마이(포옹하는 성자) 역시 바닥을 쓰는가 하면 부엌에 앉아 감자 껍질을 벗기는 것까지도 주저하지 않는다고 한다.**

아난다마이 마와 일대일 대화를 했다는 것에 대한 충격이 채 가시지 않은 상태로 방갈로로 돌아가자 모두가 "어떻게 된 일이에요?" 하고 물었다.

"뭐가요?"

"당신한테서 빛이 나고 있잖아요!"

크리스마스이브 저녁, 그녀가 고개를 끄덕이며 우리 일행에게 인제 그만 가라는 신호를 주었던 그날 그들도 그 자리에 있었다. 나는 그들에게 우연히 아난다마이 마를 만났다고 했고, 크리스마스이브 날 바라나시에서 내가 올린 기도에 그분이 응답을 해주신 것 같다는 이야기도 했다. 하지만 그녀가 정말로 응답을 해주리라고는 꿈에도 생각하지 못했었다. 이 만남은 내 인생을 영영 바꿔놓을, 지복에 젖은 어머니와의 여러 만남 중 첫 번째 만남이었다.

** 암마치Ammachi라고도 불린다. 학교, 의료 시설, 고아원을 설립하고 수천 명에게 재난 구호물자를 제공했다. 그녀의 삶과 사명에 대해 자세히 알고 싶다면 www.amritapuri.org를 참조하라.

자간나쓰 사원의 에너지에는 자석처럼 끌어당기는 힘이 있었다. 매일 아침 나는 사원의 에너지에 이끌려 2000년 전에 예수님이 걸으셨던 그 길을 걸어 내려갔다. 길에는 걸인과 나환자들이 줄줄이 멍석을 깔고 앉아 있었는데, 이들은 내가 지나갈 때마다 두 팔을 내밀며 도와달라며 애원했다. 그곳을 늘 지날 때마다 무언가를 줘서 그들의 고통을 조금이라도 덜어주고 싶긴 했지만 그들 모두를 먹일 수는 없는 노릇이었다. 나는 예수님께서 "너희 곁에는 언제나 가난한 사람들이 있을 것이다"라고 말씀하신 것을 떠올렸고, 마음속으로 그들을 위해 기도하며 길을 걸었다. 사원의 엄청난 영적 에너지 덕분에 그곳에 가까워질수록 더욱 고양되는 느낌이 들었다.

해가 뜰 무렵의 어느 날이었다. 옥상에서 명상을 하고 있었는데, 만물에 신이 내재해 있으며 태양 빛과 같은 빛이 나뿐만 아니라 모든 사람 안에 있다는 것이 문득 깨달아졌다. 마음이 자비심으로 가득 차게 된 나는 밖으로 뛰어나가 혼자 들고 갈 수 있는 한도 내에서 최대한 많은 쌀을 샀다. 그런 다음 사원으로 걸어가면서 걸인들에게 쌀을 나눠주었다. 한 사람 한 사람의 눈 안에서 나 자신을 볼 수 있었다. 즉, 걸인의 몸을 입고 살고 있는 것이 곧 나였으며 그 나는 다양한 경험을 하기 위해 그런 모습을 취하고 있었다.

그러다 쌀이 다 떨어져버려서 나는 계속 가던 길을 갔다. 그러나 쌀을 나눠주는 어느 미국인이 마을로 향하고 있다는 소문이 그들 사이에 빠르게 퍼졌고, 사원에 도착하자 걸인과 구걸하는 아이들로 이루어진 한 무리의 군중이 나를 기다리고 있었다. 그들은 상황 파악도 채 못한 나를 빙 둘러싸더니 내가 쌀을 더 가지고 있을 거라 생각했는지 내 옷을 잡고 늘어지거나 나를 손으로 쥐어뜯기 시작했다.

위협을 느끼자 세포 하나하나에서 아드레날린이 솟구치면서 하나됨의 의식은 온데간데없이 다 날아가버렸다. 나는 빈 쌀자루를 공중에 던졌고, 사람들이 그것을 놓고 싸우는 동안 재빨리 자리를 벗어났다. 하지만 금세 자루가 비어 있는 것을 눈치챈 그들은 다시 나를 쫓아 달려왔다.

나는 총알 같은 속도로 사원 옆의 거리 이쪽저쪽을 달려 이들을 따돌렸고, 그럴 때마다 군중의 규모는 더 불어났다. 하지만 내 긴 다리 덕분에 사람들에게 따라잡히지 않을 수 있었다. 그러다 사원 저쪽 끝으로 길을 꺾자 길 끝에 채소 가게가 하나 보였는데, 가게 앞에는 한 남자가 가판대에 서서 이리로 오라는 격한 손짓을 내게 하고 있었다.

군중들과의 거리가 좁혀지자 나는 전속력으로 달렸다. 그는 한 손을 내게 내미는 동시에 다른 한 손으로는 군중들의 머리 위로 곤봉을 휘둘렀다. 그는 나를 몇 피트 높이에 있는 가판대 위로 끌어 올려주었고, 그가 곤봉을 휘두르는 것을 본 군중들은 곧 흩어졌다. 잠시 후 그가 릭샤를 잡아주어 사람들 눈에 띄지 않고 자리를 떠날 수 있긴 했지만 나는 망연자실한 기분이 들었다.

내가 뭘 잘못했던 걸까? 나는 신적 의식 상태에 있었고, 그저 모든 사람을 나 자신의 일부로 바라보고 있었는데 불과 몇 분 후에 생명의 위협을 느끼며 전속력으로 달려야만 했다. 어떻게 보면 그들은 자신이 선택한 교훈을 배우기 위해 정확히 있어야 할 지점에 있었을 뿐이고, 그들의 상황을 바꾸는 건 내 선에서 할 수 있는 일이 아니었던 건지도 모른다. 어쩌면 예수님도 나와 같은 결론에 이르신 뒤에 "너희 곁에는 언제나 가난한 사람들이 있을 것이다"라고 말씀하셨던 것일 수도 있다.

아까의 충격에서 헤어 나오지 못한 채로 사원에서 릭샤를 타고 가는 길이었다. 그런데 바로 그 순간, 마음의 준비를 할 새도 없이 갑자기 전기 충격과도 같은 영적 에너지가 느껴졌다. 이 축복의 에너지가 어디서 온 것인지 알아보려 고개를 돌리자 또다시 아난다마이 마가 프라남 자세, 즉 두 손을 깍지 낀 채로 길가에 서 있었다. 나는 그녀가 모든 사람 안에서 항상

아난다마이 마

신을 보는 의식 상태에 있음을 깨달았다. 나는 나 자신을 한낱 인간으로만 생각하고 있었는데, 그녀는 내 안의 신성을 바라봐줌으로써 이러한 마야의 베일을 꿰뚫고 있었다. 나는 그녀가 본 신적 현현이 되었다. 일어서서 고개 숙여 그녀에게 인사했는데, 그러다가 흔들리는 릭샤에서 떨어질 뻔했다. 내가 지나갈 때도 그녀는 경배의 표시로 고개를 숙인 채 두 손을 깍지 끼고 있었다. 자리에 앉아 뒤를 돌아보고 있자니 심장이 미친 듯이 뛰었고, 지복에 젖은 어머니는 여전히 길가에서 꼼짝도 하지 않고 서 있었다. 앞으로 달려가던 릭샤가 이쪽저쪽으로 흔들리면서 그녀의 모습을 군중 속에서 놓쳐버렸지만 그녀가 내려준 축복은 여전히 내 안에서 울려 퍼지고 있었다.

방갈로로 돌아와서는 아무도 눈치채지 못하게 조용히 평평한 지붕 위로 올라간 다음 내면으로 주의를 돌렸다. 그녀가 보았던, 그리고 그녀가 고개 숙여 인사드렸던 그 신성을 내 내면에서 보고 싶었다. 나는 그녀가 이제 막 꽃잎을 펼치고 있는 장미꽃 봉오리를 내 가슴속에 심어주어 나를 지복으로 가득 채워주었음을 느꼈다. 그 장

미꽃에 의식을 집중할수록 기쁨도 더욱 강하게 느껴졌다. 그때 나는 다른 사람에게 줄 수 있는 가장 큰 선물이 상대의 완벽함을 바라봐 주는 것임을 깨달았다. 당신이 무얼 보느냐에 따라 그것이 곧 실재가 되기 때문이다.

마침내 구루의 발밑에서

아난다마이 마를 또 한 번 만나게 된 것은 토타 고피나타$^{\text{Tota Gopi-natha}}$ 사원에서였다. 나는 삿상 사람들과 함께 사원 안뜰, 그러니까 크리슈나의 화신이라고 전해지는 차이타냐의 동상 앞에 앉아 있었다. 아난다마이 마는 추종자 몇 명과 함께 들어와 여자들 쪽 흙바닥에 앉았다. 자리에 앉은 그녀는 많은 사람들 사이에서도 나를 알아보았지만 이번에는 고개만 끄덕이며 인사했다. 나와 함께 있던 친구들 중 몇몇은 아쉬람에서 아난다마이 마가 거기 없다는 말을 들었기 때문에 그녀가 푸리에 있다는 사실에 회의적이었지만 지금은 "봐, 저기 아난다마이 마가 계셔!" 하고 속삭이고 있었다.

그러나 푸자*가 끝나자 추종자들이 그녀를 끌고 가버려서 이번에는 그녀와 개인적인 만남을 가질 수 없었다. 슬프게도, 나는 그녀를 다시 볼 수 없다는 사실을 깨달았다. 저번의 우리 만남은 내 기도에

---

* puja. 신성한 존재에게 향, 불, 꽃 등을 바치는 인도의 공양 의식. 역주.

대한 응답이었으며 그녀가 내려준 축복이 다시 반복될 이유는 없었다. 바라나시에 있는 그녀의 아쉬람에서 그녀를 다시 만나게 된다 해도 다시 한번 수많은 추종자들 사이에 묻힐 것이 뻔했다. 나도 람 다스처럼 언제나 쉽게 만날 수 있는 구루를 찾을 수 있을까? 나는 마하라즈지와 개인적인 친분이 있는 람 다스와 크리슈나 다스^{Krishna Das} 그리고 다른 친구들이 부러웠다. 하지만 당시에 내가 깨닫지 못한 사실이 있었다. 그것은 바로, 더 이상 람 다스도 마하라즈지의 개인적인 관심을 초기만큼 많이 받지 못하고 있으며 이제는 내면의 구루에게 더 많이 의존해야만 한다는 사실이었다.

이로부터 얼마 지나지 않은 어느 날, 마하라즈지가 은둔 생활을 끝내고 케인치^{Kainchi} 아쉬람의 하누만 사원으로 돌아왔다는 소문이 돌았다.** 모두가 가능한 한 빨리 그를 만나기 위해 아쉬람으로 돌아가려 했고, 나 역시 내가 찾아 헤매던 구루가 마하라즈지이길 바라며 순례에 동참했다.

히말라야 산기슭에 도착한 우리는 하누만 사원에서 버스로 30분 거리에 있는, 나이니탈의 에블린 호텔^{Evelyn Hotel}에 머물렀다. 이 호텔은 우리를 가족처럼 대해준 다정한 추종자 K. K. 사^{Sah}가 소유한 호텔이었다. 마하라즈지는 추종자들을 잘 대접하기로 유명했고, 특히 그들의 식사를 철저히 챙기는 것으로 유명했다. 그는 서양인들은 어렸을 때 사랑을 받지 못했다면서, 우리에게 밥을 먹이는 것이 곧 우리가 받지 못했던 사랑을 주는 것과 같다고 말했다.

** 우리가 푸리에 있었을 때 님 카롤리 바바 역시 푸리에 있었음을, 그것도 자간나쓰 사원에서 지내고 있었음을 나중에야 알게 되었다. 그와 아난다마이 마는 오랜 친구 사이로, 그곳을 함께 방문했었다.

마하라즈지의 첫인상은 그다지 감명 깊지 않았다. 그는 옷을 거의 입지 않은 채 간이침대에 누워 빈둥대고 있었고, 젊고 아름다운 미국 여성들이 그의 발을 어루만지고 있었다. 내가 있다는 것조차 모르는 눈치였기 때문에 나는 벽에 기대앉아서 그를 지켜봤다. 마하라즈지는 가끔 람 다스나 맨 앞줄에 앉은 다른 신도들과 농담을 하기도 했다. 그러나 람 다스는 때때로 마하라즈지의 놀림감이 되기도 했기 때문에 그럴 때마다 얼굴을 붉혔다. 마치 불 가까이에 있으면 가끔은 화상을 입게 되는 것처럼, 구루와 가까이 지내는 것이 마냥 행복한 일만은 아니었다. 나는 마치 어떤 배타적 모임에 초대받은 것 같은 기분이 들었는데, 인제 보니 이곳은 나한테까지 배타적인 모임인 것 같았다. 구루가 나만 빼고 기꺼이 모든 서양인들과 친밀한 관계를 맺고 있으니 말이다. 나는 이 문제를 크게 신경 쓰지 않기로 마음먹은 후 뒤쪽 벽에 기대어 앉았고, 그저 무슨 일이 벌어지는지만 지켜보기로 했다.*

람 다스가 처음 구루를 만난 이야기를 들었을 때 큰 감동을 받긴 했지만, 나는 도대체 마하라즈지의 어떤 힘이 람 다스를 사로잡은 것인지 궁금해지기 시작했다. 여기, 저명한 하버드대 교수가 담요를 두른 뚱뚱한 노인을 숭배하며 그의 발치에 앉아 있다. 마하라즈지가 최면을 걸은 걸까? 아니면 람 다스가 약을 너무 많이 해서 결국 정신이 나간 걸까? 마하라즈지는 말이 많지 않았고, 주로 잡담을 했다. 그는 대부분 그다지 깊지 않은 이야기를 했는데, 마치 내가 일요일에 교회에서 들었던 것과 같은 그런 얘기들이었다.

---

* 많은 사람들이 마하라지와 함께 사진을 찍었는데, 당시의 나는 그것이 허영심이라고 생각해서 사진을 찍을 때마다 자리에서 빠지곤 했다. 그래서 책을 쓰면서 사진 자료를 딱 한 장밖에 실을 수 없었다.

진실을 말하고, 판단하지 말고, 사람들을 사랑하고, 그들을 먹여주렴.**

마하라즈지는 라마무르티 미슈라가 나에게 해주었던 것이자, 바바 묵타난다의 유명세를 만들었던 의식의 전수인 샥티팟도 해주지 않았다.*** 그렇다면 무엇이 람 다스를 사로잡은 것일까? 마하라즈지가 그의 마음을 읽었기 때문일까? 뉴욕의 심령술사들도 내 마음을 읽은 적이 있지만 나는 그들에게 순종하거나 내 힘을 넘겨주지 않았었다. 나는 나중에야 그의 내면에 그러한 변화를 일으킨 것이 무엇이었는지를 듣게 되었다. "그분은 나에 대한 모든 것을 알고, 내가 한 모든 나쁜 짓을 알고 있으면서도 여전히 나를 사랑하세요. 용서받은 기분이 들었어요."

마하라즈지가 뭘 했는지는 몰라도 그것이 람 다스의 가슴을 열어준 것이 분명했기에 나도 그가 경험했던 것과 같은 사랑을 갈망했다. 하지만 마하라즈지는 계속 나를 무시했고 나는 초조한 마음으로 그를 지켜봤다.

며칠이 지났지만 아무 일도 일어나지 않았다.**** 구루라면 나한

** 사티야 사이 바바도 "모두를 사랑하고 모두를 섬기라"는 비슷한 가르침으로 유명하다. 하드 록 카페Hard Rock Cafe의 창시자인 아이작 티그렛Isaac Tigrett이 이 문구를 벽에 써놓기도 했다.
*** Baba Muktananda. 바바 묵타난다(1908-1982)는 인도 망갈로르Mangalore의 한 부유한 가정에서 태어났다. 바바 묵타난다가 스승으로 섬기던 바가반 니티야난다Bhagavan Nityananda는 눈에서 나온 빛의 전수를 통해 그를 영적으로 일깨워주었다. 바바 묵타난다는 미국인 힐다 찰턴Hilda Charlton과 루디 루다난다Rudi Rudananda의 구루였으며 미국에서 싯다 요가Siddha Yoga를 창시했다. 그의 주요 아쉬람은 인도의 가네쉬푸리Ganeshpuri에 있었는데, 람 다스가 그곳에서 잠시 그를 만난 적이 있다.
샥티팟은 시선, 접촉 또는 생각만으로 영적 에너지를 전달하는 것을 말한다.
**** 마음은 자신이 통제할 수 없는 상황 속에서 종종 아무 일도 일어나지 않고 있다고 착각하곤 한다. 16대 카르마파가 죽기 직전 미첼 레비Mitchell Levy 박사에게 남긴 마지막 유언은 "아무 일도 일어나지 않는다"였다.

테 가끔 말도 좀 걸어주고 그래야 하는 것 아닐까? 오전 나절이 되면 우리는 다르샨을 위해 나왔고, 크리슈나 다스와 자이 우탈^{Jai Uttal}이 가슴을 여는 바잔*을 주도하곤 했다.** 마침내, 그 사랑이 내 안의 헌신(devotion)을 일깨우기 시작했다. ─ 이는 지금껏 내가 경험해보지 못했던 신성과의 연결이 지복의 형태로 나타난 것이었다.

님 카롤리 바바

마하라즈지는 우리를 세워놓고 몇 시간 동안 챈팅을 시키곤 했는데, 그럴 때마다 뉴욕 길거리에서 보았던 하레 크리슈나 추종자들이 떠올랐다. 언제 한번은 다 함께 "스리 람, 자이 람, 자이 자이, 람 옴"***을 챈팅하고 있었는데 막 자포자기하려던 찰나, 황홀경에 빠진 적이 있었다.**** 이런 바잔들은 언제나 기분을 고양시켜주긴 했지만 이때 경험했던 황홀한 기분은 이후로 다시는 느낄 수 없었다. 아무튼 그 뒤로는 고분고분 서서 다른 사람들과 함께 더 자주 노래를 불렀다. 그러면서 언제쯤이면 마하라즈지가 우리를 불쌍히 여겨 이 챈팅을 끝내줄까 궁금해했다. 나는 내가 박타는 못 되는 사람이라는 것을 여실히 깨닫기 시작했다. 그러나 박타가 아니면? 도대체 나의 길은 뭐란 말인가?

---

*   bhajan. 종교적 찬가. 역주.
**   크리슈나 다스(www.krishnadas.com)와 자이 우탈(www.jaiuttal.com)은 이후 종교 음악으로 세계적인 유명세를 얻었으며 앨범도 많이 냈다. 크리슈나 다스는 2013년에 그래미상 후보에 오르기도 했다.
***   Sri Ram, Jai Ram, Jai Jai, Ram Om.
****   지복조차도 길의 끝이 아니다. 지복은 그저 깨어남의 다양한 단계에서 왔다가 사라지는 일시적인 상태일 뿐이다. 지복만을 추구하는 사람들이 죽어서 가는 아스트랄 영역이 있는데, 불교에서는 이를 '천상계'라고 부른다. 이곳에 있는 영혼들은 일시적인 지복을 누리다가 결국 지쳐서 자기인식과 지혜, 그리고 궁극적인 해탈을 얻기 위해 다시 태어나고자 한다.

왼쪽부터
서 있는 나, 무릎 꿇고 있는 람 다스,
자이 우탈, 강가 다르Ganga Dhar,
담요를 덮은 마하라즈지

오후가 되면 마하라즈지는 모두에게 식사를 내주었다. 보통은 쌀, 껍질을 벗긴 감자, 달(매콤한 렌틸콩 수프), 우유로 만든 달콤한 짜이chai 음료가 주요 메뉴였다. 나는 아직 위가 음식을 소화할 수 없는 상태였기 때문에 주로 짜이만 마셨다. 어느 날, 건강에 관심이 많은 몇몇 사람들은 음식을 조리해주는 인도 여성들에게 "백미, 감자, 백설탕 대신 찐 야채, 현미, 껍질 벗기지 않은 감자, 통밀가루 차파티, 재거리jaggery(인도식 비정제 흑설탕)를 먹으면 안 될까요?" 하고 불평했다.

다음 날, 준비된 점심 식사를 한 술 뜨자마자 사람들이 놀란 표정으로 서로를 쳐다보았다. 음식이 정말로 바뀌긴 바뀌었는데, 흰 감자와 흰 쌀밥에 백설탕으로 간을 하는 식으로 바뀌어 있었다. 심지어 짜이에도 설탕이 더 들어갔다. 그 후 모두가 마하라즈지가 주는 대로 먹었다. — 인도인 추종자들이 돈 한 푼 받지 않고 마음을 다해 요리해준 그것 그대로 먹었다는 말이다.***** 우리는 실제로 몸에 들어가는 물질적인 음식보다 음식에 대한 우리의 생각이 더 중요하다는 메시지를 얻었다. 언젠가 마하라즈지는 예수님의 말씀을 인용하며 이렇게 말한 적이 있었다.

***** 어느 누구도 개인 경비 외의 다른 비용을 지불하라는 말을 들은 적이 없었다. 마하라즈지가 거주했던 사원은 추종자들의 기부금, 즉 닥쉬나dakshina로만 운영되는 것 같았다.

입으로 들어가는 것은 사람을 더럽히지 않는다. 더럽히는 것
은 오히려 입에서 나오는 것이다.

어느 날, 병원에서 막 퇴원한 한 인도 남성이 가족의 부축을 받아 사원에 도착했다. 그는 몸이 아파서 거의 아무것도 먹을 수가 없었다. 그는 마하라즈지에게 프라남을 했고, 마하라즈지는 기름이 뚝뚝 떨어지는 갈색 종이봉투를 그에게 건네주었다. 그 안에는 푸리puri, 즉 튀긴 차파티가 들어 있었다. 마하라즈지는 그에게 그것을 먹고 다음 날 또 와서 더 먹으라고 말했다. 기름진 음식은 소화에 문제가 있는 사람에게 치명적인 음식이었기 때문에 우리는 그 음식을 먹으면 그가 죽게 되리라 확신했다. 그러나 다음 날 그는 더 건강해진 모습으로 나타났고, 조금 더 있자 건강을 완전히 회복했다.* 듣자 하니, 마하라즈지가 건네는 푸리에는 보기와는 달리 치유의 샥티(원초적 에너지)가 깃들어 있다고 했다.

마하라즈지에게 무시당한 지 몇 주나 되었고, 내 참을성도 점점 바닥이 나고 있었다. 나는 마하라즈지를 나의 구루로 받아들였지만 그는 아무런 응답이나 반응도 보이지 않았다. 사실, 그는 나를 없는 사람 취급했다. 평소처럼 맨 뒤의 벽에 기대어 앉아 있던 어느 날, 나는 마하라즈지가 나의 구루가 아닌 것 같다는 생각을 하면서 다음 날 이곳을 떠나기로 결심했다. 그런데 바로 그 순간, 커다란 바나나가 내 무릎 위로 떨어졌다.

누가 나에게 던진 건 아닌가 하고 주위를 둘러봤지만 아무리 봐

---

* 님 카롤리 바바의 기적을 체험한 추종자들의 이야기가 궁금하다면 람 다스가 이들의 경험담을 수집해 만든 책, 《사랑의 기적》(Miracle of Love)을 참조하라.

도 갑자기 허공에 나타나 떨어진 것이었다. 마하라즈지 주변에서 기적을 경험했다는 사람들이 한둘이 아니었기에, 나는 이것을 적어도 그가 나의 존재만큼은 알고 있다는 신호로서 받아들였고, 좀 나중에 떠나도 괜찮겠다고 생각했다. 하지만 언제쯤이면 그가 나에게 말을 걸까? 그가 나를 니르비칼파 사마디 Nirvikalpa Samadhi의 경지로 끌어올려줄까? 그리하여 나는 무한한 의식 속에 영원히 녹아들 수 있을까?

오후에는 마하라즈지를 보러 브린다반에 갔을 때 우연히 만났던, 디모인 출신의 금발 여인 카루나를 다시 마주치게 되었다.

"마하라즈지께서는 아직 별말씀 없으신가요?"

"네, 집으로 돌아가라는 말씀을 아직도 안 하시네요."

"아, 안됐네요."

"저를 시험하시는 게 분명해요." 그녀가 애석해하며 말했다.

"뭘 시험한다는 거죠?" 내가 물었다. 내가 보기에 그녀는 이미 순결의 화신처럼 보였다.

"제가 일말의 이기심이라도 갖고 있진 않은지 시험하시는 거죠. 아니면 제가 정말로 신을 섬길 준비가 되어 있는지 시험하시는 것일 수도 있고요."

"제가 보기에 당신은 이미 이타적인 사람인데요." 내가 말했다.

"그렇지만 나는 에고로부터 철저히 자유로워져서 나를 완전히 헌신하고 싶어요. 라마 신 앞에 무릎 꿇은 하누만처럼요."

그때, 한 무리의 사람들이 바잔을 부르러 걸어가면서 카루나에게도 함께 가자고 권했다. 그러자 그녀는 내게 작별 인사를 하고 그들과 함께 걸어갔다.

다음 날 나는 다시 방 맨 뒤쪽에 앉아 있었고, 다른 사람들은 구루의 눈을 한 번이라도 더 마주칠 수 있기를 바라며 최대한 마하라즈지와 가까이 붙어 앉아 있었다. 카루나와 다른 여성들은 그의 간이침대에 기대어 앉아 그의 발을 어루만지고 있었다.

'내가 왜 여기 있어야 한담?' 아무 일도 일어나지 않는 것 같아서 다시 이런 생각이 올라왔다.

그러다 록 페스티벌에 쓸 텐트를 설치하는 일을 한다고 했던 테드가 마하라즈지의 오른쪽 뒤편, 그러니까 맨 앞쪽 벽에 등을 기대고 앉아 있는 모습이 보였다. 그의 얼굴에도 회의적인 표정이 역력했다. 시멘트 바닥만 멍하니 쳐다보던 그는 가끔 고개를 들어 의심의 눈빛으로 마하라즈지를 쳐다보았다.

그러던 어느 순간, 구루는 갑자기 몸을 빙빙 돌리다가 자신의 커다란 손바닥으로 테드의 머리를 내리쳤다. 깜짝 놀란 테드는 눈을 휘둥그레 떴고, 입이 떡 벌어진 채로 자기를 때린 마하라즈지를 쳐다보고 있었다. 이 상황에 대한 설명을 원하는 것이 분명했다. 마하라즈지는 왼쪽에 서 있던, 통역을 맡은 인도인 추종자에게 이렇게 말했다. "내가 이 친구의 존재를 알고 있다는 걸 보여주려고 그런 거야. 한 달 동안 여기 앉아 있으면서도 내가 자기를 모를 거라고 생각한다니까."

두 사람은 폭소했다. 동시에 여러 장소에 모습을 드러낼 수 있는 이 전지한 존재가 한 달 동안 자기 옆에 앉아 있던 사람을 모른다는 것이 얼마나 말도 안 되는 생각이란 말인가!

나중에 나는 테드와 이야기를 나누면서 그에게 무엇을 경험했냐고 물어보았다.

님 카롤리 바바

"너무 부끄러웠어요. '여기 온 지 한 달이나 됐는데 이 사람은 내가 여기 있는지도 모르겠지' 하고 생각했거든요. 그러다 퍽! 하고 한 방 맞았죠. 그분이 저를 때린 건 아무렇지도 않아요. 사실, 좀 기뻐요. 그렇지만 그분에 대한 저의 나쁜 생각들을 그분이 다 아실 거라고 생각하니 좀 당황스러워요."

나는 구루의 이 메시지가 테드뿐만 아니라 나를 위한 것이기도 하다는 것을 확신했기 때문에 기분 좋게 자리를 떴다. 하지만 그렇다고 해서 어떤 일이 일어나기를 기다리며 시간을 때우는 일이 더 쉬워지는 건 아니었다. 나는 더 빨리 깨어나기 위해 '내가' 뭔가 할 수 있는 게 없을까 하는 궁금증이 생기기 시작했다.

나는 그때까지 한 번도 LSD를 해본 적이 없었는데, 지금이 그걸 시도해볼 때는 아닐까 하는 생각이 들었다. 그 당시의 나는 팀 리어리와 더불어 사이키델릭 구루로 악명이 높았던 람 다스와 어울리고 있었으니까 말이다. 약물은 60년대의 두드러진 특징이었고, 람 다스와 리어리는 약물의 잠재력을 연구했던 최초의 학자들이었다. 이제 람 다스는 약이 필요하지 않으며 명상으로 훨씬 더 명료하고 지속적인 의식을 얻을 수 있다는 메시지를 전하고 있었고, 이는 문화적 전환을 이끈 메시지가 되었다.* 나는 여태껏 람 다스와 많은 시간을 함께 보냈지만 한 번도 그의 앞에서 약에 관한 이야기를 꺼낸 적이 없었다. 약물은 그에게 있어 지나간 과거의 일이 되었으며, 외부의 물질을 통해 어떤 성취를 이루는 것은 요기의 길을 걷는 이로서 부적절한 일이라고 생각했기 때문이었다.

60년대는 의식을 확장해주는 약물이 성행하던 시기였지만, 지금 생각해보면 나는 마약에 연결되지 않도록 보호를 받았던 것 같다. 약을 가지고 있을 만한 사람을 알게 되거나 약이 있을 만한 장소에 가게 될 때마다 항상 "이런, 방금 마지막 남은 하나를 다른 사람이 가져갔어. 5분만 더 일찍 오지"라는 소리를 들었기 때문이다.

하지만 나는 나에게 그 어떤 말이나 행동도 하지 않는 마하라즈지에게 지루함을 느꼈고, 어느 날 람 다스에게 내가 얼마나 절박한 심정인지를 털어놓았다. "아무 일도 일어나지 않아요." 내가 불평했다. "심지어 꿈에도 마하라즈지가 한 번도 안 나왔다니까요!"

"음, 그래서 어떤 기분이 드나요?"

내게 내적 안내가 필요하다는 것을 느낀 그는 하버드에서 그랬던 것처럼 숙련된 임상 심리학자로서 나와 대화를 나누기 시작했다.

나는 실패한 사람이 된 기분이라고 했다. 물질적인 세계에서도 성공하지 못했는데 영적인 세계에서까지 실패한 실패자 말이다. 머리카락을 기르고 알약을 삼키기만 하면 되는 그런 히피 세계에도 딱히 끼지 못했다. 그런데 지금, 그런 내 앞에 60년대에 세계적인 명성을 얻은 사이키델릭 구루가 서 있었다. 어느 해 여름, 이비사 섬에

---

* 람 다스의 동료 학자였던 티모시 리어리와 민족생물학자 테런스 맥케나Terrence McKenna는 변성의식 상태를 유지하기 위해 다양한 향정신성 약물을 계속 사용하면서 약물에 완전히 의존하게 되었다. 마하라지는 LSD를 '요기의 약'이라고 말했지만, 약물은 매일 사용하는 것이 아니라 필요할 때만 사용하는 것이다.

삿상, 나이니탈, 1972

서 대마초를 피워본 적은 있었지만 그게 다였다. 나는 신부에게 고해성사를 하는 죄인이 된 기분이었다.

"자, 피터. 말해봐요."

"이런 말 하기 좀 쑥스럽지만, 사실 저는 LSD를 해본 적이 한 번도 없어요."

"네, 알아요." 그가 자비로운 미소를 지었다.

"정말요? 그걸 어떻게 알 수 있죠?"

"음, 당신에게는 아직 다듬어야 할 부분들이 좀 있잖아요."

나는 '그렇다면 그에게는 다듬어야 할 부분들이 하나도 없다는 말일까?' 하고 생각했다. 우리는 마하라즈지의 추종자 중 한 사람의 집에서 지내고 있었는데, 거기서 두 남자가 체스를 두자 람 다스가 화를 냈던 일이 기억났다. 그때 그는 "체스는 영적인 게 아니야!" 하고 소리쳤었다.

나는 오랫동안 원해왔던 LSD를 그가 지금 내게 주기를 바라면서 은근히 눈치를 주고 있었다. 하지만 그는 인자한 미소를 지으며 "딱 맞는 시간과 장소가 갖춰지면 알아서 나타날 거예요" 하고 말했다.

지금보다 더 좋은 시간과 장소가 있을까? 이왕 LSD를 할 거라면 이곳 히말라야에서 바바 람 다스가 건네준 약을 하는 것이 가장 좋을 것 같았다. 하지만 람 다스는 그렇게 생각하지 않는 것 같았다.

강고트리 바바와 함께

어느 날 나이니탈 아래쪽 언덕에 산다는 엄청난 요기, 강고트리 바바Gangotri Baba에 대한 이야기가 내 귀에 들려왔다.* 님 카롤리 바바 와는 여전히 아무런 일이 없었기 때문에, 나는 그 사두를 찾아가 견문을 넓혀야겠다고 생각했다. 강고트리 바바는 부유한 브라만 가문의 아들로 태어나 의사가 되었다. 그는 취미로 아마추어 복싱을 시작했는데, 실력이 꽤 좋았던 것 같다. 스파링 중에 의도치 않게 한 남자를 죽일 정도였으니 말이다. 그는 회개하는 마음으로 복싱을 그만두었고 의사라는 자신의 직업까지도 포기했다. 모든 세속적인 것들을 내려놓고 사두로서의 삶을 살게 된 것이다. 그는 인도 전역을 떠도는 거지로 살다가 마을에서 약간 떨어진 산 아래 언덕으로 돌

---

* 나는 영국의 심리학자 R. D. 랭Laing이 강고트리 바바와 몇 주 동안 함께 지낸 적이 있으며, 내가 도착하기 바로 전에 그곳을 떠났다는 사실을 나중에야 알게 되었다. 랭은 그에게 엄청난 양의 LSD를 투여해보았는데, 그는 "시간이 좀더 걸리긴 하지만, 만트라를 통해 이와 동일한 의식 상태에 도달할 수 있다"는 말을 남겼다고 한다.

아와 살고 있었다.

나는 그에게서 흥미로운 이야기를 하나를 듣게 되었다. 어느 날 오후 델리의 뒷골목을 걷던 그에게 낯선 사람 하나가 다가왔는데, 그는 그 낯선 이가 수년 동안 꿈속에서 자신을 지도해준 구루라는 것을 깨달았다고 한다. 구루는 방랑의 시간은 이제 끝났다고 말하며 그의 어깨에 팔을 두르더니 그와 함께 히말라야로 순간이동했다고 한다. 어느 정도 배움의 시간을 가진 후, 강고트리 바바는 자신이 나고 자란 마을 아래쪽 언덕으로 돌아가라는 지시를 받았다. 그곳에서 그는 영적 수행을 이어나가며 자신을 찾아오는 사람들을 치유해야 했다. 그의 구루는 하리칸 바바Harikhan Baba라고 불리는 위대한 바바지**였다. 그리고 지금, 그의 제자인 강고트리 바바가 내게 언덕 한구석에 있는 자신의 움막에서 함께 지내자는 제안을 하고 있었다.

그와 며칠 정도 지냈을 때였다. 나는 배낭에서 가져온 책 몇 권을 꺼냈는데, 그중 하나는 신지학회에서 나온 책이었다. 이 책에는 현실의 다차원적 성질을 나타낸 접이식 도표가 들어 있었다. 의식의 여러 영역이 많은 선들로 연결되어 있는 그림이었다. 나는 도표를

** 요가난다가 자신의 책에서 저술한 바바지에 대해서는 논쟁이 많다. '바바'라는 단어는 아버지를 의미하고, '지'는 존경의 의미로 덧붙이는 말이기 때문에 바바지는 한 명이 아닌, 수천 명이 될 수 있다. 그저 그중 일부가 다른 사람들보다 더 잘 알려져 있을 뿐이다. — 람 다스의 구루 역시 바바지라고 불렸다.
요가난다가 저술했던 바바지는 자신의 나이에 대한 모순된 말을 남겼는데, 어떤 사람들에게는 자신이 3세기에 태어났다고 말했다가 또 어떤 사람들에게는 자신이 500세라고 말하기도 했다. 또 다른 바바지로는 하리칸 바바지가 있는데, 그는 요가난다의 책에 나온 초상화와는 거의 닮지 않은 모습이다. 하리칸 바바지는 1890년부터 1924년까지 쿠마온Kumaon 언덕에서 모습을 드러냈다. 몇몇 추종자들이 목격한 바에 따르면 그는 강에 들어간 다음 강 한가운데서 빛의 구球로 녹아들었고, 그 후로 다시는 나타나지 않았다고 한다. 마헨드라 브라마차리Mahendra Brahmachari는 35년 동안 인도 전역을 돌아다니며 이 '바바지'에 관한 경험을 한 사람들을 인터뷰했고, 그 이야기들을 실은 책 《푸냐 스므리티Punya Smriti》를 구루 차르나스리트Guru Charnasrit라는 필명으로 낸 바 있다. 하지만 그 사람들이 모두 같은 바바지, 즉 하리칸 바바지에 대해 이야기한 것인지는 확실하지 않다. 그러다 1970년, 자신을 하이다칸 바바Haidakhan Baba라 소개하는 또 다른 이가 나타났다. 그에게는 많은 서양인 추종자들이 있었으며 그의 등장으로 인해 이 문제에 대한 혼란이 더욱 가중되었다.

보여주면 바바가 뭐라고 할까 궁금해서 그에게 그것을 보여주었다. 하지만 그는 그 복잡한 그림을 흘깃 쳐다보더니 "책에서는 신을 찾을 수 없을 겁니다"라고 말할 뿐이었다.

그는 단 한 문장만으로 모든 오컬트 지식을 무용지물로 만들어버렸고 할 말을 잃은 나는 책을 치워버렸다. 그러다 월트 휘트먼이 무아경에 취해 적은 시집 〈풀잎〉(Leaves of Grass)을 가방 깊숙한 곳에서 발견했다. 이번에도 그가 이걸 보면 무슨 말을 할까 궁금해서 보여줬더니 그가 책을 읽기 시작했다.

> 그 젊은이와 늙은이가 어떻게 되었다 생각하며 여자와 아이들이 어떻게 되었다고 생각하는가. 그들은 어딘가에서 잘살고 있으리라. 조그만 새싹조차도 죽음이란 없다는 것을 보여주고 있다. 만일에 죽음이 있다면 그것은 다가올 다음 생명으로 이끌어가는 것이지, 생명을 끝내려고 기다리고 있는 것은 아니다. 만물은 앞으로, 밖으로 나아갈 뿐이다. 죽는 것은 없고 죽음은 사람들의 상상과는 달리 행복한 것이다.

"위대한 싯다siddha(깨달은 존재)로군요!" 그는 감명을 받은 눈치였다.
"작가가 누구죠?"
"월트 휘트먼이요."
"미국인인가요?"
"네."
나는 미국이 히말라야 요기의 존경을 받을 만한 시인을 한 명이라도 배출했다는 사실을 자랑스러워하며 대답했다. 그는 서양인이 어떻게 현실에 대한 미망을 초월한 시를 쓸 수 있었는지 알아내보려는 듯, 잠시 생각에 잠긴 채 앉아 있었다. 그러다 어깨를 으쓱하며 이렇게 말했다. "뭐, 전생에 사두였겠죠!"

어느 날 바바는 내 손에 원형 거울을 쥐여주더니 그 위에 재를 뿌렸다. 그런 다음 거울을 깨끗이 닦으면서 어떤 만트라를 속삭였다. 그러자 거울이 갑자기 살아 움직이는 화면처럼 보였고, 그 화면에 나의 전생이 연속적으로 나타나기 시작했다. 나는 이전 생들의 영상을 보게 되었는데, 내가 수백 번의 생애를 살았다는 사실을 알게 되자 간담이 서늘해졌다. 대부분의 전생이 그저 생존하기 위해 노력하는 생애였다. 농부로서 하루 종일 밭에서 일하며 가족들의 생계를 간신히 책임졌던 전생도 있었다. 군인이었던 적도 있어서 누군가를 죽이기도 하고 누군가에게 죽임을 당하기도 했다. 대부분이 아주 젊을 때였다. 부를 쌓는 것 외에는 별다른 생각이 없었던 상인이었던 적도 있었다.

그 모든 삶이 아무 의식 없이 흘러가는 것을 지켜보면서 '이 무슨 낭비란 말인가' 하는 생각이 들었다. 나는 뉴욕의 병원에서 만났던 그 남자와 마찬가지로, 어느 날 예기치 않게 죽음의 순간이 찾아올 때까지 — 죽음이라는 게 종종 그렇듯이 — 신에 관한 생각을 거의 하지 않았던 그런 사람이었다.

나는 계속해서 전생을 들여다보면서 내가 영적 스승이었다는 것을, 그렇지만 필수적인 덕목인 인내심이 좀 부족한 스승이었음을 알게 되었다. 내 눈에는 단순하게만 보이는 가르침들을 제자들은 제대로 이해하지 못했고, 그런 그들의 얼굴에는 당혹감이 가득했다. 그리고 나는 그런 그들을 버렸다. 내가 살면서 만난 모든 사람들은 내가 많은 생을 거듭하며 관계를 맺어온 사람들이었다. 우리는 교훈을 배우고 좀더 발전하기 위해 몇 번이고 다시 만났다. 마침내 나는 침묵이 말보다 더 많은 것을 전달할 수 있음을, 그저 존재하는 것이 최고의 가르침이라는 것을 알게 되었다. 가장 위대한 스승은 그리 많은 말을 하지 않는다는 사실을 배우게 된 것이다. 진리는 이미 가슴속에 적혀 있으므로 단지 그것을 깨우기만 하면 된다. — 이러한 깨어남은 종종 손길 한 번이나 말 한마디, 또는 그저 깨달은 자의 존재만으로도 이루어질 수 있다.*

1996년, 히말라야의 강고트리 바바

전생을 보여주는 거울 속 환영이 사라지자 현재의 삶 그리고 이번 삶에 내게 주어진 기회들에 대한 큰 감사가 느껴졌다. 지금의 나는 그 어떤 것에도 종속되지 않은 상태로 영적인 길에 확실하게 들어서 있었으며, 이번 생 안에 그 길의 끝을 가볼 수도 있었다. 마치 새장에서 풀려난 독수리처럼, 나는 히말라야를 넘어 순수의식이라는 하늘로 날아오를 수 있었고 그러한 지각을 다시 이곳, 지상으로 끌고 내려와 전생부터 줄곧 이루려 노력해왔던 나의 운명을 완수할 수 있었다.

---

* 라마나 마하리쉬 같은 위대한 스승들은 완전히 침묵하기도 했다. 시간이 좀 지난 후, 나는 내 온 존재를 자신의 침묵으로 채워준 '시금치 바바'가 얼마나 위대한 인물이었는지를 깨닫게 되었다.

바바와 명상을 하고 있노라면 시간은 멈춰버렸고, 나는 변치 않는 고대의 지혜를 전수해주는 옛 리쉬들과 하나가 된 기분이 들었다. 밤이 되면 주변 언덕에서 다른 요기들이 찾아왔다. 우리는 모닥불 주변에 모여 앉아 밤을 보내기도 했고 때로는 동이 틀 때까지 함께하기도 했다. 며칠에 한 번씩 바바는 나를 위해 쌀로 밥을 지어주었는데, 높은 의식 상태로 살아가서 그런지 그는 아주 적은 양의 음식조차도 필요하지 않은 것 같았다.

법정에 간 사두

바바와 나는 동이 트기 전에 일어나 명상을 한 뒤 마음속으로 만트라를 외웠다. 그런 다음, 얼음이 낀 시냇물에서 물을 길어와 그 물로 정화 의례를 했다. 머리 위로 물을 붓고 "옴 나마 시바야"*를 챈팅하며 그 물이 온몸을 타고 흘러내리게 하는 의식이었다. 의례가 끝나면 우리는 모닥불이 있는 곳으로 돌아와 따뜻한 차를 마시며 언덕 너머로 떠오르는 태양을 바라보았다.

하지만 어느 날 아침, 색다른 일이 생겼다. 바바는 내가 미처 보지

---

* Om Namah Shivaya. '나마 시바야'라는 다섯 음절의 만트라는 시바가 출현하기도 전부터 존재해왔다. 시바는 원래 형용사로, 상서로움을 뜻하기도 하며 외부 현상과 무관하게 존재하는 자아(Self)의 원초적이고 순수한 본질을 뜻하기도 한다. 옴은 A-U-M이라는 세 가지 소리로 이루어진 창조의 소리다. 그다음에는 각 원소의 비자bija(씨앗) 소리인 다섯 음절, 즉 나(흙), 마(물), 시(불), 바(공기), 야(아카샤/에테르)가 등장한다. 이를 의식적으로 챈팅하면 이러한 원소들이 정화될 뿐만 아니라 차크라와 자신의 존재 전체가 정화된다. 시간이 지남에 따라 이러한 의식(consciousness)은 자연의 신 루드라Rudra와 관련된 존재로 인격화되었고, 나중에 불의 신 아그니Agni 그리고 천상의 왕 인드라Indra와 부분적으로 통합되어 오늘날의 시바 신이 되었다. 현대에는 이 만트라를 "시바 신께 절합니다"라는 뜻으로 번역하고 있지만 이것의 진정한 의미는 베다 가르침의 핵심인 비이원적 의식과 관련이 있다.

못했던 움막 뒤쪽 담요 아래에 숨겨져 있던 커다란 가방을 파헤치기 시작했다. 그러더니 새 룽기** 천을 꺼내 자신의 허리에 그것을 둘렀다. 그는 시바 사두의 의식용 재를 이마에 바르고 루드락샤 염주를 목에 건 뒤, 트리슈라***를 바닥에서 뽑아 들었다. 그리고 트리슈라를 마치 창처럼 움켜쥐고 걸어가면서 어깨 너머로 이렇게 외쳤다. "여기 좀 부탁해요."

"바바, 어디 가세요?" 나는 그의 뒤에 대고 외쳤다.

"법원이요." 그는 나지막이 말하며 길을 따라 내려가버렸다.

"법원이요?" 내가 잘못 들은 걸까? 그가 주식 중개인을 만나러 간다고 했어도 이보다 더 놀라지는 않았을 것이다. 모든 세속적인 소유물과 집착을 버린 사두가 법정에 간다니? 나는 그가 어디로 가는지 알고 싶어서 멀리서 그를 뒤쫓아갔다. 언덕에서 바라봤을 때 그가 가는 길은 막다른 길인 듯 보였다. 바로 그때, 미스터리한 검은색 벤츠 세단이 모퉁이를 돌아 천천히 멈춰 섰다. 놀랍게도, 반나체 차림의 바바가 뒷문을 열더니 그 차에 올라탔다. 문이 닫힌 뒤 차는 내가 미처 보지 못했던 비포장 도로를 따라 달리기 시작했고, 누런 먼지구름만을 남기고 떠나버렸다.

나는 다시 움막으로 돌아와 불 꺼진 화덕 앞에 앉았다. 그리고 명상을 하며 바바가 돌아오기를 기다렸다. 불의 신 아그니는 바바에게 있어 굉장히 신성한 존재였기 때문에, 그가 불이 꺼지도록 내버려뒀다는 것은 나로서는 꽤 놀라운 일이었다. 내가 처음 이곳에 있었을 때부터 그는 영적인 진원을 보전하기 위해 항상 불이 꺼지지 않도

** Lungi. 남자들이 허리에 감아 긴 치마처럼 입는 인도 전통 의복. 역주.
*** trishula. 시바 사두들이 들고 다니는 삼지창으로, 삼위일체를 상징한다.

록 유의했다. 그에게 있어 화덕에 타오르는 불은 내적 불의 반영물이었음을 나도 잘 알고 있었다.

바바는 날이 어두워질 무렵 다른 시바 사두와 함께 돌아왔고, 분위기상 일이 잘 풀리지 않았다는 것을 알 수 있었다. 그들은 나에게만 알고 있으라며 법정에 간 이유를 조심스레 설명해주었다.

몇 년 전인 1970년, 하이다칸 마을에 한 청년이 나타나 자신이 하리칸 바바(강고트리 바바의 구루)의 환생자라고 주장하는 일이 있었다. 그는 전생에 소유했던 아쉬람뿐만 아니라 은행 계좌까지 돌려달라고 요구하고 나섰다. 강고트리 바바가 하리칸 바바의 첼라였으며 여전히 내적 차원에서 스승과 교류하고 있다는 사실은 널리 알려져 있었기 때문에, 그는 청년의 주장이 진실인지 대해 증언해달라는 요청을 받았다. 사건의 진상을 그보다 더 잘 아는 사람은 없었다. 그러나 이 사건은 지역 지주들이 정치적, 경제적으로 강하게 연루되어 있는 사건인 듯했고, 판사는 하리칸 바바의 환생자라고 주장하는 젊은이가 요구한 모든 것을 줘야 한다는 판결을 내렸다. 이 청년은 또한 자신이 불멸의 원조 '바바지', 즉 요가난다의 책에 나오는 영원한 구루이자 나의 은사 강고트리 바바의 구루인 그 바바지의 환생자라고도 주장했다.*

두 사두는 다시 불을 붙인 후 모닥불 앞에서 밤늦게까지 그날 법

---

* 리버싱 운동(Rebirthing Movement, 출생 과정을 다시 체험시킴으로써 트라우마 따위를 극복하게 하는 심리 요법. 역주)의 창시자인 레너드 오르Leonard Orr와 손드라 레이Sondra Ray를 비롯한 많은 서양인들이 이 청년의 아쉬람에서 매혹적인 경험을 한 후로 그를 자신들의 구루로 받아들이기도 했다. 레너드 오르는 육체적 불멸의 방법을 알려줄 수 있다고 주장하지만, 알고 보면 그러한 방법은 1974년 약 34세의 나이에 심장마비로 사망한 이 '바바지'에게서 배웠다고 한다. 몇 년 후, 나는 샤스타 산에서 바바지에게 기도를 드리고 있었는데 한 상승한 존재가 흰옷을 입고 나타나 이렇게 말했었다. "나는 '바바지'였습니다. 하지만 나는 더 이상 물질계의 육신을 갖고 있지 않습니다. 나는 내가 원하는 곳이면 어디든, 어떤 형태로든 상황에 따라 다르게 나타날 수 있습니다."

정에서 있었던 정치적, 경제적 술수에 관해 이야기를 나누었고, 나는 점점 몰려오는 피곤을 이기지 못하고 마침내 자리에 누워버렸다. 평소처럼 해가 뜨기 전에 잠에서 깨어나자 다른 바바는 이미 떠나고 없었다. 강고트리 바바는 그 사건에 대해 더 이상 아무 말도 하지 않았고, 우리는 매일 하던 의례를 다시 이어나갔다.

인도에서는 매주 목요일이 구루의 날이었기 때문에 그날만 되면 인근 마을 사람들이 우리 막사로 순례를 왔다. 바바에게 치유와 축복을 청하고 여러 가지 부탁을 드리기 위해서였다. 바바는 불에서 비부티^{vibhuti}**를 꺼내 불의 정령들에게 그 안으로 들어가라고 명령했다. 그리고 그 재를 종이에 싸서 사람들에게 주며 집으로 가져가라고 말했다. 그는 특정 시간에 그 재를 사용하라고 알려주면서, 자신도 그 시간에 명상을 하며 정령들을 불러내 그들에게 명령을 내리고 부정적인 힘을 몰아내겠다고 말했다.

나는 거울을 통해 전생을 보는 방법뿐만 아니라 정령들을 불러내는 법도 알게 되면 좋겠다는 생각이 들었다. 하지만 바바가 그런 방법을 알려줄지는 미지수였다. 마침내 깨달음을 얻은 것으로 보이는 사람, 나와 대화를 해줄 뿐만 아니라 함께 살게도 해주는 사람을 찾았기 때문에 어느 날 나는 용기를 내어 내가 간절히 바라왔던 것을 바바에게 물어보기로 했다.

"저의 구루가 되어주시겠어요?"

그는 잠시 생각에 잠기더니 이렇게 말했다. "지금은 대답할 수 없어요. 첼라를 받아들인다는 것은 큰 책임이 따르는 일입니다."

** 축성한 불로 태운 신성한 나무의 재로, 악에 관한 기억을 파괴하고 신성을 기억하게 만든다고 한다. 사이 바바는 우리 몸도 얼마 못 가 재가 될 것이기 때문에 비부티가 삶의 소중함을 일깨워주기도 한다고 말했다.

"어째서 그렇죠?"

"내가 당신에게 만트라를 알려줬는데 당신이 그것을 제대로 따라 하지 못하거나 반복해야 하는 횟수를 제대로 채우지 못했다고 가정해보죠. 그러면 그것에 대한 책임을 내가 지게 되는 것이며 내가 그 만트라를 대신 해줘야 해요."

"아, 그 생각은 못 했네요."

"은둔 생활을 좀 하면서 바바지께 여쭤볼게요."

하지만 며칠이 지나도 아무런 대답이 없었다. 그렇게 진지한 부탁을 그가 까먹었을 리는 없으니 다시 묻고 싶지도 않았다. 아무런 답도 듣지 못한 채 시간만 하염없이 흘러갔고, 나는 또다시 구루를 찾지 못한 듯 보였다.

저번 때와 똑같이 이번에도 아무 일도 일어나지 않고 있었고, 점점 마하라즈지가 그리워지기 시작했다. 내가 그리워한 것은 크리슈나 다스, 자이 우탈, 그리고 나머지 상가 사람들이 바잔을 부를 때 느껴졌던 그 사랑과 헌신, 영적인 가족 같은 느낌, 그리고 마하라지가 우리에게 보내던 사랑이었다.

그러던 중 내가 예기치 못하게 그곳을 떠나게 되었던 사건이 벌어졌다. 바바의 등에는 번개 같은 지그재그 모양의 흉터가 있었는데, 그는 그것이 쿤달리니*가 척추를 타고 올라가다가 잘못된 방향으로 향하면서 생긴 흉이라고 말했다. 척추뼈 일부가 어긋나 있어 그가 통증을 느낀 것이 틀림없었다. 등을 '밟아서' 척추를 교정하는 히피식 방법에 익숙했던 나는 그에게 척추를 치료해주겠다고 말했

---

* kundalini. 쿤달리니는 잠자는 뱀처럼 똬리를 똘똘 튼 모양을 의미하는 말이다. 척추 기저부, 즉 물라다라 차크라에 이 에너지가 있다. 쿤달리니가 깨어나면 새로운 차원의 영적 이해와 깨달음을 얻을 수 있다고 한다. 역주.

다. 하지만 그 당시 내가 몰랐던 것이 하나 있었는데, 그에게 발을 대는 것이 고대로부터 내려온 문화적 금기 사항이라는 점이었다. 인도에서는 발에서 부정적인 에너지가 흘러나온다고 하여 발로 다른 사람을 건드리면 안 되는 것은 물론이고, 누군가가 있는 쪽으로 발을 향하게 하는 것조차 굉장히 무례한 행동이었다. ─ 그런데 나는 그의 등을 밟고 서버린 것이다!

그는 얼굴을 찡그리며 땅바닥에서 일어났다,

"내일 바로 떠나세요!"

"네?"

"여기서 나가란 말이에요!"

별안간 나는 그가 모욕당한 기분을 느낀다는 것을 깨달았고, 내 행동이 정말로 끔찍한 짓이었구나 싶어 소스라치게 놀랐다. 나는 구루가 될 사람의 신뢰를 저버렸다. 하지만 가만 생각해보니 선의로 도와주려고 한 행동에 이렇게 쉽게 화를 낸다면 그가 정말 내 생각만큼 대단한 깨달음을 얻은 사람일까 하는 의문이 들었다. 깨달은 사람이 아니라면 나는 그를 구루로 삼고 싶지 않았다. 강고트리 바바는 그 유명한 하리칸 바바지를 구루로 모시고 있으며 기적을 일으킬 수도 있는 사람이었지만 생각해보니 나는 그의 사랑을 느껴본 적이 없었다. 다른 이들과 마찬가지로 그 역시 여전히 에고와 동일시되어 허영심, 심지어는 분노까지 느끼는 듯했다. 나는 하룻밤만 지나면 바바가 흥분을 가라앉히고 마음을 돌릴 것이라고 생각했다. 그러나 다음 날 아침, 바바는 불을 응시하며 가만히 앉아 있기만 했고 내가 떠난다고 말해도 쳐다도 보지 않았다.

"모든 것에 감사드립니다." 나는 프라남으로 절을 하며 말했지만 그는 계속 불만 쳐다보았다. 나는 어깨에 배낭을 메고 바바의 막사를 떠나 나이니탈과 마하라즈지 삿상을 향해 흙길을 천천히 걸어 올라갔다.

ॐ

신들의 만남

다음 날 밤, 나이니탈의 에블린 호텔에서 자고 있던 나는 방 안에서 누군가의 인기척을 느껴 잠에서 깼다. 눈을 뜨니 강고트리 바바가 침대 근처에 서서 나를 바라보고 있었다. 그가 나를 찾아왔으니 이제 용서받았다는 생각이 들어 안심이 되었다.

"나와 함께 신들을 만나러 갑시다."

"네?" 내가 잘못 들은 건가 싶었다.

"오늘은 푸르니마^{Purnima}, 즉 보름달이 뜨는 밤이에요. 신들이 모이고 있어요. 그러니 육신을 떠나 나와 함께 갑시다. 신들을 소개해주겠습니다."

신들이 한자리에 모인다는 사실도 그렇지만, 그 자리에 내가 초대받았다는 것 역시 상상을 초월하는 일이었다. 그의 제안으로 인해 당혹감을 느끼긴 했어도 그를 따라가면 신들을 개인적으로 만나게 될 것이 분명했다. 하지만 어떤 이유에서인지 자꾸 그를 따라가는 것이 망설여졌다. 몸 밖으로 나가 그와 함께 가라고 나를 부추기는 에너지가 전혀 느껴지지 않았으며 오히려 그 반대로 몸에 머물러 있어야 한다는 느낌이 들었다. 머릿속에서 복잡한 생각을 거칠 것도 없이, 입에서 이런 말이 저절로 튀어나왔다. "아뇨, 혼자 가세요."

"뭐라고요?" 그가 외쳤다. "이건 일생일대의 기회예요! 어떻게 신들을 보고 싶지 않을 수가 있죠?"

"왜냐하면, 나는 신이니까요!(I AM GOD)"

내 존재의 중심부가 뒤흔들릴 정도의 확신과 함께 내 상위 자아로부터 억누를 수 없는 힘이 솟구치는 것이 느껴졌다. 나는 처음으로 나 자신의 신적 주권을 표현했고, 강고트리 바바는 충격을 받고 뒤로 물러났다. 그는 얼굴을 찡그리며 사라졌고, 나는 어두운 방에서 홀로 침대에 앉아 있었다. 혹시 나중에 이 기회를 놓친 것을 후회하게 되진 않을까?

고대 신화에 나오는 신들을 만난다는 것에 대해 생각하면 할수록 호기심이 커졌다. 마침내 나는 호기심을 참지 못하고 육체를 떠나고 싶다는 의도를 세우며 잠들 준비를 했다. 조금 뒤 외적 자아가 잠들자 에테르체 상태로 자리에서 일어날 수 있었다.* 강고트리 바바의 이름을 몇 번 되뇌자마자 그의 진동이 느껴졌고, 나는 냄새로 누군가를 추적하는 개처럼 에테르 속을 따라 그가 거쳐 간 길을 따라갔다. 곧 나는 그를 찾아냈고, 멀리서 그를 지켜보았다.

인도 전역의 달력에는 신들의 업적과 사랑, 갈등이 담긴 그림이

---

* 의식적으로 몸을 떠나는 것을 아스트랄 여행이라고 말하는데, 이러한 여행에는 파괴적인 사념체와 악의적인 존재들이 거주하는 낮은 아스트랄 영역으로 들어갈 위험이 내포되어 있다. 육체를 떠나는 것은 오로지 마스터와 상위 자아의 허가를 받았을 때만 시도하는 것이 바람직하며, 구체적인 선의의 목적을 위한 것이어야 한다. 아스트랄 여행은 먼저 나와 언제나 연결되어 있는 에테르적인 몸(영혼)에 주의를 집중하고, 원하는 바를 의도하고, 상위 자아와 의식을 합일하면 가능하다.

장식되어 있으며 은행과 택시에도 신들의 사진이나 동상이 있는데, 내가 도착한 바로 그곳에 20여 명의 그 신들이 반원 모양으로 모여 있었다. 수많은 사두들이 반원 모양을 따라 한 줄로 걸어가면서 각각의 신에게 개인적인 조언과 축복을 받고 있었다. 강고트리 바바도 다른 사두들과 인사를 나눈 뒤 줄을 섰다. 지금이라도 앞으로 가서 그와 함께 줄을 서도 되었지만, 나는 아트만에 의해 이번에도 제지를 당했다. ― 여기서 아트만이란, 후에 내가 I AM 현존으로 깨닫게 될 내적 신성 현존을 말한다. 이 신들은 힌두교를 대표한다고 할 수 있는, 인도에 널려 있는 그림 및 조각상들과 너무나도 닮은 모습을 하고 있었고 나는 이에 감탄하며 멀리서 계속 그들을 지켜보았다. 그러나 신성한 존재라면 당연히 있어야 하는, 사람들을 영적으로 고양시켜주는 빛이 그들로부터 뿜어져 나오지 않았기 때문에 나는 이것이 약간 의아하게 느껴졌다.

문득, 이들이 아스트랄계의 신들이며 내가 지금 있는 곳이 인류가 창조한 사념체들이 존재하는 심령적 세계라는 것이 깨달아졌다. 이 신들은 인간의 의식에 의해 창조되었으며 그들을 향한 인간들의 지속적인 인식에 의해 유지되는 존재였다. 인간은 자신의 의식의 한 측면, 자기 형상에 따라 이 신들을 만들어냈다. 이런 신들은 그 창조자들의 의식을 반영할 뿐, 우리를 해탈로 인도해줄 수 없으며 인간의 헌신이라는 에너지가 공급되지 않으면 사라져버릴 존재들이다. 이것이 내 안의 근원이 신들과의 만남을 막은 이유였으며, 구약 성서 출애굽기에 나오는 "너희는 나 외에 다른 신들을 섬기지 말라"는 구절의 참뜻이었다.*

이러한 내적 비전이 밝혀준 사실에 충격을 받은 나는 재빨리 밤하늘을 가로질러 나이니탈로 다시 날아갔다. 곧 나는 낮 동안에 사용하는 몸, 즉 침대에 누워 잠자고 있는 육신 안으로 돌아갔다. 아침이 되었을 때도 보름달 빛 아래 산기슭에 모인 아스트랄 신들의 모습이 여전히 생생하고 선명하게 떠올랐다.**

며칠 후, 삿상에서 만난 샨티Shanti라는 이름의 여성과 우연히 만나 함께 차를 마실 일이 생겼다. 샨티는 오랫동안 나를 보지 못했기 때문에 내가 그동안 어디서 어떻게 지냈는지를 궁금해했고, 나는 강고트리 바바와 함께 지낸 이야기를 들려줬다.

"아, 그 사람!" 얼굴을 찡그린 그녀는 싫은 마음을 내비치며 외쳤다. "그 사람은 여자를 좋아하지 않아요."

"음, 독신주의자니까요."

"그게 아니라 여자를 싫어한다는 말이에요."

"무슨 뜻이죠?"

샨티가 말했다. "가야트리Gayatri와 저는 그를 만나러 내려간 적이 있었어요. 그는 거기 있던 다른 사두에게 우리에 대한 외설적인 발

---

* 나는 시바발 요기Shivabal Yogi와 명상을 한 적이 있는데, 그의 제자인 시바루드라 발요기Shivarudra Balyogi가 말하길 언제 한번 신들이 그의 앞에 나타나 초능력을 포함하여 그가 원하는 모든 것을 이루어주겠다는 제안을 한 적이 있다고 한다. 그는 그것이 시험이라는 것을 깨닫고 정중히 거절했다. 이로부터 얼마 지나지 않아서 그는 완전한 자기실현을 이루었다.

** 사이 바바는 이러한 신들이 우리 의식의 한 측면이며, 우리가 이들의 존재를 존속시키는 이유는 자기 자신의 이러한 측면을 경험하려는 욕망이 있기 때문이라고 말했다. 서양에도 이렇게 창조된 신이 있다. 아이들이 착한 일을 하면 상을 주고 나쁜 일을 하면 벌을 주는, 모든 것을 알고 있는 존재인 산타클로스가 그 예다. 산타클로스는 100년 전 예술가 및 작가들과 광고 대행사가 여러 문화의 전설을 바탕으로 창조해낸 복합적인 신이다. 이 신화는 지금도 서양 전역의 부모들에 의해 왕성하게 전파되고 있다. 창세기(1:27)에는 "하느님께서 자기 형상대로 인류를 창조하셨다"고 기록되어 있지만, 그 역도 사실이다. 즉, 인류가 자신의 형상대로 신을 창조한 것도 사실이라는 말이다. 진화라는 것은 인류와 신이 서로를 비추는 공동 창조적인 실험이다.

언을 많이 했답니다."

"뭐라고요?" 나는 깜짝 놀라며 이렇게 물었다. "오해하신 건 아니고요?"

"아니에요. 그 사람은 계속 '당신 남자친구들은 다 어디 갔느냐?'고 물었어요. 그러고는 다른 사두에게 '저들은 매일 밤 다른 남자와 잔다'고 말했죠. 그들이 얼마나 무례하던지, 정말 믿을 수가 없을 정도였어요. 우리를 매춘부 취급하더라니까요."

그녀의 말을 들은 나는 세계 여러 지역의 많은 수도자들처럼 여성과 떨어져 살기로 결정했더라도 그들에게 해결되지 않은 욕망이 여전히 존재한다는 것을 깨달을 수 있었다. 그들은 근원에 가까워진 사람들임에도 불구하고 아주 기본적인 수준의 인성도 갖추지 못하고 있었다.

우주 의식과 LSD

 나에게 아직 다듬어야 할 부분들이 있다는 람 다스의 말이 계속 머릿속에 떠올랐는데, 이러한 생각이 내 자존감을 좀먹고 있었다. 내게 정말 그렇게 명백한 단점이 있는 걸까? 있다면 어떤 단점일까? 아쉬람에는 오로지 깨달음만 추구하면서 막상 자신의 심리적 문제는 돌아보지 않는 사람들이 많았기 때문에 나까지 그런 사람이 되고 싶지는 않았다. 자신이 돌아봐야 할 내적 문제들은 결코 피한다고 해결되는 것이 아니라는 것을, 그리고 모든 이들이 종국에는 회피했던 그 문제로 다시 돌아와 그것을 직면해야만 한다는 것을 나는 잘 알고 있었다. 마법의 거울로 본 바에 의하면 나의 많은 전생들은 영적 진전이 거의 없는 수준이었다. 그래서 LSD를 하는 한이 있더라도 어떤 상처를 치유해야 하는지를 꼭 알고 싶었다. 람 다스는 하버드에서 의료용 LSD 분야를 개척한 선구자였지만, 내게 그것을 내줄 생각은 없어 보였다. 나는 신이 내가 LSD를 하기를 원한다면 그것이 알아서 내 손 안으로 들어올 것이라는 결론을 내렸다. 이 생각에 대한 응답이라도 되는 것인지, 다음 날 에블린 호텔에 있던 마하라즈지의 추종자 한 명이 다가와 이렇게 말했다. "저기, 눈 감고 손을 내밀어봐요."

그가 시키는 대로 하자 손바닥에 무언가가 떨어지는 것이 느껴졌고, 눈을 뜨자 내 손바닥 위에 올려져 있는 작고 하얀 알약이 보였다.

"임상용 윈도우패인* LSD-25예요. 질이 가장 좋은 거라고 할 수 있죠."

"정말요?" 입이 떡 벌어질 정도로 놀란 내가 말했다. 그가 LSD를 어디서 구했는지 말해주지는 않았지만 나는 람 다스에게서 얻어왔을 거라 추측했다.

"지금 하지는 마세요. 호텔이 조용해질 즈음인 늦은 밤까지 기다리세요. 그러면 우주 의식의 상태로 들어가게 될 거예요."

그의 제안대로 나는 밤이 되어 호텔이 조용해질 때까지 기다렸다. 그리고 초에 불을 켜 걸상에 올린 뒤 그것을 침대 가까이로 끌어당겼다. 초 옆에는 LSD 알약을 올려놓았다. 아무 소리도 들리지 않을 때까지 기다리던 나는 눈을 감고 앉아 있었고, 숨이 들어오고 나가는 것을 관찰하면서 안쪽으로 주의를 집중하기 시작했다. 그러면서

---

* Windowpane. 창유리라는 뜻. LSD에도 여러 종류가 있는데 그중 하나의 명칭이다. 역주.

우주를 보여줄 지각의 문*이 열리기를 기다렸다. 아니나 다를까, 나는 곧 지구를 벗어나 있었다. — 우리 우주 너머의 여러 은하계를 인식할 수 있는, 우주 전체의 의식 상태가 된 것이다. 나는 무한한 우주적 지성 그 자체였다. 이 의식 속에는 나와 텔레파시로 소통하는 '다른 존재들'도 있었는데, 나는 그들 역시 거대한 '하나'의 일부임을 알 수 있었다. 윈도우패인은 정말 그 이름대로 자아라는 창을 활짝 열어 그 너머의 광대함을 드러내 보여주었다.

촛불이 다 타서 깜빡거리기 시작했다. 천천히 눈을 떠 시계를 보았다. 자정 무렵이었다. '누워서 잠을 좀 자야 할까?' 촛불을 끄기 위해 앞으로 몸을 기울인 그 순간, 나는 촛불 옆에 아직 손도 대지 않은, 작고 흰 알약이 놓여 있는 것을 보고 충격에 빠졌다! LSD를 복용하지 않고 그저 그것의 효과만 상상해봤을 뿐이었는데 그 집중만으로도 우주 의식에 빠져들었던 것이다. 이보다 더 단순명료한 게 또 있을까? 당신은 당신이 주의를 집중하는 바로 그것이 된다!

하지만 맨 처음의 의문은 여전히 남아 있었다. '아직도 내게 다듬어야 할 부분들이 남아 있을까? 그리고 방금 경험한 것이 실제 약물을 복용한 것과 같은 경험이었을까?' 몇 년 동안 구하려 애썼던 LSD가 이제는 내 손안에 있었다. 그리고 왠지 이 약을 해봐야 할

---

* "지각의 문(the doors of perception)이 깨끗이 닦이면, 사람 눈에 보이는 건 오직 있는 그대로의 모습, 바로 무한일 것이다. 인간은 동굴의 좁은 틈새를 통해 모든 것을 볼 지경이 될 때까지 스스로를 닫아버렸다." — 윌리엄 블레이크, 《천국과 지옥의 결혼》.
이 구절은 올더스 헉슬리Aldous Huxley가 쓴 유명한 책 《지각의 문 천국과 지옥》의 집필에 영감을 주었으며 휴스턴 스미스Huston Smith의 책 제목인 《지각의 문 닦기》(Cleansing the Doors of Perception)도 이 구절에 영감을 받은 것이다. 헉슬리와 스미스는 둘 다 하버드의 티모시 리어리, 람 다스와 친분이 있다. 이들은 향정신성 물질의 임상적 적용에 관한 초기 연구를 진행했다. 다시 말해, 이들은 지지적인 임상 환경에서 향정신성 물질을 적절한 용량으로 투여받은 경험이 있는 것이다. 연구에 따르면 페요테Peyote와 실로시빈Psilocybin은 적절하게 투여할 경우 대부분의 다른 약리 물질보다 위험성이 덜한 것으로 밝혀졌다. 휴스턴 스미스 교수는 아메리카 원주민 교회에서의 페요테 사용을 합법화하는 데 큰 역할을 하기도 했다.

것 같았다. 그래서 기도를 하며 입에 약을 털어 넣고 물을 마셨다.**

처음에는 아무 일도 일어나지 않았다. 이미 우주 의식을 경험했기 때문에 아무 효과가 없을 것이라 생각했지만 20분쯤 지나자 신경이 녹아내리는 것처럼 따끔거리는 느낌이 들기 시작했다. '내가 왜 이런 짓을 했을까' 하는 생각이 들면서 약을 먹은 것이 후회됐다.

갑자기, 나는 일상적인 의식의 창을 넘어 다시 한번 무한의식의 우주 속으로 빨려 들어갔다. 어떤 강력한 힘이 선형적 사고의 문 너머로, 내가 내 삶을 관장하고 있는 분리된 한 존재라는 착각 너머로 나를 밀어붙이고 있었다. 다시 한번, 나는 LSD 없이 경험했던 것과 같이 내가 신과 분리된 존재가 아님을 ― '내가 신이라는'(I AM GOD) 사실을 ― 깨달을 수 있었다. 하지만 이전과는 달리, 지금은 이러한 깨달음이 내 몸의 모든 세포를 불태울 정도로 강력했다.

몇 시간이 지나자 LSD의 효과는 사라지고, 일상적인 의식이 돌아오기 시작했다. 나는 어떻게든 초월적인 의식을 붙잡으려 노력하면서 마음속으로 "어떻게 하면 이 의식을 유지할 수 있을까요?" 하고 기도했다. 그러자 흰 로브를 입은, 장엄해 보이는 한 남자의 이미지가 마음속에 떠올랐다. 그는 위엄 있어 보이는 인상이긴 했지만 내게 따뜻한 미소를 지어 보였다. 그는 나를 알고 있는 듯했고, 단호하면서도 부드러운 힘이 느껴지는 목소리로 내게 이런 말을 했다. "신적 의식 안에 머물고 싶다면 '나는 나다'***(I AM THAT I AM)라고 말

** LSD는 송과선을 자극하여 DMT를 생성하는데, DMT는 명상 중이나 기타 특수한 순간에 자연적으로 미량 생성된다. 릭 슈트라스만Rick Strassman 박사는 1990년부터 1995년까지 뉴멕시코 대학교에서 미국 정부의 지원을 받아 DMT에 대한 연구를 진행했으며, 그 연구 내용을 자신의 책 《영적 분자, DMT》(DMT: The Spirit Molecule)에서 설명하고 있다. 마하리지는 LSD가 아이쇼핑과 같아서, 원하는 것을 보게 해줄 수는 있지만 가지게 해줄 수는 없다고 말한 바 있다.
*** 나는 어떤 것으로도 규정될 수 없는, 모든 것이 될 수 있는 나다. 역주.

하렴.”

아주 오랜 옛날부터 전해 내려오던 이 확언을 반복하자 나 자신의 신성에 대한 의식이 돌아왔다. "I AM이 곧 신이므로, '나는'(I AM)이라고 계속 말하렴. 너는 네가 주의를 집중하는 바로 그것이 된다는 것을 이번에 확실히 알게 되었지. 그 말을 할 때마다 네가 '누구'이며 '무엇'인지를 기억하게 될 거란다. 너는 네가 신이라는 것을 기억하게 될 거야."

이 마법의 단어를 상기시켜준 미스터리한 존재는 이름도 알려주지 않고 떠나버렸다. 나는 후에 북부 캘리포니아의 뮤어 숲(Muir Woods)에서 그가 육체적인 모습으로 나타났을 때에야 비로소 이 목소리의 주인공이 누구인지 알게 되었다.*

그날 밤의 나머지 시간 동안 나는 3차원 세계와 동일시될 때마다 "나는 나다"(I AM THAT I AM)라고 확언했다. 그러면 다차원적이고 우주적인 자아(Self) 의식으로 다시 끌려들어가곤 했다.

장밋빛 여명이 동쪽 언덕에 퍼질 무렵, 나는 밖으로 나갔다. 나가서 하늘을 바라보자 창조주와 하나된 지복의 느낌이 나를 덮쳐왔다. 이때 다른 사람들도 방 밖으로 나오고 있었는데, 그들의 눈을 바라보니 거기서도 창조주가 보였다. 이런 경험이 얼마나 더 지속될 수 있을까? 나는 이 경험이 영원하길 기도했다.

아침 식사 후 우리는 마하라즈지를 만나 그의 다르샨을 받기 위해 케인치 사원으로 갔다. 나는 마하라즈지가 나를 그다지 좋아하지 않는다고 느꼈기 때문에 보통은 다른 사람들을 마하라즈지가 다르샨을 하는 작은 방으로 먼저 들여보내곤 했다. 그리고 사람들이 다

---

* 나의 책 《마스터의 제자》 첫 장을 참조하라.

들어가면 마지막으로 방에 들어가 뒤쪽 벽에 기대어 앉곤 했다. 그런데 이날은 내가 방에 들어가기 꺼려하는 것을 본 누군가가 내 옷소매를 잡더니 방 안으로 끌어당겼다. 한 달 내내 마하라즈지는 나를 쳐다도 보지 않았는데, 이번에는 내가 그의 침대 옆을 지나가자 옆으로 돌아서서 내 눈을 똑바로 바라보며 이렇게 말했다. "너는 누구냐?"

나는 발걸음을 멈추고 "제가 누구냐고요?" 하는 말만 되풀이했다. 그의 시선이 나를 불태울 듯이 강렬하게 느껴졌다. 그는 또다시 같은 질문을 던졌는데, 이번에는 더 단호하게 물어왔다. "너는 누구냐?"

앉아 있는 상가 사람들 앞에 서 있던 나는 사람들의 시선이 부끄러웠다. 그가 원하는 게 뭘까? 마침내 나는 이렇게 얼버무렸다. "마하라즈지, 저는 지난 한 달 동안 여기 앉아 있었어요."

그는 다시 질문하며 "그래서 네가 누군데?" 하고 외쳤다.

나는 그가 내 이름, 출신지, 내가 지금껏 해온 일 같은 걸 알고 싶어하는 게 아니라 나의 절대적인 존재를 묻고 있음을 알 수 있을 만큼 아드바이타[**]에 대한 글을 충분히 읽은 상태였다. 하지만 뭐라고 답을 해야 한단 말인가? 나는 그의 눈을 바라보았고, 그 순간 그도 자신이 신이라는 사실을 알고 있다는 것을 깨달았다. 나는 신을 바라보는 신이었다. 소외감을 느끼며 뒷벽에 앉아 있던 지난 몇 주 동안, 그는 내가 그곳에 있다는 것을 알고 있었다. 등한시 당한 것은 오직 관심을 달라고 아우성치던 내 에고뿐이었다.

마음속에 이 신성을 기리고 싶은 열망이 가득 차올랐다. 그래서 아무 생각 없이 가방에 손을 넣어 향 한 움큼을 꺼냈고, 거기에 전

[**] Advaita. 비이원이라는 뜻으로, 개별적 영혼과 신 사이에 그 어떤 차이도 없다는 철학을 말한다.

부 불을 붙였다. 나는 부끄러움 없이 마하라즈지 앞에 서서 그의 머리 주변에 향을 원 모양으로 돌리며 푸자를 했다. 놀랍게도 아무도 나를 막아서지 않았고, 마하라즈지는 눈을 감고 가만히 앉아 있었다. 그렇게 의식을 마쳤다. 방 안이 연기로 가득했기 때문에 나는 향을 밖에다 놓고 내 자리인 뒷벽으로 돌아갔다. — 다시 아무 존재감 없는 누군가로 돌아간 것이다.

이제 마하라즈지가 나의 존재를 알아주었으니 우리 관계가 달라질 것이며, 그가 나를 앞자리로 초대할 거라고 생각했지만 그런 일은 일어나지 않았다. 다시 한번, 나는 투명 인간이 된 기분이었다. 더 이상 아무 일도 일어나지 않을 것 같았고, 하루 종일 무시만 당하며 앉아 있게 될 것 같았다. 어쩌면 이 긴 시간 동안 나는 자기탐구를 연습해야 할지도 모른다. 마하라즈지는 라마나 마하리쉬가 모든 사람에게 물었던 것과 같은 질문을 던졌다.

당신은 누구인가?

내가 몸도, 마음도, 감정도 아니라는 것을 되새기면서 뻔한 답들 너머로 향하자 머릿속이 뒤죽박죽 엉키기 시작했다. 하지만 나는 머릿속에서 벗어나야만 질문에 대한 참된 답을 얻을 수 있고, 또 진정한 자아를 깨달을 수 있다는 것을 알고 있었다. 마침내, 나는 내가 해야 할 진짜 질문이 "나는 누구인가?"가 아니라는 것을 알게 되었다. 내가 해야 할 질문은 이것이었다.

알고 싶어하는 '나(I)'는 누구인가?

나는 이 질문을 숙고하면서 다시 자아를 초월하여 우주 의식의 자기실현(self-realization) 상태로 돌아갔다. 그 의식 상태는 이것이었다.

I AM

LSD의 화학적 효과가 사라진 오후 무렵, 나는 마하라즈지 앞에서 향 50개비에 불을 붙여 그의 머리 주변으로 원을 그린 내 행동에 충격을 받았다. 더 놀라운 것은 아무도 그 의식을 제지하지 않았다는 것이었다. 나는 인도 신도들이 지키라고 당부하는, 구루의 앞에서 꼭 지켜야 할 에티켓을 어겼지만 거의 자동적으로 행해졌던 나의 행위를 그 누구도 방해하지 않았다. 마치 이 사건 전체가 마하라즈지에 의해 연출된 것만 같았다.

이제 화학물질의 영향에서 벗어난 나는 마하라즈지가 말했던 것처럼 LSD가 '요기의 약'이라는 것을 알 수 있었다. LSD를 통해 어느 정도의 통찰력을 얻을 수는 있었다. 하지만 약으로는 지속적인 자기인식을 이룰 수 없었다. 이를 이루기 위해서는 더 많은 명상과 경험, 그리고 수행이 필요했다.

나의 구루는 누구인가?

마침내 님 카롤리 바바가 내게 약간의 관심을 보이긴 했지만 나는 그가 나의 구루가 아니라고 느끼기 시작했다. 비록 모든 사람이 그에게 맹목적으로 헌신하고 있었으며 나 역시 그가 행한 기적을 계속해서 듣긴 했지만, 매일 몇 시간씩 그들과 시간을 보내도 별다른 유익을 느낄 수 없었다. 람 다스와 다른 사람들이 마하라즈지의 발치에 앉아 그를 숭배하며 헌신의 노래를 부르는 동안 내가 느끼는 좌절감은 점점 더 커져만 갔다.

그러던 어느 날 오후, 마하라즈지가 간이침대에 혼자 앉아 있는 모습이 보였다. 그의 주위에 아무도 없는 것을 본 건 그때가 처음이었다. '지금 아니면 안 된다'는 생각이 들었다. 그래서 용기를 내어 그에게 달려갔다. 말을 짧게 해야 하는 상황이었기에 격식을 차리지 않고 마음속에 품고 있던 질문을 불쑥 물었다. 뉴욕에서 람 다스의 라디오 인터뷰를 처음 들은 후로 나는 님 카롤리 바바가 나의 구루일 수도 있겠다는 생각을 해왔었다. 하지만 이제는 알았다. 그가 나의 구루가 아닐 수도 있다는 것을. 그래서 나는 이렇게 외쳤다. "저의 구루는 누구인가요?"

그는 고개를 한쪽으로 기울이며 눈을 가늘게 뜨고 "예수 그리스도!"라고 외쳤다.

나는 내가 방금 제대로 들은 건지 믿을 수가 없었다.

"예수 그리스도." 그가 번쩍이는 눈빛으로 다시 말했다.

"예수 그리스도요?" 내가 되물었다. 일요일마다 우리 집 현관문을 두드리던 여호와의 증인 신도들이 하는 것과 같은 전도를 받기 위해 내가 이곳 인도까지 왔단 말인가? 나는 기독교의 우상이 아니라 발아래 앉아서 가르침을 받을 수 있는, 실질적인 구루의 이름을 듣기를 원했다.

내 멍한 표정을 본 마하라즈지는 주먹을 휘두르며 더 격하게 외쳤다. "예수 그리스도! 예수 그리스도! 예수 그리스도!" 거의 욕을 하는 것처럼 보일 정도였다.

마하라즈지가 고함치는 것을 들은 두 명의 인도 남자가 구루를 보호하기 위해 달려왔고, 나는 물러났다. 바로 얼마 전에 《보병궁 복음서》에서 예수님이 인도를 모험했다는 내용을 보긴 했지만, 그래도 그가 나의 구루라니? 그렇게나 멀리 떨어져 있고 또 눈코 뜰 새 없이 바쁜 사람에게서 어떻게 가르침을 받을 수 있을까? 그가 나의 존재를 알고 있기는 할까? 그의 대답에 실망한 나는 마음속이 복잡해졌고, 그렇게 사원을 나와 나이니탈로 돌아가는 버스를 탔다.

마하라즈지의 말에 혼란스러운 것도 있었지만 이질에 걸린 것도 큰 문제였다. 나는 지난 40일 동안 코코넛 밀크 외에는 아무것도 먹지 못했으며 육체의 생존에 대한 모든 것을 다 내려놓은 상태였다. 나를 둘러싸고 있는 빛이 끝없이 커지면서 내가 그 속에 녹아드는 느낌이 들었고, 가끔은 우주적인 '옴' 소리가 들리기도 했다. 또 어떨 때는 눈을 감았을 때 자체 발광하는 빛 속으로 모든 것이 녹아드는 것을 느끼기도 했다. 나는 지상의 몸이 그 명을 다하길 기다리고 있었다. 나는 죽음이 단지 환상일 뿐임을, 신이 창조한 한 방에서 더 아름답고 널찍한 다른 방으로 이동하는 것임을 잘 알고 있었다. 문득 람 다스가 지적해주었던, 내 개체성의 '다듬어야 할 부분들'이 이제는 극복이 되었는지 궁금해졌다. 진심으로 죽고 싶지는 않았지만 죽을 수도 있다는 가능성을 마음속으로 받아들인 상황이었다.

예수님이 나의 구루라는 마하라즈지의 충격적인 말을 들은 나는 그것이 정말 사실인지 시험해보고 싶었다. 자살은 같은 상태로 환생하게 만들 뿐이므로 일부러 죽고 싶지는 않았다. 그러나 죽음을 앞둔 이런 상황에서 예수께서 나를 구해주실 수 있을지를 확인하고 싶었다. 그 당시 나는 소화가 매우 어려운 상태였기 때문에 음식을 매우 신중하게 먹어야 했다. 그래서 신께 몸을 내맡기고 인도 음식을 왕창 먹음으로써 내가 이 상황으로부터 구원을 받을 수 있을지 확인해보기로 했다. 마지막으로 음식을 먹었을 때는 바로 복통과 설사가 나서 저승 문턱까지 갔다 온 기분이었다. 예수께서 진정 나의 구루라면 다시 음식을 먹는 지금이 그 자신의 존재를 알릴 절호의 기회가 될 것이었다. 만약 그가 내 구루가 아니라 해도 나는 더 이상 육체적 생존을 신경 쓰지 않아도 되는, 더 높은 세계로 나아갈 준비가 되어 있었다.

나이니탈의 큰길은 호수 기슭을 따라 이어져 있었고, 곧 그 마을에서 가장 좋은 식당에 도착했다. 식당에 들어서자 대부분의 인도인 손님들이 서양식으로 옷을 잘 차려입고 있는 것이 보여서 들어가기가 조금 망설여졌다. 내 모습은 남루한 사두와 다를 바가 없었기 때문이다. 하지만 직원이 나를 자리로 안내해주었고, 나는 군침이 도는 여러 가지 채식 요리를 주문했다. 인도 여행을 떠나기 전에는 이런 음식을 주문해 먹는 것이 당연한 일이었지만 지금은 이것이 내 생애 마지막 식사가 될 수도 있다는 사실이 실감이 났다. 식사를 하는 동안 마하라즈지가 주먹을 흔들며 "예수 그리스도"를 연신 외치던 아침의 장면이 떠올랐다. 미국 교회에서도 예수님께 답을 얻지 못했는데 인도의 어느 식당에서 답을 얻을 수 있을 리 만무했다.

그 순간, 구석진 칸막이에 숨어 있던 DJ가 발리우드 음악을 틀기 시작했다. 내가 들어갔을 때만 해도 식당이 조용했는데 말이다. 나는 구슬프게 흐느끼는 듯한 로맨스 노래가 싫어서 빨리 먹고 나가고 싶었다. 그러나 아직 속이 불편한 기색이 없었기 때문에 달달한 장미 시럽에 담근 동그란 튀김인 굴랍 자문Gulab Jamun을 추가로 주문했다. 매콤한 식사 후에 먹는 이 달콤한 디저트가 죽음을 부르는 결정타가 될 것이 분명했다.

음식을 다 먹은 후에는 식당에 있는 동안 배탈이 날까 걱정되어 서둘러 계산을 마쳤다. 그런 다음 화장실이 잘 갖추어진 호텔로 돌아가기 위해 빠르게 문을 향해 걸어가는데, 갑자기 음악이 전환되면서 개인적으로 힘들었던 시기인 60년대 후반에 유행했던 서양 노래가 흘러나오기 시작했다. 그때 그 노래를 들으니 목이 메여왔다. "예수님은 당신이 생각하는 것보다 훨씬 더 당신을 사랑해요"라는 노래 가사였다.

가슴을 찔린 듯 눈물이 줄줄 났다. 문득, 예전부터 이 말을 들을 때마다 늘 사랑받는 기분을 느꼈었구나 싶었다. 물론 논리적인 내 마음은 예수님이 내 존재조차 모를 거라고 생각했지만, 이 말은 항상 내 가슴속 깊이 와닿았다. 왠지 이 가사를 듣고 나니 모든 것이 잘 풀릴 것만 같았다.

예수님

나는 호숫가를 따라 불빛이 거의 없는 캄캄한 거리로 터벅터벅 걸어 나갔다. 그렇게 호텔로 돌아가고 있는데 머리부터 발끝까지 흰색 옷을 입은 남자가 뒤쪽에서 내게 다가왔다. 그는 걷는 속도를 늦추고 내 옆으로 바짝 다가왔다. 나는 그가 "어디서 오셨어요? 차는 몇 대나 가지고 있죠? 여기는 왜 오셨나요?" 하는 일반적인 질문을 할 거라 생각했지만 그는 내 눈을 깊게 응시하며 걱정스러운 목소리로 "여기서 뭐 하고 계세요?" 하고 물었다.

"무슨 뜻이죠?"

"미국인이시죠? 인도에서 뭐 하시냐구요."

"저는 수행자인데, 구루를 찾으러 왔어요." 나는 이걸로 대답이 되기를 바라며 말했다.

"구루를 찾겠다고 인도까지 올 필요는 없어요."

"왜요?"

"당신에게는 예수님이 계시니까요." 그가 미소를 지으며 말했다. 그의 눈에서 빛이 번쩍였다. 마지막 말과 함께 그는 걸음을 멈추고 돌아서서 왔던 길을 다시 걸어갔다. 정말 이상한 일이었다! 나는 그가 누구인지, 왜 예수님에 대한 얘기를 꺼냈는지 알 수 없었다. 그날 내가 예수의 이름을 들은 것은 그것으로만 세 번째였다.

에블린 호텔로 돌아왔을 때쯤에는 놀랍게도 내 위장이 기적처럼 괜찮아진 상태였고, 나는 곧 잠이 들었다. 아침에 일어나니 오랜만에 컨디션이 좋아 평범한 아침 식사를 했다. 그다음에는 짜이 한 잔을 들고 로비로 나갔다. 호수와 산 너머로 떠오르는 태양을 바라보고 있자니 왠지 축복을 받았다는 느낌이 들었다.

쿰브 멜라

마하라즈지는 추종자들이 자신의 육체적 모습에 너무 집착하지 않도록 주기적으로 "자오", 즉 해산하라는 말을 했다. 그는 이번에도 역시 해산을 지시했고, 나는 이에 마음이 혼란해졌다. 그는 우리에게 우드스탁 페스티벌의 50배 규모에 달하는 영적 축제인 쿰브 멜라Kumbh Mela에 참여하기를 권했다. 쿰브 멜라는 갠지스 강과 야무나Yamuna 강, 그리고 전설적인 사라스와티 강이 합류하는 알라하바드Allahabad에서 열릴 예정이었다. 사실, 사라스와티 강은 오래전에 물이 말라 없어졌지만 그 영적 영향력은 그대로인 것으로 여겨지고 있다. 베다 문헌에 따르면 목성이 양자리에 들어가고, 달이 염소자리에 있는 삭망일에 이 행사가 열려야 한다.* 스리 유크테스와르Sri Yukteswar의

---

* 멜라는 보통 영적인 목적의 모임을 말하고, 마하 쿰브 멜라Maha Kumbh Mela는 12년마다 열린다. 내가 갔던 멜라는 6년마다 열리는 아르드Ardh(절반) 쿰브 멜라로, 요기, 사두, 구도자들이 약 1,000만 명 정도 참가했다. 가장 최근인 2013년에 하리드와르에서 열린 마하 쿰브 멜라에는 약 두 달 동안 1억 명이 넘는 사람들이 참가했다고 하며 가장 상서로운 날에는 3,000만 명이 넘는 사람들이 이 근처 갠지스 강에 몸을 담갔다고 한다.

구루인 라히리 마하사야$^{\text{Lahiri Mahasaya}}$가 파라마한사 요가난다가 쓴 《어느 요기의 자서전》에 나온 그 유명한 바바지를 만난 것도 알라하바드의 멜라(축제)에서였다. — 유크테스와르는 요가난다의 구루였다. 나는 마하라즈지가 사람들과 헤어지면서 "행성들이 합을 이루는 순간 강물을 마시는 것은 매우 상서로운 일"이라고 말했다는 것을 전해 들었다.

하지만 막상 멜라에 가보니 영적인 진동은커녕 요기와 구루들, 그리고 자신을 홍보하기 위해 인도 전역에서 모인 온갖 영적 스승들의 박람회에 온 기분이었다. 거의 나체 상태에 가까운 사두들은 에고로부터의 자유와는 거리가 멀어 보였다. 이들은 '누가 누가 잘하나' 대회를 열어 가장 고행을 잘하는 사람, 드레드록 머리가 가장 긴 사람, 얼굴에 가장 이상한 무늬를 그린 사람, 강물에 가장 먼저 들어간 사람이 누구인지를 겨루는 것처럼 보였다. 몇몇 젊은 사두들은 모래밭에 앉아 그저 허탈한 표정만을 짓고 있었는데, 아마도 언제 밥을 먹을 수 있을까 생각하는 것 같았다. 여성 참여자도 몇 명 있긴 했지만, 이 축제는 확실히 남성 에너지가 넘쳐나는 행사였다. 대학 풋볼 경기나 동문 초청 행사 때 남성 사교클럽이 신규 회원을 모집하는 장면이 연상되는 그런 분위기였다. 명상하는 사람은 아무도 없었다. 분명 내가 기대했던 그런 영적인 행사는 아니었다.

혹여나 바바지가 나타나지는 않았을까 싶어 군중을 훑어보는 동안, 의식용 불에서 피어오른 연기가 하늘 높이 치솟았다. 나는 스스로를 과시하는 사두들의 자만심을 내 마음대로 판단하지 않으려 노력했다. 바바지가 100년 전 이곳에 나타났을 때도 라히리 마하사야를 같은 이유로 꾸짖었던 적이 있었기 때문이다. 나이니탈에서 예수님과 관련된 경험을 한 이후로 그와 더 가까워진 기분이 들긴 했지만, 나는 여전히 발치에 앉아 궁금한 것들을 물어볼 수 있는 육체적 구루가 필요했다. 구루를 찾는 데 쿰브 멜라보다 제격인 곳이 또 있을까?

알라하바드의 쿰브 멜라

하지만 시간이 지날수록 구루를 찾을 수 있을 거라는 희망은 점점 사라져갔다. 위대한 영혼이 이런 도떼기시장 같은 곳에 껴 있을 것 같진 않았다. 나는 덥고 시끄러운 군중 속을 나오고 싶었지만 그 전에 먼저 강에서 목욕을 하고 그 성스러운 물을 마시라는 마하라즈지의 제안에 따라야 했다. 마침내, 행성들이 합을 이루는 상서로운 순간이 찾아왔다. 나는 수천 명의 독실한 힌두교 신자들과 어깨를 나란히 한 채 허리까지 오는 흙탕물을 헤치며 세 강이 합류하는 지점으로 걸어 들어갔다. 이곳의 물은 바드리나쓰Badrinath의 빙하수가 녹아들어 있는 그런 청정한 물이 아니었고, 나는 흙탕물을 들여다보며 잠시 의구심을 느꼈다.

"수천 개의 마을을 지나 수백만 명이 목욕하고, 빨래하고, 시체를 흘려보냈던 이 강물을 마시는 게 진짜 맞는 걸까?"

분명, 이것은 믿음을 시험하는 일이었다. 마하라즈지는 공식적인 나의 구루는 아니었지만 나와 운명적으로 연결되어 있다고 느낀 사람이었고, 나는 그의 제안으로 이곳에 왔다. 과연 그가 나에게 좋지 않을 일을 하라고 말할 사람일까? 하지만 마음 한편에서는 이 물 한 방울에만 미생물이 백만 마리는 살고 있을 것이며 그중 하나라도 몸에 잘못 들어갔다가는 큰 고역을 치르게 되거나 죽을 수도 있다는 두려움이 올라왔다. 갑자기 자간나쓰 사원으로 가는 길에 봤던, 상처가 벌어지고 팔다리가 없는 나병 환자들의 모습이 떠올랐다. 그들이 나병에 걸렸던 장소가 바로 이곳일지도 모른다는 생각이 들었다.

반면, 이런 생각 반대편에는 내맡김의 길이 있었다. 겉으로 보이는 것들은 모두 무시하고 구루를 절대적으로 신뢰하면 보호와 축복을 받고 영원한 자유를 얻을 수도 있었다. 어떤 길이 옳은 길인지 고민이 됐다.

결국 나는 보호를 위한 기도를 올린 뒤 손으로 갈색 물을 떠서 한 방울도 남기지 않고 그 물을 모조리 마셨다. 마하라즈지는 물을 얼마나 마셔야 한다고는 말하지 않았고, 그저 강에서 물을 마시라고만 말했다. 그래서 그렇게 했다. 이렇게 믿음의 시험을 통과한 나는 바바지나 다른 위대한 구루가 곧 나타나지 않을까 하고 기대를 하고 있었다. 강에서 나온 다음에는 바바지의 얼굴이 없나 군중들 사이를 열심히 찾아보았다. 강변을 걸어 올라갈 때 많은 사두들이 나를 자신들의 캠프에 초대하면서 내 주의를 끌기 위해 애를 썼지만 그들 중 나를 이미 기다리고 있었다는 듯한 눈빛을 보이는 사람은 없었다.

안도감과 슬픔이 뒤섞인 마음으로 나는 연기와 시끄러운 군중을 피해 멜라에서 빠져나왔고, 원래 지내고 있던 마하라즈지의 추종자들의 집으로 향했다. 다시 돌아온 거리에서 한 걸음 한 걸음 내디딜 때마다 이제 인도를 떠나야겠다는 생각이 들었다. 나는 구루를 찾지 못했다. 나이니탈의 거리에서 흰옷을 입은 남자가 내게 했던, "여기서 뭐 하고 계세요?"라는 말이 다시 머릿속에 울려 퍼졌다. 사람들이 바글바글한 인도의 거리는 이제 신물이 났지만 그렇다고 숨이 막힐 듯한 서양의 물질주의로 다시 돌아가는 것도 그다지 끌리지는 않았다. 나는 두 세계 사이에 끼어 있었고, 그 어느 쪽에도 속하지 못했다.

마침내 지친 몸을 이끌고 마하라즈지의 최측근인 다다 무커지*와 디디 무커지(Dada and Didi Mukerjee)의 평화로운 집에 도착했다. 처치 레인Church Lane에 있는 분홍색 집이었다. 마침 동료 미국인 람 티르타가 티 하나 없이 깨끗한 흰옷을 입고 대문 밖으로 나오고 있었다. 그의 얼굴은 내면의 빛으로 환히 빛나고 있었는데, 나는 그 모습을 보며 "멜라에서 만난 사두들만큼이나 깨달은 사람이 여기 있구나" 하고 생각했다.

"와, 오늘 힘든 하루를 보낸 것처럼 보이는데요?" 그가 힘들어하는 내 얼굴을 흘깃 쳐다보며 말했다.

"네, 곧 집으로 돌아갈 생각이에요. 인도 사람들과 이곳의 영적인 에너지가 정말 좋긴 하지만 인도에서 사는 건 제게 너무 힘든 일이네요."

"음, 히말라야만큼 굉장한 에너지가 있는 미국 지역을 알고 있는데 알려드릴까요?"

"정말요? 어딘데요?"

쉽사리 믿기 힘든 말이었다. 하지만 나는 미국 동해안 지역만 잘 알고 나머지 지역에 대해서는 거의 모르고 있는 사람이었다.

---

* 스리 수디르 무커지Sri Sudhir Mukerjee(1913-1997)는 알라하바드 대학교(Allahabad University) 경제학 교수였다. 다다는 형, 디디는 누나를 뜻한다. 마하라즈지는 매 겨울 일정 기간을 그들의 집에서 지냈다. 다다 무커지는 마하라즈지에 관한 두 권의 책을 썼다. 하나는 《그분의 은혜로》(By His Grace)이고 다른 하나는 《가까운 사람, 소중한 사람》(The Near and the Dear)이라는 책이다.

"샤스타 산이요. 캘리포니아 북부의 신성한 산인데, 대백색 형제단이 만나는 장소 중 하나이기도 해요."

"대백색 형제단? 그게 뭐죠?"

"한때 인간으로 살다 예수님이 승천하셨을 때처럼 자신의 진동수를 높여 마스터가 된 자들이에요. 지금은 우리보다 더 높은 차원에서 살고 있죠. 그 차원에서 그들은 인류의 운명을 이끌고 안내해주고 있어요." 그는 열정적으로 설명하며 말을 이었다.

"저는 미국에 있을 때 샤스타 산에서 지내요. 산 중턱의 높은 바위에 앉아 '아이 엠$^{I\,Am}$' 책** 을 읽기도 하고요. 그런 책을 읽으면 마스터들과 연결될 수 있고 그들의 에너지도 느낄 수 있어요. 히말라야에 있는 것과 별반 다르지 않죠."

내 존재를 알고 있을 뿐 아니라 인류의 운명까지 이끌어주는 깨달은 존재들의 모임이 있다니. 이러한 생각은 정말로 믿기가 힘들었다. 그들이 인류를 이끌어주고 있다면 세상은 왜 이렇게 엉망진창인걸까? 하지만 지혜로운 내 친구가 마스터들이 정말로 존재한다고 말해주었기 때문에 나는 의심을 거두고 최대한 열린 마음을 가지려 노력했다.

람 티르타는 내일 당장 미국으로 떠나는 게 아니라면 마드라스^{Madras} 근처의 신지학 협회를 가보는 게 어떠냐고 했다. 그곳은 마스터들이 블라바츠키 여사를 인도하여 그들을 위한 단체를 설립하도록 이끌었던 곳이었으며, 인류가 내면에 존재하는 신의 진리에 눈을

** 고드프리 레이 킹이 쓴 《베일 벗은 미스터리》, 《마법의 현존》(The Magic Presence), 《I AM 담론》(The "I Am" Discourses).

뜰 수 있도록 한다는 것이 이 단체의 사명이었다.*

나는 멜라에 가려던 참인 람 티르타에게 감사 인사를 하고 무커지의 집 대문으로 들어섰다. 너무 피곤해서 좀 누워 있고 싶었다. 누운 지 얼마 되지 않아 곧 잠이 들었고, 심한 위경련과 설사 때문에 아침에 잠을 깼다. 마하라즈지의 축복이 갠지스 강의 아메바들을 막아주지는 못한 것 같았다. 외부의 구루에게 모든 것을 내맡기는 게 아니라 보편적인 상식을 따랐어야 했던 건 아닐까? 어쩌면 내가 고등학교 때 죽였던 짚신벌레의 의식이 지각 있는 생명체에게 의도적으로 고통을 주면 그것이 부메랑처럼 돌아온다는 사실을 보여주며 내게 자비를 가르쳐준 것인지도 모른다.**

---

* 신지학회는 헬레나 페트로브나 블라바츠키Helena Petrovna Blavatsky, 헨리 스틸 올콧Henry Steel Olcott, 윌리엄 콴 저지William Quan Judge 등에 의해 1875년 뉴욕에서 설립되었으며 몇 년 후 인도로 이전되었다. 신지학 협회의 명시적인 목표는 "인류의 보편적 형제애의 중심 집단을 만들고, 비교종교학과 철학, 과학을 연구하며, 설명되지 않은 자연의 법칙들과 인간의 잠재된 힘을 연구하는 것"이다. 이 중심 집단은 에테르적 차원에 존재하는 대백색 형제단 마스터들의 외적이고 공개적인 현현으로 이해되며, 인류의 진화를 돕는 마스터들의 목적을 실현하기 위해 이 시기에 외부로 드러난 것이라 여겨진다.

** 시간이 지나고 다시 생각해보니, 그 몇 방울의 갠지스 강물이 내게 축복을 가져다준 것이 맞았다. 나는 내 몸을 치유하기 위해 동종요법과 다양한 치유 방편들을 공부해야만 했고, 나중에는 이를 통해 다른 사람들을 돕게 되었다.

마스터를 찾아서

 다음 날 아침, 돌아다니기에는 몸 상태가 좋지 않아 아유르베다[*] 의사에게 약을 받았다. 나는 람 티르타에게 요양하며 건강을 회복할 수 있는 곳을 알고 있느냐고 물었고, 그는 다시 한번 마드라스 외곽인 아디야르^{Adyar}의 신지학 협회를 추천했다. 기차로 여덟 시간이나 걸리지만 바다가 있어 조용하고 평화로운 곳이며, 매운 향신료가 들어가지 않은 부드러운 음식을 먹을 수 있는 곳이었다.

 피곤하고 초췌한 모습에도 불구하고 나는 신지학 협회 사람들의 따뜻한 환영을 받았고, 리드비터 챔버스^{Leadbeater Chambers}의 조용한 방을 배정받았다. 컨트리클럽처럼 아름답게 가꾸어진 이 부지는 24만 평 크기로, 아디야르 강이 벵골만으로 흘러드는 곳이었다. 이곳에서는 리시케시와 비슷한 영적 기운이 느껴졌는데, 그 말인즉 이곳이

---

* Ayurveda. 고대 베다 시대 때부터 전해져 내려오는 인도의 전통 의학체계.

영적인 존재들의 활동 중심지로 사용되었다는 뜻이었다.* 나는 협회장인 존 코츠John Coats의 따뜻한 환영을 받았고, 그는 내일 저녁에 다른 신지학자들과 함께 자기 집에서 저녁 식사를 하자며 나를 초대했다.

다음 날 아침, 나는 일어나자마자 전 세계에서 형이상학 서적들을 가장 많이 구비하고 있는 협회 도서관을 찾아갔다. 그리고 그곳에서 람 티르타가 추천해준 《베일 벗은 미스터리》를 펼쳤다. 기대와는 달리 책은 실망스러웠다. 책 앞부분을 보니 내가 벗어나고자 했던 물질주의적 관점이 그대로 담겨 있는 것 같아 보였기 때문이다. 저자는 독자에게 깊은 인상을 주려는 듯, 상승 마스터의 차원에서 이 책의 표지가 '보석으로 장식되어 있었다'고 말했다. 나는 사교계의 여성들이 보석으로 스스로를 치장하는 모습을 보며 자랐는데, 그것이 그들을 행복하게 만들어주지는 못했다. 내가 보기에 저자는 초보 수행자들에게 필수적인 바이라갸vairagya, 즉 감각으로부터의 분리 상태를 아직 계발하지 못한 것 같았다. 하지만 나는 람 티르타가 추천한 가르침이 무엇일지 여전히 궁금했기 때문에 편견을 뒤로하고 책을 조금 더 읽어보았다.

책에서 나온 가르침의 핵심은, 우리 각자에게 상위 자아가 있다는 것이다. 상위 자아는 I AM 현존(산스크리트어로 하면 아트만)이라고도 불리는 신의 개별화된 현현이며 "나는"(I AM)이라는 말로 불러낼 수 있다. 이 책에서는 우리가 "나는"이라는 말로 이 힘을 불러내어 원하는 모든 것을 창조할 수 있다고 강조한다. 보기에는 정말 단순해 보

---

* 수년 후 다시 아디야르를 찾아갔을 때, 마스터들의 아름다운 영적 파동은 온데간데없이 부지가 너무 심하게 방치되어 있어서 내가 갔던 그곳을 겨우 알아볼 수 있을 정도였다.

였다. 하지만 이 말이 사실이라면 이미 모두가 행복해야 하는 거 아닐까? 또한 이 책은 신적 의식의 실제적인 성취인 자기실현에 초점을 맞추는 게 아니라 오로지 현실을 자기 입맛에 맞게 바꾸는 것에만 집중하는 것처럼 보였다. "나는 신이다"라고 말하는 것만으로 즉각적인 깨달음을 얻을 수 없다는 것은 분명했다. 물론 나이니탈에서 LSD를 했을 때 에테르 차원의 미스터리한 마스터가 나타나 이를 말하라고 시켰고, 그 덕에 높은 의식 상태에 좀더 길게 머무를 수 있긴 했지만 말이다. 나는 자신을 낮은 자아와 동일시한 상태에서 "나는 신이다"라는 말을 하면 에고만 부풀리게 된다는 사실을 알게 되었다. 자신의 개체성과 그 이기적인 목적에만 집착하는 것을 불교에서는 자기중심적 애착(self-cherishing)이라고 부르며, 이러한 자기중심적 애착은 끊임없이 다시 태어나는 윤회의 수레바퀴 속으로 우리를 이끈다. 이러한 가르침이 정말로 깨달은 존재들에게서 나온 것이라면, 그 가르침이 작동하게끔 하는 어떤 비밀(책에는 안 나와 있지만)도 분명 있을 것이었다. 신적 의식 수준이 되려면 분명 단어 두 개를 말하는 것보다 더 복잡한 과정이 있어야 한다. I AM의 비밀이 무엇일지 정말 궁금해졌다.**

실망한 나는 책을 덮고 방으로 돌아가 뉴욕에서 배웠던 하타요가, 프라나야마pranayama***, 명상을 연습했다. 적어도 이 방법들은 수천

** 람Ram(인도 일부분을 통치했던, 고대의 육화한 신, 아바타로 알려져 있다)과 같이 한 단어로 된 만트라도 있다. 요기들은 이 단어가 깨달음을 가져다준다고 믿는다. 마하리시 마헤쉬 요기 역시 마음을 가라앉혀주는, 한 단어로 된 여러 만트라를 사람들에게 알려주었다. U. S. 앤더슨Andersen은 자신의 책 《마법의 세 단어》(Three Magic Words)에서 영어에서 가장 강력한 세 단어 'I AM GOD'을 활용하는 방법에 관해 설명한다. 그는 에고가 아닌, 가슴속에서 고요히 이 세 단어를 말함으로써 무의식을 다시 프로그래밍할 수 있다고 설명한다. 하지만 깨달음에는 보통 시간과 인내가 필요하다. 나의 저서 《나는 마스터리의 열쇠다》('I AM" the Key to Mastery)와 《나는 열린 문이다》도 참조하면 좋다.
*** 신체와 마음을 조절하고 집중력을 높이며, 건강을 증진시키는 다양한 호흡 기법. 역주.

년 동안 요기들이 사용해왔으며, 깨달음으로 이끌어준다는 것이 입증된 방법들이었다. 여기서 궁금한 것은 '깨달음을 얻을 때까지 얼마나 오래 걸릴 것인가?'였다. 적어도 이 요가 기법들은 내 건강과 의식을 향상시켜주는 듯했다.

나는 영적인 돌파구를 찾기 위해 요가 수련의 강도를 두 배로 늘렸다. 그러나 갑자기 역효과가 났다. 물구나무서기를 하면서 동시에 '불의 호흡'*을 하니 왼쪽 귀에 바늘로 찌르는 듯한 통증이 느껴진 것이다. 병원에 가자 의사는 고막이 파열되었다고 말했다. 그는 외이도에 항생제 가루를 넣어준 후 요가를 그만해야 한다고 경고했다. 깨달음에 대한 열망에 눈이 먼 나머지, 요기의 지도 아래서만 요가를 수행해야 한다는 기본 규칙을 잊고 있었던 것이다. 애초에 내가 인도에 온 이유가 그런 구루를 찾기 위해서가 아니었던가?

평소에 하던 수행을 더 이상 할 수 없으니 영적인 길이 막혀버린 기분이었다. 나는 어떻게 해야 하는지 알려줄 사람을 찾아 신성한 벵골보리수 나무로 가야겠다고 결심했다. 많은 현자들이 그 나무 아래에서 명상을 했었다. 인도로 망명한 달라이 라마가 맨 처음 찾아간 곳도 바로 그곳이었으며 크리슈나무르티가 첫 설법을 한 곳도 그 나무 아래였다. 나무 기둥에서 뻗어 나온 가지는 사방으로 60미터 이상 뻗어 있었고, 그 가지에서 또 땅으로 뻗어 내려가는 줄기가 나 있었다. 이 벵골보리수 나무는 '하나의 진리'를 상징하는, 살아 있는 상징이었다. 땅으로 자신의 수많은 현현(가지)들을 내려보내는 하나의 진리(기둥) 말이다.

나는 매일 벵골보리수 나무 아래에 앉아 있었다. 요가는 할 수 없

---

* 빠르고 강하게 호흡하는 기법. 역주.

었기 때문에 그럴 때마다 내면의 빛에 대해 명상했는데, 이는 세인트 저메인이 《베일 벗은 미스터리》 첫 장에서 말한 간단한 명상법이었다. 나는 위대한 신비에 관한 통찰을 얻고자 신지학 협회에 왔고, 이 수행법은 지루할 정도로 단순했다. 그러나 신지학 도서관에서 찾아본 책들에 의하면 빛에 대한 명상이 모든 종교의 핵심이었다. 그래서 세인트 저메인이 책에서 말한 바에 따라 빛이 가슴 중앙에서부터 몸의 모든 세포로 확장되어 우주로 퍼져나가는 것을 상상하고, 또 느꼈다. 그는 마음의 부정적인 경향을 재프로그래밍하여 그것을 빛의 전달자로 만들려면 I AM 확언으로 명상을 끝내야 한다고 했다. 날마다 평화의 느낌과 내면의 빛에 대한 인식이 확장되면서 나는 내가 앉은 나무 아래에 펼쳐진 나뭇가지들처럼 나와 모든 생명이 서로 연결되어 있다고 느끼기 시작했다.

마치 천상의 빛을 인간적 자아가 있는 곳으로 끌어내림으로써 동서양의 명백한 차이, 즉 열반을 통한 세상으로부터의 탈출과 속세를 통달하는 것에 대한 가르침을 하나로 통합하는 기분이었다. 〈바가바드 기타〉를 다시 읽으면서 나는 자아와 세상에 대한 통달이 바로 크리슈나가 아르주나Arjuna에게 설명한 길이라는 것을 깨닫게 되었다.** 이 고대 문헌은 일상 속에서의 내적인 투쟁과 사심 없는 봉사를 통해 이원성과 비이원성이 하나로 통합될 수 있음을 가르쳐준다.

어느 날 나무 아래 앉아 있던 나는 벵골 만 끝자락에 있는 사유 해변으로 걸어가고 싶은 마음이 들었다. 1909년 협회장인 애니 베산트Annie Besant가 C. W. 리드비터Leadbeater와 함께 걸으며 차기 세계의

** 〈바가바드 기타〉(신의 노래)는 대서사시 〈마하바라타〉의 일부로, 일반적으로 기원전 2세기에서 5세기 사이에 베드 비야사Ved Vyasa가 지은 것으로 알려져 있다.

스승이 언제 나타날지 물었던 곳이 바로 이곳이었다. 그 순간 그들은 모래밭에 앉아 있는 어린 크리슈나무르티를 발견했다. 짐작건대 그들은 소년의 숭고한 오라를 보았을 것이다. 리드비터는 "바로 저 사람입니다"라고 말했다.* 그렇게 하여 훗날 신지학의 교리를 비난하면서 뉴에이지라고 알려진, 자기탐구와 영적 자유의 시대를 여는 데 중요한 역할을 하게 될 한 사람에 대한 교육이 시작되었다.

나는 눈부신 백사장에 서서 그들이 크리슈나무르티를 발견한 순간에 겪은 동시성을 생각하던 중, 비틀거리며 해변을 걸어가는 작고 더러운 개 한 마리를 보았다. 인도 길거리에서 살아남기 위해 끊임없이 고투해야만 하는 가여운 떠돌이 개였다. 이곳 개들은 적자생존, 약육강식의 현실을 매일 마주하며 살아가고 있었다. 이 개가 마치 높은 직관에 이끌린 듯 마드라스 거리에서 빠져나와 내 앞으로, 그러니까 세계의 스승이 발견된 바로 그 자리로 향했다는 사실이 놀라웠다. 그는 몇 발짝 걸은 다음 발밑의 모래를 내려다보고는 다시 몇 발짝을 더 걸었다. 바닷물이 발에 스며들자 그는 다가오는 죽음에 두려움을 느끼는 듯했다. 개는 가까스로 고개를 가누면서 해변을 따라 걸어가려고 애쓰고 있었다. 다리가 후들거리고 있었다. 삶과 죽음이라는 두 세계 사이에 서 있는 그는 지금 모래 위로 쓰러지면 곧이어 밀려온 파도에 휩쓸려갈 것을 알고 있었다. 나는 죽음을 직면하는 개의 용기에 감탄하며 그의 해탈을 위해 베다 만트라를 챈팅했다. 그런 다음 혼자만의 과정을 겪을 수 있도록 자리를 비켜주었다. 그는 아무런 방해 없는 환경에서 죽음을 맞이하고 싶어하는

---

* 크리슈나무르티는 나중에 자신이 세계의 스승임을 부인하고 주변인들이 어린 시절부터 자신에게 기대해왔던 이러한 역할에 반발하면서 모든 스승, 마스터, 구루들을 부정했다. 그는 그 어떤 방편도 제시하지 않았지만 대신 자기관찰을 장려했다.

듯 보였다. 다음 날 아침 그 자리로 가보니 개의 시신은 해변을 따라 100미터쯤 아래로 떠밀려 가 있었고, 밀려오는 파도가 그의 몸을 흔들고 있었다.

여전히 음식을 거의 먹지 못했던 나는 쇠약한 상태였고, 그래서인지 개의 죽음에 큰 영향을 받았다. 나 역시 그 개처럼 두 세계의 경계선에 서 있으며 곧 몸을 떠나게 되는 건 아닐까 하는 생각이 든 것이다. 내 뒤에는 애니 베산트와 리드비터에게 발견되어 영적 세계에 입문하고 세상에 봉사하기 위한 훈련을 받은 위대한 스승이 있었고, 내 앞에는 육체적 삶을 끝마치고 더 높은 차원으로 넘어가자고 즐겁게 손짓하는 바다가 있었다.

대부분의 시간을 명상하며 보내던 나는 협회 부지에 스며들어 있는 특별한 에너지를 점점 더 선명히 인식하기 시작했다. 이는 상승 마스터들의 요청에 따라 블라바츠키 여사가 인류를 교육하고 영적으로 고양시키는 수단으로 사용하기 위해 불러온 에너지였다. 나는 블라바츠키가 살았던 1800년대 후반까지도 육신을 가지고 살아가던 전지전능한 존재들과 접촉하려 애써봤지만, 내가 그들의 초대를 받아 그곳에서 지내고 있다는 느낌이 들었음에도 불구하고 직접적인 응답은 받지 못했다. 구루들에게 다시 한번 무시당했다고 느낀 나는 도서관에 처박혀 형이상학 연구에 몰두하면서 블라바츠키의 걸작인 《비밀 교의》(The Secret Doctrine)와 《베일 벗은 이시스》(Isis Unveiled)를 읽었다. 물론 이런 책들에는 인류의 진화에 대한 흥미로운 정보가 적혀 있었지만 깨어남의 과정에 실질적인 도움이 되는 책은 아니었다.

그러던 어느 날, 명상을 끝낸 뒤 바닥을 보고 앉아 있던 나는 특별한 에너지, 즉 위대한 존재들 중 하나의 현존을 느낄 수 있었다. 아침 해가 떠오르자 내적 시야가 꽃처럼 피어나 열렸다. 흰 로브와 터번을 쓰고 있으며 매부리코에 고운 이목구비까지. 어쩐지 익숙하게 느껴지는 한 존재가 보였다. 어느새 나는 더 정묘한 몸으로 들어가 그와 함께 협회 건물과 부지 위로 올라가고 있었다. 그 에테르계에서 나는 태초부터 전 세계 신성한 문헌들의 보고 역할을 해오고 있는, 흰색 대리석으로 지어진 거대한 도서관을 보았다. 이곳에는 인류의 역사, 레무리아와 아틀란티스 시대에 있었던 신성한 글들, 알렉산드리아 도서관에서 사라져버린 두루마리 등이 보존되어 있었다.*

휘황찬란한 그 건물에 다다랐을 때, 미세하게나마 남아 있던 내 평상적인 의식 상태가 완전히 빠져나가는 것이 느껴졌다. 내 육체는 어쩔 수 없이 자리에 누워야만 했다. 몇 시간이 좀 안 되어 깨어나니 뭔가 달라진 느낌이 들었다. 더 가볍고 에테르적인 느낌이었다. 그 후로도 여러 번 이 도서관에 가서 뭔가를 배우는 꿈을 꾸었지만 아침에 일어나면 어떤 꿈을 꾸었는지 기억하기가 어려웠다. 거의 한 달 동안 이런 일이 계속되었다. 나는 매일 아침 해가 뜨면 벵골보리

---

* 고대 문헌들에는 율리우스 카이사르Julius Caesar가 실수로 왕립 도서관에 불을 질렀다고 기록되어 있지만 다른 문헌에서는 항구의 창고만 불에 탔다고 기록되어 있다. 사라진 두루마리들에는 기독교의 기원에 대한 정보가 적혀 있었는데, 이러한 정보는 1세기에 널리 존경받던 유명한 예언자, 티아나의 아폴로니우스(Apollonius of Tyana)의 가르침에서 비롯된 것으로 보인다. 이 두루마리는 391년경 알렉산드리아의 주교 티오필러스Theophilus에 의해 도난당했을 공산이 크고, 현재 바티칸 도서관에 보관되어 있을 수도 있다. 이 두루마리에는 '이싸Issa'(기름 부어진 자)라는 이름의 어느 성자가 인도와 티베트를 여행한 뒤 서방으로 돌아가 내면에 있는 신의 현존에 대해 가르친 이야기가 적혀 있다. 예수(Jesus)라는 이름은 로마인들이 이 성자에게 붙인 이름이다. 그리스도(Christ)라는 단어는 그리스어 크리스토스Kristos에서 유래했으며, 크리스토스는 파괴될 수 없는 의식을 의미하는 산스크리트어 크리슈나에서 유래되었다. 레이먼드 버나드Raymond Bernard가 저술한 《나사렛인 아폴로니우스》(Apollonius The Nazarene)를 참고하라.

마하초한Mahachohan

수 나무로 가서 명상을 하고 벵골 만을 한가로이 거닐었는데, 이때 내 마음속에는 엄청난 내적 변화가 일어나고 있었다. 협회를 떠날 때가 되었을 시점에는 어떤 내용을 전수받았는지에 대한 구체적인 기억은 가물가물해졌어도 터번을 두른 키 큰 스승에 대한 기억만큼은 선명하게 남아 있었다.

어느 날, 나는 정회원들을 위한 공식 회의가 열리는 커다란 본당에 들어갔다. 그곳은 천장이 높고 바닥과 기둥이 대리석으로 되어 있어 마치 거대한 영묘靈廟 같았다. 중앙 아치 위에는 금색으로 다음과 같은 글이 써 있었다.

진리보다 더 높은 종교는 없다.

그 문구를 보니 위대한 마스터에 관한 기억이 돌아왔다. 그는 내가 어릴 때 나타나 에테르체의 나를 이 성전으로 데려왔었다. 그는 이 문구를 가리키며 이렇게 말했었다. "모든 종교와 도그마와 미신을 초월하는 진리를 배우고 그 진리를 다른 사람들과 나누는 것이 네가 이번 생에 할 일이란다."

ॐ

나는 누구인가?

아디야르에서 나는 트루먼 케일러 와들링턴Truman Caylor Wadlington이라는 이름의 친절한 미국인을 만나게 되었다. 그도 나와 같이 신지학회의 게스트였다. 그는 자신이 만난 요가 수행자 람수랏쿠마르*에 대한 해박한 정보들을 이야기해주었다. 트루먼은 그의 전기를 쓸 정도로 그에게 열광적인 사람이었다. 하지만 그가 무엇을 가르쳐주었냐고 묻자 트루먼은 아무 말도 하지 못했다. 다른 많은 무니 바바(침묵의 바바)들처럼 람수랏쿠마르 역시 아무것도 가르치지 않는 것처럼 보였다. 그러나 트루먼은 그를 모든 곳에서 신을 보는, 신에 도취된 존재 중 하나로 여기고 있는 것이 분명해 보였다. 라마크리슈나가 '신성한 광기'라고 부른 그것을 체현한 사람 말이다. 나는 신성한 광기를 그냥 광기와 어떻게 구별할 수 있는 건지 궁금했다. 특히 바바가 거의 말을 하지 않는다면 더욱 구별이 힘들 것이었다. 내가 보

---

* 1918-2001. 트루먼이 쓴 책《요기 람수랏쿠마르Yogi Ramsuratkumar》를 참고하라.

기에 람수랏쿠마르의 인기는 주로 그가 스리 오로빈도와 아드바이타 스승들의 발치에 앉아 있었다는 사실 때문인 것 같았다. 다시 말해, 파파 람다스^Papa Ramdas, 라마나 마하리쉬 그리고 그의 제자인 푼자지^Poonjaji(또는 파파지)**의 발치에 앉아 있었다는 사실과 그가 현재 길거리에서 살고 있다는 사실이 그의 인기 요소인 것처럼 보였다. 아드바이타의 핵심은 "나는 누구인가?"라고 묻는 자아 탐구다. 그리고 이를 통해 인간은 몸과 마음, 에고 너머에 존재하는 영원하고 불변하며 참된 자아를 깨닫게 된다.

세상에는 이 하나됨을 맛본 뒤 아드바이타식 어법을 배워 비이원성을 가르치는 구루가 된 사람들이 많이 있다. 이들에게는 어떤 문제나 질문을 던져도 답이 항상 똑같다. "그걸 알고 싶은 자가 누구입니까?"

아니면 은근히 무시하듯 "당신이 진정으로 누군지 안다면 그것이 문제가 되지는 않겠죠. 그렇지 않나요?" 하고 말하기도 한다.

위의 대답은 깨달은 사람에게는 아무런 문제가 없다는 것을 암시하는데, 이는 사실이 아니며 타인의 상황이나 고통에 대한 이해와 공감이 전혀 없는 대답이기도 하다. 이러한 철학은 다른 사람들이 자신의 모든 필요를 충족시켜주는 방랑 사두나 구루에게는 적합한 것일지 몰라도 이 세상을 살아가야 하는 대부분의 사람들에게는 맞지 않다.

인도와 같은 따뜻한 기후에서는 동굴이나 나무 아래에서 하나됨의 상태에 머무르며 살 수 있다. 추종자들이 구루에게 바나나, 망

** 이 세 명의 구루들은 아드바이타, 즉 비이원론을 대중화시킨 인물들이다. 파파지는 자신의 발아래 앉아 있던 서양의 유명한 영적 교사들에게 그들이 깨달음을 얻었다고 말했지만, 그들이 떠난 후에 그러한 선언을 번복했다.

고, 쌀, 견과류 등을 바치며 그를 보살펴주기 때문이다. 하지만 티베트나 다른 북위도 지역의 기후에서 살아남기 위해서는 세속에 대한 초연함 이상의 것이 필요하다. 삶이 무상한 환상과도 같다는 깨달음은 육체적 존재로서 겪게 되는 문제들을 당장에 해결해주지 못하며, 심리적 성숙이나 자기완성으로 이어지지도 않는다.

그러나 라마나 마하리쉬는 어떤 이득이나 성과에 전혀 집착하지 않으면서 자신이 가르친 진리를 몸소 실천하며 살아갔고, 에고적인 자아정체성과 자기중심적 애착에 사로잡힌 사람들이 자유롭게 해방될 수 있도록 촉매 역할을 했다. 또한 그는 사랑을 발산했는데, 그의 제자들 대부분에게서 부족해 보이는 것이 바로 이 사랑이다. 라마나 마하리쉬는 또한 자신의 의식을 다른 사람들에게 전달할 수 있는 능력이 있었다. 그러나 일상생활 속에서 의식의 통달을 이루는 방법은 그가 가르칠 수 있는 범위를 벗어난 것이었다. 나중에 그의 추종자 중 몇몇은 가족과 사랑하는 이들의 안녕에 신경을 별로 쓰지 않는 것을 자신이 어떤 것에도 집착하지 않고 있다는 증거로 들면서 자신도 라마나 마하리쉬와 같은 수준의 깨달음에 도달했다고 주장했다. 그런가 하면, 또 어떤 이들은 침묵을 지켰다. 따라서 이들의 의식 수준은 추측할 수밖에 없는 문제로 남아 있었다.

구루 요가*의 길에서는 구루의 실제 깨달음 수준보다 구루에 대한 믿음이 더 중요하다. 일단 한번 구루 원리(Guru Principle)**가 작동

---

* Guru yoga. 티베트 불교와 힌두교의 일부 전통에서 핵심적인 수행 방식이다. 구루 요가에서 제자는 스승(구루)을 신성의 현현으로 인식하고, 그와의 깊은 영적 합일을 통해 깨달음에 이르고자 한다. 역주.
** guru tattva. 개인이 무지에서 벗어나 진리와 지혜에 이르도록 이끄는 우주적 원리를 의미한다. 구루 원리는 외적으로는 한 인물이나 가르침의 형태로 나타날 수 있고, 내적으로는 직관·통찰·내면의 소리 등으로 체험되기도 한다. 수행자는 이 원리를 통해 자신의 본성과 우주의 본성을 하나로 인식하게 된다. 역주.

하기 시작하고 추종자가 그 존재를 신의 현현으로 받아들이면 보편적인 구루, 즉 상위 자아가 드러난다. 많은 이들이 실제로 깨달음을 얻지 못한 구루 아래에서, 심지어 자신이 추종하는 어느 동상 앞에 앉아 수행하면서 깊은 영적 성취를 이뤄왔다. 이들은 무슨 일이 일어나든 그 일을 구루의 뜻으로 받아들이기 때문에 그것은 곧 성장의 촉매제가 된다.*** 물론 이러한 관계는 언제든 바뀔 수 있다. 배움이 중단되거나 그 존재가 더 이상 구루로 여겨지지 않는다면 이제 다른 길로 나아가야 할 때가 온 것이다.

트루먼은 람수랏쿠마르에 대한 열변을 토했고, 나는 의구심이 들긴 했지만 그럼에도 그를 만나보고 싶었다. 그는 티루반나말라이Tiruvannamalai의 아루나찰라 산 기슭에 살았기 때문에 나는 그를 만나러 가면서 신성한 산과 라마나 마하리쉬의 아쉬람을 둘 다 가볼 수 있었다. 아쉬람에서 방을 배정받은 후 나는 자기탐구 과정을 시작하기 위해 곧바로 성소 방으로 향했다. 계단을 올라가는데 술집의 맥주 광고처럼 백라이트가 켜진 라마나 마하리쉬의 대형 사진에 사람들이 절을 하는 모습이 보였다. 충격이었다. 세상을 떠난 지 얼마 되지 않았는데도 사람들이 자기탐구라는 그의 가르침을 실천하기는커녕, 그를 숭배하기 시작했다는 사실에 라마나 자신도 충격을 받지 않을까 하는 생각이 들었다.

나는 숭배자들을 무시한 채 그가 매일 다르샨을 했던 방으로 갔다. 적어도 그 장소의 고요함과 순결함만큼은 보존이 잘 되어 있었다. 나는 라마나의 소파 앞에 앉아 다음과 같이 질문하기 시작했다.

*** 영화 〈쿠마레Kumare: 가짜 선지자에 관한 실제 이야기〉를 참고하라.

나는 누구인가?

'나는 몸도, 마음도, 감정도, 이름도, 에고도 아니며, 질문하는 이도 아니다.' 이렇게 내가 아닌 것들을 차례차례 걷어내다 보니 1분도 채 되지 않아 더 이상 나라고 할 수 있는 것이 남아 있지 않았다. 막다른 길에 다다른 것이다('누구'라는 단어는 언제나 이름과 성격을 떠올리게 하므로 '나는 무엇인가'에 대해 명상하면 더 나은 결과를 얻을 수 있다). 나는 내가 아닌 것들을 다시 한번 차례차례 걷어냈지만 지적으로 이를 수 있는 곳은 막다른 길 말고는 없었다. 답답한 기분이었다. 한 시간 동안 이런 정신적인 싸움을 하고 있자니 머릿속이 복잡해져서 아쉬람 뒷산이나 오르려고 자리에서 일어났다. '라마나가 명상을 했던 동굴을 찾을 수 있다면 더 좋은 결과를 얻을 수 있을 텐데' 하는 생각이 들었다.

나는 코브라를 마주치지 않도록 조심하면서 완만한 언덕을 올라갔고, 생각보다 쉽게 라마나의 동굴을 찾았을 수 있었다. 안타깝게도 그가 세상을 떠난 뒤로는 풍경이 많이 바뀌어서 언덕 아래로 마을의 버스 정류장이 내려다보였다. 경적과 공공 스피커 소리가 계속해서 울리고 있었다. 동굴 내부로 들어가면 좀 조용하긴 했지만 관광객들이 사진을 찍으며 들락날락거렸다. 나는 얼마 안 있어 다시 아쉬람으로 내려갔다. 다른 게스트 중 한 명이 실망한 내 표정을 눈치채고는 프라닥쉬나 Pradakshina*를 해보라고 말했다. 보름달이 뜨는 밤에 람의 이름을 외치며 산을 한 바퀴 돌아보라는 말이었다. 라마

---

* 인도 종교에서 매우 중요한 의식 중 하나로, 특정 사원, 성소 또는 신성한 대상 주위를 시계 방향으로 도는 행위를 의미한다. 신성한 존재에 대한 경의와 존중을 표하는 행위다. 역주.

나는 "산을 한 바퀴 도는 것보다 더 좋은 사다나(영적 수행)가 어디 있겠어요?"라고 말하며 며칠씩 산을 돌곤 했다. 어쩌면 명상 전에 몸을 좀 움직이는 것이 그의 가르침에 숨겨져 있던 비밀은 아니었을까? 그러다가 나는 라마나도 자기성찰을 통해서가 아닌, 깨달음이 저절로 일어나는 경험을 통해 깨달음을 얻었다는 사실을 기억해낼 수 있었다.

다음 날 밤, 보름달이 떴다. 나는 목욕을 하고 깨끗한 옷을 입은 다음, 사람들에게 들었던 대로 이마에 성스러운 재를 발랐다. 길에 있는 코브라들이 신을 깨닫기 위한 이 순례의 여정을 존중해주리라 믿으면서 눈을 감고 맨발로 산을 걸어갔다. 한 걸음 한 걸음 걸을 때마다 "람"을 챈팅했다. 그러다 가끔은 눈을 뜨고 절벽을 향해 걸어가고 있지는 않은지 확인한 후 다시 직관을 안내 삼아 따뜻한 흙먼지의 부드러운 감촉을 발로 느끼며 걸어갔다.

정성을 다해 순례를 하면 반드시 어떤 유익이 있을 거라 믿었지만, 이른 아침 아쉬람으로 돌아왔을 때 아무런 의식의 변화를 느끼지 못했다. 나는 지쳐서 잠에 들었다.

다음 날 라마나의 방으로 간 나는 다시 그의 초상화 앞에 앉아서 "나는 누구인가?"를 계속 물어보았다.

여전히 나는 머릿속에만 갇혀 있었다. 자기분석의 과정 자체가 내가 답을 찾을 수 없게 방해하는 것처럼 느껴졌다. 시간이 흘러 나중에 나는 이 질문을 멈춘 적이 있었는데, 오직 그때가 돼서야 말이 아닌 본능적인 경험으로 답이 저절로 나타났다. 라마나에게 그랬던 것처럼 말이다.

아무튼, 이 당시의 나는 '나'가 누구인지 알아내지 못해 좌절하다가 트루먼이 책에 쓴 요기인 람수랏쿠마르를 찾아 마을로 걸어갔다. 트루먼의 말처럼 그가 정말로 위대한 이라면 나에게 깨달음을 전해줄 수 있지 않을까? 인도에는 전혀 예상치 못한 순간에, 때로는 거지나 나병 환자의 모습으로 나타난 마스터의 손길을 통해 깨달았다는 이야기가 무수히 많기 때문에 언제 어떻게 깨달음을 얻게 될지는 모르는 일이었다.

트루먼의 말로는 그 요기가 마을의 중앙 광장에서 많은 시간을 보낸다고 했다. 마침내 나는 돌 위에 앉아 담배를 피우는, 더러운 행색의 한 남자를 발견했다. 그 사람이 틀림없었다. 내가 "트루먼이 당신에게 가보라고 하더라고요"라고 말하자 그는 고개를 끄덕이더니 계속 담배를 피웠다. 나는 한동안 그의 옆에 앉아 그가 지혜의 말을 해주기를 기다렸지만 그는 여전히 침묵을 지켰다. 마침내 나는 입을 열어 "어제 아루나찰라 산을 돌면서 '람'을 챈팅했어요"라고 말했다.

얼굴이 환해진 그는 "아, 이 거지는 아주 기쁩답니다" 하고 외치더니 담배를 권했다. 내가 그것을 거절하자 그는 한 대를 더 피웠다. 보아하니 골초인 것 같았다. 어쩌면 담배를 피우는 것이 그만의 명상법인지도 모른다. 트루먼의 말대로 그가 정말 깨달은 이라면 만물과 하나가 되었을 텐데 왜 담배를 피우는 걸까? 그는 담배를 즐기는 것처럼 보이지도 않았다. 그보다는 어떤 걱정거리에 마음이 사로잡힌 듯 신경질적으로 담배를 피워댔다.

"내 친구를 소개해줄게요." 갑자기 그가 나에게 따라오라고 손짓하며 말했다. 그는 바나나 몇 개를 손에 들고 거대한 검은 물소 쪽으로 걸어가더니 바나나 한 개의 껍질을 벗겨 자기 입에 반쯤 넣었다. 그런 다음 그는 몸을 구부려 물소에게 얼굴을 가까이 대면서 바나나를 제물로 바쳤다. 그 거대한 동물은 망설임 없이 입을 벌리고 바나나를 먹었다. 잠시 동안 둘의 입술이 맞닿았고, 바나나는 두 동강이 났다. 물소는 바나나 반쪽을 한 번에 삼켜버렸다.

그가 바나나를 하나 더 건네며 내 차례라는 듯한 몸짓을 보이자 '참 이상한 방법으로 하루를 시작하네' 하는 생각이 들었다. 나는 이미 어느 구루의 조언에 따라 갠지스 강물을 마셨다가 이질에 걸린 적이 있었기에 물소와 입을 맞추면 다시 병에 걸릴까 봐 망설여졌다. '이 행동에 내가 알 수 없는 어떤 의미가 있는 걸까? 아니면 이 사람이 그냥 미친 걸까?'

나는 람수랏쿠마르가 특정 수준의 깨달음을 얻었을 때 땅바닥을 뒹굴며 웃었다는 얘기를 들은 적이 있었다. 그가 정말 깨달음을 얻은 것인지 아니면 단순히 정신착란을 경험한 것인지 궁금했다. 그가 깨달은 사람이라 해도, 내가 보기에 그는 그 경험을 정상적인 현실과 통합하지 못한 것 같았다. 이런 내 의심을 확인해주기라도 하듯 그는 이렇게 말했다. "나는 내 구루에게서 이 신성한 광기를 얻었어요."

그는 라마나 마하리쉬의 발치에 앉아 있었긴 했지만 자신이 의식의 도약을 경험할 수 있었던 것은 라마나와 마찬가지로 아드바이타 스승이었던 파파지(H. L. Poonja) 덕분이라고 생각했다. 그의 그러한 생각은 아드바이타라는 길이 이 세상을 살아가는 데 필요한 도구들을 제대로 가르쳐주지 못하는 것 아닌가 하는 나의 의심을 더 크게 불러일으켰다.

나는 바나나를 먹다가 문득 밤새 걷느라 배가 고프다는 생각이 들어 그에게 이렇게 말했다. "아침 식사 같이 하실래요? 제일 좋아하는 식당을 알려주시면 제가 아침을 대접할게요"

어쩌면 그가 아침 식사를 하면서 라마나 마하리쉬의 가르침들을 전해주고, 내가 추구하는 비이원적 의식으로 나를 안내해줄 수 있지 않을까? 내 제안에 응한 그는 긴 나무 지팡이를 집어 들었다. 그리고 나와 함께 길을 걸으면서 그것을 안테나처럼 머리 위로 들고 다녔다.

"그건 뭐죠?" 나는 호기심을 참지 못하고 물었다.

"안테나요. 이게 있으면 주변에 적이 있는지 없는지 느낄 수 있어요."

"와, 당신에게 적이 있다고요?" 나는 비이원적 삶을 살고 있는 사람에게 적이 있다는 것을 상상할 수가 없었다. 하나됨이 아닌, 자신 외에 다른 사람이 있다는 것을 인정하는 것은 아드바이타의 원칙에 모순된 것이기 때문이었다. 나중에 알게 된 사실이지만, 람수랏쿠마르가 통일 인도를 지지하는 공개적인 입장을 보였기 때문에 타밀 분리주의자들(Tamil separatists)이 그를 없애려 했다고 한다. 내가 보기에는 이런 정치적 갈등에 휘말리는 것도 하나됨의 원칙에 부합하지 않는 것처럼 보였다.

그는 "네, 슬프게도 이 거지가 해를 입기를 바라는 사람들이 있답니다"라고 말하며 한숨을 쉬었다.

우리는 이들리idli(쌀과 렌즈콩을 발효시킨 다음 증기에 찐 작은 빵), 삼바르sambar(매운 소스) 그리고 커드Curd(우유를 응고시켜서 만드는 유제품. 역주)로 아침 식사를 먹었지만 그는 식사를 그리 즐기지 않는 것 같았다. 식사하는 동안 그는 계속 뒤를 돌아보며 문으로 들어오는 사람들을 바라보았다. 그러다 가끔은 적이 접근하지 않는지 확인하기 위해 머리 위로 막대기를 들어 올리기도 했다. 내가 아드바이타에 대해 묻자 그는 그저 어깨만 으쓱했다. 아침 식사 후 우리는 거리로 돌아갔다. 그는 또다시 담배에 불을 붙였고, 나는 그에게 작별 인사를 했다.

"어떻게 사람들이 이런 사람을 구루로 섬기게 된 걸까?" 나는 아쉬람으로 돌아가며 생각했다. 몇 년 후, 나는 그것이 뉴욕에 있는 내 친구 힐다 찰턴Hilda Charlton 때문이었음을 알게 되었다. 트루먼의 책을 읽은 후 그녀는 람수랏쿠마르를 만나보라며 사람들을 그에게 보내기 시작했다. 그렇게 몇 년이 지나자 몇몇 부유한 추종자들은 거대한 아쉬람을 짓기 시작했고, 그의 발치에 앉아 있기 위해 미국에서부터 사람들이 찾아오곤 했다. 처음에 그는 아쉬람을 원하지 않는다고 말했지만, 사람들이 점점 자신을 떠받들자 이런 말을 남겼다. "이 아쉬람은 다른 아쉬람과는 다릅니다…. 이 아쉬람이 우주 전체를 통제하게 될 것입니다." 우주까지는 아니더라도, 그의 영향력이 분명 미국까지는 미친 것 같다.

길을 걷다 보니 시바 신에게 바쳐진 3만 평 규모의 아루나찰레스와라Arunachaleswara 사원 앞에 도착했다. 이 거대한 성벽 안에는 또 다른 사원들이 많이 있었다. 나는 정문 밖 계단에 앉아서 구루를 찾으려던 내 목표가 어떻게 이렇게 흐리멍덩해졌는지 곰곰이 생각해보았다. 주황색 로브를 입고서 자기가 사두라고 주장하는 거지들이 많았고, 구루라고 불리는 사람들도 막상 만나보면 자기완성보다는 부와 권력을 추구하는 듯 보였다. 또, 자기 스스로를 실제보다 더 영적으로 진화한 존재로 여기면서 추종자들을 끌어모으는 사람들도 있었다. 진정으로 깨달은 존재들은 대부분 은둔하거나 최소한 침묵하기를 택하는 것 같았다. 그나마 말을 했던 사람들은 나를 멀리 보내버렸다. 람 다스와 마하라즈지의 관계처럼 깨달은 존재와 개인적인 관계를 맺어보려 해도 지금까지 모두 거부당했던 것이다.

이런 생각을 하며 계단에 앉아 있을 때, 허리에 빛바랜 주황색 천을 두른 사두가 다가와 내게 손을 내밀었다. 그는 음식을 달라는 전통적인 제스처로 손을 입에 가져다 댔다. 산야들의 규칙에 따르면 사두는 기도하거나 만트라를 챈팅하는 동안 특정 자리를 차지할 수 있었다. 그리고 이때 아무도 음식을 공양하지 않으면 다른 곳으로 자리를 옮겨야 했다. 즉, 구걸하는 것 자체가 금지 사항이었기 때문에 수척해 보이는 이 남자가 내게 손을 내밀었을 때 나는 그가 선을 넘은 행동을 하고 있다는 것을 알 수 있었다. 하지만 너무 배가 고파 보이길래 나는 근처 시장에서 음식이라도 살 수 있도록 돈을 조금 주려고 했다. 내가 지폐를 내밀자 그는 흥분하며 소리를 지르기 시작했다.

시끄러운 소리가 나자 한 행인이 가던 길을 멈춰 통역을 해주었다. "자신의 종파에서는 돈을 받는 것이 금지되어 있기 때문에 당신이 준 돈을 받을 수 없다는군요. 그 돈을 만지면 죄가 된다고 합니다. 그와 함께 시장에 가서 음식을 사줘야 해요."

사람들이 붐비는 시장 안으로 들어가면 가뜩이나 좁은 통로에서 자신들에게도 음식을 사주기를 바라는 걸인들이 나에게 더 많이 몰릴 것이 뻔했다. 그래서 나는 슬프지만 돈을 주머니에 다시 넣고 다른 곳으로 가기 위해 자리에서 일어났다. 남자는 다시 손을 쥐더니 굽힌 손가락을 입 쪽에 가져다 댔다. 그러나 나는 무거운 마음으로 그에게서 등을 돌렸다. 나는 인류가 영적인 것과 그렇지 않은 것에 대한 이런 복잡한 규칙을 어쩌다 만들어내게 된 것인지, 그리고 사람들이 왜 필요 이상으로 삶을 고통스럽게 살고 있는 것인지 생각해보았다. 어쩌면 그 걸인과 나는 이생에서 서로 다른 역할을 맡기로, 이 연극을 통해 어떤 교훈을 배우기로 합의한 것 아니었을까.

마하라즈지를 떠난 지 두 달 가까이 되었다. 기대했던 것만큼 특별한 가르침을 받지는 못했었지만 그의 주변에서 느낄 수 있었던 그 큰 사랑이 그리워지기 시작했다. 마하라즈지의 발치에 앉아 크리슈나 다스, 자이 우탈과 함께 노래를 부르며 황홀한 기분을 느끼고 싶었고, 내게 자양분이 되어준 그 그룹으로 다시 돌아가고 싶었다. 내가 진정한 가족이라고 느꼈던 것은 그들밖에 없었다.

마하라즈지가 내가 처음 그를 만나러 갔던 브린다반으로 돌아왔다는 소식을 들었을 때, '내가 떠나기 전에 나한테 말을 걸었으니까, 적어도 이번에는 다른 사람들과 함께 맨 앞줄에서 나를 환영해주겠지?' 하는 생각이 들었다.

나는 큰 기대를 품은 채 기차표를 사서 북쪽으로 향하는 사흘간의 기차 여행에 필요한 힘과 인내심을 달라고 기도했다. 어쩌면 인도를 횡단하는 이 길고 긴 기차 여행이 라마나 마하리쉬가 아루나찰라 산을 종주한 것과 같은 목적을 달성하기 위한 것은 아닐까? 승객들로 바글바글한 기차 안에서 찜통더위를 견디는 방법은 내가 아는 한 딱 하나밖에 없었다. 바로, 인도의 기차라는 모습으로 나타난 신성한 릴라, 즉 신에게 모든 것을 완전히 내맡기는 것이었다. 나는 기차를 타고 달리는 동안 '나는 누구인가?'라는 불후의 질문을 계속해서 떠올렸다.

내가 에고나 에고의 집착이 아니라면, 몸이나 몸의 느낌이 아니라면, 마음이나 마음에서 떠오르는 생각이 아니라면, 느낌이나 감정이 아니라면 나는 무엇인가?

선문답의 정신으로 이 질문을 곰곰이 생각해보니 이성적인 사고로는 이 질문에 대한 답을 찾을 수 없다는 것을 알게 되었다. 질문하는 행위는 단지 호흡을 관찰하듯 의식을 집중시키는 역할을 할 뿐이며, 질문에 대한 답은 오직 직관으로만 알 수 있었다. 그러다 "누가 이 질문을 하는 것일까?"라는 의문이 올라왔다.

덜컹거리는 기차 소리를 들으며 좌석에 등을 기대고 눈을 감았다. 기차가 앞으로 계속해서 나아가는 동안 낮이 밤으로, 밤이 낮으로 바뀌고 있었다. 나는 서서히 질문하는 마음을 관찰하기 시작했고, 문득 궁금한 마음이 들었다. '누구지? 공* 속에서 지켜보고 있는 그 자는 누구일까?' 그러다 이런 답이 떠올랐다. '아, 그자는 모든 질문을 던지고 있는 자아(self)를 지켜보고 있는, 나(I)라는 자아(Self)군.' 웃음이 나기 시작했다.

'이렇게 뻔한 답을 찾으려고 그렇게 애쓰고 있었다니. 정말 우스꽝스러운 일이네. 질문도 없고 답도 없는 거였어. 오직 존재만 있을 뿐이지. 공은 아무것도 없는 게 아니라 의식이야. 나(I)와 의식은 하나야.' 이제야 산스크리트어 말 '탓 트왐 아시'*의 심원한 의미를 이해하게 되었다.

---

* tat twam asi. '그대는 그것이다'라는 뜻으로, 〈찬도기야 우파니샤드Chandogya Upanishad〉에 나오는 문구. 이렇게 개별 의식과 신성 의식의 하나됨을 표현하는 것을 영원한 진리(Sanathana Dharma)의 위대한 선언(Mahavakya)이라고 한다.

나는 그것이다.

한밤중에 갑자기 웃음을 터뜨리니 다른 승객들이 졸린 눈으로 나를 쳐다보기 시작했다. 나는 아무 일도 없었다는 듯 행동하려 노력했다. 마치 나도 3차원의 몸을 가진 한 개체인 것처럼, 인도 아대륙을 가로질러 달리고 있는 이 알 수 없는 드라마 속 배우인 것처럼 말이다.

문득 인도에서 흔히 볼 수 있는 방랑 수행자인 사두가 되고 싶다는 생각이 들었다. 마음만 먹으면 다음 역에서 내려 모든 것을 버리고 새롭게 시작할 수도 있었다. 하지만 잠에 빠진 나는 기차 안에 남아 있었다.

셋째 날까지 나는 여전히 아무것도 아닌 동시에 모든 것으로서 존재하는 초월적 의식의 경계를 왔다 갔다 하고 있었다. 인도를 가로지르는 이 기차 여행보다 더 큰 깨달음을 가져다준 구루는 여태껏 한 번도 만나본 적이 없었다. 이 깨달음은 환영을 깨부숴버리는 여신 칼리와도 같았다. 그녀는 현실이라 불리는 일시적인 현상과 동일시된, 쓰러진 내 낮은 자아 위에서 춤을 추고 있었다.**

갑자기 기차가 끼익 소리를 내며 멈췄고, 마투라에 도착했으니 이제 내려야 한다는 사실이 퍼뜩 깨달아졌다. 3차원 세계에서 제대로 행동하고 다녀야 한다는 압박감이 다시 한번 밀려왔다. 나는 릭샤를 찾아서 호텔까지 가는 데 드는 비용을 흥정해야 했다. 과연 릭샤 운전사가 내가 가달라고 한 호텔로 데려다줄지, 아니면 흔히들 그러는 것처럼 자기 삼촌이나 처남 소유의 호텔로 데려다주겠다고 고집을

** 보통 칼리의 모습은 누워 있는 시바 신을 밟고 있는 형상으로 그려진다. 역주.

부릴지조차 알 수 없었다. 나는 배낭을 챙겨 기차에서 폴짝 뛰어내렸다. 뻣뻣하게 굳은 두 다리가 플랫폼의 시멘트 바닥에 탁 하고 떨어졌다.

ॐ

신이 원하는 것은?

운전사는 내 가방을 자신의 자전거 릭샤에 던져넣었고, 나는 좌석에 올라탔다. 진이 쭉 빠지는 기차 여행 끝에 그가 나를 샷상 사람들과 머물렀던 호텔로 곧바로 데려다줘서 기분이 좋았다. 방에 도착하자마자 몸에 물 한 바가지를 끼얹은 다음, 수없이 많은 강가에서 돌에 문질러 빠느라 다 해져버린 다른 옷으로 옷을 갈아입고 현관문을 나섰다. 얼마 되지 않아 나는 하누만 사원으로 가는 인적 드문 길을 발견했는데, 사람들 말에 따르면 님 카롤리 바바가 그 사원에 머물고 있다고 했다. 나는 그를 보고 싶어하는 내 열망이 꽤 크다는 것을 깨닫고 스스로 놀랐다. 지금 하누만 사원에는 서양인이 아무도 없었다. 이것은 마하라즈지와 단둘이 있을 절호의 기회였다. 그토록 오랫동안 갈망해왔던 그와의 개인 면담 시간을 드디어 가질 수 있게 된 것이다. 이쯤 됐으면 마하라즈지가 "너의 진정한 구루는 나다"라고 말해줄 때가 된 거 아닐까? 어쩌면 마하라즈지는 나의 자기

탐구를 격려하기 위해 일부러 나를 무시하고 있었던 것일지도 몰랐다. — 그리고 그 방법은 실제로 내게 잘 먹혔다.

마하라즈지에게 절을 해야 할까? 그것이 이곳 예절이긴 하지만, 내 생각에 한 인간이 다른 인간에게 절을 한다는 것은 우스꽝스러운 일이었다. 설령 절을 올리는 사람이 깨달음을 얻은 사람이라 해도 내 생각은 조금도 달라지지 않을 것이었다. 드디어 "제가 왜 여기 있는 거죠? 그리고 저는 앞으로 무엇을 해야 하나요?"라는, 너무나 오랫동안 마음속에 품고 있던 질문들을 물을 수 있겠다는 생각을 하니 신이 났다.

그에게 지금 당장에 관한 이런 질문뿐만 아니라 내 인생 전체를 어떻게 살아야 할지도 묻고 싶었다. 듣자 하니 그는 사람들이 어디로 가야 하며 어떤 영적 수행을 해야 하는지 구체적으로 알려준다고 했다. 그는 알모라 Almora, 보드가야, 심지어 나이니탈까지 추종자들을 인도 방방곡곡으로 보냈다. 나에게는 어디로 가라고 할까? 여전히 나는 마음 한편에서 그를 나의 구루로 여겼기 때문에 그가 가라는 곳이면 어디든 갈 준비가 되어 있었다. 어쩌면 그가 내게 갠지스 강물을 마시라고 했던 이유를 알려줄지도 몰랐다. 나는 그의 말에 순종했다가 병이 나서 거의 죽을 뻔했고, 지금까지 복용해온 아유르베다 약들은 별 효과가 없었다.

5천 년 전 크리슈나가 걸었던 그 지역의 흙길을 따라 걸으면서 나는 마침내 내 구루에 대한 헌신을 느끼기 시작했다. 마하라즈지가 명령하는 것이라면 그 어떤 희생도 할 준비가 되어 있었다. 그것이 설령 동굴에 들어가 타파스(고행과 명상)를 하는 것일지라도 말이다.

사원에 도착하자 수행원이 마중을 나와 마하라즈지가 정말로 사원에 있으며 지금 바로 그분을 뵐 수 있다고 안내해주었다. 이런 행운이 또 있을까! 수행원이 커다란 열쇠로 녹슨 문을 열자 심장이 빠르게 뛰었다. 그는 구내로 들어가 방금 열었던 문을 다시 잠그고 두 번째 문을 열어 나를 안뜰로 안내했다. 그곳에서 나는 작은 방으로 안내되었고, 마하라즈지의 간이침대 앞 돌바닥에 앉아 기다리라는 지시를 받았다.

"마하라즈지께서 곧 오실 겁니다." 수행원이 속삭였다.

님 카롤리 바바와 단둘이 있을 거라 생각하니 흥분을 주체하기가 힘들었다. 몇 달 동안의 여행, 그 모든 질병과 고난들이 오직 이 순간을 위한 것들처럼 느껴졌다. 나를 인도로 오게 만든 그분과 마침내 이야기를 나눌 수 있게 된 것이다.

오래 기다릴 필요도 없었다. 님 카롤리 바바는 수행원 두 명의 어깨에 기대어 절룩거리며 방으로 들어와 간이침대에 앉았다. 그는 앞으로 몸을 기울여 나를 쳐다보았는데, 그의 속을 도통 알 수가 없었다. 나는 그가 무슨 말을 할지 궁금해하며 긴장한 채로 있었다. 어쩌면 라마무르티 미슈라가 그랬던 것처럼 나를 삼매에 들게 해주지 않을까?

"짜이, 짜이." 그는 수행원에게 외친 다음 멀리서 들려오는 음악 소리를 듣는 것처럼 고개를 갸웃거렸다. 나는 '내 전생들을 살펴보시나 본데. 조금 있으면 내가 뭘 해야 할지 알려주시겠군' 하면서 설레는 마음으로 몸을 앞으로 기울였다. 나는 점토 찻잔*에 담긴 차를 한 잔 건네 받았지만 너무 뜨거워서 바닥에 내려놓으려 했다. 그러

---

* 당시에는 설거지를 하는 일이 흔치 않았기 때문에 짜이를 아무렇게나 만든 일회용 점토 컵에 담아주는 일이 흔했다. 사용 후에는 컵을 부숴서 바닥에 버려 다시 흙으로 돌아가게 했다.

나 다른 찻잔과 달리 이 찻잔은 바닥이 둥글어서 어디 내려놓을 수가 없었다. 그래서 잔이 넘어지지 않도록 바닥에 놓은 잔 가장자리에 손가락 두 개를 대고 있어야만 했다.

"차 마셔." 마하라즈지가 찻잔을 향해 고개를 끄덕이며 소리쳤다.

화상을 입지 않으려고 찻잔을 이 손에서 저 손으로 계속 옮겨가며 집어 들었는데, 잘 보니 찻잔이 새고 있었다. 바지가 끈적끈적한 액체로 젖어버렸고, 데인 다리 부분이 화끈거렸다. 나는 찻잔을 다시 바닥에 내려놓으려고 했는데, 마하라즈지가 다시 이렇게 명령했다.

"차 마셔."

절망적인 기분이었다. 그토록 기다리던 순간이었건만, 실망스러운 경험만 하고 있었다. 마하라즈지는 나의 고통을 덜어주기 위한 아무런 조치도 취하지 않았고, 무슨 일이 일어나고 있는지조차 모르는 듯했다. 마침내 그는 앞으로 몸을 숙여 마치 아이에게 말하듯 이렇게 말했다. "그래서, 원하는 게 뭐니?"

"저는 아무것도 원하지 않아요." 나는 깜짝 놀라며 말했다. "당신이 제게 뭘 원하시는지 여쭤보러 왔어요. 제가 어디로 가면 될까요? 뭘 하면 되죠?"

"어디로 가고 싶어?" 그가 물었다.

"신께서 원하시는 곳으로 가고 싶을 뿐이에요."

"그래, 그래. 그게 어디인데?" 그가 대꾸했다.

"모르겠어요. 당신이 구루잖아요. 그것 때문에 당신을 만나러 온 건데요."

"글쎄." 그는 머리를 긁적이며 "어디로 가고 싶어?" 하고 다시 물었다.

"어디로 가든 상관없어요. 당신이 말씀만 하시면 어디든 갈 거니까요."

"그래, 그래. 그러니까 어디?" 그는 답답하다는 듯 같은 질문을 반복했다.

이런 간단한 질문에도 대답을 못 해준다니. 왜 나에게는 다른 사람들에게 그랬던 것처럼 바로 답을 말해주지 않는 걸까? 그 사람들에게는 어디로 가면 좋겠다는 것을 정확히 알려주었으면서. 나는 점점 더 혼란스러워졌다. 그와의 면담은 내 예상대로 흘러가지 않았다. 아무 지명을 대면 그가 뭐라도 더 말해주지 않을까?

"나이나이탈에 가야 할까요?" 마침내 내가 말을 뱉었다.

"그래, 그래." 그는 무슨 뜻인지 알 수 없는 인도인 특유의 방식으로 고개를 좌우, 위아래로 끄덕이며 말했다. 나는 나이니탈이 정말 맞다는 건지 확신할 수가 없어서 다시 물었다.

"보드가야는요?"

"그래, 거기 가."

"알모라는요?"

"어, 괜찮지." 그는 답답하다는 듯 이렇게 말했다. "이제 짜이 마시고 가봐."

"어디로요? 저는 신께서 원하시는 곳으로만 가고 싶은데요."

"모르겠어?" 그는 마치 바보에게 말하고 있다는 듯 소리쳤다. "신은 네가 가고 싶어하는 곳으로 가기를 원한다고!"

그렇게 그는 면담이 끝났다는 신호로 손을 흔들었다.* 나는 그의

---

* 크리슈나 다스 역시 마지막으로 작별 인사를 할 때 마하라지에게서 같은 말을 들었다고 한다. 그가 "미국으로 돌아가면 당신께 어떻게 봉사해야 할까요?" 하고 묻자 마하라지는 "너 원하는 대로 해"라고 대답했다. 크리슈나 다스는 그런 그의 대답에 마음이 무너졌다.

발 앞에 절을 함으로써 예의를 지키려고 했지만 마하라즈지는 "자오, 자오!"라고 외치며 나를 밀어냈다.

모멸감이 느껴졌다. 이걸 위해 인도 전역을 여행한 거란 말인가? 면담은 끝났고, 아무것도 배운 게 없는 기분이었다. 나는 아무것도 모르고 마하라즈지를 화나게 했으며, 바보짓을 했다. 수행원이 문을 열고 나를 밖으로 안내했다. 망연자실한 기분이었던 나는 거리에 도착해서 굉장한 충격을 받게 되었다.

마하라즈지가 길 건너편 바위에 앉아 나를 쳐다보고 있는 것이 아닌가! 이건 불가능한 일이었다. 내가 30초 전에 만났던, 담요에 둘둘 싸여 있던 그 뚱뚱한 노인이 혼자서 걷지도 못하는데 작은 방 간이침대에서부터 내 앞의 길로 먼저 나와 있다니! 거기서 길가로 나오려면 내가 방금 나온 문을 반드시 지나야만 했다.

이 미친 마법사에게서 벗어나기 위해 발걸음을 서두르던 나는 실수로 길을 잘못 들게 되었다. 큰길이 있는 오른쪽으로 꺾는 대신 왼쪽으로 꺾어버려 막다른 골목에 다다른 것이다. 다시 돌아가야만 했다. 갑자기 천둥이 번쩍번쩍 치면서 하늘이 검게 물들어갔다. 섬뜩한 침묵만이 대기 중에 가득했고, 돌풍이 불어 내 얼굴로 흙먼지가 날아왔다. 큼지막한 빗방울들이 떨어지기 시작했다. 그때, 한 줄기 햇살이 먹구름을 뚫고 나와 내 앞을 가로막고 있는 거대한 나무 한 그루를 비췄다. 공작새 열두 마리가 빛줄기를 받으며 나뭇가지에 앉아 있었다. 현실이 초현실적인 꿈속의 풍경으로 바뀐 듯했다. 아까까지만 해도 구름 한 점 없던 하늘에서 장대비가 쏟아지니 정신이 아득해졌다. 나는 내가 다른 현실로 잘못 들어선 것은 아닌가 싶어서 빠져나갈 방법을 알아내려 애를 썼다.

그러다 큰길로 가야 한다는 것을 깨닫고 다시 돌아가려는데, 님 카롤리 바바가 여전히 바위 위에 앉아서 나를 노려보고 있는 것이 보였다. 나는 그에게 다가가 도대체 무슨 짓을 하고 있는 거냐고 물어보기로 결심했다. 그러나 그는 돌을 집어 들어 나에게 던지겠다고 위협했다. 이 사람이 정녕 모든 사람을 사랑하라고 말했던 깨달은 존재가 맞단 말인가? 나는 그가 정말 돌을 던질지 말지 시험해보고 싶지는 않았기 때문에 그에게서 멀찍이 떨어져 걸었다. 그를 지나쳐 간 후에도 뒤에서 슬그머니 다가오는 건 아닐지 어깨 너머로 계속 살펴봤지만 그는 바위 위에 앉아 나를 지켜만 보고 있었다. 큰길로 50미터 정도 더 걸어가자 긴장이 풀리면서 정상적인 의식이 돌아오는 것이 느껴졌다.

뒤를 돌아보니 마하라즈지는 여전히 거기에 앉아 있었다. 하지만 노려보는 표정이 아니라 웃고 있었다. 그는 돌을 내려놓고 손을 들어 작별 인사를 했다. "이제 길을 알았지? 너는 네가 어디로 가야 할지 알고 있잖아!"라고 말하는 것 같았다.

마을을 향해 걷기 시작하자 비가 그치고 다시 구름 한 점 없는 하늘이 되었다. 건조한 거리에서는 먼지가 풀풀 날렸다. 하누만 사원 앞을 제외하고는 그 어디에도 비가 내리지 않았다!

호텔로 돌아가자 카루나가 있었다. 나는 활짝 웃는 그녀의 모습을 보고 "와, 행복해 보이네요" 하고 말했다.

"네, 집으로 돌아갈 거거든요…. 남자친구와 결혼할 거예요."

"마하라즈지께서 집으로 돌아가라고 하셨나요?"

"아니요, 원래는 그 말을 해주시기를 1년 동안 기다리고 있었는데 결국에는 제가 가장 원하는 게 남자친구와의 결혼이라는 걸 깨닫게 되었어요. 그래서 마하라즈지께 집으로 돌아가겠다고 말씀드렸죠."

"화를 내시진 않던가요?"

"정반대였어요. 매우 행복해하시면서 저를 축복해주시더라고요. 제 남자친구도 같이 축복해주시면서 그 친구가 좋은 사람이라고 말씀해주셨어요. 아마 마하라즈지는 제가 정말 원하는 것이 무엇인지를 자신에게 말해주기를 기다리셨던 것 같아요. 제가 저 자신, 즉 참된 나와 만나기를 기다리셨던 거죠."

게일로드

반년 동안 인도를 떠돌면서 깨달음을 얻은 매혹적인 이들을 몇몇 만나보긴 했지만 내가 갈망하던 그런 구루는 찾을 수 없었다. 영적으로 성장하긴 했지만 건강이 나빠졌으며 비자도 만료되었다. 이제 집으로 돌아갈 때가 된 것 같았다.

뉴델리의 기온은 그늘에 있어도 48도에 이르렀고, 비행기를 타려면 닷새나 더 기다려야 했다. 내가 묵었던 팰리스 하이츠 호텔의 작은 방에는 에어컨도 없었기 때문에 마치 오븐 속에 있는 것과 비슷했다. 나는 이질을 앓고 있었을 뿐만 아니라 옴에 감염된 상태라 더우면 간지러움이 더 극심해졌다. 압력솥 안에 있는 것 같은 이런 상태에서 할 수 있는 일이라곤 육체와의 동일시를 멈추고 영원한 나(I)에 머무를 수 있도록 자기탐구를 계속하는 것밖에는 없었다.

나는 몸이 아니다. 나는 나다. (I am I)

"나는 몸이 아니다"라고 말하니 초월적인 자아가 인식되긴 했지만, 여전히 가렵고 땀이 줄줄 흘러내리고 있는 내 몸이 관찰되었다. "나는 감정이 아니다"라고 말하니 아직 나타나지 않은 구루를 찾기 위한, 아무 소득 없는 이 탐구 과정을 견뎌내야 한다는 좌절감이 관찰되었다. 나는 "신은 이 모든 것, 즉 몸과 마음과 감정을 넘어서 있다"고 스스로 되뇌었지만 이러한 한계들은 여전히 내 삶의 중심을 차지하고 있었다. 나는 이것들을 완전히 부정할 수 없었고, 삶의 이러한 기본 요소들을 완전히 초월하지 못했기 때문에 비이원성에 이르지 못한 실패자라는 기분이 들었다. 초월적인 깨달음의 순간을 경험하긴 했지만 그 순간이 지나면 다시 인간 세계로 뚝 떨어졌다. 그러다 어느 순간, 방금의 내 선언이 거짓임을 깨닫게 되었다. 나는 몸, 마음, 감정이었다. 나는 영원하고 초월적인 아트만인 동시에 고통받고 있는 육체이자, 덧없는 생각이자, 요란한 감정이었다. 나는 대기 중의 열기이자 옴이었으며, 옴 때문에 일어난 가려움증이기도 했다. 나는 모든 것이었다. 나는 이 체험을 하는 존재이며 이 모든 체험을 창조한 존재였다. 내가 이 세상에 살아 있는 한, 아드바이타의 하나됨을 추구하는 것이 물질주의를 추구하는 것만큼이나 진리를 왜곡하는 일이라는 것이 깨달아졌다. 현실과 동떨어진 영성을 추구하는 것은 굉장한 역설이라는 것을 깨닫게 된 것이다.

집으로 돌아가기 전 코넛 서커스 건너편에 있는, 유명한 5성급 레스토랑 게일로드Gaylord에서 저녁 식사를 하며 인도 순례의 마지막 날 밤을 기념하기로 했다. 만약 식사 때문에 장에 탈이 나더라도 24시간 안에 미국으로 돌아갈 예정이니 도착해서 바로 병원에 가면 될 일이었다.

사두처럼 돌아다니다 보니 바위 위에 걸터앉는 게 익숙해졌었는데, 오랜만에 고급스러운 레스토랑의 푹신한 방석에 앉으니 기분이 좋았다. 나는 주변을 아예 신경 쓰지 못할 정도로 맛있게 음식을 먹어 치웠다. 음식을 거의 다 먹어갈 때쯤이 되어서야 인도식 옷을 입은 사람이 나밖에 없다는 아이러니한 상황이 눈에 들어왔다. 다른 사람들은 모두 짙은 색 바지에 단추가 달린 셔츠와 재킷을 입고 있었고, 내가 인도 전통 방식에 따라 손으로 음식을 먹는 동안 인도인들은 서양식 나이프와 포크를 사용하고 있었다. 인도인들은 서구화되어 있었고, 나는 인도화되어 있었다!

맛있는 쌀 푸딩인 키르^{kheer}를 디저트로 기다리는 동안, 나는 아무 소득 없었던 지난 6개월간의 탐구 과정에 대해 생각해보았다. 내가 읽은 바에 따르면 누구에게나 구루가 있다는데, 그런데도 내가 이번 생에서 구루를 만나지 못한 것은 카르마 때문이라는 것이 나의 결론이었다. 실망감을 떨쳐버리기 위해 계산을 하고 밖으로 걸어 나갔다.

문밖을 나서 몇 걸음 걸어가니 갑자기 너덜너덜한 반바지 차림의 부랑아가 달려와 내 앞을 가로막으며 책 한 권을 내 손에 쥐여주었다. "스와미, 이건 당신을 위한 거예요." 소년이 환하고 아름다운 미소를 보이며 말했다.

아무래도 돈을 원하는 것 같아서 피해 가려고 했지만, 소년은 내가 가려는 방향마다 계속 막아섰다. 마침내 책 제목을 내려다본 나는 소스라치게 놀랐다. 《스스로의 구루가 되라》(Be Your Own Guru).

나를 인도까지 오게 만든 질문의 답이 거기 써 있었다. 구루는 내 안에 있다! 마하라즈지가 내 질문에 대한 답을 하지 않음으로써 나에게 가르쳐주려 했던 것이 바로 이것이었다.

나는 이 책을 사야겠다고 생각했는데, 내 손에 책을 쥐여주던 그 어린 소년은 한 푼도 요구하지 않은 채 어디론가 사라져버렸다. 인도로 가는 중에는 이스탄불에서 어떤 소년들이 내 목에 목걸이를 걸어주었고, 리시케시에서는 한 수행자가 음식을 물질화해주었다. 그리고 지금은 한 소년이 내가 찾던 지혜가 담긴 책 한 권을 건네주고 갔다. 그 소년 역시 다른 모습으로 나타난 마하라즈지는 아니었을까?

코넛 서커스를 가로질러 호텔로 돌아가는 길에는 자기 전에 촛불을 켜놓고 받은 책을 읽어봐야겠다고 생각했지만 방으로 돌아오자마자 잠이 들었다. 다음 날, 공항에 가기 위해 일찍 일어나 책을 배낭에 넣었다. 비행기가 이륙한 후에는 배낭에서 책을 찾아보았지만 책은 온데간데없이 사라지고 말았다. 하지만 책의 메시지는 분명했다. 내가 언제나 내 안에 있던 그것을 찾기 위해 6개월간 인도를 돌아다녔다는 것. 나에게는 구루가 전혀 필요하지 않았다.

2부

스스로의 구루 되기

ॐ

피플스 파크에서의 야영

1972년 봄, 비행기가 샌프란시스코에 착륙했고 나는 안락한 서양의 품에 안겨 휴식을 취했다. 소똥 태운 연기로 오염되지 않은 신선한 공기를 들이마시는 것, 릭샤 경적이 들리지 않는 고요함…. 이런 소박한 즐거움이 내게 위안을 주었다. 하지만 모든 노점상과 릭샤 운전사들이 베다의 고대 가르침에 익숙한, 세계에서 가장 오래된 문화권에서의 모험과 그곳의 영적 에너지가 그리웠다. 나는 그 영적 유대감을 유지하고 싶어서 인도에 도착한 첫날에 받았던 흰색 쿠르타, 조임 끈이 있는 바지, 루드락샤 말라를 계속 착용하고 다녔다.

1967년 '사랑의 여름'* 당시 히피들이 모였던 샌프란시스코의 헤이트 애시베리 Haight-Ashbury 지역은 마약 밀매업자와 기타 잡범들의 소굴이 되어 버렸기 때문에 버스를 타고 버클리로 향했다. 부티크와

---

* Summer of Love. 1967년 여름에 10만 명의 젊은 히피들이 모인 사회 운동. 역주.

카페들을 지나 텔레그래프 애비뉴*를 걸으며 나는 미망을 없애주는 시바교 만트라인 '옴 나마 시바야'를 외쳤다. 사람들이 나와 가까워질 때쯤 길 건너편으로 건너가는 것을 보아하니, 여전히 환상을 좇는 사람들이 많은 것 같았다. 히피 운동과 자유로운 사랑, 마약, 베트남 반전시위라는 움직임에 위협을 느끼는 사람들이 아직도 많았다. 그러나 히피로 상징되는 자유와 영적 성장에 대해 열린 마음을 가진 사람들도 꽤 있었다. 자유와 평화를 향한 이 운동에 영향을 받지 않은 사람은 아무도 없었다. 히피 현상은 미국 문화의 모든 측면에 영향을 미쳤고, 결국에는 전 세계에 영향을 미쳤다.

누군가에게는 분명 버클리 거리를 걷고 있는 내가 영적 스승으로 보였을 것이다. 마치 내가 인도의 요기들에게 끌렸던 것처럼, 어떤 사람들은 이제 나에게 끌림을 느끼는 듯했다. 하지만 나는 나를 영적 스승으로 생각한 적이 없었고, 스승이 되고 싶지도 않았다. 인도에서 경험한 깨어남의 경험은 이제 내 안에 깊이 자리를 잡았고, 다른 사람들이 나를 어떻게 보든 간에 나는 내가 지극히 평범한 사람으로 느껴졌다.

어느 날 오후, 누가 나를 뒤따라오는 줄도 모른 채 차를 한 잔 마시려고 원 월드 패밀리One World Family 레스토랑**에 들어갔다. 그러자 젊은 사람들 몇 명이 뒤이어 레스토랑에 들어오더니 내 테이블에

---

* Telegraph Avenue. 60년대와 70년대 이 거리에 갤러리, 부티크, 극장이 많았으며 히피와 자유 언론 활동가 그리고 반전시위대가 많이 나타나는 자유분방한 장소였다. 히피의 거리라고도 불린다. 역주.
** 원 월드 패밀리 레스토랑은 샌프란시스코 지역 최초의 비건 레스토랑 중 하나로, 헤이스트 스트리트Haste Street에 있는 건물 외벽에 UFO가 그려져 있다. 이 레스토랑은 아이오와 출신의 화가 앨런 마이클Allan Michael(1916-2010)이 설립한 곳인데, 그는 갤럭티카Galactica 행성에서 온 우주인이 자신이 성경에서 말하는 '보혜사'(요한복음 14:26. 성령을 말하며 다른 사람에게 도움을 베풀도록 부름을 받은 자. 역주), 즉 우주적 메시아라고 말해주었다고 주장했다. 이 레스토랑은 그가 설립한 이상주의적 코뮌의 일원들이 운영했다.

앉았다.

발목에 방울을 차고 목에 염주를 주렁주렁 차고 있던 내 왼쪽의 젊은 여성은 내 눈을 그윽하게 바라보며 이렇게 말했다. "당신이 저의 구루인 것 같아요." 나는 그녀의 말에 충격을 받았다.

충격에서 헤어 나올 틈도 없이, 오른쪽에 있던, 머리띠를 쓴 장발의 남자가 기타를 무릎 위에 올려놓은 채 이렇게 말했다. "그래요, 뭐 좀 가르쳐주세요. 히말라야에서 방금 내려오신 것 같은 느낌인데요. 당신의 깨달음을 저희에게도 나눠주시겠어요?"

몇 달 동안 나는 구루를 찾고 있었다. 그러다 지금에야 구루를 찾는 것을 단념하게 되었는데, 이제 이 사람들은 내가 자신들의 구루가 되어주기를 바라고 있었다! 나는 끝없는 감각적 추구라는 포악한 손아귀로부터 벗어나고 싶은 그들의 열망을 느낄 수 있었고, 그들의 열정적인 눈빛에서 영을 향한 갈망을 볼 수 있었다. 가르치는 일에 대해 진지하게 생각해본 적은 여태껏 한 번도 없었지만, 깨달음을 향한 그들의 열망은 나에게 깊은 감동을 주었다.*** 이와 동시에, 나는 영적 스승이 되는 것이 그 자신의 영적 탐구에 치명타가 될 수 있다는 것을 잘 알고 있었다. 영원한 의식 안에 확고히 자리 잡지 못한 한, 외부의 수많은 에고들의 요구에 대응하다 보면 다시 상대적 세계로 끌려 내려가기 십상이니 말이다.

나는 이 사람들에게 무슨 말을 해야 할지 몰라 찻잔만 쳐다보고 앉아 있었다. 다른 몇 명이 더 모여들어서 내가 무슨 말을 할지 기다리고 있었지만 나는 할 말이 없었다. 그제야 왜 그렇게 많은 요기

*** 누군가 트룽파 린포체에게 깨달음에 대해 묻자 그는 "나는 깨달음에 대해 아무것도 모른다"고 대답했다. 마 암리타난다마이(포옹하는 성자)도 같은 질문을 받자 "나는 그저 동네 광녀일 뿐이다"라고 대답했다.

들이 그저 침묵했는지 이해할 수 있었다. 나는 자리에서 일어나 이렇게 말했다. "여러분을 실망시키게 되어 죄송하지만 저는 여러분께 아무것도 가르쳐드릴 수 없어요."

나는 그들이 진리를 어렴풋이 살짝만 보여주는 사람이더라도 그에게 재빨리 자신의 의지를 내맡기려 한다는 사실에 몸서리가 쳐졌다.* 자칫 잘못하면 추종자가 될 수 있는 이 사람들로부터 빨리 벗어나고 싶었던 나는 서둘러 문을 나서 모퉁이를 돌아 헤이스트 거리로 올라갔다. 이 거리에는 피플스 파크People's Park라고 불리는, 나무와 관목 몇 그루가 있는 푸른 잔디밭이 있었는데, 나는 그곳 바닥에 배낭을 던져놓고 야영할 준비를 했다.** 앞으로 무엇을 해야 할지 감이 잡힐 때까지는 이 공원을 집으로 삼기로 했다. 방랑하는 사두의 삶이 나의 일부가 되어버렸기에, 나는 나무 아래에 앉아 명상을 했다. 그리고 어떤 계시를 받을 때까지 그냥 거기 계속 앉아 있었다.

다음 날, 공원을 산책하다가 아이러니하게도 바로 길 건너편에 베단타 협회가 있다는 것을 알게 되었다. 그 아름다운 공간에서 회원들은 명상을 하고, 스와미 비베카난다가 100년 전에 들여온 인도의 가르침을 전하고 있었다. 인도에 가는 대신 이곳에 왔다면 내가 갚

---

* 많은 사기꾼 또는 자기기만에 빠진 영적 교사들은 구루에게 모든 걸 내맡기겠다는 그들의 의지를 악용하는 데 주저함이 없었다. 많은 이들이 다양한 사이비 집단의 꼬임에 넘어갔고, 나중에는 그곳에서 탈출하기 어려워졌다.

** 피플스 파크는 원래 캘리포니아 대학교의 소유지만 지역 주민들은 어린이 놀이터, 공동체 텃밭, 자유 발언 장소 등 지역 사회에 도움이 되는 활동을 위해 이 공원을 사용할 권리가 있다고 주장한다. 1969년, 보수적인 사유재산권 옹호자들은 법적 권리를 집행하겠다며 군사력을 동원했다. 결국 약간의 유혈 사태 끝에 유쾌하지만은 않은 협정이 이루어졌고, 일부 지역 사회의 이익이 우선시될 수 있었다. 2013년 현재 이 공원은 대학과 다양한 지역 사회 단체가 공동으로 관리하고 있다. 자원봉사자만으로 구성된 국제단체인 '푸드 낫 밤Food Not Bombs'은 이곳에서 배고픈 사람들에게 무료로 채식 식사를 나눠주고 있다. 현재 피플스 파크에는 대학생들을 위한 농구 코트 그리고 공연이나 집회 때 쓰는 무대가 마련되어 있으며, 일부는 노숙자들을 위한 센터로도 활용되고 있다.

은 영적 깨달음을 얻을 수 있었을까? 나는 이미 그 답을 알고 있었다. 목표는 목표를 향해 가는 여정 안에 있다는 것을 말이다.

공원에 사람이 한 명도 남지 않은 늦은 밤, 나는 여분의 옷으로 간이 베개를 만들어 덤불 두어 개 사이에 침낭을 펴고 잠을 푹 잤다. 이 아름다운 들판에서 나만 잠을 자고 있다는 것이 좀 이상하다는 생각이 들었는데, 그것은 내가 이 공원의 역사를 잘 몰랐기 때문이었다. 나는 대학과 지역 사회 사이에서 벌어진 격렬한 전투가 소강상태에 접어들었을 때 이곳에 막 도착했었다. 불과 몇 달 전만 해도 대학 측은 노숙자들을 막기 위해 펜스를 설치했었는데, 지역 활동가들이 이를 철거했다고 한다. 이 땅을 두고 벌어진 수년 간의 갈등에 대해 아무것도 몰랐던 나는 아마 이곳의 첫 번째 노숙인이었을 것이다.

버클리 언덕 너머로 해가 떠오를 때까지 잠을 푹 자고 일어났더니 온몸이 이슬로 뒤덮여 있었다. 손을 뻗어 신발을 집어 들고 모퉁이를 돌아 원 월드 패밀리 레스토랑으로 걸어갔다. 차를 한 잔 마시는 동안, 우나Una라는 이름의 젊고 마음씨 좋은 여직원이 내가 노숙자라는 것을 알고 근처에 있는 공동 주택의 소파에서 지내는 것은 어떻겠냐고 물어왔지만 나는 공원에서 누리는 자유가 더 좋다고 답했다.

어느 날 아침, 잠에서 깨니 신발이 사라져 있었다. 자리에서 일어나 주위를 살펴보다가 마침내 반대편 관목에서 신발을 찾아냈다. 밤새 내 얼굴 옆에 있던 신발을 누가 슬그머니 가져가기라도 한 걸까? 떠날 때가 되었다는 신호인 걸까? 그렇지만 어디로 가야 할지 알 수 없었다. 문득 람 티르타가 샤스타 산에 히말라야와 같은 영적 에너

297

지가 있다고 했던 말이 생각났다. 그곳으로 가야 하나 말아야 하나 고민하고 있던 그때, 한 청년이 내 곁으로 다가와 앉았다.

"매일 여기 앉아 있는 당신을 봤어요. 제가 뭐 도와드릴 건 없을까요?"

나는 약간 망설이며 말했다. "샤스타 산에 갈까 생각 중이에요."

"멋지네요. 저도 샤스타 산에 관한 놀라운 이야기를 많이 들었어요. 그곳이 대백색 형제단의 본거지라면서요."

그의 말을 듣는 동안 가슴이 마구 뛰었다. 가슴에서 느껴지는 이 느낌이 내가 줄곧 찾아왔던 내적 안내임을 알 수 있었다.

"아무래도 샤스타 산에 가야겠네요." 내 입에서 나오는 이 말에서 다시 한번 에너지가 느껴졌다. 침낭을 배낭에 넣는 동안, 청년은 버스 터미널로 가는 길을 알려주었고 나는 피플스 파크와 작별 인사를 했다. 나는 대백색 형제단의 본거지라고 알려져 있는 전설적인 산으로 가게 될 것이었다.

샤스타 산에 가다

첫 샤스타 산 방문은 놀라운 경험을 하게 되리라 예상했던 나의 기대에 미치지 못했다. 초자연적인 일이 일어나길 기대하며 수년간 이 산을 찾은 다른 사람들에게도 같은 이야기를 들었다. 많은 이들이 산 내부로 들어가거나, 마스터를 만나거나, 적어도 UFO를 볼 수 있기를 기대한다. 하지만 그런 일이 일어나지 않으면 사람들은 종종 지역 채널러를 찾아가고, 채널러는 그의 내적 차원에서 어떤 일이 일어났는지 이야기를 지어낸다. 그러니까, 이런 전설들은 애초에 채널링이 아니었다면 알 수 없었던 것들이다. 시간이 지남에 따라 이러한 전설들은 과장되어 퍼져나간다. 나중에 알게 된 것이지만, 나는 놀라운 경험들 대신 스스로의 내면에서 마스터를 찾는 것이 샤스타 산 방문을 통해 얻는 진정한 유익이라는 사실을 알게 되었다. 자신의 내면에서 마스터를 찾을 수 있어야지만 샤스타 산과 그 형제단이 자신의 비밀을 드러낸다.*

마을 북쪽 끝에 있는 레무리안 롯지Lemurian Lodge 앞에 버스가 멈춰 섰다. 나는 그곳 주인인 '찰스 형제님'**이 안내자가 되어줄 것이니 그에게 연락해보라는 말을 들었다. 그의 아내 안젤라Angela가 나를 반갑게 맞아주면서 찰스는 지금 회의 중이라고 했다. 나는 그것이 마스터들과의 회의임이 틀림없다고 생각했다. 시간을 허투루 쓰고 싶지 않아 다음 날까지 기다리기보다는 레무리아인들***을 어디에서 만날 수 있냐고 물어보았다.

"보통 샌드 플랫Sand Flat에서 많이 본다고들 하더라고요." 그녀는 흔한 질문이라는 듯이 대답했다.

"그럼 외계인들(space brothers)은 어디서 만날 수 있어요?" 내가 다시 물었다.

"샌드 플랫은 UFO 착륙 지점 중 하나이기도 해요. 곧 어두워질 테니 서두르는 게 좋겠네요."

---

* 고드프리 레이 킹의 책 《베일 벗은 미스터리》와 《마법의 현존》은 현존하는 책 중에서 가장 영적으로 고양된 책으로, 이 책을 읽으면 상승 마스터들의 의식을 불러오게 된다. 그러나 이 책에 묘사된 모든 것이 꼭 물리적 차원에서만 일어난 것은 아니다. ─ 물론 이런 주장에 반대하는 사람들도 있긴 하지만 말이다. 이 책들의 내용이 주로 내적 차원에서 벌어진 일이라는 것은 저자의 개인 비서였던 펄 도리스Pearl Dorris가 내게 설명해준 것이다. 1930년대 당시 고드프리는 '내적(inner)' 경험이라고 하면 많은 이들이 꿈으로 오해할 것이라 생각했기 때문에 이것들을 물리적인 차원에서의 경험이라고 말했다.

** 찰스 벨몬트Charles Belmont는 가이 발라드(고드프리 레이 킹의 실명. 역주)의 아내인 에드나 발라드Edna Ballard의 비서였다.

*** 레무리아인은 아주 오래전 태평양에 가라앉은 것으로 추정되는 레무리아 또는 무Mu 대륙에 살았던 사람을 말한다. 필립 스클레이터Philip Sclater는 1860년대에 《마다가스카르의 포유류》(The Mammals of Madagascar)라는 책에서 대서양과 인도양에 존재했던 이 대륙에 대해 "레무리아라는 이름을 지어주고 싶다"고 적었다. 텔로스Telos(그리스어)라는 도시는 1958년 조지 헌트 윌리엄슨George Hunt Williamson의 책 《사자의 비밀 장소들》(Secret Places of the Lion)에서 최초로 언급되었다. 그는 이것이 그리스어임에도 불구하고 "텔로스는 남서부의 포 코너스Four Corners(콜로라도, 뉴멕시코, 애리조나, 유타 주 이렇게 네 개 주가 만나는 지역. 역주)에 존재했다"고 말했다. 시간이 좀 지난 후에 보니 콘디Bonnie Condey는 이 신화 속 도시가 샤스타 산에 있다고 주장했다. 참고로, 그녀는 나중에 로맨스 소설 《찬란한 일출》(Sunrise of Splendor)의 등장인물 이름인 샤룰라Sharula 공주로 자신의 이름을 바꾸었다.

나는 안젤라에게 감사 인사를 한 뒤 배낭을 등에 메고 산을 향해 터벅터벅 길을 걷기 시작했다. 1마일 정도 걸어가자 뒤쪽 언덕으로 해가 지는 모습이 보였다. 낯선 지형에서 길을 잃지 않으려면 야영할 곳을 찾아야 한다는 생각이 들었다. 오늘은 그냥 푹 쉬고 안젤라가 산에 있다고 넌지시 알려준 신비한 존재들과 마스터들은 내일 만나러 가기로 했다.

공공 도서관 뒤편에 들판이 보여서 배낭을 바닥에 던져놓고 트레일 믹스****를 몇 줌 집어먹은 후 침낭을 꺼냈다. 그리고 날이 어두워질 때까지 명상을 하다가 잠자리에 누웠다. 당시의 나는 1년 후에 마스터 세인트 저메인이 나의 훈련을 위해 이곳에서 불과 100미터도 되지 않는 거리에 있는 펄의 집으로 나를 보내리라는 것을 알지 못했었다. 확실히, 나는 아직 마스터의 제자로서 준비가 덜 되어 있었으며 갈 길이 먼 상태였다.

해가 뜨기 전에 일찍 기상해서 짐을 싼 뒤 부푼 가슴을 안고 산으로 올라갔다. 히치하이크를 시도했더니 첫 시도에 바로 차를 얻어탈 수 있었다. 운전자는 맥기니스 샘(McGinnis Springs)이 안젤라가 말해준 곳보다 마스터들을 만나기에 훨씬 더 좋은 장소라고 말해주었다. 그래서 나는 산 동쪽으로 이어지는 비포장도로 어귀에 내려달라고 했다. 걸은 지 한 시간도 채 지나지 않아 산속의 깨끗하고 맑은 연못이 모습을 드러냈다. 짐은 붉은 전나무들 사이에 숨겨놓았다. 나는 몇 시간 동안 주변을 둘러보다가 근처에서 캠핑을 하는 다른 사람들을 만났다. 늦은 오후가 되었을 때는 다시 돌아와 야영할 준비를 하고 앉아서 온 마음을 다해 간청하는 기도를 드리기 시작했다.

**** 그래놀라, 말린 과일, 견과류 등을 혼합하여 하이킹에 가져가는 음식. 역주.

'위대하신 상승 마스터들이시여, 제게는 당신들의 안내가 필요합니다. 만약 당신들이 진짜라면 모습을 드러내주시고 제가 어떻게 살아야 할지 알려주세요.'

내 귀에는 산들바람이 숲속 나뭇가지에게 속삭이는 소리만 들려왔다. 람 티르타의 말이 정말일까, 인류의 운명을 이끌어주는 신성한 존재들이 정말 존재하는 걸까 궁금해졌다. 그러다 누워서 잠이 들었다.

아침에 배가 고파서 눈을 떴는데 생각해보니 가지고 있는 음식이 하나도 없었다. 나는 "현명한 이는 음식이 없으면 단식한다"는 격언을 따르기로 했다. 다른 야영객에게 들은 바로는 이 주변에 식용 식물들이 자라는데, 예컨대 전나무의 어린 새싹 같은 것은 사슴도 뜯어 먹는다고 했다. 전나무 새싹은 풍미는 좋았지만 적은 양만 먹을 수 있었다. 산에는 민트과에 속하는 페니로얄Pennyroyal도 있었는데, 나는 이것을 따서 가스버너로 차를 끓여 마셨다. 산 중턱에서 단식하고, 명상하고, 기도를 하니 다시 요기가 된 기분이었다. 람 티르타가 말했듯이 샤스타 산은 정말로 위대한 영적 에너지의 전달자 같았다. 나는 이 에너지를 내 안에 고스란히 저장하기 위해 침묵을 지켰다.

내 발걸음이 마스터에게로 향하게끔 인도해 달라고 기도를 드린 뒤 가파른 계곡을 오르고, 바위를 넘고, 덤불이 뒤엉킨 곳을 헤치며 마스터들이 있을 만한 곳을 찾아 다녀봤지만 그들은 그 어디에도 없었다. 신기한 렌즈구름[*]이 산 위로 겹겹이 쌓여 우주선과 똑 닮아 보였지만 거기서 나를 보러 내려오는 존재는 없었다. 나는 며칠 동안

---

[*] Lenticular cloud. 얇은 접시를 여러 겹 겹쳐놓은 듯한 생김새의 구름을 말한다. 샤스타 산은 이러한 기이한 모양의 구름으로 유명하다. 역주.

샤스타 산과 렌즈구름

금식하면서 매일 아침마다 얼음장같이 차가운 연못 물에 들어가 알몸으로 목욕을 했는데, 물에 뛰어들기 전에 항상 "옴 나마 시바야"를 외쳤다.

다섯째 날 아침, 날이 밝아올 무렵 어떤 목소리가 들려 잠에서 깼다. 마치 내가 누워 있는 곳 뒤쪽에 서 있는 누군가가 얘기하는 것 같은, 꽤 친근한 목소리였다. 잠에서 깨고 나서 누가 있나 보려고 주위를 둘러보았지만 아무도 보이지 않았다. 전에는 이런 '목소리'를 들어본 적이 없었기 때문에 조금 당황한 채로 다시 자리에 누웠다. 그렇게 머리 위의 상록수 나뭇가지를 바라보고 있는데, 그 익숙한 목소리가 다시 들려왔다. "피터, 너는 안내를 요청하는 기도를 간절히 해왔지. 나는 그 요청을 들어주기 위해, 그리고 앞으로 다가올 한 해에 대해 일러주기 위해 왔단다."

그러고 나서 그는 자신이 나에 대한 모든 것을 알고 있음을, 인도에서도 내내 나를 지켜보고 있었음을 보여주었다. 그가 말했다. "너는 네 농장으로 돌아가게 될 거고, 그다음에는 사티야 사이 바바를 만나러 다시 인도로 가게 될 거야."

"싫어요, 저는 다시 돌아가지 않을 거예요!" 내가 소리쳤지만 그는 내 저항에도 아랑곳하지 않고 계속 말을 이어갔다.

"인도에서 미국으로 돌아온 다음에는 농장을 팔고 샤스타 산으로 오게 될 거야. 이곳이 네 집이 될 거란다."

"말도 안 돼요!" 내 농장은 우드스탁 근처의 목가적인 곳이었고,

나는 허드슨 밸리가 내려다보이는 그 아름다운 언덕 꼭대기에서 평생 살려고 했다.

"피터, 한 가지 더 얘기할 게 있는데…."

"그게 뭐죠?"

"네 이름을 마운트 샤스타로 바꿨으면 좋겠구나."

"네? 그건 안 되죠!" 나는 힌두식 이름을 받았지만 내적으로는 하나도 변한 게 없는 서양인들을 수두룩하게 봐왔다. 물론 람 다스에게는 그 이름이 중요한 역할을 했겠지만, 내가 보기에 이름을 바꾼다는 것은 에고 놀음이 될 공산이 큰 행동이었다. 그러니 다른 사람은 몰라도 나는 이름을 바꿀 생각이 전혀 없었다.

"방금 말했듯, 너는 이름을 바꾸게 될 거란다." 그는 인내심 많은 아버지처럼 말했다. "너는 산의 이름으로 알려지게 될 거고, 그것이 네 운명이야."

"마운트 샤스타? 산 이름으로 제 이름을 바꿀 수는 없어요!"

"두고 보자꾸나." 그는 어떤 반항도 허용하지 않겠다는 듯한 단호한 어투로 이렇게 말한 뒤 사라졌다. 일어나서 그 낯선 사람을 찾아 주위를 둘러보았지만 허사였다.*

내가 기도한 대로 안내를 받긴 받았지만, 마음에 드는 내용이 단 하나도 없었다. 다시 인도를 가게 될 것이라느니, 내 농장을 팔게 될 거라느니, 샤스타 산으로 이사하게 될 거라느니… 그리고 뭐, 이름을 바꾸라고? 그가 말한 것들은 내가 원했던 것과는 정반대였다. 나는 초원을 가로질러 걸어간 다음 찬물에 뛰어들어 목욕을 하면서

---

* 사람들은 가이드나 미래에 대한 비전을 보여달라고 기도하면서 기분 좋은 것들만 보고 듣게 될 것이라고 흔히 착각하곤 한다. 이러한 이유로, 마스터들은 채널링을 하거나 미래에 대한 계시를 내려주는 일이 거의 없으며 오히려 다가올 일에 대비할 수 있는 교훈을 우리에게 가르쳐주는 편이다.

머리를 비웠다. 그런 다음 조임 끈이 달린 바지를 입고 진한 페니로 얄 차를 한 잔 마셨다.

며칠 후 시상이 떠오르기 시작했고, 나는 뉴욕을 떠난 이후 처음으로 글을 쓰기 시작했다. 그것은 서양에서 영의 여명이 밝아오는 것에 관한 예언적 비전, 즉 정화 기간이 지난 후 의식이 깨어나는 것에 관한 비전이었다. 나는 필명을 사용하고 싶었는데, '마운트 샤스타'** 라는 이름을 필명으로 쓰면 되겠다는 생각이 들었다. 나는 나도 모르는 사이에 마스터가 미리 말해준 단계를 따라가고 있었다.

그날 저녁, 나는 단식과 침묵을 깨고 근처 캠프파이어에 참여했다. 거기 있던 누군가가 이렇게 말했다. "있잖아, 콜로라도에서 레인보우 패밀리 모임이 있을 거래. 여러 그룹이 모여서 함께 명상하고, 기도하고, 노래하는 모임인데 전국 각지에서 사람들이 올 거야. 우리 모두 거기 가자!"

멋진 제안 같았다. 산에서 몇 주를 살아보니 콜로라도에 가고 싶다는 생각이 들었고, 좋은 변화가 될 것 같았다. 나는 짐을 싸서 산을 내려갔다. 며칠 전 아침에 경험했던 마스터와의 대화는 마음속에서 떨쳐버린 지 오래라 딱히 극적인 일이 없었다고 생각되어 산을 내려가는 동안 약간의 실망을 느꼈다. 인도에서 고난을 겪은 후 샤스타 산의 자연 속에서 힐링하며 아름다운 에너지를 만끽하긴 했지만, 이제는 콜로라도와 로키 산맥의 부름이 느껴졌다.

레인보우 패밀리 모임은 그랜비Granby 근처의 테이블 산(Table Mountain)에서 열렸다. 2만 명의 사람들이 모닥불 주위에 둘러앉아 이야

** 알고 보면 세계 여러 나라 사람들이 산, 보석, 꽃, 강, 미덕, 심지어는 신들에게서 이름을 따서 쓴다.

기를 나누고 좋아하는 노래를 부르는, 일종의 로키 산맥판 쿰브 멜라 같았다. 순수, 새로운 시대의 느낌, 사랑과 평화의 분위기가 감돌았으며 우리 모두가 함께한다면 베트남 전쟁을 끝낼 수 있겠다는, 이 세상에 평화를 가져올 수 있겠다는 생각이 들었다.

아바타*의 출현

여행을 끝내고 농장으로 돌아와서 쉬니 좋았다. 펌프로 시원하고 맑은 샘물을 길어다 마실 수 있고, 정원에서 채소를 따 먹을 수 있는 편안한 환경으로 돌아왔으니 말이다. 그러나 나에게는 여전히 사두스러운 면이 많이 남아 있었다. 동이 트면 아유르베다식 몸 정화법으로 하루를 연 다음, 이슬 맺힌 에메랄드빛 잔디밭을 맨발로 걸어가 요가 매트를 펴고 저 멀리 캐츠킬 산맥을 바라보며 아사나를 하곤 했다. 그런 뒤에는 한 시간 동안의 명상이 이어졌다.

델리의 길거리에서 어느 아이가 건네준 《스스로의 구루가 되라》를 본 이후 나는 구루에 대해 더 이상 생각하지 않았고 오로지 명상

---

* 지구에 큰 위기가 있을 때마다 지상으로 내려오는 신의 화신을 말한다. 고대 역사상 가장 잘 알려져 있는 아바타 두 명은 5천 년 전에 존재했던 크리슈나와 2만 년 전 존재했던 라마다. 인도의 고대 문헌인 〈푸라나Purana〉에 따르면 현재는 칼리 유가(물질주의와 분쟁의 시대)라고 하는데, 이 시대는 기원전 3102년 크리슈나가 지상을 떠났을 때 시작되었다고 한다. 칼리 유가는 총 432,000년 동안 지속되는데, 이 긴 시대 안에는 약 1만 년 동안 지속되는 황금시대(Golden Age)가 있으며 현재 우리는 그 황금시대의 초입에 들어서고 있을 가능성이 있다.

에만 전념했다. 고요 속에 잠겨 있으면 자아가 사라지고 모든 몸의 의식이 사라졌다가 한 시간쯤 지나면 다시 자아와 세상에 대한 의식이 나타나곤 했다. 그럴 때면 나는 아무것도 하고 싶지 않았고, 그냥 앉아서 저 멀리 산맥에서 펼쳐지는 빛의 향연을 바라보기만 했다. 나는 두 세계, 즉 위쪽으로 끌어올리는 영의 세계와 육체로서의 내가 건강하고 행복해지기를 원하는 물질세계 사이를 오가고 있었다.

가끔은 관계에 관한 이런저런 생각이 들기도 해서 어느 날은 9번 국도를 굽이굽이 따라서 바드 대학(Bard College) 학생들이 자주 가는 바에 차를 몰고 간 적도 있었다. 거기서 한참 동안 의자에 앉아 무의미한 대화를 듣던 나는 바를 나와 나만의 언덕으로 다시 돌아갔다.

어느새 여름이 지나갔다. 선선한 가을바람이 나뭇잎을 알록달록 물들이기 시작했고 정원은 서리로 뒤덮였다. 비가 연일 내리기 시작했다. 나는 그동안 할 일이 없을까 싶어 집안을 서성거렸다. 날씨가 추우니 요가를 하고 싶은 마음도 쏙 들어갔다. 나는 비에 젖은 들판을 바라보면서 변화를 갈망했다. 그러던 어느 날, 답답한 마음도 달랠 겸 내년 정원을 어떻게 꾸밀지 미리 계획하기로 했다. 책꽂이를 뒤적거리며 종자 카탈로그를 뒤지던 중, 거기 꽂아뒀다가 잊어버렸던 사티야 사이 바바의 사진이 나왔다. 몇 달 전에 크리스 커티스 Chris Curtis라는 지인이 나에게 우편으로 보내준 사진이었다. 그것은 아프로 머리를 한 이상한 모습의 인도 남성 사진이었는데, 커티스의 말에 따르면 수백만 명이 그를 숭배한다고 했다. 크리스는 명상 중에 바바가 자신을 찾아와서 이 사진을 내게 보내달라고 부탁했다고 했다. 나는 이미 구루를 찾는 여정을 끝냈기도 했고, 몸이 크게 아팠던 곳으로 다시 한번 가고 싶지는 않았기 때문에 책장에 쌓여 있는 카탈로그 더미 위로 사진을 던져버렸다. 샤스타 산에 나타난 에테르적 존재가 "사티야 사이 바바를 만나러 다시 인도로 가게 될 것"이라고 했던 말은 이미 내 마음속에서 쫓아버린 지 오래였다.

물론 인도에 있을 때 라마 또는 크리슈나에 필적하는, 신과 같은 권능을 지녔다고 알려진 이 존재에 대해 들어본 적은 있었다. 그러나 나는 그러한 기적 이야기에 거부감을 느꼈다. 수많은 군중이 그의 기적을 보기 위해 몰려든다는 생각만으로도 진저리가 쳐졌다. 라마크리슈나가 말했듯이 진정한 영성은 병자를 고치거나 무언가를 물질화하는 등의 일과 같이 겉으로 나타나 보이는 기적과는 관련 없는 것이었다. ─ 그리고 사이 바바는 이런 일들을 매일 행했다. 기적은 겉으로 보여줄 필요가 없는 진정한 내적 깨달음의 길에서 벗어나는 일일 뿐이었다. 다시 힐끗 사진을 보니, 주황색 로브를 입은 이 이상한 외모의 남성은 사진 속에서 환하게 웃고 있었고 나는 그런 그에게서 어떠한 결점도 찾아낼 수 없었다. 그는 사랑의 화신 같은 모습으로 꽃이 만발한 아치 아래 서서 행복의 미소를 짓고 있었다. 사진이 에너지로 맥동하는 듯 보이더니 갑자기 생생하게 살아 움직이기 시작했다. 나는 그의 모습이 움직이는 것을 보고 내 눈에 문제가 생긴 것이 틀림없다고 생각했다. 그는 엉덩이를 좌우로 움직이기도 하고 손을 흔들기도 했다! 내가 지금 뭘 본 건가 싶어 눈을 세게 감았다 뜬 다음 다시 사진을 보자 그가 웃었다. 거대한 사랑의 파도가 덮쳐왔고, 나는 울음을 터뜨렸다.

어릴 때 말고는 이렇게 울어본 적이 없었다. 어릴 때의 울음은 절망 때문이었지만 지금의 나는 기쁨의 눈물을 흘리고 있었다. 내 마음은 말로 표현할 수조차 없는 행복으로 가득 찼다. 나는 이전에는 한 번도 진정으로 느껴본 적 없던 그 단어를 계속해서 되뇌었다. "사랑… 사랑… 사랑…. 이게 바로 무조건적인 사랑이구나!" 무조건적인 사랑이라는 것을 들어본 적은 있었지만 직접 경험해 본 것은 이때가 처음이었다.

흐느낌이 조금씩 잦아들었다. 시간이 좀더 지나 마음이 차분해지자 갑자기 사진이 다시 살아 움직였다. 사진에서 주황색 빛의 구가 나오더니 사이 바바가 방으로 걸어 들어왔다. 충격적이었다. 그렇게나 강력한 존재를 느껴본 적은 한 번도 없었다. 그에게서는 사랑과 기쁨, 심지어 뛰어난 유머 감각이 넘쳐흐르고 있었다. 그는 나를 내 아버지보다 더 낱낱이 알고 있었고, 내 영혼을 모두 꿰뚫어 보고 있었다. 내적 시야에 몇몇 이미지들이 나타나면서 말로는 도저히 표현할 수 없는 것들이 드러나기 시작했다. 나는 빛 속으로 녹아들었다. 사이 바바는 태양처럼 눈부신 빛으로 방 안을 비추더니 다른 형태로 변했다. 그는 이제 몸집이 크고 풍만한 흑인 여성이 되어 내 목에 자신의 팔을 감쌌다. 그렇게 포옹하는 자세로 우리의 몸은 합쳐졌다. 처음에는 이 결합에 성적인 에너지가 존재했지만, 그는 이 에너지를 위로 끌어올려 몸의 각 차크라에 활력을 불어넣었다. 그러자 내 몸의 모든 세포에 신성한 지복이 배어들었다. 나는 각각의 차크라에 고유의 세계관과 함께 고유한 의식이 있음을 알 수 있었다. 마침내 에너지가 이마 쪽의 아즈나ajna 차크라에 다다르자 이원성은 사라졌다. 더 이상 자自와

사티야 사이 바바

타^他, 정신과 물질, 남성과 여성은 존재하지 않았다. 모든 극성이 신의 일체성 속으로 녹아들었다. 나는 형태, 공간, 시간으로부터 자유로운, 순수한 존재의 지복을 느꼈다.

요기가 육체를 유지한 채로는 짧은 시간 동안만 이러한 무상삼매^{無想三昧} 상태를 견딜 수 있다는 말이 왜 있는지를 이해할 수 있었다. 만약 사이 바바가 이런 상태를 마무리 지어주지 않았다면 내가 형상계를 떠났을 수도 있었겠다는 느낌이 들었기 때문이다. 조금씩 조금씩 나는 빛에서 빠져나오기 시작했고, 이원성의 감각도 다시 돌아오기 시작했다. "나를 보러 인도로 오렴!" 하고 말하는 바바의 목소리가 들렸다.

다시 한번, 나는 바닥에 혼자 주저앉은 채로 충격에 휩싸여 있었다. 나는 구루를 찾기 위해 헛되이 인도를 찾아다니며 온갖 고난을 견뎌냈다. 그런데 구루 찾는 것을 포기한 지금에야 신 그 자체인 것 같은 구루가 나를 찾아오다니. 그가 다녀간 방 안에는 며칠 동안 아름다운 향기가 가득했고, 이 향기는 오직 내가 사이 바바의 현존 속에 있을 때만 다시 맡을 수 있었다.

다음 날 아침, 나는 평소 하던 요가 루틴을 따르는 대신 항공사에 전화를 걸어 인도행 비행기를 예약했다. 이전에 겪은, 힘들었던 기억들은 뒷전이 되었고 이제는 사이 바바를 만나러 갈 날이 얼마 남지 않았다는 생각만 머릿속에 가득했다. 지구 반대편에서 뉴욕 북부까지 신의 의식을 전달해준 사이 바바와 만난다면 람 다스가 처음 마하라즈지를 만났을 때 느꼈던 지복을 훨씬 뛰어넘는 것을 느끼게 되리라는 확신이 들었다. 드디어 구루를 만나러 가는 것이다!

성모 마리아의 위안

사이 바바를 만나러 인도로 가기 직전에 내 친구 힐다 찰턴을 만나러 갔다. 그녀는 로스앤젤레스에 살던 어린 시절에 심하게 아픈 적이 있었는데, 파라마한사 요가난다가 그런 그녀를 보러 온 적이 있었고 그가 방에 들어서는 순간, 그녀는 즉시 치유되었다. 나중에 요가난다는 힐다에게 자신의 조직에 합류하여 센터 중 하나를 운영해달라고 요청했지만, 그녀는 이렇게 말했다. "스와미지, 가슴에서 우러나오는 말을 대답으로 드리자면 저에게 머물러달라고 요청하셔도 그럴 수가 없네요. 저는 나무 사이로 불어오는 바람 같은 사람이에요. 이 세상이 저의 집인걸요…."*

그 후 힐다는 18년간 인도에서 살면서 많은 성인 그리고 구루들과 함께 공부했다. 어느 날 저녁, 그녀는 이런 말을 남겼다. "스와미 묵타난다는 나의 구루예요. 그리고 사이 바바는 나의 신이죠." 그

---

* 힐다의 친구인 얀Jan이 writespirit.net에 기록해둔 이야기다.

사이 바바와 함께 있는 힐다 찰턴

녀는 스스로도 영적으로 위대한 존재였으나 자신의 비범함을 결코 과시한 적이 없었다.** 사람들이 그녀에게 지혜를 나눠달라고 요청하는 일이 많았기 때문에, 그녀는 일주일에 한 번씩 웨스트 빌리지West Village의 세인트 루크 교회(St. Luke's Church)에서 그룹을 이끌었다. 이 그룹에는 크리슈나 다스, 수리야 다스Surya Das 그리고 마하라즈지를 찾아가 만났던 사람들도 껴 있었다.*** 어떤 사람들은 영적 중심을 잡아주는 이 그룹 덕분에 물질주의에 찌든 도시 생활을 잘 살아갈 수 있었다고 말하기도 했다.

힐다에게는 사이 바바가 물질화하여 그녀에게 선물해준 마법의 반지가 있었는데, 어느 날 밤 그녀는 그것을 내 손에 쥐여주었다. 겉으로 보기에는 그다지 특별할 게 없었지만 어떤 이들은 그 반지가 보고 싶은 무엇이든 다 볼 수 있게 해주는 전시안(All Seeing Eye)이며, 특히 구루의 얼굴을 볼 수 있는 반지라고 했다. 힐다는 내가 인도로 돌아간다는 사실을 알고 있었기에 내게 반지를 들여다보라고 제안했다.

** 나는 아난다마이 마, 펄 도리스, 암마치에게서 느꼈던 것과 같은 신성한 모성이 그녀 내면에서 빛나고 있음을 느꼈다. 이들은 확장된 의식에 더해 자비심도 많았고 기꺼이 개인적인 조언을 해주기도 했으며, 요리 또는 그 순간에 필요한 그 어떤 일이든 마다하는 법이 없었다.

*** 크리슈나 다스는 전 세계를 돌며 키르탄kirtan(힌두교와 시크교 전통에서 노래와 악기 연주로 신을 찬송하며 수행하는 음악 명상. 역주) 공연을 펼치고 있으며, 그의 앨범 〈Live Ananda〉는 2013년 그래미상 후보에 오르기도 했다. 또한 그는 마하라지와 함께했던 자신의 영적 탐구에 관한 이야기를 《일생의 챈트》(Chants of a Lifetime)라는 감동적인 책으로 펴냈다. 수리야 다스는 나중에 티베트 불교의 라마가 되어 족첸 재단(Dzogchen Foundation)을 만들었다. 그는 영적 깨달음의 과정에 대한 많은 책을 냈는데, 이 책들은 특히나 서양인들의 정서에 잘 맞는다. 그의 사이트를 참조하라. www.dzogchen.org.

광이 나는 평평한 녹색 돌 표면을 유심히 들여다봐도 처음에는 아무것도 보이지 않았다. 그래서 방 안을 계속 돌아다니면서 빛을 달리 비추어 여러 각도로 살펴보았다. 그러나 아무리 봐도 이 매끈한 돌은 풀리지 않는 수수께끼처럼 느껴졌다. 마침내 힐다에게 다시 반지를 돌려주려던 차에 마지막으로 한 번만 더 시도해보자는 생각이 났다. 그래서 내면에 의식을 집중한 다음 반지에 대고 "자, 내 구루를 보여줘!" 하고 말했다.

그러자 정말 보기 싫었던 것이 나타나버렸다. 돌 속에서 보인 것은, 나를 뒤돌아보고 있는 나의 얼굴이었다. 그것도 터번을 쓴 모습으로!

내가 곧 출국한다는 것을 알고 있던 힐다는 어느 날 내게 함께 모험을 떠나지 않겠냐고 물었다. 목적지가 뉴저지 주 뉴어크Newark라고 해서 듣기에는 별 모험이 아닌 것 같았지만 힐다가 자신이 만난 굉장한 존재들과 인도에 관한 흥미로운 이야기를 많이 들려주었기 때문에 적어도 시간 낭비가 될 것 같진 않았다. 나는 힐다 그리고 힐다의 친구 한 명과 함께 그곳으로 떠나기로 했다. 우리는 이탈리아에서 가져온, 진짜 눈물을 흘린다는 파티마Fatima의 성모상을 보러 가기로 했고 이 성모상은 성심 대성당(Basilica of the Sacred Heart)에 전시될 예정이었다. 나는 성당에서 말하는 기적적인 현상들에 회의적인 편이었지만 최대한 열린 마음을 가지려 노력했다.

가톨릭교회는 굉장히 아름다운 성당들을 보전하고 있는데, 내가 갔던 곳이 그중 하나였다. 뉴어크의 성심 대성당은 북미에서 가장 큰 성당 중 하나였고, 들어서는 순간 영적인 에너지를 느낄 수 있는 곳이었다. 성당 안은 신자들로 가득 차 있었지만 운 좋게도 중간 열에 자리가 있어 앉을 수 있었다. 기적의 성모상으로 추측되는 물체는 보이지 않게 가려진 채 가마 위에 올려져 있었다.

음악과 신부님의 인사말이 끝난 후, 신부님은 오랫동안 기다려 온 성모상이 곧 성당을 한 바퀴 돌 것이며 그럼으로써 모든 사람들이 성모상을 보고 축복을 받게 될 것이라고 말했다. 그러면서 운반자가 부족한 상황이니 성모상을 드는 것을 도와줄 자원봉사자가 한 명 더 필요하다고 했다. 하지만 아무도 일어나지 않았고, 그는 신자들을 훑어보더니 갑자기 나를 가리키며 앞으로 나오라고 손짓했다. 깜짝 놀란 나는 그가 다른 사람을 가리키는 줄 알고 뒤를 돌아봤다.

"아니요, 신자님이요." 그가 내게 손짓하며 말했다.

그래서 떨리는 마음으로 자리에서 일어났다. 나는 샌들에 낡은 체크 셔츠, 청바지를 입고 있었기 때문에 옷을 잘 차려입은 가톨릭 신자들과 화려한 성당 한가운데에 같이 있는 것이 조금 어울리지 않는 듯 느껴졌다. 그래도 용기를 내어 앞으로 걸어간 다음 흰 로브를 입은 신부님 앞에 섰다.

나는 주목받고 싶지 않기에 "신부님, 저는 가톨릭 신자가 아닙니다" 하고 고백하면서 그가 나를 다시 자리로 보내주기를 기도했다.

"알아요." 그가 미소를 지었다.

왜 하필 나를 지목했을까? 어쨌든 신부님은 확고한 표정으로 내게 검은 양복을 입은 운반자 세 명의 대열에 끼라고 손짓했다. 우리는 각자 가마채를 하나씩 맡았고, 나는 왼쪽 앞에 동상을 두고 뒤쪽에서 가마를 들기로 했다. 이왕 이렇게 된 거 어쩔 수 없다는 생각이 들었다. 잠시 대기하며 서 있던 그때, 호기심이 생긴 나는 성모 마리아가 소문대로 정말 눈물을 흘리는지 확인해보고 싶었다.

그녀의 얼굴을 보니 눈물 같은 것은 없었다. 대신, 나무로 만들어진 그녀의 얼굴에는 분명 있어야 할 페인트칠 된 눈이 아니라, 나를 바라보고 있는 인간의 눈이 있었다. ― 그 두 눈은 깊은 연민으로 내 영혼을 들여다보고 있었다. 아연실색한 나는 뒤로 한걸음 물러섰다. 그러자 신부님이 호기심 어린 눈으로 나를 쳐다보더니 곧 출발하자는 신호를 보였다. 우리 네 명은 허리를 굽혀 성모상을 받치고 있는 단을 들어 올렸다. 앞으로 한 걸음을 내디딘 그 순간, 내 오른쪽 어깨에 여성의 손이 올려진 느낌이 들어서 누구인지 보려고 고개를 돌렸지만 내 옆에는 아무도 없었다. 그때 "애야, 내가 너와 함께할 테니 인도로 돌아가는 것을 두려워 말렴" 하고 말하는, 내게 위안을 주는 목소리가 들려왔다. 여성스럽고 부드러운 느낌이었다.

이때 굉장한 환희가 나를 휩쓸고 지나갔기 때문에 나는 간신히 정신을 붙잡고 하던 일을 이어갈 수 있었다. 신부님은 라틴어로 성가를 부르면서 아치형 천장을 향해 유향과 몰약 연기가 자욱하게 뿜어져 나오는 향로를 흔들었고, 우리는 그런 신부님을 따라 천천히 걸어갔다. 성당 뒤쪽에서 우리는 마지막 의자 열을 돌아 오른쪽으로 꺾었고, 뒤쪽을 가로질러 다시 앞쪽으로 긴 통로를 천천히 걸어 올라갔다. 힐다는 나중에 내가 성당 주변을 세 바퀴 돌았다고 말했지만, 나는 한 번 돈 기억밖에 없었다. 나를 감싸안아주었던 성모님의 어머니 같은 사랑이 너무 감미로웠기 때문이었을까.

옴의 파워

자신의 생명이 다할 때까지 옴을 명상하는 사람은 어떤 세계를 얻게 되는가? 옴이라는 음절로 지고의 존재에 대해 명상하는 자는 빛과 하나되어 브라만(절대 존재)의 세계로 인도된다.

— 〈프라쉬나 우파니샤드 Prashna Upanishad〉

70년대에는 거의 모든 뉴에이지 그룹이 리추얼을 할 때 항상 옴Om을 챈팅하는 시간을 가졌다. — 옴은 베다에서 프라나바Pranava라고 일컫는 생명의 숨결, 즉 창조의 근원에서 나온 태초의 소리다. 내 눈에는 옴 챈팅이 기독교식 기도 후 "아멘"을 하는 것과 같이 일종의 관행 같은 것으로 보였다. 인도로 떠나기 전날 밤, 힐다는 그룹원들에게 옴 챈팅으로 나를 축복해달라는 부탁을 했다. 솔직히 나는 그런 것에 조금 진절머리가 났지만 그래도 고분고분히 자리에서 일어섰고, 그룹 사람들은 나를 둘러싼 원 모양으로 서 있었다. 그들은 손을 들고 내게 축복을 빌어주면서 옴을 챈팅하기 시작했다. 모두가 각자의 속도에 맞춰 챈팅을 하다 보니 낮게 웅웅거리는 아름다운 소리가 계속 이어지기 시작했다.

놀랍게도 나는 곧 하얀 빛으로 둘러싸이게 되었고, 그 빛은 점점 더 밝아져 마침내 자욱한 빛이 되었다. 내 눈에 보이는 것은 오직 수많은 손뿐이었으며 각각의 손에서는 빛의 광선이 나오고 있었다. 잠시 후 챈팅 소리가 서서히 작아지기 시작했고, 나는 내가 진정 축복을 받았다는 것을 깨닫고 감사하는 마음으로 고개 숙여 인사를 했다.

이제 나는 우파니샤드에서 읽은, 옴이라는 내적 소리를 명상하는 것만으로도 신적 의식에 다다를 수 있다는 내용을 정말로 믿게 되었다. 자리에 앉아서 옴에 대한 명상에 푹 빠져 있고 싶은 마음이 굴뚝 같았지만 얼른 집에 가서 여행 짐을 싸야 했다.*

---

* 옴에 대한 명상이 우리를 신적 의식으로 인도하기도 하지만, 동시에 인간 세계에서 벗어나게끔 만들기도 한다. 신적 의식을 세상에 나타내기 위해서는 I AM 확언을 하는 것이 좋다. 나의 책 《"I AM" 확언》을 참고하라.

스리 프라부파다의 다르샨

내가 탄 인도행 비행기는 영국 버밍엄Birmingham을 경유하는 비행기였다. 나는 조지 해리슨이 크리슈나 의식 운동(Krishna Consciousness movement)을 위해 기부한 집에 머물러도 된다는 초대를 받았다. 이곳은 수도승들이 인도식 아쉬람으로 개조한 곳인데, 현재는 박티베단타 영지(Bhaktivedanta Manor)로 불리고 있다. 나는 방을 하나 배정받은 다음 스리 프라부파다Sri Prabhupada의 다르샨을 받을 수 있다는 성소 방으로 안내받았다. 아직도 그가 거기 살고 있다는 사실은 꽤 충격이었다. 몇 년 동안 그와 관련한 소식을 전혀 듣지 못한데다 살아 있을 거라는 생각도 못 했기 때문이었다. 그러나 수도승이 너무나 열성적으로 그와의 만남을 권했기 때문에 나는 그의 축복을 받기를 기대하게 되었다.

드디어 수도승이 방문을 열었다. 그를 따라 정교하게 꾸며진 크리슈나 성소 안으로 들어가자 가부좌 자세로 앉은 채 명상에 깊이 빠져 있는 스리 프라부파다의 모습이 보였다. 수도자는 엎드려서 두 팔을 머리 위로 쭉 뻗고 바닥에 엎드렸다. 그런 다음 고개를 낮게 숙인 채로 일어나 뒷걸음질 치며 방에서 물러났다. 구루에게 등을 보이는 것이 무례한 일로 여겨지기 때문이었다. 나는 그런 그의 행동에 감명을 받긴 했지만 스리 프라부파다를 위시한 다른 구루들에게 넙죽 절을 할 생각은 없었기 때문에 공손하게 합장을 한 뒤 벽에 기대어 앉아 눈을 감고 명상을 했다.

나는 그가 명상을 한다는 사실이 꽤 놀라웠다. 스리 프라부파다가 헌신의 길을 걸어가는 박타이며 그의 신자들이 매일 몇 시간씩 크리슈나에게 헌신하기 위해 만트라를 챈팅하며 춤을 춘다는 것을 알고 있었기 때문이다. 하지만 이들의 방식은 너무 단순한 방식이며 영적인 길은 그보다 훨씬 더 복잡해야 한다는 생각이 났다. 그러다 문득 '그가 내 생각을 듣고 있지는 않을까?' 하는 생각도 났다.

내가 사람을 너무 판단했나 싶어서 후회가 되기도 했지만, 한편으로는 진정 깨달은 사람이라면 이런 내 생각 따위는 별 신경 안 쓸 것 같기도 했다. 나는 '용서해주세요' 하고 텔레파시를 보냈다.

그가 불쾌한 마음에 인상을 찌푸리고 있지는 않을까 싶어서 실눈을 뜨고 살펴보았지만 그는 여전히 깊은 명상 속에 빠져 바깥세상을 까맣게 잊고 있는 듯했다. 나는 이렇게 유명한 구루를 가까이서 만날 수 있다는 것 자체가 큰 영광이자 축복이라고 생각하면서 명상에 온 힘을 쏟았다.

얼마 있지 않아 나 역시 바깥세상을 까맣게 잊게 되었다. 아홉 시간의 비행 동안 쌓였던 피로가 씻은 듯 사라졌고, 내일 봄베이로 간다는 기대감도 모두 사라졌다. 오직 지금 이 순간만이 존재했으며 나는 이런 현존 속에서 나 자신을 잃어버렸다.

그러다 어느 순간 몸의 의식으로 돌아와 한쪽 눈을 살짝 떠서 스리 프라부파다가 여전히 명상을 하고 있는지 확인해보았다. 그는 아직도 명상에 빠져 있었고 나도 다시 내면으로 의식을 돌렸다. 구루와 함께 명상을 할 수 있도록 허락받은 것 자체가 축복이라는 기분이 들었다. 첫 만남에는 보통 그런 일이 잘 없기 때문이다. 다시 한 번, 모든 걱정을 내려놓고 마음을 가라앉힌 뒤 내 앞에 있는 구루와 나의 의식이 하나될 수 있도록 노력했다. 나는 나의 모든 판단을 용서해달라고 요청했고, 이제는 스리 프라부파다뿐 아니라 그가 서구로 들여온 크리슈나 운동과도 하나되는 것을 느낄 수 있었다. 나는 그가 크리슈나와 합쳐져 황금색 빛의 공으로 녹아드는 모습을 심상화했다. 이 빛은 내 가슴속에 들어와 내 존재 전체로 퍼져나갔고, 결국 나 역시 신성의 인격인 크리슈나와 하나가 되었다. 빛이 점점 더 강렬해지고 몸에 열이 나면서 내 안의 불순한 것들이 모두 소멸되고 있다는 것을 확실히 느낄 수 있었다. 빛과 합쳐지고 있던 그때, 문이 살짝 열리더니 수도승이 고개를 빼꼼 내밀면서 내게 "저녁 먹어요" 하고 소곤거렸다.

무례하게 굴거나 상대를 기다리게 하고 싶지는 않았기에 가부좌했던 다리를 풀고 조용히 나갈 준비를 했다. 그리고 고개를 낮게 숙인 채 다시 프라남을 한 후 살금살금 문으로 다가갔다. 놀랍게도 스리 프라부파다는 여전히 눈을 감은 가부좌 자세로 앉아 있었다. 그는 약간의 소란이 있었음에도 방해받지 않은 채 명상을 이어가고 있었고, 나는 그런 그의 모습을 보는 것이 기뻤다. 진정한 요기는 삼매에 빠져 며칠 동안 그렇게 앉아 있을 수 있다는데, 마침내 그런 존재를 만나게 된 것 같아 반가웠다.

지난 며칠 동안 잠을 제대로 자지 못해서 그런지 저녁 식사 후 졸음이 와서 잠자리에 들었다. 다음 날 아침 일찍 일어나 공항으로 갈 채비를 했는데, 떠나기 전에 스리 프라부파다를 한 번 더 만나 감사의 인사를 꼭 전해야겠다는 생각이 났다. 공항 택시가 도착했고, 나는 수도승 중 한 사람에게 이렇게 물었다. "스리 프라부파다께서는 아직 안 일어나셨나요? 작별 인사를 드리고 싶어서요."

"음, 저기 계세요. 사실 그분은 이제 잠을 주무시지 않아요."

그의 말을 들은 나는 어제보다 더 큰 감명을 받았다. 스리 프라부파다는 내 생각보다 훨씬 더 진보한 영혼이었던 것이다. 나는 여행을 취소하고 그냥 이곳에 쭉 머물러야겠다고 생각했다. 그는 분명 내적 근원을 찾은 사람일 것이고, 이 구루에게는 확실히 배울 것도 많을 것 같았다.

"안타깝지만 그분과 의사소통하시기는 좀 힘들 것 같은데요."

"어째서요?"

"어젯밤 성소 방에서 당신에게 다르샨을 내려주었던 것은 그분의 형상을 본뜬 밀랍 인형이었거든요."

영원한 평화의 집

봄베이로 향하는 긴 비행을 마친 후에 비행기를 갈아타 벵갈루루 Bengaluru에 도착하니 몸이 녹초가 되어버렸고 날씨는 푹푹 쪘다. 또 오랜 시간 택시를 타고 울퉁불퉁한 도로를 달려 아쉬람에 갈 생각을 하니 한숨이 나왔다. 이때가 1972년 가을이었는데 불과 5년 전까지만 해도 이곳에는 도로가 아예 없었으며 소달구지가 다니는, 바퀴 자국이 깊게 팬 흙길만이 존재했다. 나는 이 여정을 도와달라고 바쁘게 기도를 드렸다. 비행기에서 내리고 있던 그때, 잘 차려입은 한 인도 남성이 "선생님, 혹시 사티야 사이 바바를 만나러 가시나요?" 하고 말을 걸었다.

나는 깜짝 놀라 "네, 맞아요" 하고 대답했다.

"괜찮으시면 푸타파르티Puttaparthi까지 바로 태워드릴게요. 저도 거기 가는 길인데 제 운전기사가 밖에서 대기하고 있어요."

우리가 계단을 내려가자마자 정말로 반짝이는 검은색 메르세데스 한 대가 활주로에서 기다리고 있는 것이 보였다. 유니폼을 입은 운전기사가 내 가방을 들어주고, 차 문도 열어주었다. 우리는 에어컨 바람을 쐬며 편안하게 푸타파르티로 향했다. 바로 얼마 전 우리 집에 나타나 내가 펑펑 울 정도의 큰 사랑을 준 그 놀라운 존재를 곧 만날 수 있다는 생각을 하니 가슴이 설렜다.

물소, 릭샤, 사람들이 바글바글하게 돌아다니는 먼지투성이의 무더운 거리를 보고 있자니 꿈을 꾸고 있는 것 같았다. 우리가 탄 차는 생각보다 빨리 아쉬람으로 이어지는 아치형 통로로 들어섰고, 이와 동시에 영적인 에너지가 밀려들어 오는 것이 느껴졌다. 나는 고급 승용차를 태워준 그에게 감사 인사를 전한 뒤 정교한 형태의 아치 아래를 지나 만디르^{mandir}(사원)로 가는 길을 천천히 걸어 올라갔다. 왼쪽에는 흰옷을 입은 남성들이 아주 많았고, 오른쪽에는 밝은 색의 사리를 입은 여성들이 아주 많았다. 머리 위 야자나무에서는 화려한 색의 깃털을 가진 새들이 지지배배 소리를 내며 날개를 펄럭이고 있었다. 그러다 갑자기 군중들 사이에서 침묵만이 흘렀다. 사원 발코니를 쳐다보니 쨍한 색상의 주황색 로브를 입고, 그의 시그니처인 아프로 머리를 한 사티야 사이 바바가 서 있었다. 그는 팔을 들어 환영의 의미로 손을 흔들었다.

'지금 나한테 손을 흔든 건가?' 나는 믿기지가 않아서 그가 다른 사람에게 손을 흔든 것은 아닌지 확인하려고 고개를 두리번거렸다. 하지만 내 주변에는 아무도 없었다. 그래서 나도 손을 흔들어 보이면서 그에게 응답했다. 잠시 동안 그의 강렬한 눈빛을 다시금 느낄 수 있었다. 그는 또 한 번 손을 흔들더니 발코니와 이어진 자기 방으로 돌아갔다.

나는 그와의 재회를 기대하며 생각했다. "이제 바바가 나를 데리러 사람을 보내실 게 분명해." 몇 주 전 경험했던 에테르적 결합 이후 나는 그와의 재회가 어떤 식으로 이루어질지 마음속으로 수도 없이 돌려보았다. 어쩌면 그가 직접 나를 데리러 올 수도 있었다. 나는 앉아서 누군가가 찾아오기를 기다렸지만 아무도 오지 않았다. 조금 있자 바바가 저녁 바잔을 시작할 것이니 사원 안으로 들어가라는 말이 들렸다. 문이 열리자마자 나는 화려하게 장식된 성소 방으로 들어가 맨 앞줄의 돌바닥에 앉았다.

곧 바바가 들어와 왕좌처럼 생긴 의자에 앉았다. 그는 옴 챈팅을 주도했고, 우리는 그를 따라 천천히 스물한 번 동안 옴을 챈팅했다. 그 후 바바는 자리에서 일어나 내게로 바로 걸어오더니 앉아 있는 나의 무릎에 자기 발이 거의 닿을 정도로 가까이 다가와 섰다. 나는 분명 그가 내게 말을 걸 거라고 생각했지만 그 대신 그는 노래를 부르기 시작했다. 단단한 바위도 녹일 수 있을 것만 같은 달콤한 목소리였다. 눈물을 꾹 참아야 할 정도로 내 마음은 사랑으로 넘쳐나기 시작했다. 그는 30분 동안 계속해서 노래를 불렀는데, 나는 그가 내 가슴에 직접 노래를 불러주고 있다는 느낌을 받았다. 오랜 상처에 치유의 연고가 발리는 느낌이었다. 마침내 노래가 멈추자 푸자리 pujari, 즉 사제가 성소 앞에서 장뇌*에 불을 붙여 흔들면서 간단한 의식을 행했다. 의식이 끝나자 바바는 떠났고, 사원 안의 사람들도 줄을 지어 모두 밖으로 나갔다. 나는 내일도 맨 앞자리에 앉아 다시 한번 내 가슴을 신성한 넥타로 가득 채워야겠다고 생각했다. 하지만 이날 이후로는 방 안으로 들어가는 것 자체가 어려워져서 뒤쪽에 앉아야만 했다. 마치 누군가가 첫날에만 맨 앞줄 자리를 예약해준 것 같았다.

---

* 녹나무에서 추출되는 천연수지. 역주.

이후로 바바는 나를 무시하는 듯 보였다. 나는 개미집에 있는 수만 마리의 개미들 중 한 마리에 불과했고, 모든 개미들은 단맛을 찾아 몰려들었다.* 그러나 꿈속에서는 이야기가 달랐다. 나는 매일 밤 꿈속에서 바바를 만날 수 있었다. 그는 지혜와 자비의 화신이었으며 내게 놀라운 것들을 많이 가르쳐주었다. 그는 내가 지금껏 알지 못했던 완벽한 아버지상 그 자체이자 한 번도 느껴본 적 없었던 모성애의 화신이었다. 불완전해 보이는 나의 연로한 부모님은 내 마음속에서 서서히 녹아 사라졌고, 바바가 신성한 아버지와 어머니로서 부모님의 자리를 대신했다.

수천 명의 사람들이 바바와의 개인적인 만남을 원하고 있었다. 모두가 오랫동안 간직해온 질문을 하고, 축복을 내려달라고 요청할 수 있는 그와의 면담 시간을 간절히 바랐다.

바바는 가끔 이렇게 말하곤 했다. "나는 당신이 원하는 것을 줄 것입니다. 마침내 내가 주러 온 진정한 선물을 당신이 원하게 될 때까지." 그 선물이 무엇이냐고 묻자 그는 그것이 "프레마 Prema", 즉 신성한 사랑이라고 친절하게 대답했다.

나는 기다림에 점점 지쳐갔다. 사실, 내가 필요로 하는 것이 딱 맞는 시기에 알아서 찾아올 거라는 것은 이미 알고 있었다. 그렇지만 마음 한구석에서는 그의 말 한마디, 눈길 한 번이라도 받을 수 있기를 간절히 원하는 마음도 있었다. 이 시기 동안 나는 스스로를 돌아보면서 미처 알지 못했던 내 안의 미망과 집착을 끊어냈고, 이러한 미망과 집착은 이제 수면 위로 떠올라 거품을 일으키고 있었다. 아쉬람은 평온과는 거리가 먼, 압력솥 같은 곳이었다.

---

* 푸타파르티는 개미집이라는 뜻으로, 사이 바바가 태어나기도 전에 마을 주민들이 붙였던 이름이다.

아차!

미국에는 군주제의 역사가 없으며, 누군가를 자신보다 우월한 존재로 받아들이거나 절을 하는 관습도 없다. 그래서 나는 사람들이 사이 바바의 발 앞에 절하는 것을 볼 때마다 거부감이 들었다. 바바가 인간의 모습을 한 신이라 해도 그의 말에 따르면 우리 모두는 신인데 왜 우리가 그에게 절을 해야 한단 말인가?

내 발은 감염으로 욱신거렸고, 다리 위로 붉은 선이 퍼지고 있었다. 아쉬람 보건실의 간호사는 상처를 건조하게 유지하라고 조언했지만 폭우가 내렸으므로 발에 물이 닿을 수밖에 없었다. 아쉬람에 있던 사람들은 모두 바잔에 참여할 예정이었지만 나는 몸에 열도 나고 힘이 없어서 저녁 바잔에 가지 않기로 했다. 만디르 안에서 사람들이 노래하는 소리가 들려왔다. 원래 같으면 나도 함께할 자리였다. 바바가 사랑과 은혜를 쏟아부어주는 동안 그의 앞에 앉아 있는 것은 하루 중 최고의 순간이었다. 그렇지만 오늘 저녁은 슬픈 기분이 들었다. 발의 상태가 아쉬람에서 간단한 치료를 받아서 나을 수 있는 수준이 아님을 알았기 때문이었다.

'이게 다 무슨 소용이람?' 나는 혼자 생각했다. '바바를 만나러 뉴욕에서 여기까지 왔는데 그는 내게 한마디도 하지 않았어. 이전에 인도에서 다른 구루들이 그랬던 것처럼 또 나를 무시하고만 있잖아. 이미 구루가 내 안에 있다는 것을 알고 있는데 뭐 하러 다시 여기까지 와야 했을까? 이번 여행은 헛수고였던 거야. 내일 항공사에 전화해서 비행기를 예약해야겠어.'

해가 지평선 아래로 넘어가고 있을 때, 나는 점점 더 짙어지는 보라색 황혼을 바라보며 시원하고 상쾌한 저녁 공기를 들이마셨다. 나무에 앉은 새들도 바잔의 노래로 마음을 진정시키는 듯 나무에서 지저귀고 있었다. 머리 위의 새들을 올려다보니 나뭇가지 사이로 하늘의 색이 변하는 것이 보였다. 저 멀리서 노랫소리가 들리면서 늘 그렇듯 바바가 만디르 앞쪽의 왕좌에서 바잔을 이끄는 모습이 그려졌다.

내가 어디 있는지도 모르고 돌아다니고 있던 그때, 갑자기 새들의 노랫소리가 멈췄다. 풍향이 바뀌거나 시끄러운 소리를 내는 동물들이 갑자기 조용해지는 것은 언제나 중요한 신호였기에 나는 가만히 서서 내면에 의식을 집중했다. 누군가 나를 지켜보고 있으며 지금 내가 혼자가 아니라는 느낌이 들었다. 주위를 살펴보니 아니나 다를까 바바가 나와 조금 떨어진 곳에 서 있었다. 사랑의 파도가 내게 몰려왔고, 나는 거의 자동적으로 한쪽 무릎을 꿇은 채 기도하는 자세로 두 손을 모았다. 감격에 겨워 그렇게 무릎을 꿇은 채로 계속 있었다. 라마의 발치에 있는 하누만처럼, 나도 이 사랑을 계속 받고 싶었다.*

"아차." 그가 머리를 좌우로 흔들며 부드럽게 말했다. 그때는 무슨 뜻인지 알 수 없는 인도식 제스처로만 생각했는데, 지금 생각해보면 그것은 무조건적인 사랑과 수용의 표현이었다.** 그는 고개를 끄덕여 나의 프라남에 화답하고는 바잔을 마치기 위해 다시 만디르를 향해 걸어갔다.

"무슨 일이 일어난 거지?" 나는 모래 위에 무릎을 꿇고 있는 내 모습을 보면서 생각했다. 영적 자만은 쉽게 사라지는 것이 아니지만, 가슴 안에 거하고 있는 마스터를 인식하는 순간 마음은 그에게 복종하게 된다.

---

* 하누만은 반은 인간이고 반은 원숭이인 신으로, 비슈누의 일곱 번째 아바타인 라마Rama에게 전적으로 헌신하는 존재다. 〈라마야나〉에서 하누만은 사랑하는 아바타와 합일할 기회를 제안받지만 그는 라마를 향한 끊임없는 사랑과 숭배를 위해 라마와 분리된 채 살겠다고 결정한다.
** 아차는 인도 전역에서 사용하는 표현으로 "좋다", "알았다", "무슨 말인지 알겠다" 등의 다양한 의미를 담고 있다. (또한 한국과 달리 머리를 좌우로 흔드는 것은 부정이 아닌 긍정의 의미이며, 여러 가지 뜻이 담겨 있기 때문에 외국인에게는 해석하기가 상당히 애매한 제스처다. 역주.)

판단하지 말라

바바와 일대일 만남을 가진 후에 나는 인도에 조금 더 머물기로 했다. 혹시 그가 밤중에 깨서 나와 대화를 나누고 싶어할 수도 있으니 원한다면 언제든 나를 만날 수 있게 그가 지내는 건물 문밖에서 멍석을 깔고 잠을 잤다. 그렇게라도 그와 가까이 있으면 높은 영적 파동을 흡수할 수 있었다. 비록 한 번도 문이 열리는 일은 없었지만 그는 꿈속에서 나를 찾아와 실제 만남에서 알려줄 수 있는 것보다 훨씬 더 많은 것을 가르쳐주었다. 그가 꿈에 나타날 때는 내 존재의 중심에서 폭발이 일어나는 것과 같은 사랑의 쇼크를 경험하곤 했다. 내 영혼이 갈망했던 깨달음을 주는 영적 신비들이 그의 마음에서 나의 마음으로 전수되었다.

어느덧 그의 생일이 다가왔고, 매일 수천 명의 사람들이 그의 생일을 축하하기 위해 아쉬람으로 들어왔다. 나는 더 이상 그가 지내는 건물 문밖에서 잠을 잘 수 없다는 말을 들었다. 이제는 '헛간'으로 잠자리를 옮겨야 했다. 그곳은 모랫바닥 위에 금속 지붕을 받친 기둥만 세워져 있는, 아직 공사 중인 건물이었다. 나는 내 자리를 확보하기 위해 멍석을 깔고 발밑에는 배낭을, 머리에는 조리 도구들을 올려놓았다. 벽이 없는 건물이었으므로 밤이 되면 들개들이 음식 냄새를 맡고 들어와서 먹을 것을 훔쳐갔다. 우리는 광견병이나 기타 질병에 걸렸을 수도 있는 들개들을 쫓아내야 하니 옆에 막대기를 두고 자라는 얘기를 들었다.

사람들이 개를 쫓아내며 외치는 소리에 잠에서 깰 때도 있었고, 어떨 때는 막대기로 개 옆구리를 때릴 때 나는 '찰싹' 소리도 들렸다. 나는 잠들기 전에 이 불쌍한 동물들에게 방해받지 않기를 기도하며 내 잠자리 주위로 빛의 원을 심상화했고 이는 한동안 효과가 있었다. 그러던 어느 날 밤, 잠에서 깨어보니 내가 그린 마법의 원 안에 개가 한 마리 들어와 내 몸 위에 누워 있었다. 혐오감이 들기보다는 내 몸의 모든 세포가 내적 태양에 의해 환히 밝아지는 듯한 지복이 느껴졌다.

하지만 서서히 인간적 의식이 깨어나기 시작했고, 나는 커다란 검은 개의 머리가 내 가슴을 짓누르고 있으며 개의 주둥이가 내 입과 아주 가까운 거리에 있다는 사실을 깨달았다. 개가 순수한 눈빛으로 내 눈을 지긋이 쳐다보고 있던 그때, 고개를 들어보니 개의 온몸이 옴으로 뒤덮여 있으며 피부 가죽에 패이고 벌어진 상처가 나 있는 것이 보였다. 나는 순식간에 정신을 바짝 차리고 일어서서 막대기를 머리 위로 들어 올려 개를 위협했다.

"나가, 나가!" 내가 소리쳤다.

비쩍 마른 그 짐승은 내 위협에 이기지 못하고 일어서서 상처받은 듯한 슬픈 표정으로 나를 한 번 뒤돌아보더니 절뚝거리며 도망갔다. 개의 그 검은 눈동자는 내 영혼을 파고들었고, 그 순간 나는 지복이 사라졌으며 빛도 꺼져버렸음을 깨달았다. 그 불가사의한 생명체는 인간의 울음소리같이 들리는 낑낑거리는 소리와 함께 어둠 속으로 급히 달아났다.

아드레날린 수치가 낮아지자 시원한 재스민 향이 나는 밤공기가 제정신을 되찾게 도와주었다. 하지만 나는 여전히 나를 꿰뚫어 보는 듯한 개의 눈빛과 온몸 가득 느껴졌던 지복에 대한 기억에 사로잡혀 있었기에, 다시 멍석 위에 누워 무슨 일이 일어난 것인지 차근차근 돌아보았다. 그러다 잠에 들 무렵, 나는 공기 중에서 맡아지는 향이 재스민 향이 아니라 사이 바바의 비부티^{vibhuti}, 즉 그가 축복의 표시로 물질화한 재에서 나는 독특한 향이라는 것을 깨달았다.

아침에 나는 헛간 옆 벽에 앉아 오렌지를 먹으며 전날 밤의 경험을 떠올렸다. 바로 그때, 사이 바바에 관한 책을 들고 있던 한 남자가 내 옆에 앉더니 그 책에 나온 재밌는 이야기에 대해 말하기 시작했다.

그가 "자, 들어보세요" 하며 이야기를 시작했다. "바바께 드릴 과자를 구운 한 여자의 이야기예요. 여성은 뜨거운 과자를 식히려고 그것을 창문에 두었는데, 커다란 검은 개 한 마리가 와서 과자를 먹어버렸대요. 그래서 여성은 밖으로 뛰어나가 막대기로 개를 때렸지요. 다음 날 그녀는 바바를 만나러 가서 이렇게 사과했어요.

'바바, 당신을 위해 과자를 만들었는데 그것을 개가 다 먹어버렸습니다.'

'그래요, 맛있게 먹고 있었는데 왜 저를 때렸나요?'

그는 로브를 걷어 올려 여성에게 파랗고 까맣게 멍이 든 자신의 옆구리를 보여주었습니다. 그제야 그녀는 그 개가 바바라는 것을 깨달았대요."

하늘에서 온 방문자

나는 사람들이 북적거리는 헛간에서 나와 조용히 잠을 잘 수 있는 어느 건물 옥상에 올라갔다. 해가 아직 뜨기도 전인 이른 아침, 그러니까 날이 막 밝아지려 할 때 나는 등을 대고 누워 하늘을 보고 있었다. 하늘에는 만디르 바로 위에 떠 있는 원반 모양의 구름 말고는 다른 구름이 없었다. 나는 왠지 원반 모양의 구름에서 눈을 뗄 수가 없었다. 땅과 가까운 낮은 곳에 떠 있는 데다 에너지를 발산하는 느낌이 들었기 때문이다. 나중에 나는 샤스타 산에서도 이러한 렌즈구름을 많이 보게 되었는데, 많은 사람들이 그것을 큰 소란이 일어나지 않도록 구름으로 모습을 가린 UFO라고 생각했다. 하지만 인도에서 이런 모양의 구름을 본 것은 처음이었다. 놀라운 점은, 바람이 불고 있는데도 바바가 사는 건물 바로 위에 구름이 가만히 떠 있었다는 사실이다. 15분 정도 계속해서 지켜보고 있던 그때, 구름이 옆쪽으로 두 개의 광선을 쏘더니 천천히 움직이기 시작했고 마침내는

렌즈 구름

저 멀리 사라져버렸다.

늦은 아침에 나는 사람들과 이야기를 나누게 되었는데, 모든 이들이 하나같이 이런 얘기를 했다. "만디르 위에 떠 있던 그 희한한 구름 봤어요? 우주에서 온 존재들이 바바를 찾아온 것 같아요."

나중에 나는 라자 레디Raja Reddy의 경험에 대해 듣게 되었다. 그는 바바의 수행원 중 한 명으로, 매일 성소에 불을 붙인 장뇌를 바치는 조티jyoti(빛) 의식을 수행하는 사람이었다. 그는 바바가 지내는 방 바깥쪽 베란다에서 자고 있었는데, 살짝 열린 문 사이로 비치는 빛 때문에 잠에서 깨어났다. 이 이른 시간에 웬 빛인가 싶어 궁금했던 그는 방 안을 들여다보았는데, 거기서 바바와 무언가를 상의하고 있던 천상의 존재들과 일곱 개의 커다란 빛을 보았다.

몇 시간 후 라자 레디가 그들이 누구였냐고 묻자 바바는 데바타Devatha(천상의 존재)들이 자신의 다르샨을 받기 위해 찾아왔으며 일곱 개의 불꽃은 일곱 광선의 위대한 마스터들, 즉 삽타리쉬*였다고 설명했다. 물론 마스터들은 생각의 힘으로 어디든 갈 수 있지만, 나는 그날 아침 수많은 사람들이 목격했던 그 구름을 타고 다른 세계의 존재들이 찾아왔었다는 것을 확신했다.

---

* Saptarishis. 일곱 엘로힘 또는 창조의 일곱 영들을 뜻한다. 이러한 신성의 측면들은 여러 차원에서 나타나며, 여러 영혼들에 의해 서로 다른 시기에 수행되는 활동들이다. 서양의 비전 전통에서는 이들을 일곱 광선의 초한이라고 부르기도 한다.

칼키 아바타[*]

어느 날 나는 버스 정류장에서 짐을 훔치는 도둑으로 살았던 할라가파Halagappa에 대한 이야기를 들었다. 이제 그는 벵갈루루와 마이소르Mysore의 중간 지점인 만디야Mandya 지역의 카베리Kaveri 강변에 있는 작은 마을 스리랑가파트나Srirangapatna에서 고아원과 기적의 사원을 운영하며 살고 있었다.

어느 날 그가 푸타파르티에 갔을 때 바바가 그에게 "왜 도둑질을 하나요?" 하고 물었다.

"가족을 부양하려고요." 그가 대답했다.

"왜 필요한 것을 신께 요청하지 않나요?" 바바가 물었다.

"신이 제 말을 들어주실까요?"

바바는 그에게 자신의 사진을 주며 돈이 필요할 때마다 이 사진에 말을 걸라고 말했다. 할라가파는 회의적인 태도를 보였지만 시도

---

[*] Kalki Avatar. 백마를 타고 올 것이라고 예언된 비슈누의 열 번째 아바타.

는 해보겠다고 답했다. 몇 주 후 돈이 바닥나 다시 도둑질을 해야겠다는 생각이 났을 때 그는 사진을 보면서 마음속으로 '바바, 지금 제게 돈이 필요합니다'라고 말을 걸었다.

다음 날 아침, 할라가파가 문을 나서면서 뒤를 돌아보니 액자 모서리에 50루피짜리 지폐가 튀어나와 있었다. 그 후 그는 벽에 바바의 사진을 더 많이 걸어두었고, 그 사진들에서 비부티가 만들어지기 시작했다. 그는 동료 도둑들과 멀어지게 되었으며 사진 앞에서 기도하기를 원하는 사람들이 그의 집에 찾아오기 시작해 기부금도 생겼다. 그는 자신의 집을 성소로 사용하다가 고아원으로 운영하기 시작했는데, 기부금만으로도 경비를 충당할 수 있었다.

나는 도둑이었던 이 남성을 만나보기 위해 버스를 타고 벵갈루루로 향했다. 그리고 거기서 마이소르 방향으로 가는 남자들과 함께 택시를 합승했다. 계획대로라면 원래 그날 저녁 스리랑가파트나에 도착했어야 했는데, 택시 기사가 피곤하다며 잠시 눈을 붙이기 위해 차를 세웠기 때문에 다음 날 새벽이 되어서야 도착할 수 있었다.

흰색 티셔츠를 입고 허리에 도티를 두른 할라가파는 길을 걸어 올라오는 나에게 친근하게 인사를 건넸다. 딱 내가 예상한 그대로였다. 내가 배낭을 내려놓자마자 그는 바바의 사진이 들어 있는 부적을 내 손바닥에 올려놓았다. 나는 그 매끈한 플라스틱 부적을 바라보고 있었는데, 어느새 내 손바닥 위로 이슬 같은 물방울이 맺혀서 흐르고 있었다. 그 액체에서는 이제껏 맡아본 적 없는 천상의 향기가 풍겼고, 그로 인해 나의 모든 피로가 씻은 듯 사라졌다. 한 방울이 생겨나고 그다음 또 한 방울이 생겨나는 식으로, 내 손바닥과 손가락 사이에는 작은 개울이 흐르고 있었다. 나는 이 액체를 담기 위해 부적을 1리터 크기의 캔에 넣고 지켜보았는데, 캔이 가득 찼을 때쯤 액체는 더 이상 흘러나오지 않았다. 그는 숟가락으로 부적을 떠서 가져간 뒤 암릿(신성한 넥타)을 뚜껑으로 닫을 수 있는, 깨끗한 탄산음료 병 두 개에 나누어 담았다. 매운 음식 말고는 먹을 게 없어서 어제부터 쫄쫄 굶고 있었던 나는 단식을 깨고 물질화된 이 넥타를 마시기로 했다. 내가 살면서 맛본 것 중 가장 맛있는 음료였다. 나중에 알게 된 것이지만, 바바의 말에 따르면 이 암릿을 마신 자는 생사의 굴레에서 벗어날 수 있다고 했다.*

　다음 날 아침, 명상을 하러 그곳의 성소 방으로 갔다. 그곳의 앞 벽에는 바바의 사진이 여러 장 걸려 있었는데, 모두 비부티**로 두껍게 덮여 있었다. 그 재가 많은 치유와 보호를 가져다준다고 했다. 하지만 내 눈길을 사로잡은 것은 왼손에 정의의 저울을 든 채로 백마를 타고 하늘을 나는 바바의 인상적인 사진이었다. 그 사진을 바라보는데, 갑자기 놀라운 일이 일어났다. 사진이 생생하게 살아나면서 말이 나를 향해 곧바로 질주해왔다. 그의 입에서는 날카로운 양날의 검이 나왔는데, 내가 알기로 그것은 진리였다. 그의 뒤에는 핵폭발로 인한 버섯구름이 사막에서 무시무시한 모습으로 피어오르고 있었다. 사진 아래에는 이런 글이 적혀 있었다.

---

*　암릿은 말 그대로 불멸의 넥타를 말한다. 이 액체는 요가적 완성을 이룬 자의 뇌하수체에서 분비되는 신비한 액체를 상징하며, 불멸을 이루어준다고 전해진다. 내 친구 중 한 명은 사이 바바에 대한 이야기를 처음 들은 순간 이마 한가운데서 암릿 한 방울이 흘러내렸다고 내게 얘기해준 적도 있다.
**　비부티는 시신을 화장한 후 남은 재를 상징하며, 사람은 언제든 죽을 수 있기에 영원히 변치 않는 것에 계속해서 주의를 기울여야 한다는 것을 상기시켜준다. 보통은 베다식 의식을 치를 때 특별한 나무를 태워서 만들어내는데, 먹거나 몸에 바르기도 한다. 사이 바바는 자신의 추종자들에게 비부티를 물질화해서 내려준 적이 많았고, 이 재를 사용한 많은 이들이 기적적인 치유를 경험했다.

나는 또 하늘이 열려 있는 것을 보았습니다. 거기에는 흰 말이 있었고 '신의'와 '진실'이라는 이름을 가진 분이 그 위에 타고 계셨습니다. 그분은 공정하게 심판하시고 싸우시는 분입니다. 그분의 눈은 불꽃 같았고 머리에는 많은 왕관을 썼으며 그분밖에는 아무도 알지 못하는 이름이 그분의 몸에 적혀 있었습니다. 그분은 피에 젖은 옷을 입으셨고 그분의 이름은 '하느님의 말씀'이라 하였습니다. 그리고 하늘의 군대가 희고 깨끗한 모시옷을 입고 흰 말을 타고 그분을 뒤따르고 있었습니다. 그분의 입에서는 모든 나라를 쳐부술 예리한 칼이 나오고 있었습니다. 그분은 친히 쇠지팡이로 모든 나라를 다스리실 것입니다. 그리고 전능하신 하느님의 분노의 포도를 담은 술틀을 밟아서 진노의 포도주를 짜내실 것입니다. 그분의 옷과 넓적다리에는 '모든 왕의 왕, 모든 군주의 군주'라는 칭호가 적혀 있었습니다. ─ 요한계시록 19:11~16

백마가 폐허가 된 세상의 하늘을 질주했고, 나는 바바가 인간의 영혼을 저울에 달아 무게를 재는 모습을 보았다. 그는 이렇게 말했다.

나는 이런 완전한 파멸이 일어나지 않도록 막기 위해 이 세상에 왔습니다. 그러나 모든 사람은 자신의 길을 선택해야 하며 그에 따른 심판을 받아야만 합니다. 왜냐하면 모든 이가 자신의 운명을 스스로 만들어가고, 또 스스로 판단하기 때문입니다. 지구에 큰 변화와 재앙이 일어나겠지만 당신의 가슴속에 내가 있는 한 당신은 두려워할 필요가 없습니다. 참새 한 마리도 나의 허락 없이는 떨어지지 않는다는 것을 기억하세요.
내가 항상 당신과 함께한다는 것을 아세요.

어둠이 인류를 파괴하겠다고 위협해오는 시기에는 항상 신성한 존재가 나타나 부름에 귀 기울이는 사람들의 구원자가 되어준다. 먼 옛날, 라마는 특정한 악마적 존재를 죽이고 정의를 회복하기 위해 나타났었다. 그 후로는 크리슈나가 지구상에 사랑과 헌신이 자리 잡을 수 있도록 이곳으로 왔다. 예수님이나 부처님 같은 독특한 인물들 또한 빛의 전달자이자 스승의 역할로서 이곳에 보내졌다. 에고의 힘과 물질주의가 절정에 달한, 인류가 절멸의 위기에 처해 있는 중요한 시점인 지금, 사이 바바는 정의를 회복하고 인류가 다가오는 평화의 시대를 준비할 수 있도록 돕기 위해 온 인물이다.

스와미, 스와미

바바의 생일날, 건기였는데도 며칠 동안 계속 비가 쏟아졌다. 그는 이렇게 말했다. "이렇게 비가 오는 이유는 내 기분이 좋지 않기 때문입니다. 사람들은 '겉만 번지르르한 장식품과 쓰레기'를 찾으러, 그리고 기적을 구경하러 여기로 옵니다. 내가 여기로 온 진정한 목적이자 여러분에게 주려고 하는 해방을 얻는 데는 별 관심이 없단 말입니다. 나는 일부러 이런 불편한 상황을 만들어냈습니다. 이런 날씨에는 적어도 약간의 희생을 감수해야지만 나의 생일 축하 행사에 참여하여 내가 내려주는 축복을 받을 수 있기 때문이지요." 분명, 그에게는 이 대규모 모임이 며칠간 행사에 참석한 수백만 명의 사람들에게 축복을 내려줄 수 있는 기회였다.

축복을 받으러 온 2만 명의 틈바구니에 낀 상태로 만디르 돌바닥에 몇 시간이고 좌식으로 앉아 있다 보니 무릎이 너무 쑤셔서 앉아 있기가 너무 힘들었다. 하지만 가뜩이나 바바의 기분이 이미 좋지 않은데 자리를 떠서 그를 더욱 불쾌하게 만들고 싶지는 않았다. 또, 그가 내려주는 축복은 단 하나도 놓치고 싶지 않았다.

내적 시야가 열려 있던 한 여성은 전날에 바바의 머리에서 아름다운 초록색 빛의 공이 나오는 것을 보았다고 말했다. 그녀의 말에 따르면 바바가 공을 잡아당겨서 사람들 위로 던지자 공이 공중에서 폭발했고, 그 빛의 불꽃이 사원 안의 모든 사람에게 퍼져나갔다고 한다. 이런 축복을 정말 놓치고 싶지 않긴 했지만, 결국에는 더 이상 기다릴 수가 없어서 자리를 떠야만 했다. 나는 수많은 인파를 뚫고 비 오는 밤길을 더듬거리며 헤쳐 나갔다. 맨발로 진흙탕을 밟으며 숙소로 향하는 동안 억수 같은 빗줄기가 쏟아져 얇은 면 옷이 흠뻑 젖어버렸다. 바바에게 그냥 가버려서 죄송하다고 마음속으로 사과를 드리긴 했지만 나는 그저 수백만 명의 사람들 중 한 명에 불과했다. 그러니 그는 사실상 나의 부재를 눈치채지도 못할 것이었고, 설령 안다 하더라도 신경조차 쓰지 않을 게 분명했다.

처음에는 비좁은 공간에서 벗어나 두 다리를 쭉 뻗을 수 있다는 것에 안도감을 느꼈지만, 숙소로 걸어가면서 빗물에 옷이 젖어 들자 슬픈 기분이 들었다. 다시 이런 생각이 올라왔다. '바바를 보러 여기까지 왔는데 나는 군중 속의 하찮은 점 하나에 불과하구나. 게다가 오늘은 생일인데도 그의 기분이 좋지 않네. 바바에게 나의 사랑과 축복을 전하려고 최선을 다했지만 분명 그것만으로는 충분치 않은 것 같아. 몸이 축축하고 춥다. 빨리 숙소로 가고 싶어.'

어둠 속을 더듬거리며 걸어가다 잠시 비를 피하기 위해 이전에 지냈던 헛간 안으로 들어갔다. 주위를 둘러보니 아무도 없었다. 그런데 난데없이 터번과 누더기 옷을 입은 두 남자가 내 발 쪽에 나타나더니 자리에서 일어났다. 상황 파악을 하기도 전에, 그들은 커다란 타월을 내 머리 위로 던진 다음 내 머리를 말려주기 시작했다.

"스와미, 스와미, 다 젖었으니 우리가 말려줄게요." 그들은 따뜻한 마른 수건을 머리부터 발끝까지 계속 문질러주며 다정하게 말했다.

악수조차 하지 않는 나라에서 나를 '스와미'라고 부르며 만져주다니, 정말 이상했다. 크고 복슬복슬한 이 수건은 도대체 어디서 구한 걸까? 건조기에서 금방 나온 것처럼 따뜻한 수건이라니. 벵갈루루에서 가장 좋은 가게에도 이런 수건은 없는데 말이다.

이들은 내 몸을 말려주면서 팔과 다리를 마사지해주었고, 나는 곧 기운을 회복했다. 내 마음은 사랑으로 가득 차 있었다. 신기하게도 어느새 온몸과 옷이 바싹 말라 있었다. 나는 행복한 기분을 만끽하며 두 사람에게 감사 인사를 하려 했는데, 다시 보니 헛간은 텅 비어 있고 내 주변에는 아무도 없었다. 두 사람이 흔적도 없이 사라진 것이다!

비밀스러운 만남

생일을 축하하기 위해 몰려들었던 사람들이 모두 떠난 후, 다시 만디르 앞에서 야영을 하기로 했다. 나는 바바의 창문을 올려다볼 수 있는 야자수 아래에다 멍석을 깔았다. 바바의 측근들에 따르면 그는 밤에 잠을 자지 않고 침대에 앉아 자신의 추종자들을 돕기 위해 내적 차원에서 일한다고 한다. 자리에 눕기 전에 나는 앉은 자세로 명상을 하면서 나의 의도를 그의 의도와 일치시키려 노력했다. 그런 뒤 잠에 들면 바바가 꿈속에 나타나 내게 배울 준비가 된 것들을 가르쳐주었다. 아침이 되어 깨어나서도 바바와의 만남과 그의 어마어마한 사랑이 기억날 때가 많았고, 해가 뜨면 그는 발코니로 나와 다르샨을 내려주곤 했다.

어느 날 아침, 다르샨을 기다리는 대신 아쉬람의 뒷산을 오르고 싶다는 강한 충동을 느꼈다. 산길을 따라 올라가다 보니 바바가 오래전에 심어두었다는 나무 앞에 이르렀다. 나무가 있는 그곳은 바바가 명상 장소로 지정해둔 곳이었다. 나는 산등성이를 따라 계속 올라가다 마침내 푸타파르티 마을이 훤히 내려다보이는 곳에 다다랐다. 저 아래쪽에 아쉬람이 보였고 치트라바티^{Chitravati} 강이 황량한 계곡을 가로질러 저 멀리까지 흘러가고 있었다.

계속 산을 타던 나는 문도 없는 작은 초가 오두막에 도착했다. 연이은 오르막길과 강한 아침 햇볕 때문에 더위를 느낀 나는 초가지붕 아래에서 잠시 쉬어야겠다고 생각했다. 오두막은 너비가 2미터가 채 안 되었고 바닥에 멍석이 깔려 있어서 명상하기 딱 좋은 곳으로 느껴졌다. 나는 자리를 잡고 앉아 내면에 주의를 집중하기 시작했는데, 눈을 감자마자 어마어마한 영적 에너지가 내 안으로 흘러들어왔다. 물리적 세계가 너울거리면서 빛으로 바뀌는 느낌이었다. 결국 나는 몸 밖으로 빠져나가는 듯한 이 느낌을 감당할 수가 없어서 자리에 누웠고, 즉시 잠에 빠져들었다.

누군가가 나를 부르는 소리가 들려 밖으로 나가보았다. 밖에는 바바와 흰옷을 입은 두 사람이 서 있었는데, 그중 한 사람이 예수님이라는 것을 깨달은 나는 큰 충격을 받았다. 나머지 한 사람은 내가 나이니탈에서 LSD 체험을 할 때 에테르계에서 만났던 존재로, 내게 I AM에 대해 명상하라고 말했던 이였다. 몇 달 후 나는 이 사람, 즉 마스터 세인트 저메인을 육체적인 모습으로 만나게 될 것이었다. 그는 프랑스 혁명 이전부터 유럽 궁정에서 이름을 날렸던 인물로, 볼테르^{Voltaire}가 "모든 것을 알지만 절대 죽지는 않는 사람"이라고 말한 바 있다.

깜짝 놀란 나를 앞에 두고 겸손하게 서 있던 그들은 모든 것을 꿰뚫어 보는 듯한 깊이 있는 눈을 가지고 있었으며, 압도적인 사랑을 뿜어내고 있었다. 내가 왜 이런 굉장한 만남을 가지게 되었을까 궁금해하던 찰나, 사이 바바가 입을 열었다.

"애야, 너는 너의 소명을 일깨우기 위해 이곳으로 온 거란다. 너는 인생의 첫 3분의 1을 여러 가지 훈련과 인간적인 카르마 작업을 하며 보냈어. 이제는 다음 단계로 넘어갈 때가 되었고, 너의 진짜 봉사가 시작되어야 해. 지금은 진정한 네가 누구인지 기억할 때이며 신성한 본성과 목적을 향해 깨어날 때란다."

말을 마친 그가 내 머리에 손을 얹었다. 갑자기 나는 지구 위에 있는 나를 인식하게 되었는데, 이때의 나는 더 높은 차원의 몸속에 있으면서 근원과 완전한 교감을 할 수 있었다. 그제야 나는 인간의 몸으로 태어나기 전에 나를 지구로 안내했던 이들, 나를 근원 의식으로부터 분리시키고 내가 누구인지 잊어버리게끔 만든 이들이 흰색 로브를 입은 이 두 명의 마스터였다는 것을 기억해낼 수 있었다. 이들은 내가 근원 의식을 회복할 수 있도록 도와주기 위해 다시 나를 찾아온 것이었다.

갑자기, 나는 다시 그들과 함께 방갈로 밖에 서 있었고 그들은 고개 숙여 인사하더니 홀연히 사라져버렸다. 멍석 위에서 자던 나는 깨자마자 오두막 밖으로 기어 나갔지만 마스터들은 이미 사라지고 없었다. 지구에서의 삶이 방금의 낮잠처럼 깨고 나서 보면 한순간에 불과하다는 것을 깨달으니 정신이 아득해졌다.

산을 내려가면서 이런저런 생각을 해보았다. 내 사명이 이제 막 시작되었다는 것은 알겠는데, 그 사명이라는 것이 어떤 형태일지는 알 수가 없었다. 그 후 나는 며칠간 다르샨에 참여하지 않고 명상 나무 아래에 앉아서 한때 잊어버렸었던 근원 의식에 나의 의식을 동화시켰다.

'내가 할 일이 도대체 뭘까?' 내 사명에 대해 더 자세하게 알고 싶은 마음이 들어서 내게 많은 계시를 내려주었던 그 초가 오두막에 다시 한번 가보기로 했다. 한낮의 더위를 피해 이른 시간에 출발한 나는 충분히 오래 머물 수 있도록 점심 도시락까지 단단히 준비했다. 그렇게 똑같은 오솔길을 걸어 저번 그곳에 다다랐는데, 오두막이 사라져 있었다. 이상하다 싶어 산등성이를 더 높이 오른 다음 아래를 내려다보았다. 거기서는 산 전체가 내려다보였고 올라오는 길도 다 보였지만 눈을 씻고 찾아봐도 오두막은 보이질 않았다. 나는 바위 위에 앉아 점심을 먹으며 산을 계속 훑어보다가 마침내 아래로 내려가기 시작했다. 내려가면서 며칠 전 오두막이 있던 그곳에 다시 도착했지만 처음부터 그런 건 없었다는 듯이 아무 흔적도 찾아볼 수가 없었다. 모든 답을 미리 알려고 하기보다는 운명이 알아서 내 앞에 펼쳐지기를 참을성 있게 기다리라는, 매 순간에 온전히 집중하며 삶을 살아가라는 뜻으로 느껴졌다.

비개인적인 삶

나는 여전히 바바가 신적 의식 상태를 지속할 수 있는 어떤 명상법이나 요가 기술을 알려주길 바라고 있었다. 듣기로는 바바가 몇몇 사람들과 개인 면담을 하면서 삶을 변화시켜줄 만트라를 알려줬다고 했다. 그래서 나도 바바가 뭐라도 하나 알려주시기를 기도했다. 바로 다음 날, 점심을 먹고 바닥에 누워 천장을 올려다보는데 바바의 현존이 느껴지면서 산스크리트어 세 마디가 들렸다. 자리에서 일어나 그 단어들을 반복해서 챈팅하자 의식의 문이 열리는 것이 느껴졌다.

그때부터 매일, 최대한 자주 그 만트라를 챈팅했다. 맨 처음에는 놀라운 효과가 있었지만 일주일이 지나자 마법이 풀리기 시작했고,

두 번째 주가 되면서는 아예 그 힘을 잃은 듯 보였다.*

나는 바바가 다른 사람들에게 알려줬다는 여러 영적 수행법을 알고 있었고 시도도 해보았지만 그것들 역시 시간이 갈수록 효과가 미미해졌다. 미국으로 돌아가는 비행기표에 찍힌 출발일이 점점 가까워질수록, 시간이 지나도 효력을 잃지 않는 궁극의 방편을 찾지 못했다는 좌절감이 커져만 갔다. 그러다 문득 지금까지 바바에게 내가 필요하다고 생각한 것을 달라고 요청하기만 했지, 제대로 된 질문을 해본 적은 없다는 사실이 떠올랐다. 그는 그저 내 요청을 들어주었을 뿐이었다. 나는 답을 확실히 얻어야겠다고 결심하면서 그에게 편지를 쓰기로 했다. 물론 그는 내 모든 생각을 알고 있으며 내 질문에 내적인 답을 줄 수 있는 존재였으나 가끔은 우리가 직접적으로 물어보고 실제 행동을 취하기를 바란다는 것을 나는 알고 있었다. 그래서 자리에 앉아 편지를 썼다.

먼저, 그의 사랑과 은혜에 감사하다는 말을 쓴 다음 님 카롤리 바바에게 했던 것과 같은 질문을 했다. "저는 어디로 가야 하고, 또 무엇을 해야 하나요?" 그리고 마지막으로는 이런 질문을 썼다. "구체적으로 어떤 영적 수행을 해야 하는지 알려주세요."

나는 편지지를 접어서 봉투에 넣고 다르샨 때 그것을 가져갔다. 평소에는 나를 모른 척하면서 그냥 지나가던 바바가 오늘은 바로 내 앞에 멈춰 서서 내 왼쪽에 있는 사람과 이야기를 나누기 시작했다.

지금까지는 바바를 만나기 위해 그 먼 거리를 날아왔지만 그에게

---

* 산스크리트어 만트라의 힘은 대부분 소리의 진동에서 나온다. 이러한 진동은 특정 효과를 불러오며 특정 시기를 지나고 있는 한 개인에게만 적합한 경우가 많다. 에너지가 그 사람에게 잘 흡수되었거나 특정 시기가 지나면 만트라의 효과가 미미해진다. 반면, 가야트리 같은 만트라는 누구나 큰 효과를 볼 수 있는 보편적인 만트라다. 산스크리트어에서 파생된 언어로 이뤄진 만트라는 단어의 의미와 그것이 불러일으키는 의식에서 대부분의 효과가 나온다.

서 아무런 응답을 받지 못했다고 생각했다. 물론 영적인 축복을 많이 받긴 했지만 사소한 접촉이라도, 손가락만 잠깐 스쳐도 좋으니 우리 둘 사이의 유대감을 외부 세계에서 육체적으로 인정해주었으면 좋겠다는 바람은 여전히 내 안에 남아 있었다.

바바는 내 왼편에 있는 사람과 대화를 마치고 돌아서서 걷기 시작하더니 자연스럽게 손을 뒤로 뻗어 내 편지를 집었다. 그 순간, 그의 집게손가락이 내 손가락에 닿았다. 서로의 집게손가락 끝이 닿은 채로 그는 잠시 멈춰 있었다. 편지를 가져갈 때, 나는 그가 내적으로 이렇게 말하는 것을 들었다. "피터, 파다나마스카르padanamaskar를 하렴."

이 말인즉, 바바의 발을 만지라는 것이었다. 그의 발을 만지면 모든 카르마에서 벗어나 해탈을 보장받는다는 말이 있었기에 사람들은 이를 궁극의 축복으로 여겼다. 나는 그가 외적으로 입을 열어 말을 할 때까지 기다리지 않고 양쪽 발에 손을 얹은 채 한참 동안 발을 붙잡고 있었다. 그와 내가 하나가 된 듯한, 마법 같은 순간이었다. 내가 바로 이걸 위해 인도로 돌아왔구나 싶을 정도로 뭔가가 완성된 것 같은 느낌이 들었다.

잠시 후, 바바는 몸을 돌려 자신의 다르샨을 기다리고 있는 수천 명의 사람들을 향해 걸어갔다. 나는 어리벙벙한 기분으로 넋을 잃고 앉아 있었는데, 갑자기 내가 아는 어떤 사람이 뒤에서 다가와 작은 검은색 책, 《비개인적인 삶》*을 내 손에 쥐여주었다.

"작별 선물이에요." 그가 말했다.

펼쳐진 책에는 밑줄이 그어져 있었는데, 그 문장은 다음과 같았다.

---

* 원제는 The Impersonal Life. 한국에는 《내 안의 나》라는 제목으로 출간되었다. 역주.

"나는 나다(I AM THAT I AM)." 이에 대해 명상하라.

이것은 어떤 영적 수행을 해야 하는지를 물은 내 편지에 대한 바바의 답이었다. 다시 한번 나는 《베일 벗은 미스터리》에서 읽었던 I AM을 떠올렸다.

문득, 이 간단한 말에 도대체 어떤 힘이 담겨 있는 것인지 궁금해졌다. 사람들은 매일 "나는(I AM)"이라고 말한다. 만약 이 말이 정말 특별한 것이라면 왜 그걸 진작 몰랐을까? 어쩌면 직접적인 답을 할 수 없는 선문답 같은 것은 아니었을까? 나는 I AM에 대해 명상하면서 어떤 일이 일어나는지 지켜봐야겠다고 결심했다. 내가 이 단어의 비밀스러운 힘을 알게 되기까지는 몇 달이 걸렸다. 북부 캘리포니아의 어느 집 거실에서 펄이라는 이름의 여성과 마주 보고 앉아 있던 나는 다음과 같은 것을 깨닫게 되었다.

나는 신이다(I AM God).

지인이 선물해준 《비개인적인 삶》을 읽으면서, 나는 이 직접적인 길이 라마에게 무릎을 꿇은 하누만으로 대표되는 헌신의 길과 얼마나 다른지를 깨달았다. 많은 이들이 사이 바바를 아바타, 즉 신의 화신으로 숭배했지만 그는 언제나 자기 내면의 신성을 찾으라며 사람들을 격려했다.

크리스마스가 다가오자 바바는 자신이 설립한 대학이 있는, 벵갈루루 외곽의 작은 마을 카두고디(Kadugodi)로 거처를 옮겼다. 나는 인도에서의 마지막 일주일을 그와 함께 보내기 위해 그를 따라가기로 결심했다. 마침 주인의 허락을 맡아 잠시 지낼 빈 헛간도 구할 수 있었다. 이곳 헛간은 천장이 뻥 뚫려 있어 밤이 되면 별이 보이고 비가 내리면 쫄딱 젖을 수밖에 없는 곳이었지만 바바의 거처와 매우 가까웠기에 여기서 지낼 수 있는 것만 해도 감지덕지였다.

크리스마스 당일, 대학에 다니는 학생들이 예수님의 생애에 관한 야외극을 열었다. 극이 시작되기 전, 바바가 무대에 올라오자 배우들은 그럴 필요 없다고 사양하는 바바에게 기어코 힌두교 관습에 따라 절을 하고 그의 발을 만졌다. 마침내 무대 앞으로 걸어간 바바는 내 기억 속에서 평생 지워지지 않을 연설을 했다.

> 그래요, 내가 신이라는 것은 사실입니다. 그러나 여러분 역시 신입니다. 여러분 모두는 씨앗 형태의 아바타입니다. 나는 그저 하나의 본보기일 뿐이지요. 내가 무엇이든 간에 여러분도 나와 같이 될 수 있습니다. 매일, 하루 종일 여러분은 "나는 신이다. 나는 신이다. 나는 신이다" 하고 되뇌어야 하며 이렇게 함으로써 여러분은 신이 될 것입니다. 여러분은 자신이 의식을 집중하는 바로 그것이 됩니다. 그러니 자신 안에 있는 신에게 의식을 집중하면 여러분은 신이 될 것입니다.

그는 살아 있는 마스터가 무엇인지를 보여주는 모범적인 인물이 바로 예수이며, 예수님이 했던 성경의 말씀을 묵상함으로써 우리 각자가 그리스도가 될 수 있다고 말했다. 그런 다음 그는 예수의 가장 강력한 확언 몇 가지를 반복했다.

나는 길이요, 진리요, 생명이다.

나는 부활이요, 생명이다.

나는 세상의 빛이다.

나는 I AM이라는 말에서 점점 어떤 힘을 느끼기 시작했다. 이 말을 반복하면서 I AM이 개인의 에고를 표현하는 말이 아니라 초월적인 자아, 즉 파라마트만Paramatman에 대한 확언이라는 것을 깨닫게 되었다. 이 의식에는 나/내 것 또는 자아/타자가 따로 없다. 이 의식을 성취한 사람은 이원성에서 벗어나 신적 의식을 지닌 '존재'로서 비개인적인 삶을 살기 시작한다.

예언

푸타파르티에서 지내는 동안 나는 위대한 현자 브리구Bhrigu에 대한 이야기를 듣게 되었다. 브리구는 예수보다 천 년 더 앞선 시절에 50만 명이 넘는 영혼들의 미래 운명에 대한 글을 썼다고 한다.* 나는 다양한 브리구 샤스트리shastri(학자)를 만나본 몇몇 사람들을 알게 됐는데, 그들은 샤스트리에게서 들은 개인적 예언이 정확히 맞았다고 입을 모아 이야기했다. 나뭇잎 위에 쓰인 원본 책은 대부분 무슬림 침략자들에 의해 파괴되었지만 여러 부분이 보존되어 있어 특별 교육을 받은 리더reader들에게 상담을 받을 수도 있었다. 나는 내 운명에 대해 더 자세히 알고 싶어서 뭄바이에 있는 샤스트리와의 상담을 예약했다. 미국으로 돌아갈 때 뭄바이를 거쳐야 하기 때문이었다. 내가 만난 샤스트리는 집안 대대로 내려오는 나뭇잎 더미들을

---

* 기원전 1,500년에서 500년 사이 베다 시대에 살았던 현자 브리구는 인도 점성학인 조티쉬jyotish의 창시자로 여겨진다. 12~13세기 무슬림들의 침략으로 인해 그가 예언한 점성술 문서 대부분이 파괴되었고, 현재는 그중 약 10퍼센트만이 인도 전역에 흩어져 있는 상태다.

가지고 있었다.

나는 약속을 잡아준 통역사와 함께 샤스트리의 아파트로 갔다. 문을 열고 들어가자 샤스트리가 가장 먼저 한 일은 내 그림자 길이를 측정하고, 정확한 시간을 기록한 다음, 책상으로 가서 몇 가지 계산식을 갈겨 쓰는 일이었다. 내가 보기에는 꽤 놀라운 광경이었다. 그는 그 정보를 통해 상담에 어떤 나뭇잎들을 써야 할지 알고 있었다. 거실 한쪽 벽에는 선반이 가득했는데, 거기에 직사각형 모양의 나뭇잎 더미가 깔끔하게 정리되어 쌓여 있었다. 그는 내게 앉으라고 손짓한 다음 선반으로 가서 100겹 정도 되어 보이는 나뭇잎 더미를 하나 골라 책상으로 가져왔다. 각 나뭇잎에는 한 지바[jiva(영혼)]의 전생과 미래 생에 관한 이야기가 적혀 있었다.

그는 첫 번째 나뭇잎을 읽기 시작했고, 이따금 나를 쳐다보며 이것이 맞냐는 확인을 하기도 했다. 하지만 그가 읽어준 삶은 내 삶이 아니었다. 그는 대략 스물다섯 개 정도의 삶에 대해 읽어주었지만 그중 내 삶을 정확하게 묘사하는 것은 없었다. 어떤 삶은 초기에는 비슷했지만 듣다 보면 내 삶과는 다른 삶이었다. 그렇게 한 시간이 지나자 나는 거의 자포자기하는 심정이 되었다. 그러던 어느 순간, 그는 태어나서부터 지금까지의 내 삶을 완벽하게 묘사한 나뭇잎을 읽어주었다.

"미국에서 태어나 두 살 때 부모님이 이혼하게 되며, 어머니의 손에 길러진다. 서양에서 나고 자랐어도 왠지 스스로가 이방인처럼 느껴진다. 대학에 진학한 다음 전공을 바꿀 것이며 몇 년간 불안정한 시기를 보내다 영적으로 깨어나 구루를 찾아 인도로 간다. 첫 번째 인도 여행은 실망스러울 것이나 아바타를 만나러 또다시 인도로 간다. 아바타가 그의 인생의 사명을 일깨워줄 것이다."

이 예언에서는 내 인생의 변곡점들이 언제 언제 생기는지 정확한 나이까지 알려주었다. 또, 내가 많은 생애를 인도인으로 살았으며 최근의 전생에서는 아쉬람의 영적 스승이었다고, 결국에는 인도로 돌아가 이전에 있었던 그 아쉬람에서 가르치는 일을 계속하게 될 거라고 했다.* 몇천 년 전에 쓰인 이 예언은 내가 샤스트리에게 상담하러 올 나이, 즉 지금의 내 나이까지 맞히며 끝이 났다.

---

* 비전 전통에서는 아쉬람이 꼭 물리적인 장소가 아닐 수도 있다. 그것은 에테르적인 아쉬람일 수도 있고, 영적인 차원에서 가르침을 받는 어떤 그룹이 될 수도 있다.

ॐ

외계 형제들의 치료

다시 내 농장으로 돌아오게 되어 기분이 좋았다. 이곳은 치유에 딱 좋은 곳이었다. 나는 쿰브 멜라 축제 때 갠지스 강물을 마신 이후로 계속 이질에 시달리느라 몸무게가 84킬로그램에서 54킬로그램까지 빠진 상태였다. 해 뜨기 전 일어나서 몇 시간 동안 다양한 아유르베다식 클렌징과 요가를 한 다음 한 시간 동안 명상을 하는 식으로 온갖 약과 식이요법을 시도해보기도 했지만 당최 몸이 낫질 않았다. 다 부질없다는 생각이 들어서 도움을 요청하는 기도를 올렸는데, 내면에서 '성경을 펴서 가장 먼저 보이는 구절을 읽어보라'는 말이 들렸다. 그래서 아무 페이지나 성경을 펼친 다음 가장 먼저 눈에 띄는 구절을 읽어보았다. 그것은 대략적으로 이런 내용이었다.

> 심히 거룩해지려다 스스로를 죽이지 말라. 그저 신을 사랑하면서 지금 당면한 일을 하라.

내게 꼭 필요한 조언이었다. 서양에서 요가 수행자로서 살아간다는 것이 꽤 부담스러웠던 나는 인도에서 가져온 흰옷과 말라를 벗고 예전부터 입던 낡은 체크 남방과 청바지를 입었다. 영적인 사람이 되기 위해 열심히 노력하지 않아도 된다는 것이 얼마나 다행이던지! 나는 붓을 들고 오랫동안 미뤄왔던 집 페인트칠을 하기 시작했고, 아무 생각 없이 나무판자에 쓱쓱 붓질을 하며 즐거운 시간을 보냈다.

무더운 한낮의 페인트칠이 끝난 뒤, 나는 들판을 가로질러 숲을 지나 길가에 있는 바에 들어갔다. 그리고 요기로 살기 전에 그랬던 것처럼 거기서 시원한 맥주를 벌컥벌컥 들이켰다. 기분이 좋긴 했지만 술기운이 확 올라왔다. 자리에 가만히 앉아 이런 경험을 유념하며 알아차리고 있었는데, 마침 트럭 운전사 두 명이 들어와 나를 가운데에 두고 양쪽 스툴 의자에 앉았다. 그들은 나를 쳐다도 보지 않고 마치 자신들 사이에 아무것도 없다는 듯이 서로 이야기하기 시작했다. 나는 이리저리 고개를 돌려 수염이 숭숭 난 그들의 새빨간 얼굴을 쳐다보았지만 두 사람 모두 내가 그들 가운데에 앉아 있다는 사실을 아예 인식하지 못하는 것 같았다. 투명 인간이 된 기분이었다. 인도에 있을 때 내 진동수가 높이 올라가서 주파수가 낮은 사람들에게는 더 이상 내가 보이지 않는 그런 상황인가 싶었다.[*] 자리에서 일어나면서 작별 인사를 했지만 그들은 여전히 나를 인지하지 못했고, 나는 바에 돈을 놓고 자리를 떠났다.

들판을 지나 집으로 돌아갈 때쯤에는 배가 매우 고팠다. 하지만 그렇다고 요리를 하고 싶진 않았다. 인도에서 배운 대로 쌀, 렌틸콩,

---

[*] 나중에 나는 의식적으로 투명 망토를 불러와 사용하는 법을 배우게 되었다.

요거트를 섞어 키차리^(kitchari)를 만들어 먹는 것도 이제는 물려버렸기 때문에 나는 차를 몰아 허드슨으로 갔다. 이곳 빈민가에 소울푸드 식당이 있다는 소문을 들은 적이 있었기 때문이다. 식당에서는 남부식 프라이드치킨, 케일 요리, 고구마파이, 블랙커피 한 잔을 주문했고 집으로 돌아오는 길에는 초콜릿 도넛을 포장해갔다. 이런 음식들을 먹었으니 이제 나는 죽었구나 싶은 생각도 났지만 너무 엄격한 식단을 따르는 것도 지긋지긋했다. 여태껏 온갖 식이요법을 다 따라 해봤지만 아무런 도움이 되지 않았으니 말이다.

집에 돌아와서는 이불 위에 엎드려 내가 오늘 밤을 넘기지 못하고 죽을 게 분명하다고 생각했다. 그래서 잠들기 직전에 신께 마지막 기도를 드렸다. "저는 제가 살든 죽든 상관없습니다. 하지만 당신께서 제가 살기를 원하신다면 저를 치료해주세요."

곧 나는 병원 대기실에 있는 것과 비슷한 흰색 플라스틱 벤치에 앉아 있는 내 모습을 발견했다. 벤치에는 다른 사람들도 앉아 있었지만 다들 말이 없었다. 의사나 기술자처럼 보이는 흰 재킷을 입은 남자가 내게 다가와 클립보드를 내려다보며 "다음 환자분" 하고 말했다.

자리에서 일어난 순간, 나는 내가 환자용 가운을 입고 있다는 사실을 깨달았다. 클립보드를 든 남자는 수많은 다이얼과 전선이 연결되어 있는 거대한 기계장치로 나를 안내한 후 두 개의 직사각형 금속판 사이에 서 있게 했다. 그는 앞쪽 판을 내 몸쪽으로 가져와서 내 몸통이 두 판 사이에 끼게 했다.

"움직이지 마세요." 그가 말했다.

기계에서 윙윙거리는 소리가 나더니 갑자기 에너지가 넘치는 기분이 들었다. 아래를 내려다보니 내 차크라들이 밝게 빛나며 시계 방향으로 회전하는 것이 보였다. 아름다운 색상과 맥동하는 패턴을 보자 신기했는데, 아쉽게도 기계는 곧 꺼졌다.

"조금만 더 해주시면 안 될까요?" 내가 외쳤다.

"안 돼요. 차크라에 무리가 가지 않도록 조심해야 하거든요. 이제 벤치에 앉으세요. 잠시 상태를 지켜본 다음 다시 빔을 쏴서 내려보내드릴게요."

"저를 빔으로 내려보낸다고요? 당신은 누구신데요?"

"지금 당신이 타고 있는 건 의료 우주선이에요. 우리는 지구를 돌면서 사람들을 치유합니다. 물론, 우리가 관여해도 괜찮은 카르마를 가진 사람만요."

우주선 안이 생각보다 바쁘지 않다는 것에 놀란 내가 물었다. "더 많은 사람들을 치료해줄 수도 있지 않나요? 지구에는 당신들의 도움이 필요한 사람들이 정말 많아요."

"방금도 말했듯이 우리는 카르마가 허락하는 한에서만 사람들을 치료해요. 자, 이제 앉으세요."

아침에 일어나니 몸에 활력이 넘쳤다. 어젯밤의 기억은 마치 〈스타트렉〉의 에피소드처럼 느껴졌다. 기분이 끝내주게 좋았고 소화도 완벽하게 잘 되고 있었다.

서부 여행

몸도 건강해졌겠다, 이제는 조용한 산꼭대기 집에서의 칩거를 마치고 다른 곳으로 떠나보고 싶었다. 그래서 낡은 닷지^{Dodge} 밴을 600달러에 사서 등유 버너와 이불을 트렁크에 싣고 서쪽으로 길을 떠났다. 목적지도 정하지 않은 채 그저 신께 이 여정을 인도해달라고 기도드리면서 차를 몰았다. 또 한 번 방랑하는 사두가 된 기분이 들어서 인도의 흰옷과 말라를 다시 입었는데, 옷차림을 이렇게 하고 다니면 내가 자신들과 동족이라는 것을 알아본 '괴짜'들이 언제나 나를 환영해주었다. 매일 해가 질 무렵이면 나는 어김없이 어떤 공동체나 아쉬람에 나를 초대해주는 사람들을 만나게 되었다. 사원이나 아쉬람의 시멘트 바닥에서 자는 데 익숙해져 있던 나에게 소파에서의 잠은 사치에 가까웠다. 모두가 인도, 람 다스 그리고 내가 만난 놀라운 존재들에 대한 이야기를 듣고 싶어했다. 사람들은 친절하고 관대했으며 때로는 내게 음식과 주유비를 챙겨주기도 했다. 이 당시 사람들은 공동체 정신이 강해서 서로를 가족처럼 대하는 경향이 있었다.

하루는 테네시 주 멤피스^{Memphis}를 지나던 중 주유소에 들러 공중 전화 부스에 들어갔다. 거기서 어떤 이에게 전해 받은 아쉬람 전화 번호로 전화를 걸었는데 응답이 없었다. 통화 연결음이 몇 번 울린 후 전화 교환원이 전화를 바꿔 받아 이렇게 말했다. "그 아쉬람은 이제 없어졌어요. 괜찮으시다면 요가에 관심이 있는 제 지인들을 연결해드릴까요?"

"정말요?" 나는 깜짝 놀라 대답했다. 자진해서 지인들을 연결해주겠다고 말하는 전화 교환원은 생전 처음이었다. 람 티르타의 말에 따르면 특별한 경우에 사람들 사이에 개입해서 그들의 운명을 인도하는 마스터들이 있다는데, 혹시 그녀가 그런 존재일지도 모른다는 생각이 들었다.

"네, 연결해주시면 감사하죠." 나는 그녀가 과연 누굴 연결해준다는 걸까 궁금해하며 말했다.

잠시 후, 수화기 너머로 친절한 여성의 목소리가 들려왔다. 그녀는 자신을 린^{Lynn}이라고 소개하며 이렇게 말했다. "요가에 관심 있으시다고 들었어요. 저희는 아쉬람이 없긴 한데 일단 이쪽으로 오실래요?" 그녀는 밤 9시에 낯선 사람에게서 자고 가도 되냐는 요청을 받는 것이 지극히 정상적인 일이라는 듯이 말했다. 린과 그녀의 남자 친구는 오랜 친구처럼 편안한 사람들이었다. 둘은 나의 인도 여행담을 듣고 싶어 했고, 우리는 밤늦게까지 이야기를 나누었다.

다음 날 아침, 다시 길을 떠나기 위해 밴에 오르는데 린이 내 주머니에 쪽지와 함께 20달러짜리 지폐 두 장이 든 봉투를 넣어주었다. 쪽지에는 내가 집필 중인 책의 출판 비용에 이 돈을 보태달라고 적혀 있었다. 또, 만나보면 좋을 거라며 산타페Santa Fe에 사는 자기 친구의 이름도 같이 적어놓았다. 린은 내가 그쪽으로 곧 갈 거라고 친구에게 전해놓겠다고 했다.

뉴멕시코 주에 도착한 나는 산타페를 향해 북쪽으로 차를 몰았다. 산타페는 '아시시의 프란치스코를 위한 성스러운 믿음의 도시'라는 뜻의 라 비야 레알 데 라 산타 페 데 산 프란시스코 데 아시시*를 줄인 말인데, 올드 산타페 트레일**의 종착지가 바로 이곳이었다.

때는 초봄이었으며 나는 40번 주간州間 고속도로를 벗어나 사막 저지대로부터 상그레 데 크리스토Sangre de Christo 산맥을 향해 올라가고 있었다. 그러던 와중 갑자기 앞이 안 보일 정도의 거센 눈보라가 불어왔고, 결국 마모가 많이 되어 있던 타이어가 접지력을 잃어 자동차가 도로 옆으로 미끄러져버렸다. 잠옷 같은 얇은 옷 하나만 입은 상태로 문명과는 거리가 먼 오지에 발이 묶인 상황이었다. 결국 나는 차에서 내려 눈을 헤치며 산타페를 향해 한 발 한 발 걸어가기 시작했다. 스무 걸음쯤 걸었을까, 갑자기 한 남성이 랜드로버를 멈춰 세우더니 창문을 내려 이렇게 말했다.

"타세요, 이 날씨에는 마을까지 못 걸어가요. 이런 산속에서는 얼어 죽을 수도 있거든요. 지낼 곳이 없다면 우리 집에서 지내도 돼요."

차 문을 잠그지는 않았지만 어차피 안에 훔칠 만한 물건이 없었기 때문에 그냥 자갈이 깔린 갓길에 밴을 주차해두었다. 그런 뒤 밴

* La Villa Real de la Santa Fé de San Francisco de Asísi.
** Old Santa Fe Trail. 미국의 주요 개척로 중 하나로, 미주리 주 인디펜던스에서 시작해 뉴멕시코 주 산타페까지 이어진 약 1,600킬로미터의 길을 말한다. 역주.

주위를 빛으로 둘러싸는 심상화를 했다. 바닥에 눈이 15센티미터 정도 쌓여 있었기 때문에 차를 얻어 탈 수 있어서 천만다행이었다. 이 친절한 남성은 대부분의 건물들이 흙벽돌로 지어져 있는 갈리스테오 Galisteo 근처에 살고 있었다. 그의 아내는 저녁 식사로 따뜻한 포솔레와 블루 콘 토르티야*를 미리 준비해놓았으며, 내가 집으로 들어가자 식탁에 자리를 마련해주었다. 저녁 식사 후 그들은 다락방 아래층에 있는 따뜻한 침대 하나를 내게 내주었다. 나는 깊은 고요 속에서 곧바로 잠들었다.

아침이 되자 도로 상황이 괜찮아졌고, 남성은 밴이 있는 곳까지 다시 나를 태워주었다. 자세히 살펴보니 주소록 빼고는 없어진 물건도 딱히 없어서 빛의 서클이 밤새 밴을 지켜준 것처럼 느껴졌다. 주소록이 없어져서 짜증 난다기보다는 왠지 해방감이 들었다. 연락해봐야 하나 고민 중이던 사람들의 이름이 전부 거기 적혀 있었는데 이제는 주소록 자체가 사라져버렸으니 말이다. 나는 인간의 마음으로는 미리 계획할 수 없는, 훨씬 더 큰 계획이 준비되어 있다는 것을 알았다. 그러니 순간순간 그 계획이 펼쳐지는 대로 따라가는 것 말고는 할 수 있는 것이 없었다. 머리로는 가늠할 수 없는 어떤 상위의 목적을 이루게끔 인도를 받고 있는 기분이었다.

산타페까지 남은 30킬로미터를 운전하는 동안 눈부신 햇살 아래서 눈이 녹고 있었다. 다행히도 린이 자기 친구인 랜디 카터 Randy Carter 의 집 주소를 적어준 쪽지는 잘 가지고 있었기에 곧 나는 그의 집

---

* 포솔레pozole는 멕시코 전통 스튜이며 블루 콘 토르티야Blue corn tortilla는 파란색 또는 보라색을 띠는 옥수수로 만든 토르티야다. 역주.

현관문을 노크하게 되었다. 그는 영적 그룹인 아난다 마르가^{**}의 회원이었는데, 이 그룹의 설립자이자 구루는 인도인이었다. 나는 랜디가 형제처럼 느껴졌고 우리는 오후 내내 영적인 길을 걸으며 겪은 여러 모험들을 공유했다. 랜디는 명상을 하는 것 외에도 산타페에 있는 그 지역 인도 병원에서 의사로 일하며 불우이웃들을 도왔기에 영적인 가르침을 진정으로 실천하며 살아가는 사람이라고 할 수 있었다. 그는 인근의 푸에블로^{pueblo} 원주민^{***}들을 만나러 가느라 하루 종일 자리를 비울 때가 잦았고, 덕분에 나는 명상할 시간이 많이 있었다. 랜디의 집에 너무 오래 머물고 싶지는 않았지만 그는 지내고 싶은 만큼 자기 집에 머물러도 된다고 말해주었다.

** Ananda Marga. 아난다 마르가(지복의 길)는 스리 아난다무르티^{Sri Anandamurti}(1921-1990)로도 알려진 란잔 사르카르^{Ranjan Sarkar}가 설립한 단체다. 당시 회원들은 1971년 아난다무르티가 체포되면서 약간의 혼란을 겪고 있었는데, 7년간의 수감 끝에 그는 모든 혐의에 대한 무죄 판결을 받았다. 이때 미국 전역에는 해탈뿐 아니라 인류에 대한 봉사를 실천하는 아난다 마르가 센터가 많이 있었다.
*** 흙벽돌로 지은 인디언의 집단 주택을 푸에블로라고 한다. 푸에블로 원주민은 특정한 한 종족이나 부족을 지칭하는 명칭이 아니라 미국 남서부 지역(특히 뉴멕시코와 애리조나)에서 이러한 주택에 사는 여러 원주민 집단을 통칭하는 용어로 쓰인다. 역주.

프라사드

　어느 날 오후 명상을 하던 중 시내에 있는 골든 템플 컨셔스 쿠커리*로 운전해 가고 싶다는 알 수 없는 충동이 올라왔다. 하지만 나는 이미 점심을 먹은 상태였고 시간도 한낮이었기 때문에 그런 끌림을 이해할 수가 없었다. 그래서 계속 충동을 억눌렀지만 결국에는 그것에 굴복해버렸다. '그래, 그냥 차나 한잔 마시러 가지 뭐.' 한산한 시간대라 그런지 식당에는 사람이 없었다. 차를 다 마신 다음 밖으로 나가려던 그때, 감미로운 사이 바바의 목소리가 분명하게 들려왔다. "기다리렴! 1분 후에 누군가가 식당으로 들어올 건데, 네가 그 사람을 만나보면 좋겠구나."

　내가 진짜 사이 바바의 목소리를 들은 게 맞나? 지구 반대편에 있

---

* The Golden Temple Conscious Cookery. 건강, 행복, 성스러운 조직을 뜻하는 3HO(Healthy, Happy, Holy Organization)는 쿤달리니 요가를 가르치는 조직이며 이곳의 설립자인 요기 바잔Yogi Bhajan(1929-2004)은 한때 35개국에 300곳 이상의 센터를 운영했는데, 그때 열었던 채식 레스토랑 중 하나가 바로 골든 템플 컨셔스 쿠커리였다.

는 사이 바바가 산타페에서 일어나고 있는 일들을 정말 알 수 있을까? 나는 미심쩍은 눈으로 문을 바라보다가 손목시계를 확인했다. '1분'이라는 말을 들었기 때문에 딱 1분만 기다렸다가 밖으로 나가야겠다고 생각한 것이다.

그런데 마침 문이 열리면서 젊은 여성이 들어왔다. 그녀는 창가의 내 자리와 카운터 사이에 있는 테이블에 자리를 잡았다. 바바가 만나보라고 한 사람이 진짜 저 사람이 맞을까? 만약 맞다면 어떻게 다가가야 하는 걸까? 대뜸 가서 "안녕하세요. 방금 인도의 어떤 사람이 텔레파시로 당신을 만나보라고 했어요"라고 말할 수는 없는 노릇이었다. 그러면 아마 나를 미친 사람으로 보거나 자기에게 수작을 건다고 생각할 게 뻔했다.

나는 최대한 티 나지 않게 그녀를 바라보며 무슨 말을 해야 할지 고민하고 있었다. 그러자 다시 바바의 목소리가 들렸다. "내가 '1분'이라고 했잖니. 저 사람이 맞아. 그러니 어서 가봐!"

나는 일어나서 잔뜩 긴장한 상태로 여성을 향해 걸어갔다.

"실례합니다. 혹시 제가 이 테이블에 앉아서 차를 마셔도 될까요?"

"네, 그러세요." 그녀는 쓰고 있던 엽서에서 눈을 떼지 않은 채 어깨만 으쓱했다.

'이제 어떻게 하죠, 바바?' 나는 그녀가 불편해하지 않도록 테이블만 쳐다보며 생각했다.

'그녀에게 내 사진을 보여주렴!'

'하지만 지금 당신의 사진이 없는데요.'

'아냐, 네 지갑에 들어 있어.'

그러다 지갑 안에 쑤셔두었던, 작고 너덜너덜한 바바의 사진 한

장이 떠올랐다. 지갑을 샅샅이 뒤지니 정말로 사진을 찾을 수 있었다. 하지만 덥수룩한 머리를 한 이 이상한 남자 사진을 정말로 보여줘야 한단 말일까? 나는 일어날 수 있는 최악의 상황을 상상해봤다. 어쩌면 그녀는 "귀찮게 좀 하지 마세요"라고 말할지도 모른다. 그리고 만일 그렇게 말한다면 나는 바로 자리를 떠날 생각이었다.

일단 그냥 부딪혀보자고 생각한 나는 테이블 위에 사진을 올려놓고 이렇게 말을 걸었다. "방해해서 죄송해요. 아마 제가 미쳤다고 생각하실 거고 저도 제가 왜 이러는지 잘 모르겠지만 혹시 이 사람을 아시나요?"

"그 사람이잖아! 이 사람, 누구죠?" 여성이 격앙된 목소리로 외쳤다.

"사티야 사이 바바요. 저는 인도에서 그를 보고 바로 얼마 전에 여기로 돌아왔어요."

그녀는 나에게서 사진으로 시선을 옮기더니 다시 나를 바라보고 말을 하기 시작했다.

"일주일 전 저는 로스앤젤레스에 있었고, 그때 벽에 성인들의 사진이 걸려 있는 한 영성 서점에 들렀어요. 서점을 구경하고 있었는데, 갑자기 이 남자의 사진이 눈에 확 들어오더라고요. 그러다 사진이 살아 움직이면서 저에게 말을 거는 거 아니겠어요? 저는 제가 미쳤다고 생각했어요. 서점에서 사진이 말을 건다니! 그는 제게 자신을 보러 오라고 말했지만 저는 그의 이름은커녕 그가 어디에 사는 사람인지도 몰랐어요. 서점에 있던 사람들도 그가 누군지 모르기는 마찬가지였죠. 하지만 그는 제게 '일주일 후면 내가 누군지 알게 될 거란다'라는 말을 남겼어요. 정확히 일주일이 지난 지금, 당신이 제 테이블에 합석하더니 그의 이름을 말해줬어요!"

나는 차를 마시는 동안 바바에 관해 설명해주면서 그가 어디에 살고 있으며 그곳을 어떻게 찾아가야 하는지 여성에게 자세히 이야기해주었다. 그녀는 오랫동안 더 영적인 삶을 살고 싶다는 기도를 해왔다면서 오늘의 일이 그 기도에 대한 응답이라고 말했다. 나는 그녀에게 사진을 건네주었고, 그녀는 그 사진을 귀중한 보석 대하듯 손에 꼭 쥔 채로 식당을 떠났다.

'얘야, 정말 잘했구나! 이제 프라사드Prasad를 받으렴!' 다시 바바의 다정한 목소리가 들렸다.

프라사드란 구루의 축복을 받아 그의 영적인 에너지로 충전된 음식을 말한다. 마침 이 식당은 치즈케이크로 유명한 곳이었기 때문에 나는 디저트를 살펴볼 수 있는 카운터 쪽에 앉았다. 그레이엄 크래커 크러스트를 얹은 복숭아 치즈케이크에 눈독을 들이고 있던 그때, 직원이 다가와서 한 조각을 잘라주었다.

"자, 프라사드를 받으세요." 그가 내 앞에 케이크를 놓아두며 말했다.

직원이 바바의 말에 정확히 부합하는 행동을 하는 것을 보고 당황한 나는 그 역시 바바의 목소리를 들은 건 아닐까 생각했다. 가만히 앉아서 치즈케이크를 쳐다보던 나는 혼자 이런 생각을 했다. '프라사드는 단순한 디저트 그 이상의 것이고, 어떤 음식이 진정한 프라사드가 되려면 반드시 구루의 축복을 받아야만 해.' 이런 내 생각에 응답이라도 하듯, 그 즉시 빛 한 줄기가 치즈케이크로 내려왔다. 바바가 정말로 축복을 내려준 것임을 알 수 있었다.

치즈케이크의 훌륭한 맛도 맛이지만, 나는 바바의 신성한 릴라의 일부가 되었다는 것을 기쁘게 음미했다. 바바는 내가 푸타파르티를 떠나기 전 내 가슴속에 전해주었던 자신의 말, 즉 "내가 항상 너와 함께 있을 거란다"라는 그 말을 정말로 지키고 있었다.

접시를 깔끔하게 비우면서 한 가지 생각이 더 떠올랐다. 이것이 정말 구루가 준 선물이자 프라사드라면 돈을 낼 필요가 없다는 것이었다. 하지만 과연 식당 직원도 나와 같은 생각일까? 이곳은 살아남기 위해 수익을 창출해야만 하는 미국의 레스토랑이지, 인도의 아쉬람이 아니었다. 따라서 계산을 해야 하는 것이 당연했지만 나는 내심 돈을 내지 않아도 되기를 바라면서 직원이 돌아왔을 때 "치즈 케이크 값은 얼마를 드려야 할까요?" 하고 물었다.

그는 무심하게 말했다. "무슨 계산이요? 프라사드라니까요!"

바가반 다스와의 저녁 식사

산타페에서 지내는 동안 나는 바가반 다스를 찾아보았다. 그는 람 다스를 마하라즈지에게 데려다준 사람이었고, 당시 그 지역에 살고 있었다. 바가반 다스는 마하라즈지를 만난 뒤 막 귀국한 사람과 연결되었다는 것에 굉장히 기뻐하면서 올드 산타페 트레일에 있는 멕시코 음식점에서 함께 저녁 식사를 하자고 했다.

전직 서퍼였던 키 큰 남성이 금발 드레드록 머리를 하고 작은 식당으로 성큼성큼 걸어 들어오는 것이 보였다. 미국 서부 마을에 전혀 어울리지 않아 보이는 우리 두 사두는 첫눈에 서로를 알아보았다. 나는 멕시코 음식을 잘 모르기 때문에 주문을 그에게 맡겼는데, 몇 분 지나지 않아 여섯 명은 족히 먹을 수 있을 만한 많은 음식들이 테이블에 차려졌다. 알고 보니 그는 굉장한 대식가였다. 식사 끝 무렵에는 내 접시에 있던 음식까지 모두 그의 입속으로 들어가 사라지는 것을 놀라서 지켜볼 정도였으니 말이다.

"마하라즈지를 만나보니 어떻던가요?" 그가 첫 번째 타코를 먹어 치우며 물었다.

"바잔을 많이 불렀다는 것 외에는 아무 일(nothing)도 없었어요."

"아무 일 없었다고 생각하시겠지만 사실 그렇지 않아요."

"무슨 뜻이죠?"

"음, '그 아무것도 아닌(nothing)'은 사실 당신의 마음을 거울처럼 비춰주는 거예요." 그는 알 듯 말 듯한 말을 했다.

"네? 그게 무슨 뜻이죠?"

"마하라즈지의 현존 안에서 당신은 그 어떤 고정된 생각도 가지고 있을 수 없어요. 그렇지 않으면 그분은 그 고정된 생각들을 부숴 버리실 거예요." 그가 부리토를 게걸스레 먹으며 말했다. "그분은 당신이 자기 것들을 직면할 수밖에 없게끔 몰고 가시는 분이죠."

그는 삿상의 누군가가 "사이 바바는 마술사일 뿐"이라고 말한 것에 대해 이야기하기 시작했다. 그 말을 들은 마하라즈지는 즉시 거기 있던 모든 사람들에게 곧 바바가 델리를 방문할 것이니 그를 만나러 가라며 열일곱 시간이 걸리는 버스 여행을 보냈다. 그래서 바가반 다스는 거의 백만 명 가까운 사람들로 가득 차 있는 코넛 서커스에 가게 되었다. 거기 있는 모든 사람들이 사이 바바의 주황색 로브를 한 번이라도 힐끗 볼 수 있기를 간절히 원하고 있었다. 그렇게 하면 해탈이 보장된다고 믿었기 때문이다.

몇 시간을 기다린 끝에 마침내 바가반 다스는 광장 저편에서 바바의 주황색 로브를 얼핏 볼 수 있었다. 그는 바바를 더 잘 볼 수 있도록 높은 담 위에 올라가 앉았고, 꽃 장수에게서 미리 사둔 장미 한 송이를 보며 '이 장미를 사이 바바께 드릴 수 있으면 좋겠다'는 생각을 했다.

바로 그 순간, 사이 바바가 뒤로 돌아서더니 광장을 가로질러 바가반 다스가 앉아 있는 곳으로 다가오기 시작했다. 사이 바바는 그를 바라보며 "내게 주고 싶은 게 있나요?"라고 물었고 그는 장미를 바바의 손에 쥐여주었다. 바바는 미소를 지은 후 군중 사이를 계속 걸어 나갔다.

이야기를 마친 바가반 다스의 파란 눈동자가 갑자기 커졌다. 그는 신이 나서 외쳤다. "디저트 먹을 시간이에요! 소파필라*를 먹자고요!"

나는 금욕 수행자스러운 드레드록 머리를 하고 있으면서도 엄청난 식성을 가진 그를 보며 놀라움을 느꼈다.

---

* sopapilla. 튀긴 페이스트리를 꿀과 곁들여 먹는 요리.

ॐ

올라갈 준비

미국 전역을 여행하며 가보았던 여타 도시들과 달리 산타페에서는 강력한 영적 에너지가 느껴졌다.* 원주민들은 이곳의 신성한 에너지가 카치나**들의 현존에서 나오는 것이라고 여겼는데, 여기서 카치나는 삶의 모든 측면에 신성을 부여해주기 위해 지상으로 내려온 영적 존재들을 일컫는 말이다. 어떤 사람들은 이 신성한 에너지가 상그레 데 크리스토Sangre de Christo 산맥의 트루차스 봉(Truchas Peak)에 은둔처를 두고 있는 상승 마스터들에게서 나오는 것이라고 말하기도 했다. 또 몇몇 사람들은 산타페가 아틀란티스 시대 문명의 중심지라고 생각하기도 했다. 트루차스 봉에서 잠을 잔 사람들은 산 내부로 들어가 흰 로브를 입은 마스터들에게 가르침을 받는 꿈을

---
* 람 다스, 초감 트룽파 린포체, 앨런 긴즈버그, 출트림 앨리온Tsultrim Allione은 모두 비슷한 시기에 산타페에서 지낸 바 있다.
** Kachina. 자연령 또는 다른 별에서 온 조상일 수도 있고 삶의 다양한 측면을 사물화한 것일 수도 있다. 아메리카 원주민들은 종종 이들의 이미지로 인형을 만든다.

자주 꿨다. 이 지역에서는 우주선도 자주 보였다.

산타페에서 몇 주를 지낸 후 갑자기 사막 지대를 탐험하고 싶다는 끌림이 느껴졌다. 뚜렷한 목적지는 없었지만 어느 날 그냥 훌쩍 밴에 올라타 북쪽으로 달려 마을 바깥으로 나갔다. 나는 사이 바바의 가르침대로 내면의 I AM에 대해 명상하고 있었는데, 그래서인지 내적 가이드가 점점 더 강하게 느껴졌다. — 물론, 보통 때는 이것이 명확한 목소리가 아니라 느낌으로만 다가온다.

블랙 메사***에 대한 매혹적인 이야기를 들어본 적은 있지만 그곳으로 가는 길은 알지 못했다. 그저 산타페 북쪽 사막에 있다는 것만 알고 있었을 뿐이었다. 나는 가슴에 주의를 집중하면서 나를 올바른 방향으로 이끌어줄 에너지가 느껴지기를 계속해서 기다렸다.

요기 바잔의 아쉬람에 잠시 머물렀을 때 있었던 에스파뇰라^{Española} 지역을 지나자 곧 포화키^{Pojaque}에 도착했는데, 이곳에서 산 일데폰소 푸에블로$^{San\ Ildefonso\ Pueblo}$라고 쓰여 있는 표지판을 보았다. 우리 할머니가 50년 전 산 일데폰소를 방문했을 때 나중에 유명 도예가가 된 마리아 마르티네즈$^{Maria\ Martinez}$에게 독특한 검은색 도자기를 산 적이 있어서인지, 내게는 그곳의 이름이 하나의 신호처럼 느껴졌다. 포화키 강을 따라 산 일데폰소로 운전해 가는 동안 무한히 펼쳐진 푸른 하늘 아래 탁 트인 공간에 있는 것이 행복하게 느껴졌다.

길을 따라 몇 마일 정도 내려가니 블랙 메사 표지판이 보이면서 에너지가 충전되는 듯한 느낌이 들었다. 내가 옳은 길로 가고 있다는 뜻 같았다. '불법 침입 금지' 표지판 앞에서 잠시 차를 멈춰 세웠

*** Black Mesa. 메사는 꼭대기가 평평하고 그 주위가 급경사를 이룬 탁자 모양의 지형을 말한다. 블랙 메사는 미국 뉴멕시코 주에 위치한 독특한 바위 지형으로, 주로 화산암으로 이루어져 있으며 특히 아메리카 원주민들에게는 신성한 장소로 여겨진다. 역주.

다. 푸에블로족의 프라이버시와 이 땅의 신성을 존중하고 싶긴 했지만 영이 나를 앞쪽으로 끌어당기는 느낌이 계속 들었다. 그래서 기도를 드리고 비포장도로를 따라 내려갔다.

뉴멕시코 주의 블랙 메사

푸에블로는 인적이 끊긴 듯 보였고 사람은 코빼기도 보이지 않았다. 오른쪽에 어렴풋이 메사가 보였고, 나는 바퀴 자국이 나 있는 모랫길을 따라 메사로 차를 몰았다. 길의 끝에 다다른 나는 '허가 없이 주차 금지'라고 쓰여 있는 표지판 앞에 차를 세웠다. 그런 다음 이 상황을 지켜보고 있을 마스터들과 사이 바바에게 나를 보호해주시고 신성한 계획이 이루어지게 해달라고 기도드렸다.

밴에서 내려 모래벌판에 발을 딛자 어디선가 산쑥 향이 나면서 사막의 고요함이 느껴져 차분한 기분이 들었다. 이곳 사람들에게 돈은 별로 없더라도 이 땅에는 풍요로움이 가득했다. 그저 이 장소에 있기만 해도 저절로 명상이 되는 듯했다. 생각이 맑고 명확하게 떠올랐다가 곧 다시 공(emptiness) 속으로 사라져버렸다. 저 멀리서 새 한 마리가 지지배배 노래를 하다 멈췄고, 그 소리의 울림이 고요한 대기 중에 계속해서 남아 있었다.

메사를 오르는 길은 생각보다 가팔랐고 산허리의 바위들도 단단히 고정되어 있지가 않아서 올라가는 것이 꽤 어려웠다. 실제로 가보니 메사 정상은 아래에서 보던 것보다 훨씬 더 멀었다. 마침내 정상에 이른 나는 모래 위에 앉아 잠시 쉬고 있었다. 평평하고 황량한 메사 정상에서는 저 멀리 리오그란데$^{\text{Rio Grande}}$ 강이 계곡을 따라 흐르는 모습을 볼 수 있었다. 내가 메사 정상에 도착했을 때는 늦은 낮이었고, 석양에서 뿜어져 나오는 붉은색과 황금색이 강 계곡의 녹색과 갈색 액자에 담긴 한 폭의 거대한 모래 그림을 만들어냈다.*

어느새 얼음처럼 찬 바람이 내 얼굴을 세게 덮쳐오고 있었다. 해가 지면서 날씨가 점점 추워지고 있었기 때문에 자리에서 일어나 다시 아래로 내려가기 시작했다. 그러다 돌출된 모양의 어느 바위를 지날 때 한 남자가 나를 등지고 앉아 있는 모습이 보여서 흠칫 놀랐다. 그는 두 다리를 메사의 가장자리에 걸쳐 내놓고 있었다. 그가 나에게 이리 오라며 손짓했다. 그는 찬바람을 피할 수 있는 자리를 찾아 앉아 있었고, 나는 다가가 그의 옆에 앉았다. 그는 멋진 은색 징으로 장식되어 있는 카우보이모자를 쓰고 있었으며 흑발의 긴 머리카락을 등 뒤로 늘어뜨린 모습이었다.

"안녕하세요, 제 이름은 케트살^{Quetzal}이에요." 그가 손을 내밀며 말했다.

우리는 사막 위로 드리워진 메사의 그림자가 점점 짙어져 보라색으로 변해가는 것을 지켜보면서 말없이 함께 앉아 있었다. 마치 전에 만나본 사람 같은 느낌이 들었지만 어디서 만난 사람인지는 기억이 나질 않았다. 계속 허공만 바라보던 그가 몇 분 후 먼저 말을 하기 시작했다.

"사실 제가 여기 온 건 이유가 있어요."

"아, 정말요? 그 이유가 뭔가요?"

"당신이 만나야 할 사람들이 있어요. 당신을 그들에게 데려다주기

---

* 티베트 불교의 탄트라 의식에는 다양한 색의 모래로 만다라를 그리는 일이 포함되어 있다. 의식이 다 끝나면 만다라를 쓸어버리는데, 이는 무상함을 상징한다.

위해 제가 여기로 온 거고요."

"네? 저를… 어디로 데려가신다는 거죠?" 낯선 사람의 갑작스러운 말에 깜짝 놀란 내가 물었다.

"저 위쪽으로요." 그는 고개를 끄덕이며 동쪽에 있는 상그레 데 크리스토 산맥을 가리켰다.

조금 꺼림칙한 마음이 들었다. '이 사람은 대체 누구지? 산에서, 그것도 밤에 누군가를 이렇게 만나도 되는 건가?' 물론 이 남자에게서 평화로운 에너지가 느껴지긴 했지만, 이곳은 가끔 실종 사건이 일어나는 곳이기도 했다. 문선명* 목사의 추종자들이 주말에 개최한 교외 수련회에 초대받아 갔다가 실종된 사람들에 관한 이야기도 떠올랐다.

"나를 따라갈지 말지는 당신이 결정하세요." 그의 이런 말이 왠지 모르게 나의 의심을 좀 누그러뜨렸다.

우리 둘은 일종의 동시성으로 인해 이곳에서 만나게 된 것 같았고, 그래서 그를 따라가는 것이 맞겠다는 느낌이 들었다. 하루 종일 나를 안내해달라고 기도한 끝에 블랙 메사로 오게 되었으니 이제는 그 안내를 신뢰해야 할 것 같았다.

"좋아요, 같이 갈게요." 내가 말했다.

황혼 즈음에 우리는 조심조심 오솔길을 따라 내려가 밴이 주차된 곳에 도착했다. 사막에서는 여전히 지열이 느껴졌고 산쑥 냄새가 진하게 났다.

---

* 스스로를 메시아라 칭했던 문선명 목사의 추종자들은 '문니Moonie'라고 불렸는데, 이 문니들이 개최한 수련회에 참여했던 많은 이들이 거기서 포로로 잡혀 세뇌당했다고 주장했다.

"차는 어디 주차하셨어요?" 내가 물었다.

"저는 차가 없어요."

"그러면 여기까지 어떻게 오셨어요?"

"친구들이 태워줬어요. 그래서 당신 차를 타고 거기까지 가야 해요."

내 차를 타고 가는 것도 나쁘지 않았다. 왜냐하면 푸에블로에, 그것도 주차 금지 표지판 바로 앞에 차를 세워두고 가는 것이 마음에 걸렸기 때문이었다. 밤이 깊어지고 있었고 우리는 굽이굽이 나 있는 길을 따라 '그리스도의 피'라는 뜻의 상그레 데 크리스토 산맥으로 올라갔다. 두어 시간 후 홀먼Holman 근처에 도착하게 된 우리는 그곳에서 다시 비포장도로를 따라 국유림으로 둘러싸인 외딴 계곡으로 향했다. 거기다 주차를 한 뒤 아직 눈 이불을 덮고 있는 해발 2,000미터의 초원을 따라 언덕을 올랐다. 봄이었지만 지독하게 추웠다. 고도가 높아 산소가 희박한 그곳에서는 그 어느 때보다도 더 별들이 가까이 있는 것처럼 보였다. 어떻게 이 광활한 우주에 인간 외의 다른 존재가 없을 수 있을까?

별 중의 하나가 움직이기를, 그리하여 UFO를 보게 되기를 내심 바랐지만 별은 제자리에서 꼼짝하지 않고 있었고 그 역시 아무 말도 하지 않았다. 마침내 우리는 산 중턱에 지어진 통나무 키바[**]에 도착했고 케트살이 문을 열었다.

안에 들어가니 장작불이 타고 있었다. 계곡을 오른 후라 불을 쬐니 기분이 좋았다. 거기 있던 2~30명쯤 되는 사람들은 낯선 이가 다짜고짜 키바 안으로 들어오는 것이 하나도 이상할 것 없다는 듯

[**] Kiva. 아메리카 원주민들이 의식 때 사용하는 신성한 공간을 말한다. 보통 키바의 일부 또는 전체가 지하에 지어진다.

우리를 맞아주었다. 아마도 우리 모두 머리가 길어서 이를 우리가 한 가족이라는 신호로 받아들인 것 같았다. 난로에 넣은 잣나무가 타면서 키바의 낮은 지붕 아래로 달콤한 향기의 훈훈한 온기가 퍼지고 있었다. 집에 온 듯한 기분이었다. 누군가 나무 그릇에 담긴 칠리*와 김이 모락모락 나는 블루 콘 토르티야 몇 장을 건네주었다. 이른 아침부터 아무것도 먹지 못한 참이라 배가 고팠다. 내가 어쩌다 여기까지 오게 되었을까 생각하던 나는 허겁지겁 저녁을 먹으며 사람들의 대화에 귀를 기울였다.

모두가 식사를 마치자 정적이 흘렀다. 그때 계곡 주민인 한 여성이 입을 열었다. 그녀는 농담을 하던 방금과는 달리 매우 진지한 어조로 말하기 시작했고, 나는 홀린 듯이 그녀가 겪은 놀라운 이야기를 경청했다.

계곡에는 서로 떨어진 위치에 집 세 채가 있었다. 이날 사람들은 전날 밤에 있었던 일에 대해 논의하기 위해 다 같이 모인 것이었다. 어젯밤, 낯선 존재의 방문이 있었다. 지붕 위쪽에서 들려오는 윙윙거리는 소리 때문에 잠에서 깬 사람도 있었다. 대부분은 다시 잠에 들었지만 집마다 한 명씩은 깨어 있었다고 한다. 이제 깨어 있던 사람들은 전날 밤에 무슨 일이 있었는지 차례로 설명하기 시작했다.

먼저 입을 연 여성은 자기 곁에 누군가가 있다는 것을 깨닫고 잠에서 깼다고 했다. 일어나 보니 방에 낯선 남자가 들어와 있었는데, 그는 손목과 발목 부분에 신축성 있는 밴드가 달린 흰색 점프수트를 입고 있었다. 그녀는 아무런 두려움도 느끼지 못했다. 남성은 친절한 목소리로 이렇게 말했다.

---

* chili con carne. 간 쇠고기에 강낭콩, 칠리 가루를 넣고 끓인 스튜. 줄여서 칠리라고 부른다.

"이제 올라가도 돼요."

"네?"

"이제 올라가도 된다고요." 낯선 이가 재차 말했다. "당신은 우리의 일원이고 나는 당신을 데리러 왔어요. 여기서의 당신의 임무는 이제 다 끝났어요."

"그렇지만 제게는 어린아이가 둘이나 있는데요." 여성이 대꾸했다.

"네, 알아요." 낯선 사람이 대답했다. "선택은 당신의 몫이에요. 빨리 대답해야 해요. 지금 가야 하거든요."

여성은 남편 혼자 아이들을 키우게 둘 수 없다며 여기 남고 싶다고 대답한 뒤, 다시 침대에 누워 남은 밤 동안 아무 방해 없이 잠을 푹 잤다. 그리고 아침에 남편과 함께 일어나 보니 거실의 가구 배치가 달라져 있었다. 그녀는 이런 현상이 지난밤의 경험이 꿈이 아님을 보여주기 위한 것이라고 느꼈다.

다른 두 명도 그녀와 비슷한 이야기를 들려주었다. 그들 역시 지구를 떠날 수 있는 기회를 제안받았다는 것이다. 하지만 둘 다 떠날 준비가 되어 있지 않은 상태였다. 이들 각자에게는 지구에 남아 있어야 할 이유가 있었다. 음악가인 한 명은 수년간의 준비 끝에 마침내 앨범 제작을 목전에 두고 있었다. 그는 앨범이 나올 때까지 이곳을 떠나고 싶지 않았다. 다른 한 명도 비슷한 이유로 지구에 남기로 결정했다고 말했다. 아침이 되자 두 사람 모두 자기 집의 가구 배치가 달라진 것을 발견했다. 잠에서 깨보니 벽에 붙어 있었던 침대가 방 한가운데에 놓여 있는가 하면, 벽난로 앞에 있던 소파가 창문 옆으로 옮겨져 있고, 요리용 레인지 왼쪽에 쌓아두었던 장작더미가 레인지 앞에 쌓여 있기도 했다. 그들 중 낯선 존재의 방문이 진짜였는지 의

심하는 사람은 아무도 없었다. 마지막 사람의 이야기가 끝난 후 나는 밖으로 나가 별이 촘촘히 박힌, 추운 밤하늘을 올려다보았다.

그리고 마음속으로 이렇게 외쳤다. '나 여기 있어요! 아무래도 물어볼 사람을 잘못 고르신 것 같아요. 돌아와서 저를 데리고 가주세요. 저는 갈 준비가 됐어요. 저에게는 지구를 떠나지 못할 이유가 하나도 없어요.' 하지만 별들은 그 자리 그대로 있었고, 오직 정적만이 흘렀다. 입김이 하늘 높이 올라가 사라지는 것을 바라보고 있는 동안 내게로 다가오는 우주선은커녕, 별똥별조차 보이지 않았다. 나는 오들오들 떨면서 다시 따뜻한 키바 안으로 들어갔다.

다시 산 아래로 내려가기 위해 케트살을 찾아 주변을 살펴봤지만 그를 본 사람은 아무도 없었다. 한참을 기다렸지만 그는 돌아오지 않았고, 밴 안에서 기다리고 있나 싶어 다시 주차장으로 내려갔지만 그는 사라지고 없었다. 어쩌면 그는 주민들의 이야기와 관련된 우주인들 중 하나이고, 나를 이 모임에 데려오기 위해 내 앞에 나타난 것은 아니었을까? 그는 난데없이 나타났다가 흔적도 없이 사라져버렸다.

시간이 늦어지고 있어서 차를 몰아 산타페로 돌아갔다. 랜디의 여자친구가 집에 놀러와 있었기 때문에 나는 그날 밤 프랭크 워터스*의 집에서 지내기로 되어 있었다.

비록 그날 밤 우주선을 타고 떠나고 싶다는 내 소망은 이루어지지 않았지만, 이로부터 몇 달 지나지 않아 나는 상승 마스터 세인트 저메인을 만나 훨씬 더 큰 제안을 받게 될 것이었다.**

---

* Frank Waters. 아메리카 원주민에 대한 글을 광범위하게 저술했다. 그의 가장 유명한 책은 호피족의 예언을 대중에게 알린 《호피족의 책》(Book of the Hopi)이다.
** 세인트 저메인과의 만남은 《마스터의 제자》에 자세히 설명되어 있다.

ॐ

타오스 푸에블로의 조지프 선호크

상그레 데 크리스토 산맥을 따라 북쪽으로 달려 지난 천 년간 티와(Tiwa)족의 삶의 터전이 되어준 신성한 타오스 산(Taos Mountain)에 도착했다. 내가 푸에블로에 가까이 다가갔을 때쯤, 매 한 마리가 밴 옆쪽으로 급강하해 나를 곁눈질로 바라보더니 방향을 틀어 다시 날아가버렸다. 매와 눈을 마주친 것은 살면서 이번이 처음이었는데, 마치 마법의 구역에 들어온 것을 축복받는 듯한 기분이었다.

마을 광장 근처 골목길에 주차를 하고 나왔더니 매 한 마리가 또 말뚝 위에 앉아 있었다. 매가 나를 쳐다보고 있었기 때문에 아까 마을에 들어올 때 봤던 그 매가 아닐까 하는 생각이 났다. 원래는 나무 덱이 깔린 길을 따라 걸어가 동네 아지트인 조스 카페(Joe's Cafe)에서 아침을 먹을 생각이었지만 갑자기 무언가가 나를 골동품 가게로 끌어당기는 느낌이 들었다. 나는 가게 창문에 광고하고 있는 엽서, 필름, 선탠로션, 모조 화살촉 등을 사고 싶은 마음이 전혀 없었기 때문에 안으로 들어가고 싶지 않았다.

그러나 내가 느끼는 내적 끌림은 너무나 명백한 것이었기 때문에 나는 마침내 가게 안으로 들어갔다. 안으로 들어가자마자 땋은 머리를 한 어떤 노인에게 끌림이 느껴졌다. 처음에는 그를 티베트 라마라고 생각해서 낡은 청바지에 자수가 놓인 흰색 셔츠를 입고 있는 모습이 조금 의아하게 느껴졌다. 하지만 서구에 사는 어떤 라마들은 트룽파 린포체처럼 가끔 캐주얼한 옷을 입기도 한다. 노인을 유심히 관찰하던 나는 그가 아메리카 원주민임이 틀림없다는 것을 깨달았다. 티베트인들과 호피족의 전설에 따르면 이들은 한때 같은 민족이었다고 하니 어찌 보면 헷갈리는 것도 그리 이상한 일은 아니었다.*

노인은 아무것도 하지 않은 채 가게 한가운데 서서 앞만 바라보고 있었다. 그러나 그에게서는 숭고한 평온이 느껴졌고, 이 때문에 나는 그에게 끌리고 있었다. 하지만 그만의 시간을 방해하고 싶지 않았기에 나는 가게를 나갔다. 그러면서 그와 다시 마주치게 된다면 말을 걸어야겠다고 생각했다.

두 번째 만남은 내 생각보다 더 빨리 이루어졌다. 모퉁이에 있는 가게에 들어갔더니 또다시 그가 가게 한가운데에 말없이 서 있었다. 이번에는 엽서를 사는 척하며 그에게 가까이 다가갔지만 그는 여전히 아무 말도 하지 않았다. 노인은 트룽파 린포체와 비슷한 에너지를 가지고 있었다. 명철한 의식 상태에 있으면서도 현실에 발을 잘

---

* 16대 카르마파인 랑중 릭뻬 도르제Rangjung Rigpe Dorje(1924-1981)는 호피족과 티베트인들의 이러한 공통 예언을 실현하기 위해 1974년에 호피족을 만난 적이 있다. 티베트의 위대한 스승인 파드마삼바바는 8세기에 이렇게 말한 바 있다. "철로 만든 새가 하늘을 날고 바퀴 달린 말이 땅 위를 달릴 때 티베트인들은 개미처럼 지구 곳곳으로 흩어질 것이며, 다르마는 붉은 사람의 땅으로 갈 것이다." 카르마파와 호피족의 만남은 자기계발 훈련 조직인 에스트(EST, Erhard Seminars Training)의 설립자 베르너 에르하르트Werner Erhard의 후원으로 이루어졌다.

붙이고 있는 그런 에너지였다. 그는 자신의 영적인 지위를 드러내는 깃털이나 의례 용품 같은 것을 착용하고 있지는 않았지만 추장이나 샤먼만이 내뿜을 수 있는 숭고한 에너지를 발산하고 있었다. 나는 존경심이 들어서 이번에도 말을 걸지 않은 채 그를 지나쳐 문밖으로 걸어 나갔다.

흙길을 계속 걸어 내려가다가 이 지역의 터키석을 하나 사면 좋을 것 같다는 생각이 들어 예쁜 초록색 터키석이 진열되어 있는 어느 가게로 다가갔다. 그런데 웬일인지 아까 보았던 아름다운 원주민 남성의 이미지가 마음속에서 떠나질 않았고, 그에게 말을 걸지 않은 것이 후회스러웠다. 아까 그 가게로 다시 가볼까 생각도 들었지만 그가 더 이상 그곳에 있지 않다는 확신이 들었다. 좋은 기회를 놓쳤다고 생각하며 가게 안으로 들어갔다.

다시 한번, 거기에 그가 있었다. 3이 무언가를 허락한다는 마법의 숫자라는 것을 알고 있던 나는 이제 그에게 말을 걸 수밖에 없었다. 지름길도 없고, 게다가 그는 노인인데 나보다 더 빨리 이곳에 와 있는 것은 정말 신기한 일이었다. 마치 물질화되어 나타난 사람 같았다. 내가 그에게로 가까이 다가가자 그는 아직 입 밖으로 뱉어지지 않은 말을 경청하듯 고개를 비스듬히 기울였다.

"안녕하세요, 제 이름은 피터 마운트 샤스타입니다."

"저는 조지프 선호크입니다." 그가 주름진 부드러운 손을 내밀며 말했다. "언제 말을 걸어주실까 궁금해하고 있었어요. 노인네를 이리저리 다니게 하면 못써요."

나는 그에게 사과하며 당신만의 영역을 침범하고 싶지 않아서 그랬다고 설명했다.

"제 영역이요?" 그가 웃으며 물었고, 나는 누군가가 특정 영역을 소유할 수 있음을 암시하는 나의 말이 그의 귀에 얼마나 이상하게 들렸을지를 깨달았다.

"우린 만날 운명이었어요. 그래서 제가 이 마을로 온 거고요."

"정말요?"

"네, 당신이 마을로 들어오는 걸 봤어요."

"저를 보셨다고요?" 나는 깜짝 놀라 물었다. 말 그대로 아까 나를 봤다는 것인지 아니면 내적 시야로 나를 봤다는 것인지 알 수 없었다. 갑자기 인식이 확장되는 느낌이 들면서 논리적이고 이성적인 마음이 점점 둔해지기 시작했다. 나는 내가 위대한 이의 현존과 함께 있음을 깨달았다. 그는 자신이 원하는 곳이라면 어디든 나타날 수 있고 순식간에 사라질 수도 있는 그런 존재처럼 보였다. 하지만 거리감이 느껴지는 사람은 아니었고, 나는 그에게서 따뜻함과 연민 그리고 깊은 지혜가 뿜어져 나오는 것을 느꼈다.

"푸에블로에 사세요?" 내가 물었다.

"네."

"댁으로 찾아가도 될까요?"

"아니요, 푸에블로로 오지 마시고 이 뒤에 있는 산속으로 저를 찾아오세요." 그는 수수께끼 같은 말을 했다.

"신성한 산으로 오라고요?"

"네."

그는 나를 꿰뚫어 보는 듯한 눈빛으로 이렇게 말했다. "우리는 다시 만나게 될 거예요."

만남이 끝났음을 감지한 나는 고개 숙여 인사를 한 뒤 문을 나섰다. 터키석을 사겠다는 생각은 까맣게 잊어버렸다.

그날 저녁 북쪽으로 차를 몰아 산으로 이어지는 비포장도로를 달렸고, 마침내 신성한 산이 내려다보이는 어느 평야에 도착했다. 거기 차를 세운 뒤 밴 뒷좌석에 침낭을 펴고 잠을 청했다. 곧 나는 산 내부의 회의실에 있었고 내 옆에는 그날 만났던 조지프 선호크가 있었다.

"신성한 방에 오신 것을 환영합니다. 우리 모두는 원주민 대표로서 여기 모였습니다." 그가 원형으로 둘러앉은 사람들을 가리키며 말했다. 아메리카 대륙의 여러 부족, 호피족, 아시아의 유목민족, 검은 피부의 아프리카인들이 모두 자랑스러운 얼굴로 내게 고개를 끄덕이며 인사를 건넸다. 나는 그곳에서 유일한 백인이었다.

"우리는 지구 어머니에게 지금 무슨 일이 일어나고 있는지, 왜 백인들이 지구를 파괴하려 하는 것인지, 그리고 우리가 어떻게 하면 지구를 도울 수 있을지 논의하기 위해 이 자리에 모였습니다. 백인들은 왜 그런 끔찍한 일을 자행하는 걸까요?" 조지프가 내게 고개를 돌리며 물었다. 그러나 내가 대답을 하기도 전에 그가 다시 말을 이었다. "그것은 그들이 여성성과 단절되어 있기 때문입니다. 그들은 이성과 논리만을 신뢰하고 가슴의 진실을 알지 못하는 상태에 있습니다. 그들은 자기 자신의 여성적 본성과 단절되어 있기 때문에 모든 것이 살아 있다는 것을 알지 못합니다. 다시 말해 이 땅 자체가 살아 있고, 땅이 자신의 어머니이며, 땅이 없으면 그 역시 아무것도 아니라는 것을 알지 못하는 것이지요. 그들은 이를 모르기 때문에 삶(life)을 곧 권력과 탐욕에 관련된 것으로 바라봅니다. 이들은 땅과 연결된 뿌리가 없기에 생명(life)과 단절된 느낌을 받습니다. 그래서 더 많은 것들을 차지하고 세상을 지배하면 더 생생히 살아 있는 기분을 느낄 수 있을 거라고 생각하지만, 오히려 그것은 죽은 상태에 더 가깝습니다. 더 많은 것을 얻어낼수록 땅 그리고 자기 자신과의 교감이 힘들어집니다. 자신이 진정 누구인지 알지 못한다면 그만큼 그가 느끼는 행복도 줄어들게 됩니다."

"백인들이 우리가 살고 있는 집인 지구를 모조리 파괴하기 전에 그들을 깨어나게 하려면 어떻게 해야 할까요?" 조지프는 내 눈을 똑바로 쳐다보며 이렇게 물은 다음 회의실에 둘러앉은 사람들의 얼굴을 찬찬히 바라보았다.

우리는 해결책을 찾기 위해 내면으로 주의를 돌렸다. 그러다 눈을 떠보니 회의실이 빛으로 가득 차 있었다. 어쩌면 기도 그 자체가 해결책이 될 수 있겠다는 생각이 들었다. 우리는 빛을 방출함으로써 사람들의 가슴을 치유하는 데 필요한 것을 세상으로 내보내고 있었다. 인류가 깨어날 수 있도록 돕는 것은 바로 이 빛이었다. 그 이후로 어떻게 되었는지는 더 이상 기억이 나지 않았다.

한밤중에 잠에서 깨어 바로 앉았다. 달빛이 밴을 비추고 있는 걸까, 아니면 내가 회의실의 빛을 여기까지 끌고 온 걸까? 아침이 되자 상그레 데 크리스토 산맥 너머로 해가 떠올랐고 나는 밖으로 나와 청록색 하늘을 바라보았다. 어디선가 풍겨온 산쑥 향을 맡으니 배가 고파졌다. 조스 카페에서 밥을 먹어야겠다고 생각하고 시내로 운전해 내려갔다.

식사를 마친 후에는 조지프 선호크를 다시 만나고 싶어서 어제 그를 만났던 가게 몇 군데를 가봤지만 어디에도 그의 모습이 보이질 않았다. 광장으로 가니 나이 든 원주민 남성 한 명이 낮은 담벼락에 앉아 담배를 말고 있었다. 그에게 조지프 선호크를 아느냐고 물었지만 그는 고개를 절레절레 흔들기만 했다. 내가 뒤를 돌아 걸어가자 그는 이렇게 외쳤다. "이봐요, 그는 작년에 죽었어요."

나는 가슴이 벅차오르는 것을 느끼며 타오스를 떠나 북쪽으로 운전했다. 영이 내게 주고 싶어했던 선물을 받은 기분이었다. 그러다 고속도로에 이르자 매 한 마리가 급강하해 내려왔다. 처음 마을에 들어갈 때 나와 눈을 마주쳤던 그 매 같았다. 매는 잠시 파수꾼처럼 밴 앞쪽을 날아다니더니 방향을 바꿔 먼 허공을 향해 날아갔다.*

---

* 몇 년 후, 타오스는 1973년에 육신을 떠난 마하라지의 사원 건축 부지로 선정되었으며 화장한 마하라지의 유골이 그 사원에 안장되었다.

라마 재단에서의 깜짝 만남

타오스 북쪽으로 64번 고속도로를 타다가 아로요 혼도^{Arroyo Hondo}에 있는 뉴 버팔로 공동체*를 지나게 되었다. 이들은 아메리카 원주민의 가치관을 공동체 생활에 녹여내려 노력했지만 현지의 푸에블로 원주민들은 자신들의 동류로 여기기에는 이들이 너무 히피스럽다고 생각했다. 이 사람들과 잠깐 어울려볼까 생각하며 진입로에 차를 댔다가 집 앞 진흙 웅덩이에서 벌거벗은 아이들이 놀고 있는 것을 보고 나 역시 이곳과는 잘 안 맞는 것 같다고 느꼈다. 그래서 계속 가던 길을 갔다.

30분도 채 지나지 않았을 무렵, 라마 재단(Lama Foundation)으로 가는 갈림길에 이르러 비포장도로를 따라 올라갔다. 라마 재단은 람 다스의 친구들이 만든 산속 공동체였다. 람 다스가 첫 인도 여행을

---

* New Buffalo Commune. 이 공동체에 대한 더 자세한 내용은 아이리스 켈츠의 《어느 타오스 히피의 스크랩북》을 참조하라.

마치고 돌아왔을 때, 그는 이곳에서 머물며 《Be Here Now》의 원고를 재단 사람들에게 넘겨주었다. 이곳 공동체 사람들은 그의 개인적인 이야기, 그리고 베다 철학에 대한 그림과 설명이 담긴 그 책을 디자인하고 출판하는 데 손을 보탰다. 그리하여 《Be Here Now》는 출간된 지 얼마 되지 않아 수많은 히피들이 배낭이나 밴에 가지고 다니는 필독서가 되었으며 미국 전역의 공동체와 아쉬람의 탁자 위에는 예외 없이 항상 이 책이 놓여 있었다.

라마 재단에 도착한 나는 주차장에 차를 세웠다. 메인 건물인 돔을 향해 걸어가고 있던 그때, 밀짚모자와 멜빵 작업복 차림의 젊은 여성이 나를 반갑게 맞아주며 말을 걸어왔다. "아, 여기서 머무실 건가요? 좋은 생각이에요. 언덕 위에 있는 저 건물 안에 짐을 두면 돼요."

머무는 비용에 관한 얘기는 정확히 듣지 못했지만 짐작건대 구성원 모두가 텃밭을 가꾸거나 기타 일손을 도우면 되는 것 같았다. 나는 산 위쪽의 리트릿 오두막집에 머무는 사람들에게 음식과 물품을 가져다주는 일을 맡았다. 이 사람들은 독방에서 수련 중이었고 다른 사람과의 접촉이 금지되어 있었기 때문에 모든 사람이 방 안에 들어가 있을 때 배달을 해줘야 했다. 이들이 원하는 물품 목록을 적어 바깥쪽에 남겨 놓으면, 그것이 〈주역〉의 희귀 번역본이라 하더라도 공동체 사람들은 이들이 필요로 하는 것을 구해주려 노력했다. 언젠가 나도 이곳으로 돌아와 리트릿을 하고 싶다는 생각이 들었다.

어느 날 늦은 오후, 도서관을 가기 위해 아직 공사 중인 본관으로 걸어 내려갔다. 안으로 들어가니 낡은 체크 셔츠와 청바지를 입은 남자가 방 한가운데에 서 있길래 처음에는 건축에 쓸 흙벽돌을 만들러 온 멕시코인인 줄 알았다. 하지만 무언가를 기다리는 듯 아무것도 하지 않고 가만히 서서 책꽂이를 바라보고 있는 그의 모습에서 왠지 고요하고 평온한 분위기가 느껴졌다.

원래 나는 내가 샤스타 산에 관해 쓴 소책자를 기증하기 위해 건물에 들어간 것이었는데, 책을 책꽂이에 꽂아놓는 대신 남성에게 직접 건네주고 싶었다.

트룽파 린포체

그래서 금박으로 제목이 적혀 있는 흰색 소책자를 그의 손에 쥐여주며 이렇게 말했다. "왠지 이 책을 좋아하실 것 같네요." 나는 이 책이 상품화되는 것을 원치 않았기 때문에 표지에 'Free'라고 표시해 두었다. 그는 표지를 한참 동안 뚫어져라 바라보다가 깜짝 놀랄 만한 한 마디를 내뱉었다. "Free!"*

그는 책자를 다시 내게 건네준 뒤 감미로운 미소를 지으며 내 눈을 바라보았다. 그 순간, 진지해 보이는 한 청년이 성큼성큼 방 안으로 들어와 "린포체님, 이제 가시면 됩니다. 차가 대기 중입니다"라고 알려왔고 우리만의 시간은 그렇게 끝이 났다. 내가 소책자를 보여줬던 남성은 청년의 부축을 받아 방 밖으로 걸어 나갔다.

'린포체라니? 방금 저 사람은 누구였을까?' 물론 이름이 라마 재단이긴 하지만 이곳 공동체는 불교와는 별 관련이 없는 단체였다. 나중에 알게 된 사실이지만, 라마 공동체의 '라마'는 이 공동체가 자

---

* 영어 단어 Free에는 '무료의'라는 뜻과 '자유로운'이라는 뜻이 모두 들어 있다. 책 표지에 적힌 Free는 무료라는 의미였지만 남성은 자유롭다는 의미로 "Free!"를 외쳤기에 저자가 충격을 받은 듯 보인다. 역주.

트룽파 린포체

리한 산의 이름인 '머드mud'를 뜻하는 스페인 구어였다. 그렇긴 하지만, 린포체라는 호칭으로 불렸다는 것은 곧 그가 티베트 불교의 라마라는 것을 의미했다. 나는 답을 찾고 싶어 돌아다니다가 누군가에게 물었다. "방금 떠난, 체크 셔츠를 입은 그 남자가 누구였는지 아세요?"

"아, 트룽파 린포체셨어요."

그는 바라나시의 하우스보트에서 내 앞에 떨어진 《행동하는 명상》이라는 책의 저자이자, 내가 언젠가 한 번은 꼭 찾아가겠다고 다짐했던 바로 그 라마였다.

"여기는 왜 오셨던 거죠?"

"어제 볼더Boulder에서 오셔서 지역사회 강연을 하시고 하룻밤 묵으셨어요. 이제 댁으로 가시는 거예요."

"Free!"라는 한 마디 외침일 뿐이었지만, 그의 이 말에는 내 마음에 길이길이 남아 있을 정도의 깊은 의식 수준이 담겨 있었다. 나는 굉장히 높은 의식을 지닌 사람은 아주 단순한 행동 하나만 하더라도, 심지어는 침묵하기만 하더라도 상대에게 자신이 전달하고자 하는 의식을 전해줄 수 있기 때문에 굳이 어떤 말이나 행동을 할 필요조차 없음을 알게 되었다.

트룽파 린포체의 미친 지혜[*]

불가사의한 이 구루를 더 알아보고 싶은 마음이 들어 다음 날 바로 라마 재단을 떠나 북쪽에 있는 콜로라도로 향했다. 볼더에 도착한 나는 펄 스트리트Pearl Street에서 남쪽으로 한 블록 떨어진 어느 공원에 앉아 트룽파 린포체가 주로 어디에서 시간을 보낼까, 그를 어떻게 하면 다시 만날 수 있을까 생각하고 있었다. 그 순간, 내 앞에 디나반두Dinabandhu가 나타났다. 우리는 자간나쓰 푸리 해변의 집에서 함께 지낸 사이였는데, 인도에서 본 후로는 만난 적이 없었다. 그는 어떤 자극이나 연결이 필요한 순간마다 매번 나타나는, 우주적 메신저 같은 사람이었다. 그가 자신의 별명에 걸맞은 말을 내게 불쑥 내

[*] 이 장의 글은 2012년 4월 5일 'A Trungpa Rinpoche Crazy Wisdom Teaching'이라는 제목으로 〈앨리펀트 저널Elephant Journal〉에 실린 적이 있다. 미친 지혜는 티베트, 수피, 아메리카 원주민을 포함한 많은 영적 전통에서 공통적으로 나타나는 개념이다. 특히 아메리카 원주민 전통에서는 헤요카Heyoka라 불리는 트릭스터가 있는데, 헤요카는 제자가 기존의 진부한 도그마에서 벗어나 참된 진리를 저절로 깨달을 수 있도록 충격을 준다. 트룽파 린포체는 일부러 미친 것처럼 보일 만한 행동을 하거나 기행을 하려는 몇몇 히피들에게 이렇게 말했다. "지혜가 먼저 오고, 미치는 것은 그다음이다."

뱉었다. "오늘 밤 카르마 종^{Karma Dzong} 센터에서 트룽파 린포체가 모임을 하신다는데, 당신도 초대해줄게요. 오세요."

"정말요? 당신은 센터 회원이 아니잖아요. 그런데도 저를 초대해 줄 수 있나요?"

"린포체의 고위 측근 중 한 분이 이 모임은 공개 모임이니 누구든 초대해도 좋다고 말씀하셨거든요. 그래서 당신을 초대하는 거예요. 모임 시간은 7시예요. 오면 분명히 린포체께 반하게 될 거예요."**

나는 디나반두가 초대한 열 명가량 되는 사람들과 함께 법당 입구에 서서 내게 큰 영향을 미친 그 라마가 도착하기만을 기다렸다. 그가 곧 전해줄 그 기이한 가르침의 본질에 대해서는 조금도 예상하지 못한 채로 말이다.

카르마 종에 도착했을 때 나는 신경이 날카로워 보이는, 어셀이라는 이름의 한 청년을 만나게 되었다. 그는 조직책으로서의 자신의 역할을 매우 심각하고 진지하게 받아들이는 듯 보였다. 어셀은 이렇게 말했다. "이번 모임은 비공개 모임이니 여러분 모두 나가주십시오."

"비공개라고요?"

"네, 비공개입니다. 카르마 종 회원들만 들어올 수 있으니 모두 나가주십시오."

그의 말을 들은 대부분이 자리를 떴지만 몇몇은 서양에 금강승(탄트라)의 가르침을 전한 것으로 유명한 그 라마의 눈길 한 번이라

** 본명이 토마스 리치Thomas Rich(1943-1990)인 어셀 텐진Ösel Tendzin은 1976년 트룽파 린포체에 의해 바즈라 리젠트Vajra Regent(티베트 불교에서 중요한 지도자나 계승자를 지칭하는 용어. 역주)로 임명되었다. 린포체는 임종 당시 이를 "끔찍한 실수였다. 내가 괴물을 만들어버렸다"고 회상한 바 있다. 트룽파 린포체와 어셀 텐진 모두 학대적인 관계와 관련된 사생활 문제가 있었고, 이는 많은 추종자들의 환멸을 불러일으켰다. 밀접한 관계를 맺는 스승과 제자는 그에 따른 책임을 스스로 져야만 한다.

도 어떻게 받아볼 수 없을까 싶어서 계속 버티고 있었다. 진리를 체현한 스승들은 누군가를 흘깃 쳐다보기만 해도 그의 인생을 뒤바꿀 만한 에너지를 전달할 수 있다. 내 생각에 거기 남은 사람들은 모두 그런 감화를 기대하고 있는 것 같았다.

한 그룹의 사람들이 떠난 후 어셸은 아직도 남아 있는 사람들에게 거만한 말투로 이렇게 말했다. "제가 분명 나가달라고 말씀드렸을 텐데요."

어릴 적부터 극도로 수줍음을 탔던 나는 환영받지 못하는 상황에 부닥칠 때마다 매번 도망을 치곤 했지만, 이번만큼은 어떤 강한 중력이 나를 붙잡아 자리에서 요지부동하게끔 만들었다. 머릿속에서는 떠나라는 어셸의 말이 메아리처럼 울려 퍼졌지만 내 가슴은 자리에 가만히 있는 것을 편안하게 느끼고 있었다. 트룽파 린포체와 같은 참된 스승이라면 가르침을 구하는 진실한 구도자를 내치지는 않을 것 같았다.

어셸은 몇 남지 않은 구도자들에게 계속해서 눈치를 주며 떠나게 했고, 결국에는 나만 비회원으로 거기 남아 있었다. 곧 법당 문이 열렸다. 나는 얼굴에 철판을 깔고 제일 먼저 통로를 따라 걸어 올라갔다. 그런 다음 낮은 단상 위에 놓인 라마의 의자 바로 맞은편 방석에 앉았다.

"린포체께서 들어오시면 당신은 여기 있을 자격이 없는 사람이라고 바로 말씀드릴 겁니다." 어셸이 화가 난 목소리로 말했다.

"네, 알겠어요. 그렇게 말씀드리세요." 나는 이상하리만치 침착한 태도를 보이며 대답했다.

린포체가 들어오자 모두가 자리에서 일어났다. 청바지와 체크 셔츠를 입었던 전과 달리 이번에는 스리피스 슈트를 입은 모습이었다. 그는 어셀의 팔에 기대어 방 앞쪽으로 느릿느릿 걸어갔다(트룽파는 티베트에서 탈출한 후 스코틀랜드에서 교통사고를 당해 몸을 다쳤다). 린포체가 자리에 앉자 어셀은 앞서 말한 대로 나를 가리키며 라마에게 이렇게 말했다. "저 남자는 우리 사람이 아닙니다. 우리 공동체의 회원이 아니에요."

내가 예상했던 대로 린포체는 아무런 반응도 보이지 않고 그저 미소를 지으며 앉으라는 손짓을 했다. 그런 다음 주머니에서 사케 한 병을 꺼내 내게 건네주었다. 다른 주머니에서는 술잔을 꺼내더니 그것도 건네주었다. 그는 아버지처럼 인자한 미소를 지으며 이렇게 말했다. "여기 있어도 되네…. 잔이 비지 않도록 자네가 옆에서 술 좀 따르게."

혼란에 빠진 어셀은 눈치를 보며 서둘러 방 뒤편으로 물러났다. 나는 잔에 맑은 술을 채우고 그의 옆자리 방석에 앉았다. 나중에 알게 된 것인데, 이러한 영광은 소수의 특권층에게만 주어지는 것이었다.

그의 말은 어떠한 가식 없이 모두 가슴에서 우러나오는 말들이었다. 나는 처음으로 부처의 자비가 무엇인지 이해할 수 있었으며 불교에서 왜 이러한 가슴의 덕성을 강조하는지를 알 수 있었다. — 바로 여기, 가슴에서 하늘과 땅이 하나 되기 때문이었다. 참된 의식 전수(transmission) 중에는 특유의 전류가 느껴지는데, 그의 말에서도 이러한 전류가 느껴졌다. 그의 말은 진리의 에너지로 가득 차 있었으며 이 전류가 방 안을 가득 채우고 있었다.

어느 순간 린포체는 하던 말을 멈추더니 활짝 웃으며 나를 바라보았다. 깜짝 놀란 나는 그의 잔이 비어 있다는 것을 깨닫고 황급히 사케를 따랐다. 그는 길게 한 모금을 들이켜고는 다시 말을 이어갔다. 그러나 나는 곧 린포체가 앉은 의자에 신경이 쏠려 아무것에도 집중하지 못했다. 그는 살짝씩 단상 뒤쪽으로 의자를 밀어내고 있었고, 이대로 조금만 더 가다가는 의자가 뒤집어져 넘어질 것이 뻔했다. 끊임없이 사케를 마셨으니 당연히 단상 가장자리와 의자의 위치에 대해서는 인식하지 못할 게 뻔하다는 것이 나의 생각이었다. 과연 라마는 술에 취한 일반 사람보다 더 의식적일 수 있을까? 자신이 얼마나 위험한 상황에 처해 있는지 깨달을 수 있을까?

내가 또 한 번 술을 따르자 그가 의자를 몇 인치 더 뒤로 밀었고, 내 불안감은 훨씬 더 커졌다. 이제 오른쪽 뒤쪽 의자 다리가 단상 밖으로 아슬아슬하게 튀어나온 상태였다. 아주 조금만 더 뒤로 움직이면 바로 의자가 뒤집힐 것 같아서 나는 의자 뒤쪽으로 자리를 옮겨 그를 잡을 준비를 했다. 금방이라도 그런 일이 일어나리라 확신했기 때문이다. 하지만 그런 일은 일어나지 않았다. 그는 사케 한 병을 거의 다 마셨는데도 매우 명석하고 유창한 화술로 이야기를 이어나갔다. 그런 모습을 보고 있자니, 사실 린포체는 하나도 취하지 않았으며 그저 나를 시험하기 위해 그런 행동을 했던 게 아닐까 싶었다.

"질문 있습니까?" 강연이 끝날 무렵 그가 물었다. 오랜 침묵이 흐른 후 한 남자가 물었다. "린포체님, 질문이 있습니다. 이 모임은 공개 모임이니 원하는 사람을 초대해도 된다고 제게 말씀하지 않으셨나요?"

"네, 맞습니다." 린포체가 고개를 끄덕였다.

남자는 당황스러운 표정을 지으며 자리에 앉았다. 그러자 어셀이 손을 들고 불평하듯 말했다. "린포체님, 제게는 비공개 모임이니까 회원이 아닌 사람은 들여보내지 말라고 하셨잖습니까?"

"네, 맞습니다."

그는 아무런 설명도 하지 않음으로써 마치 이렇게 말하는 듯했다. '그래서, 뭐가 문제지? 내가 자네들에게 모순된 지시를 내리는 게 뭐 어쨌다고?' 그는 선문답처럼 어처구니없으면서도 단순한 대답만을 내놓았다. 어리벙벙해진 사람들 사이에는 침묵만 흘렀다. 나는 청중 대부분이 이 심오한 가르침의 본질을 놓치고 있다고 느꼈다. 나중에 나는 이것이 티베트의 전통적인 수행법이라는 것을 알게 되었다. 티베트에는 이런 말이 있다.

모두를 초대하라… 문 앞에 사자를 두어라.
진정으로 부름을 받은 사람만이 안으로 들어갈 수 있다.

영화를 보는 자는 누구인가?

트룽파 린포체의 미친 지혜를 경험한 나는 볼더에 머물면서 부처의 가르침을 진지하게 수행해보겠다고 결심했고, 그의 제자 중 한 명이 내게 지낼 곳을 내주었다. 매일 아침 나는 스프루스 스트리트Spruce Street를 따라 카르마 종*으로 걸어간 다음 계단을 올라가 정교하게 장식된 법당으로 향했다. 이곳은 수천 명의 명상가들이 안착시켜 둔 의식과 많은 고승들의 원력으로 가득 차 있었다. 이 법당의 한쪽 구석에는 16대 카르마파**의 주도하에 만들어진 모래 만다라가 있었다. 에테르적 사원을 평면적으로 나타낸 이런 상징물은 원래 의례가 끝나면 무상함을 상기시키는 목적으로 없애버리는 것이 원칙이지만, 이 만다라는 교단의 요청에 따라 법당에 그대로 보존되어 있

---

* 카르마 종은 문자 그대로 직역하면 카르마의 요새라는 뜻이다. 카르마는 행동을 의미하며 모든 행동에는 결과가 따르기 때문에 사람들이 의식적인 사고와 행동을 하기 위해 노력하는 장소라는 뜻을 담고 있다.
** 카르마파는 지금강불수金剛佛로부터 틸로파Tilopa, 나로파Naropa, 마르파Marpa, 밀라레파Milarepa로 이어지는 카규 법맥의 수장이다. 이 계보의 열여섯 번째 계승자 랑중 릭뻬 도르제는 생불로 여겨졌다.

었다. 만다라가 지닌 존재감과 그들이 나타내고 있는 의식은 공^{초}의 본질을 깨닫게끔 하는 원동력이 되어준다.

매일 아침 9시쯤 카르마 종에 도착해서 정오까지 위빠사나를 수행한 다음 숙소로 갔다. 그러다 오후가 되면 다시 카르마 종으로 가서 5시까지 머물렀다. 나보고 누구냐고 묻는 사람도 없었고 입회하라거나 돈을 내라고 눈치를 주는 사람도 없었다. 거의 모든 시간 동안 나는 아무런 방해도 받지 않은 채로 혼자 있을 수 있었다. 카르마 종을 떠날 때면 잠시 멈춰 서서 법당 바깥에 있는 푯말을 읽었다. "이 문장을 포함한 모든 불법을 꿈으로 보아야 한다."

이 문장을 읽을 때면 대학 시절 만났던 헝가리 출신 펜싱 코치가 한 말이 생각났다. 그는 칼을 어느 정도의 아귀힘으로 잡아야 하는지를 설명하면서 이렇게 말했었다. "칼은 새와 같아. 너무 꽉 잡으면 으스러지고, 그렇다고 너무 느슨하게 잡으면 날아가버리지." 영적인 길에 대한 진지한 생각은 꼭 필요한 것이지만 너무 원리 원칙대로 하려 해도 깨달음으로 갈 수 없다.

몇 달 동안 매일 법당에서 명상을 했다. 부처가 행했던 위빠사나 수행법을 따라, 나는 들숨과 날숨의 감각을 관찰했다. 그러면 호흡의 이원성이 하나로 합쳐지면서 마음이 자연스럽게 확장될 수 있었다. 생각이 떠오르면 '생각'이라는 이름표를 붙이고 가슴이 올라갔다 내려가는 느낌으로 돌아갔다. 때로는 이렇게 하기가 미친 듯이 고통스러워서 마구 달리고 싶을 때도 있었다. 어떤 때는 온몸이 화염에 휩싸인 듯 에너지로 가득 차는 느낌이 들기도 했고, 또 어떤 때는 졸음과 싸워야 했다. 무슨 일이 일어나든 나는 각각의 현상을 그저 '생각'이라고 이름 붙였다. 침묵의 목격자가 된 나는 의식이라는 스크린을 지나가는 여러 생각과 감정의 흐름을 가만히 지켜보았다. 하지만 내 마음 한구석에는 여전히 이런 현상들과 나를 동일시하는 마음이 있었다. "나(me)를 놓아버린다면 그 뒤엔 과연 누가 남을까?" 하는 두려움이 남아 있던 것이다. 죽음에 대한 에고의 두려움이었다. 에고는 평생에 걸쳐 통제력을 키워왔고, 이를 놓지 않으려 했다. 나는 이 제한된 자아의 통제에서 벗어날 수 있기를 기도했다.

어느 날 저녁 나는 평소에 해왔던 이런 엄격한 수행 생활에서 잠시 벗어나 펄 스트리트를 산책하기로 했다. 그러다 영화관을 발견해 안으로 들어갔다. 1년 넘게 영화를 본 적이 없었던 터라 오랜만의 휴식이 반가웠다. 어둑한 극장에 앉아 그저 그런 영화를 보고 있는데 갑자기 내가 누구이며 좌석을 차지하고 앉아 있는 이 존재가 누구인지 전혀 알 수가 없었다. 스크린에 상영되고 있는 영화와 좌석에 앉은 몸을 번갈아 살펴봤지만 도무지 이게 누구의 몸인지 알 수가 없었다. 자아정체성이 느껴지질 않았다. 내가 누군지 물어볼 친구나 지인이 없나 주위를 둘러보았지만 나 혼자였.

'영화가 끝날 때까지 여기 앉아 있으면 내가 누구인지 기억나지 않을까?' 하지만 영화가 끝난 후에도 여전히 기억이 나지 않았다. 몸이 자리에서 일어나 밖으로 걸어 나갔다. 펄 스트리트에서 나는 내 자아정체성을 되돌려줄 어떤 익숙한 것을 볼 수 있기를 바라면서 주위를 두리번거리고 서 있었지만 아무것도 눈에 띄지 않았다. 주머니에 신분증이 들어 있는 지갑이 있지 않을까 싶어 뒤져보았지만 지갑을 가지고 다니지 않은 지 몇 년은 되었다.

처음에는 걱정거리가 몽땅 사라져서 후련했지만 시간이 지날수록 내가 이 몸을 안전하게 돌봐줘야 한다는 것이 체감되기 시작했다. 로키 산맥의 찬 공기가 서서히 도시로 내려오면서 날씨가 추워지고 있었기 때문에 이 육신이 밤을 보낼 장소를 찾아야 했다. 하지만 어디로 가야 할까? 말이 본능에 따라 집을 찾아가듯, 무작정 걷다 보면 숙소로 돌아갈 길을 찾게 되지 않을까?

"나는 내가 가야 할 곳으로 가고 있다"고 확언하며 의도를 굳게 세웠다. 그러자 몸이 왼쪽으로 방향을 틀더니 거리를 걸어 내려가기 시작했다. 길모퉁이에는 펄 스트리트라고 적힌 표지판이 서 있었고, 신문 앞면에는 '볼더'라는 글씨가 적혀 있었지만 그것만 봐서는 '어디로 가야 하는가?', '이 몸은 왜 여기 있는가?' 그리고 제일 중요한 질문인 '도대체 이 몸은 누구인가?'에 대한 답을 알 수가 없었다.

잠시 후, 몸이 어느 건물 앞에 멈춰 서더니 현관 계단을 바라보며 가만히 서 있었다. 왠지 따뜻하고 포근한 느낌이 들었기 때문에 이 건물이 아닐까 싶었다. 누구네 집인지는 모르겠지만 일단 용기를 내어 문을 열고 계단을 올라 위층으로 갔다. 위층에는 아파트 문이 두 개 있었고, 노크 없이 문 하나를 열고 들어갔다. 안에 아무도 없었기 때문에 걸어 다니며 집 안을 둘러보았다. 그러다 바닥에 있는 파란색 침낭을 보게 된 순간, 내가 집을 제대로 찾아왔음을 깨닫게 되었다. 나는 옷을 벗고 솜털이 빵빵하게 채워진 따뜻한 침낭 안으로 들어가 잠을 청했다.

아침에 눈을 떴을 때는 내가 누구고 여기서 무얼 하고 있는지를 모두 기억할 수 있었다. 카르마 종으로 걸어가던 나는 몇 년 만에 커피가 마시고 싶어져서 발걸음을 멈췄다. 커피 한 모금을 마시니 정신이 번쩍 들면서 문득 트룽파 린포체가 라마 재단에서 "Free"

라고 말했던 게 떠올랐다. 나는 자유에도 한계가 있다는 것을 깨닫게 되었다. 참된 자유에는 적절한 책임이 뒤따라야만 했다. 내가 해야 할 일은 에고를 없애는 것이 아닌, 그저 에고가 상위 자아의 뜻에 순종할 수 있도록 그것을 잘 정화하는 일뿐이었다.

지난 몇 달 동안은 아침마다 스프루스 스트리트를 따라 카르마 종으로 걸어갔지만 더 이상 볼더에 남아 있을 필요가 없다는 느낌이 들었다. 나는 다시 집으로 돌아가 짐을 챙기고 사람들에게 작별 인사를 했다. 이곳에서 배워야 할 것은 모두 배웠다. 이제는 서쪽으로 향하는 여정을 이어갈 차례였다.

ॐ
―
호피족과의 만남

볼더를 떠나 남쪽의 앨버커키Albuquerque를 들렀다가 다시 서쪽으로 차를 몰았다. 나는 나바호족의 중심지라고 할 수 있는 뉴멕시코 주 갤럽Gallup에서 잠시 멈춰 서서 요기를 좀 하려고 했다. 그렇게 큰길을 걸어가던 도중, 충격적인 장면을 목격하게 되었다. 수많은 원주민 남성들이 선술집 앞에 기대어 서 있었고, 어떤 이들은 대낮부터 술에 취해 비틀거리며 걸어 다니고 있었다. 원주민의 삶을 파괴한 기병대의 영혼들이 카르마의 법칙에 따라 이들의 몸으로 환생한 것이 아닌가 하는 생각을 머릿속에서 떨칠 수가 없었다. 갤럽을 떠날 때 안도감이 들 정도였다. 곧이어 나는 윈도우 록Window Rock을 지나게 되었다. 윈도우 록은 풍화 작용으로 인해 가운데가 창문처럼 뻥 뚫려 있는, 거대한 붉은 바위였다. 내 눈에는 이것이 육체를 넘어 더 넓고 깊은 차원의 존재감을 느낄 수 있게 해주는, 다차원적 입구처럼 보였다.

애리조나 주에 들어섰음을 알리는 표지판을 본 지 한 시간쯤 지났을 때, 저 멀리 메사가 눈에 들어왔다. 호피족의 땅에 들어선 것이다. 많은 호피족이 전통적인 삶의 방식과는 동떨어진, 백인들의 간편하고 안락한 생활방식을 따르고 있는 반면 전통을 고수하는 이들은 메사 높은 곳에 남아 계속 살아가고 있었다. 타오스에서 조지프 선호크를 만난 뒤로 호

퍼스트 메사First Mesa, 와이피 빌리지Waipi Village, 애리조나 주

피족 원로들과 교류해보고 싶었지만 길가에 세워진 표지판에는 '퍼스트 메사 출입 금지'라고 적혀 있었다. '그래도 만날 인연이면 만나지겠지. 어쩌면 절벽 길을 올라 이 땅의 오래된 수호자들을 만나게 될 수도 있잖아?' 나는 이런 열린 마음을 유지하면서 계속 길을 달렸다.

3시가 넘은 시각, 고속도로를 따라 하굣길을 걷고 있는 어린 원주민 아이들이 눈에 들어왔다. 평소에는 히치하이커를 잘 태워주지 않는 나였지만, 아이들 중 한 명이 엄지손가락을 세워 보이길래 기꺼이 차를 멈춰 세웠다. 그러자 환하게 웃는 아이들 세 명이 우르르 몰려왔다.

"어디로 가니?" 내가 물었다.

"저기요." 아이 하나가 메사를 가리키며 말했다.

"나는 저기 올라가면 안 되는데."

"저희랑 같이 있으니까 괜찮아요!"

아이들의 말을 믿어도 되는지 확신할 수가 없었다. 이 구역에서 백인들이 구타를 당하거나 실종되었다는 이야기를 들은 적이 있어서 어쩌면 곤경에 처할 수도 있었다. 그래도 하늘이 준 기회를 놓칠 순 없었다. 나는 도로를 벗어나 흙길을 따라 절벽을 올라갔다. 절벽 맨 위에는 평지가 있어서 흙벽돌로 지은 집들이 옹기종기 모여 있었다. 황량한 거리에 주차된 픽업트럭 한두 대를 보긴 했지만, 마을 자체는 인적이 드물었다.

아이들이 차에서 우르르 내린 후 자동차 시동을 끄자 압도적인 고요와 평화가 느껴졌다. 이 고요 속에서는 다른 사람들의 생각이나 소음에 방해받지 않을 수 있었기에 참된 나 자신을 경험할 수 있었다. 내가 바라왔던 그런 장소였다. 차에서 내려 울퉁불퉁한 흙길을 걸어 내려갔다.

길 끝자락에 있는 빛바랜 파란색 대문이 나를 자석처럼 끌어당기고 있었다. 남의 집에 함부로 들어가고 싶지는 않았지만 뭔가 이유가 있어서 여기까지 오게 된 거라는 생각이 들었다. 그 집에 가까이 다가가자 안에서 몇 사람의 목소리가 들려왔다. 대문이 열려 있었기 때문에 낡은 나무 문틀을 넘어 안으로 들어갔다. 그러자 어스름히 부엌이 보였다. 주름진 까만 얼굴을 한 노인들이 탁자 주변에 둘러앉아 나를 쳐다보고 있었다. 탁자 위에는 커피잔과 담뱃잎이 들어 있는 깡통, 담배를 마는 데 쓰는 종이 등이 놓여 있었다. 우리는 오랫동안 서로의 눈을 바라보며 가만히 있었다. 우리 사이에 말이 필요 없을 정도의 이해가 오가고 있음을 느꼈다. 이들 중 몇몇은 타오스 푸에블로의 신성한 산에서 만났던 사람들 같았다. 우리는 이미 그 내적 차원에서 소통한 적이 있기에 더 이상 할 말이 없었다. 나는 고개를 살짝 숙이고 손을 모아 프라남을 했고, 그들은 고개를 끄덕였다. 나는 돌아서서 그곳을 떠났다.

내가 밴에 거의 다 이르렀을 때쯤, 소총을 든 남자 세 명을 뒤에 태운 픽업트럭 한 대가 내가 걷고 있는 길을 따라 흙먼지를 일으키며 빠른 속도로 달려오고 있었다. 남자들은 내 옆을 지나쳐갈 때 매서운 눈길을 보냈지만 멈추지 않고 가던 길을 계속 갔다. 나는 내가 이곳에 온 목적, 즉 노인들과의 만남을 이뤘으므로 더 이상 이곳에 남아 있을 이유가 없다는 것을 깨달았다. 이곳 사람들은 지난 한 세기 동안 너무나 많은 탄압을 받아왔기 때문에 낯선 이에 대한 경계심이 있는 것이 당연했다. 나는 차에 탄 뒤 다시 메사 가장자리를 따라 큰길로 내려갔다. 서쪽으로 계속 달려가다 보니 호피족 흰 깃털(White Feather)이 걸었던 길이 바로 이 길이 아니었을까 하는 생각이 들었다. ─ 호피족의 예언은 흰 깃털이 말한 것으로, 길을 걷던 그를 차에 태워준 선교사를 통해 세상에 알려지게 되었다.

예언은 네 번째 시대(현세. 역주)의 종말을 알리는 징후들에 주의하라고 말하는데, 종말은 미국을 상대로 한 전쟁에서부터 시작된다고 말한다.* 이 세계 대전은 오랫동안 미국의 탄압을 받아온 먼 나라 사람들에 의해 시작된다. 예언에 따르면 하늘에 떠 있는 조롱박 모양의 구름이 땅에 재를 뿌려 많은 사람이 죽고 농작물 재배가 불가능해진다. 이때쯤이면 많은 사람들이 '날개 없는 새'를 타고 다른 별

---

* 1963년 출간된 프랭크 워터스의 저서 《호피족의 책》은 1958년에 흰 깃털이 기독교 선교사 데이비드 영 David Young에게 말한 예언을 담은 책이다. 책의 아홉 가지 예언 중 마지막 예언은 45년 후인 2003년 우주비행사 일곱 명이 탑승한 우주왕복선 컬럼비아호가 대기권 재진입 중 불에 타면서 밝고 푸른 빛을 발산함으로써 실현된 것으로 보인다. "지구 위 하늘에 떠 있던 주거지가 큰 충돌로 인해 추락했다는 소식을 듣게 될 것이다. 그것은 푸른 별처럼 보일 것이다."

로 여행을 떠날 것이며 고대의 법칙을 따르는 이들만이 살아남는다. 이후 잃어버린 백색 형제 파하나^{Pahana}가 지구로 돌아와 질서를 바로 세우고 살아남은 사람들이 다섯 번째 시대로 들어갈 수 있도록 돕는다. 그러면서 지구에 평화가 퍼져나간다.

나는 창문 너머로 빠르게 스쳐 지나가는 황량한 사막의 풍경을 바라보며 호피족의 여덟 번째 예언을 떠올렸다. "우리 민족처럼 머리를 길게 기른 많은 젊은이들이 부족들을 찾아와 우리의 방식과 지혜를 배우게 될 것이다." 어찌 보면 내 또래의 사람들이 메사를 찾아오는 것도 이러한 전환기로 향해 가는 과정 중 하나였다. 스리랑가파트나에 있는 사이 바바의 사진 앞에 서 있을 때가 생각났다. 바바는 핵폭발에서 피어난 구름 사이로 백마를 타고 날아다니며 "나는 이 파멸을 막으러 왔다. 내가 아니면 모든 인류가 멸망하리라"고 말한 바 있었다.

나는 예언이란 그저 지금의 방식을 바꾸지 않았을 때 어떤 일이 일어날지에 대한 일종의 경고임을 깨달았다. 몇 년 후, 바바는 황금시대가 시작되었다고 선언했는데 그의 제자 중 한 명이 "그런데 왜 아직도 세상에 이렇게나 어둠이 많은가요?" 하고 물었다.

그는 이렇게 대답했다. "빛이 완전히 드러나는 데 얼마나 많은 시간이 걸릴지는 자네에게 달려 있네!"

피닉스의 여신

강한 자석이 철 가루를 끌어당기듯, 서쪽으로 가면 갈수록 애리조나 주 피닉스Phoenix로 가고 싶다는 마음이 더 강해졌다. 나는 이 끌림을 내가 신성의 계획을 잘 따르고 있다는 신호로 받아들였다. 피닉스라는 도시는 어린 시절부터 나를 매혹시켰다. 500년마다 불길에 타올랐다가 다시 태어난다는 신화 속의 새 피닉스. 어쩌면 이 사막 도시에 내 부활의 비밀이 숨겨져 있는 것은 아닐까?

그날 늦게 피닉스로 향하던 나는 목적지가 쓰여 있는 이정표를 찾아보고 이리저리 방향을 바꾸기도 하면서 자석 같은 끌림을 계속 따라가고 있었다. 그러다 3HO 아쉬람이라고 적힌 하얀색 건물을 보게 되었을 때, 온몸을 타고 흐르는 강한 에너지를 느꼈다. 목적지를 제대로 찾았을 때 느껴지는 감각이었다. 3HO 아쉬람은 요기 바잔의 아쉬람 중 하나로, 산타페에서 골든 템플 컨셔스 쿠커리를 운영하는 삿상도 이곳 소속이었다.

나는 무슨 일이 일어날지 전혀 예상하지 못한 채 밴을 주차하고 건물 안으로 들어갔다. 하얀 옷을 입고 머리에 터번을 두른 젊은 여성이 데스크에서 일어나더니 자신을 이샤 카우르Isha Kaur라고 소개했다. 그녀는 자신의 이름이 여신을 뜻한다고 했다. 이샤는 도움이 필요하냐고 물었고, 나는 내가 이제 막 인도에서 돌아왔으며 아쉬람을 구경해보고 싶다고 설명했다. 그러자 그녀는 매일 명상과 요가 수업이 열리는 성소 방을 기꺼이 구경시켜주었다. 그리고 나서 다시 입구 쪽으로 돌아왔을 때, 나는 그녀에게 감사를 표하고 문을 향해 몸을 돌려 나가려 했다. 그러나 그 순간, 이샤가 나를 붙잡았다. "기다려주세요. 저도 당신과 함께 갈게요."

"네?"

"성령께서 당신과 함께 가라고 하셨어요."

"성령께서 그렇게 말씀하셨다고요?"

나는 그녀가 나와 함께 떠나고 싶어한다는 것이 잘 이해가 되질 않아서 말문이 막혀버렸다.

"제가 작별 인사를 하는 동안 여기서 잠시 기다려주세요." 그녀가 말했다.

몇 분 후 이샤는 짐을 챙겨 나왔고 우리는 문밖으로 걸어 나갔다. 주차장에서 빠져나온 후 그녀가 어디로 운전해 가야 할지를 알려주었다. 고속도로를 달리는 내내 옆자리를 힐끔힐끔 쳐다보면서 생각했다. '도대체 이 여자는 누구야? 그리고 지금 일이 어떻게 돌아가고 있는 거야?'

내 마음을 읽기라도 한 것인지, 갑자기 그녀는 자신이 뉴저지의 부유한 유대인 집안 출신이라고 했다. 가족들이 결혼하라는 압박을

줬기 때문에 집을 나와 요기니가 되었다는 것이 그녀의 설명이었다.

"이런 일이 자주 있는 편이에요?" 내가 물었다.

"뭐가요?"

"생판 모르는 사람하고 갑자기 떠나는 일이 잦은 편이냐고요."

"당신은 낯선 사람이 아니에요."

"제가 낯선 사람이 아니라고요?"

"네, 지난 몇 주 동안 꿈에서 당신을 봤어요. 그래서 언제 오나 기다리고 있었고요. 당신이 문을 열고 들어오는 순간 바로 꿈속의 그 사람이라는 걸 알아볼 수 있었어요."

"진짜요?" 나는 충격에 빠졌다.

우리가 만난 이유가 뭘까? 앞으로 어떤 일이 벌어질까? 이샤는 아주 직접적이고 솔직한 사람이었고, 나는 그런 그녀를 믿었다. 이샤가 내 인생에 나타난 것 역시 신성한 계획의 일부라는 생각은 들었지만 그게 어떤 계획인지는 알 수가 없었다.

"두렵진 않아요?" 내가 물었다.

"어떤 두려움이요?"

"음, 예를 들어 제가 두려울 수도 있잖아요."

"저는 당신이 조금도 두렵지 않아요. 당신이야말로 저에 대한 두려움을 버려야 할 거예요."

그녀가 옳았다. 여자와 단둘이 있어본 것은 내게 있어 꽤 오래된 일이었다. 1년 전 동방으로 여행을 떠나기 위해 콜레트와 헤어진 후로는 연애에 대해 생각해본 적이 없었던 나였다. 그녀도 나와의 연애를 생각하고 있을까? 터번을 벗고 어깨 아래로 적갈색 곱슬머리를 늘어뜨린 이샤는 꽤 아름다워 보였다. 그러나 그녀는 한 번도 내게 호감이 있는 티를 낸 적이 없었다. 그녀는 눈을 감고 아름다운 유대 전통 자장가를 부르기 시작했고 우리는 오랜 친구처럼 고속도로를 달리고 있었다.

"피카초^{Picacho}로 데려다줄게요." 갑자기 이샤가 말문을 뗐다.

"그게 어딘데요?"

"콜로라도 강변의 사막에 있는 곳이에요. 유마^{Yuma}에서 북쪽으로 30킬로미터 정도 가면 있죠. 매우 영적인 장소인데, 당신도 좋아할 거예요. 거기서 하룻밤 자도 돼요."

이샤가 무슨 생각으로 '하룻밤 잔다'고 말한 걸까 궁금해졌다. 혹시 우리가 같이 잔다는 것을 의미하는 걸까? 나는 너무 깊게 생각하지 않으려 노력하면서 그저 운전에만 집중했다. 잠시 후 그녀는 주간 고속도로 제10호선에서 나와 95번 국도를 타고 남쪽으로 가라고 길을 안내했다. 날씨가 타는 듯이 덥고 건조했다. 피카초라는 지명을 왠지 들어본 적 있는 것 같아서 생각해보니 그 전 해에 샤스타 산에서 태극권을 수련하는 에릭이라는 남자가 말해준 곳이었다. 에릭은 산 날씨가 너무 추워지면 그곳에서 겨울을 보낸다고 했다. 그는 진짜 요기처럼 동굴에 살았고, 언제 한번 오라며 초대해주기도 했다. 내가 가는 길을 물어보자 그는 이렇게 말했다. "길을 알려주는 것은 불가능해요. 당신이 저를 다시 만날 운명이라면 그렇게 되겠죠."

유마에서 우리는 애리조나와 캘리포니아 주 경계에 있는 콜로라도 강에 이르렀다. 그리고 여기서부터 흙길을 달려 바위투성이 사막으로 이어지는 북쪽으로 나아가기 시작했다. 흙먼지가 날리는 도로를 한 시간 정도 달리자 다시 콜로라도 강이 굽이치는 지점에 다다랐다. 더운 날씨에 오랫동안 차 안에만 있었던지라 우리는 잠시 수

영을 하기로 했다. 갈대를 이리저리 헤치며 강둑을 걸어 내려가 마침내 물가에 도착했다. 나는 이샤가 옷을 모두 벗고 알몸으로 강으로 걸어 들어가는 것을 보고 깜짝 놀랐다. 헐렁한 요가복 안에 감춰져 있던 아름답고 여성스러운 그녀의 몸매가 드러났다. 허리께까지 강물에 몸을 담근 그녀는 언젠가 미술책에서 보았던 이집트 공주를 닮은 모습이었다.

나도 세차게 흐르는 강물에 몸을 담갔다. 수영을 하며 머리를 좀 식힌 후에는 강변으로 다시 올라왔다. 이샤는 이미 거기서 긴 머리를 말리고 있었다. 나는 그녀 옆에 앉아서 어떤 기묘한 운명이 우리를 이어준 것인지, 이 관계의 목적은 무엇일지 생각해보고 있었다.

서양 남성으로서 나는 두 가지 상반된 행동 기준을 교육받았다. 교회에서는 결혼 전까지 금욕해야 한다고 가르쳤지만 서양 문화 전반에는 로맨틱한 만남이 바람직하다는 인식이 만연해 있었다. 또, 남성들은 여성에게 동기를 부여하는 것이 성적인 욕구이며 여성의 그러한 욕구를 충족시켜주는 것이 자신들의 의무라고 교육받으며 자랐다. 그리고 지금, 그다지 성욕이 느껴지지 않는데도 불구하고 문화적으로 조건화된 나의 일면이 상황을 이끌어가고 있었다. 나는 몸을 숙여 이샤에게 입을 맞췄고, 내 입술이 그녀의 입술에 닿을 때 그녀의 젖은 머리카락에 흐르는 물줄기가 가슴을 타고 흐르는 것을 보았다. 하지만 이샤는 아무 감흥도 없는 듯 가만히 있었다. 그녀는 내 눈을 똑바로 쳐다보며 이렇게 말했다. "날 가질 수는 있지만 그게 당신이 정말로 원하는 게 맞나요?"

나는 화들짝 놀랐다. 모든 남자가 원하는 그것을 나도 원해야 하는 거 아닌가? 이샤는 무엇을 원했던 걸까? 그녀가 나를 이 외딴곳으로 데려온 이유가 있지 않을까?

"당신이 원하는 게 이런 거 아니었나요?"

"그런 이유로 당신을 여기로 데려온 게 아니에요."

"아⋯."

"당신을 입문시켜주기 위해 이리로 데려온 거예요."

"입문이요? 어떤 입문이요?"

"내 질문에 대답하기 전까지는 말해줄 수 없어요."

상황이 내 예상과는 다르게 펼쳐지고 있었다. 아담과 이브처럼 벌거벗은 남녀가 황무지에 단둘이 있는데 섹스를 안 한다니? 한편으로는 안심이 되기도 했다. 아니면 그냥 여성 특유의 밀당일까? 내가 더 적극적으로 나서주길 은근히 바라고 있는데 그러지 않아서 내게 화가 나는 건 아닐까?

서로의 눈을 바라보며 앉아 있는데 갑자기 의식이 바뀌며 고대 이집트의 나일강 유역이 보였다. 우리는 젊은 연인이었고 궁전을 자주 빠져나가 강가에서 서로를 만났다. 그녀는 임신하여 스캔들을 일으켰고, 아기는 출생 직후 열병으로 죽었다. 이러한 슬픔을 겪은 이후 그녀는 종교인이 되어 금욕적인 삶을 살았고 나는 다시는 그녀를 보지 못했다.

갈대 위에 앉아 강을 바라보던 우리는 함께 나일강의 갈대밭을 보고 있었다.

"네, 이집트. 우리는 그때 알던 사이였어요." 나와 같은 비전을 보고 있었다는 것을 확인이라도 해주듯 이샤가 말했다.

나는 그녀에게 압도적인 사랑을 느꼈고, 그녀는 몸을 기울여 내 이마에 입을 맞춰주었다. 그녀는 이미 내가 뭐라고 대답할지 알고 있었지만 그래도 말했다. "저는 입문을 원해요."

그녀는 주저 없이 가부좌 자세를 취했고, 나는 나를 유혹하던 그 여성이 신성한 어머니인 칼리^{Kali}로 녹아드는 것을 보았다. — 칼리는 자신이 사랑하는 이들이 가진 미망을 파괴하는 여신이자 요기들을 입문시켜주는 고대 여신이다.

"이 아사나를 하고 저를 따라 하세요." 그녀가 말했다.

이샤는 팔을 하늘 높이 들어 올리면서 풀무 호흡(Bhastrika)을 하다가 팔을 양옆으로 쭉 뻗고 손으로 특별한 무드라 자세를 취했다. 그런 뒤 내게 심상화 안내를 해주었다. 그러자 갑자기 무지개가 내 머리 위로 나타난 것이 내적인 이미지로 보였다.

"잘하고 있네요." 그녀 역시 내가 경험하고 있는 장면을 그대로 보고 있는 듯했다.

에너지가 척추를 타고 정수리 차크라로 올라가 마침내 온몸으로 퍼지면서 극도의 행복이 느껴졌다. 두 주의 경계선에 위치한 이곳에서, 나는 마치 다른 세계로 옮겨져 지복 속에 앉아 있는 듯한 기분을 느끼고 있었다.

천천히 환희가 가라앉으면서 평소의 상태로 돌아왔을 때쯤, 우리는 옷을 입고 아무 말 없이 다시 차로 돌아갔다. 이샤가 아쉬람에서 가져온 타볼리^{tabouli}*가 있어서 그것을 저녁으로 먹었다. 우리는 잠시 이야기를 나눈 후 바닥에 담요와 침낭을 깔았다. 이샤는 앉아서 한참 동안 또 다른 유대 전통 자장가를 불렀는데, 듣기에 너무 따뜻하고 포근해서 금방이라도 몸을 벗어나 별들 사이로 날아오를 수 있을 것만 같았다. 이날은 자다가 두 번이나 잠에서 깼다. 첫 번째 깬

* 잘게 갈은 밀과 야채로 만든 샐러드. 역주.

을 때는 이샤가 눈을 감은 채 여전히 노래를 부르며 앉아 있었고, 두 번째 깼을 때는 가부좌 자세로 깊은 명상에 잠겨 있는 이샤의 모습을 보았다. 아침이 되자 그녀는 이미 옷을 차려입고 몇 가지 짐을 싸고 있었다.

"저는 이제 떠나요." 그녀가 통보하듯 말했다.

"네? 어디로 가려고요?"

"피닉스로요."

마치 연인이 헤어질 때처럼 가슴이 너무 아팠다. 이렇게 사랑이 많고 자립심이 강하면서도 영적인 전사 같은 면모를 지닌 여자는 지금까지 한 번도 만나본 적이 없었다. 나는 우리가 사귀게 될 거라고, 우리의 관계가 이제 막 시작되었으며 함께 서쪽으로 여행을 떠나게 될 거라고 생각했었다.

"저는 제 임무를 완수했어요. 어젯밤에 명상하면서 제가 해야 할 일을 다 했다는 것을 알게 되었죠."

내 마음을 활짝 열게 만든 다음 매정하게 버리고 떠나는 이런 여신이 도대체 어디 있단 말인가.

"그렇지만 저는 지금 떠나고 싶지 않은데요. 여긴 외진 곳이라 다른 차도 없어요. 이제 막 여기 도착한 거잖아요." 나는 이렇게 설득하며 이샤의 마음이 바뀌기를 바랐다.

"걱정하지 마세요. 당신은 아무것도 할 필요 없어요. 여기 계속 있어도 돼요. 제가 타고 갈 차가 올 거예요."

유마를 떠난 이후로 다른 차를 본 적이 없었기 때문에 '설마, 이런 외딴곳에 차가 오진 않겠지' 하고 생각했다. 하지만 잠시 후 검은색 벤츠 한 대가 커브 길을 천천히 돌아 우리 쪽으로 다가왔다. 이샤는 차를 멈춰 세운 다음 물었다.

"피닉스로 가세요?"

"네."

"저 좀 태워주실래요?"

"그럼요, 타세요."

이샤는 차 문을 열고 안으로 들어가 앉은 뒤 다시 문을 닫았다. 길 한 가운데에 나를 남겨둔 채로 그녀는 그렇게 사라져버렸다. 이렇게 보니 내가 어디로 가야 하는지, 무엇을 해야 하는지 마하라즈지가 말해주지 않았던 것도 참 당연한 일이었다. 그가 그런 것을 말해줬다 하더라도 분명 내가 듣고 싶어하는 내용은 아니었을 것이다. 어쨌거나 삶이란 복잡한 것이기에 그저 그때그때 우리 가슴이 이끄는 대로 자연스럽게 따라갈 수밖에 없다. 낙담한 나는 밴에 올라타 다시 길을 떠났다.

이왕 여기까지 온 김에 주변을 좀 둘러봐야겠다는 생각이 났다. 그래서 즉흥적으로 좌회전을 해서 흙길을 따라 올라갔다. 가면 갈수록 길이 좁아지다가 마침내 등산로가 시작되는 지점에서 길이 끝났다. 밴에서 내린 나는 오르막길을 걸어가다가 작은 호수에 다다랐다. 호수 왼쪽에는 절벽이 있었고, 그 기슭에는 커다란 동굴이 있었다. 그런데 정말 놀랍게도 동굴 입구에는 샤스타 산에서 만난 적 있는 에릭이 서 있었다. "길을 알려주는 것은 불가능하다"고 말했던 그 남자 말이다. 그의 말이 맞았다. 그를 다시 만날 운명이어야만, 그리고 가슴을 따라야만 내가 이곳으로 올 수 있었다. 에릭은 내가 올 것을 미리 알고 있었는지 별로 놀라지 않은 눈치였다. 그는 동굴 안에서 차나 한잔하자며 이렇게 말했다. "당신이 올 줄 알았어요."

우리는 함께 차를 마셨지만 대화를 많이 하진 않았다. 나는 이샤에 대한 이야기나 방금의 입문식에 관해 말할 수가 없었고, 에릭은 그저 침묵하며 앉아 있는 것에 만족하는 것 같았다. 우리는 마치 요기들 같았다. 어쩌면 아주 오래전에도 요기로서 함께했던 생애가 있을지도 몰랐다.

"샤스타 산으로 돌아갈 건가요?" 그가 물었다.

"지금 제가 어디로 가고 있는지도 모르는데 거기 가서 뭘 하겠어요."

ॐ

신성한 일곱 폭포

서쪽으로 계속 차를 몰아 샌디에이고에 들어선 다음 바다를 향해 곧장 달렸다. 태평양이 내다보이는 해변에 도착한 나는 신고 있던 샌들을 홀랑 벗어버린 뒤 그쪽으로 걸어 내려갔다. 수년간의 여행 그리고 몇 주간 계속됐던 운전을 뒤로 하고 햇볕에 데워진 모래를 밟으니 기분이 좋았다. 도요새들이 춤을 추듯 파도를 타고 있었고 나는 소금기 가득한 공기를 크게 들이마셨다. 밀려오는 바닷물을 손으로 살짝 떠서 얼굴에 뿌렸다. 태평양의 여신이 나를 축복해주는 듯한 기분이 들어 옷을 벗은 뒤 출렁거리는 따뜻한 바닷물에 몸을 담갔다.

바다의 품에 안겨 기운을 회복한 나는 태평양에서 불어오는 따뜻한 바람을 맞으며 해안가를 따라 차를 몰았다. 계획 같은 것은 하나도 없고, 그저 나를 인도해달라는 기도를 하며 목적지 없이 마음 가는 대로 달릴 뿐이었다. 날이 저물 무렵 나는 산타바바라Santa Barbara

서쪽의 이슬라 비스타^{Isla Vista}에 도착해 수평선 아래로 지고 있는 석양을 높은 절벽에서 바라보고 있었다. 저녁 식사로 그 지역에서 나는 아보카도 하나를 먹은 다음 나뭇가지가 캐노피처럼 펼쳐져 있는 어느 나무 아래에 패드와 침낭을 깔고 누웠다. 나무가 나를 환영해주는 것 같았다. 정령을 본 적은 한 번도 없지만 그래도 나무의 영에게 잠자는 동안 나를 지켜달라고 부탁하는 기도를 했다.

한밤중에 자다 깨보니 내 몸이 위쪽의 나뭇가지와 나뭇잎에서 내려오는 환한 빛에 둘러싸여 있었다. 나뭇잎 하나하나가 축복의 빛을 내려주는 듯했다. 고개를 젖혀 뒤쪽을 보니 나무 둥치 안에서 두 팔을 벌린 어린 소녀가 보호해주려는 자세로 손을 뻗고 있었다. 소녀는 부드러운 표정으로 나를 내려다보며 미소를 지었다.

"고마워요." 나는 소녀의 사랑을 느끼고 안도의 숨을 내쉬며 다시 잠이 들었다.

눈에 햇살이 비쳐 잠에서 깼다. 일어나서는 나무 둥치를 바라보며 밤새 나를 지켜주던 소녀 같은 모습의 그 영을 다시 한번 찾아보았다. "볼 수는 없지만 당신이 그 안에 있다는 건 알아요." 나는 소녀가 다시 한번 나타나기를 바라며 말했다. 하지만 거친 나무껍질 말고는 아무것도 보이지 않자 조금 슬펐다. 그래도 나무와 소통하고 싶어서 "당신이 진짜 존재한다는 것을 보여주고, 또 나를 보호해줘서 고마워요. 언제나 당신을 사랑할게요" 하고 말했다.

나무가 참 부러웠다. 나무는 필요한 모든 것을 그 자리에서 공급받을 수 있으니 아무 데도 갈 필요가 없었다. 자기가 누구인지, 삶의 목적이 무엇인지 알고 있었기 때문에 전 세계를 여행하며 진을 뺄 필요도 없었다. 그녀가 지구상의 다른 모든 나무들과 소통하고 있다는 것을 느끼게 된 나는 나무에 손을 얹고 지구상의 숲들에 사랑을 보내며 인간이 오만한 태도로 나무들을 베어내고 있는 것에 대해 사과했다. 나무가 생명의 망을 하나로 묶어주는 존재이자 지구와 다른 존재계 사이의 매개자라는 것이 느껴졌다.

근처에서 형이상학 서점을 운영하던 타냐^{Tanya}라는 이름의 젊은 여성이 아침부터 나를 환영해주며 따뜻한 차 한 잔을 내주었다. 그녀의 서점에는 내가 작년에 쓴 소책자가 있었는데, 특별한 손님들이 올 때만 그것을 나눠준다고 했다. 타냐는 내게 근처 산타 이네즈^{Santa Ynez} 산맥에 있는 무시무시한 장소에 대해 알려주었다. 신성한 일곱 폭포(Seven Sacred Falls)라는 곳이었는데, 금식하고 명상하기에 좋은 곳인 것 같아서 가는 길을 알아두었다.

그로부터 이틀 동안 금식을 하니 신성한 일곱 폭포에 올라 뭐가 됐든 내가 받아들일 준비가 된 신비 속으로 입문을 시켜달라고 요청해도 될 만큼 충분히 정화된 기분이 들었다. 그래서 미션^{Mission} 개울을 따라 산으로 들어갔다. 나는 강바닥의 바위들을 올라 각각의 폭포 아래쪽에 형성되어 있는 물웅덩이를 하나씩 지나면서 차근차근 위로 올라갔다. 타냐는 입문을 받으려면 각각의 차크라에 상응하는 일곱 웅덩이를 모두 지나야 한다고 말했다. 나는 위로 올라가면서 내가 입문을 받을 자격이 있는 사람이기를 기도했다.

그해 겨울은 비가 많이 와서 유속이 매우 빨랐다. 세 번째 웅덩이를 지난 다음으로는 급류가 너무 심해서 계곡 옆으로 돌아서 올라가야 했다. 올라갈수록 절벽이 점점 더 가팔라지고 있었고, 어느새 나는 30미터 높이에서 개울의 바위들을 내려다보고 있었다. 지금 있는 곳보다 훨씬 더 경사진 위쪽을 올려다보니 어떤 식으로 올라가야 할지 고민이 됐다.

암벽에 필사적으로 매달려 있던 나는 갑자기 힘이 빠지는 느낌이 들었다. 아무것도 먹지 못한 데다 두려움이 확 몰려왔기 때문이었다. 위쪽에는 평탄한 사암 외에는 아무것도 없었기 때문에 더 이상 손으로 잡고 오를 만한 부분이 보이질 않았다. 아래에도 발을 디딜 만한 부분이 없었기 때문에 내려갈 수도 없었다. 체력이 점점 바닥나면서 곧 죽음으로 곤두박질치게 될 것이라는 사실이 생생하게 느껴지기 시작했다. 나는 도움을 요청했다.

"신이시여, 제가 죽는 것을 원치 않으시면 지금 저를 좀 도와주세요!"

하지만 아무런 응답이 없었다. 이번에는 예수님, 사이 바바, 마하라즈지, 상승 마스터들, 그리고 머릿속에 떠오르는 모든 성인과 구루들을 부르며 다시 도움을 요청했다. 다리가 벌벌 떨리기 시작했고 손가락 힘도 다 떨어졌다. 몇 초 있으면 아래로 곤두박질치게 되겠구나 싶었다. 그때, 죽기 전에 했던 마지막 생각이 사후 행선지를 결정한다는 말을 들었던 것이 기억나 신의 이름을 외치며 죽어야겠다는 생각이 들었다. 이 생각이 떠오르자마자 나는 만물이 탄생한 곳이자 다시 돌아갈 곳인 태초의 소리 '옴'을 챈팅하기 시작했다. 옴 소리가 내 복부에서부터 자연스럽게 시작되어 위쪽으로 올라갔다. 각 차크라를 통과해 올라갈수록 소리가 점점 더 커지다가 마침내는 내 몸의 모든 세포가 옴 소리로 진동하고 있었다. 나는 그 진동의 힘과 하나가 되었다.

갑자기 몸이 무한한 에너지로 가득 찬 기분이 들면서 힘들이지 않고 절벽을 오를 수 있었다. 두려움 없이 어딜 잡고 밟으며 올라가야 할지 계산하지도 않고 바로바로 암벽을 올랐다. 그러다 절벽 맨 위에 다다랐을 때, 나는 몸을 위쪽으로 풀쩍 던진 다음 숲 바닥에 등을 대고 털썩 누워버렸다. 무슨 일이 일어났는지도 몰랐다. 나는 에메랄드빛 나뭇잎들과 그 사이로 보이는 푸른 하늘을 올려다보고 있었고, 황홀함에 숨을 몰아쉬며 거기 누워 있었다. 죽지 않고 이렇게 살아 있는 것이 은총 덕분임을 느꼈다.

도대체 어떻게 된 일일까? 나는 자리에서 일어나 절벽 끝을 내려다보았다. 이 아래에는 거대한 바위들 사이로 강물이 흐르고 있었다. 올라왔던 절벽 표면을 다시 훑어보니 잡고 오를 만한 틈새는 하나도 찾을 수가 없었다. 빽빽한 덤불을 헤치면서 걷다 보니 마침내 산 아래로 내려가는 길이 나왔다. 텐트를 향해 걸어가고 있자니 일곱 웅덩이를 모두 통과하지 못한 것이 못내 아쉬웠다. 그렇긴 해도 이 경험을 통해 일종의 입문을 받은 게 아닌가 싶었다. 곰곰이 생각해보니 결국 입문이란 내면의 더 큰 인식과 힘을 향해 이끌려 간다는 의미였다. 입문은 외부의 어떤 구루에게서 받는 것이 아니라 나 자신의 참된 자아의 힘을 통해, 온몸에 흐르는 브라만의 진동을 통해 이루어진다.* — 그리고 이 브라만의 진동 덕분에 내가 여전히 살아 있을 수 있었다. 우리는 모든 경험의 의미를 알 수 없으며 입문이 어떤 식으로 일어날지도 알 수 없다.

---

* 브라만, 즉 우주적 의식은 창조의 첫 번째 행위로서 옴 소리를 냈고, 그 후 만물이 이 소리로부터 생겨났다. 그래서 옴을 챈팅하면 무한으로 돌아가는 문을 열고 한계 없는 힘에 접근할 수 있다. 창조의 위대한 비밀은 탓 트왐 아시, 즉 '그대는 그것이다'이다.

바즈라사트바

　산타 이네즈 산을 내려가는 동안 나는 구루를 찾는 일이 애초에 실패할 수밖에 없는 일이었다는 것을 깨달았다. 2년 동안 나는 내가 아닌 다른 어떤 것이 되려고 노력하면서 여행을 다녔다. 오랫동안 누군가의 추종자로 지내는 것은 내게 잘 맞는 일이 아니었다. 그 어떤 다른 자아가 아니라 나 자신의 참된 자아를 찾는 것이 내가 가야 할 길이었다. 물론 고대의 가르침에 따르면 구루의 목적은 제자가 이를 깨달을 수 있도록 제자의 힘을 키워주는 것이지만, 많은 구도자들이 외적인 인물과의 관계에 집착하고 있었다. 이런 이들에게는 삶 속에서 일어나는 모든 일이 구루의 은총으로 보이는데, 결국에는 자기실현과 마스터리를 이룸으로써 이러한 관점조차 초월하게 된다.

　사이 바바의 발치에 앉아 그의 사랑을 느꼈을 때, 나는 구루와의 관계가 얼마나 중독성 강한 것인지를 이해할 수 있었다. 그러나 영원히 그의 발치에서만 지낼 수는 없는 노릇이므로 나는 그를 내 내적 자아의 한 반영으로서 바라보아야 했다. 일단 한 번 그 근원을 알게 되면 자기 내면에 집중하면서 '나는 그것이다'(I Am That)를 깨닫는 길을 걷게 된다.

누군가를 향한 깊은 사랑 그리고 모든 현상이 본래 실체가 없음을 깨닫는 공*의 지혜. 이 둘은 정반대의 방향처럼 보였다. 과연 이 두 가지 토끼를 한 번에 잡을 수는 없는 걸까? 물론 완전한 깨달음을 성취한 위대한 스승들도 서로에게 한없는 사랑과 헌신을 느낀다. 나 역시 마하라즈지 삿상의 찬가를 아주 좋아했다. 그런데도 그곳에 있으면 있을수록 집 떠날 날만 기다리고 있는 10대 소년이 된 것 같은 기분이 들었었다.

이런 나의 고민에 해답을 준 것은 티베트 불교였다. 티베트 불교의 탄트라 의식은 구루에 대한 헌신과 자기인식(self-awareness)을 결합한 것이었다. 트룽파 린포체가 쓴 《행동하는 명상》이 내 앞에 떨어진 이후로 나는 이런 가르침에 점점 더 끌리고 있었는데, 그가 그저 존재만으로도 상대를 변형시키는 것을 직접 경험한 이후로는 끌림이 더욱 강해졌다.

모든 것이 환상이라며 세상을 부정하고, 역시 환상에 불과한 신들을 위해 끝도 없이 바잔을 부르며 앉아 있는 것보다는 영적 깨달음을 통해 이 세상과 일상을 잘 살아가는 법을 배우고 싶었다.* 인도의 인프라가 무너지고 있는 이유는 지난 수 세기 동안 평범한 일상의 중요성을 부정하고 정수 처리장이나 하수 처리장보다 사원을 먼저 지었기 때문일 것이다. 이 인간 세상을 살아가는 한, 나는 생계를

---

* 탄트라 불교에서도 많은 신들을 불러내긴 하지만 보통 이런 신들은 명상 중에 나타났다가 해체되는, 자기 자신의 한 측면인 이담yidam으로 여겨진다.

꾸려나가는 일부터 인간관계에 이르기까지 삶의 모든 측면을 포용할 수 있는 영적인 길을 걷길 원했다. 착둔 린포체**가 내 인생에 나타난 것도 바로 이때쯤이었다. 그는 마지막 남은, 티베트의 위대한 탄트라 스승이었다.

어느 날 착둔 린포체는 꿈에 나타나 티베트에서 영적 교사로 살았던 나의 전생을 알려주면서 이렇게 말했다. "자네는 그때 했던 일을 계속 이어가기 위해 이번 생에 다시 태어났네. 하지만 그렇게 하기 전에 본인 수행을 먼저 끝내야겠지. 나를 만나러 오게나. 자네를 입문시켜주겠네."

그렇지 않아도 바로 얼마 전 건강식품 가게에 붙어 있던 레드 바즈라사트바 드룹첸Red Vajrasattva Drubchen*** 홍보 전단지에서 그의 사진을 본 적이 있었다. 전단지에는 이 9일간의 탄트라 수행이 1년간의 안거 수행보다 유익이 훨씬 더 크다고 나와 있었고 나는 곤파(아쉬람)에 전화를 걸어 드룹첸에 참여하기로 했다.

착둔 곤파는 캘리포니아 북부의 트리니티Trinity 산맥 쪽에 있었고 나는 그곳에 도착하자마자 근처 숲에 텐트를 쳤다. 다음 날 아침, 숲에서 나와 곤파가 내려다보이는 언덕에 서니 눈이 덮여 있어서 뾰족한 흰 이빨처럼 보이는 트리니티 알프스가 저 멀리 보였다. 언덕 아래로는 화려한 사원이 자리하고 있었는데, 사원 주변을 불탑****과

** 착둔 툴쿠 린포체Chagdud Tulku Rinpoche(1930-2002). 《로드 오브 더 댄스Lord of the Dance》의 저자. 자세한 정보는 www.ChagdudGonpa.org를 참조하라.

*** 바즈라사트바는 우리말로 금강살타金剛薩埵이며, 금강과 같은 깨달음의 존재라는 뜻이다. 드룹첸은 열흘가량 지속되는 티베트 불교의 전통적인 명상 수행법으로서 많은 재가자와 수도승이 참여하며 적어도 한 명 이상의 고승이 지도를 맡는다. 하루 24시간 기도와 만트라를 외우기 때문에 매우 강력한 수행법으로 여겨진다. 역주.

**** Stupa. 부처님 마음의 다양한 측면들을 나타내는 둥근 구조물로, 보통 그 안에 성스러운 유물을 넣어두며 명상의 장소로 사용된다.

산들바람에 나부끼는 기도 깃발*이 둘러싸고 있었다. 티베트에서의 내 전생을 알려주었던 린포체의 꿈이 아직도 내 기억 속에 생생한 가운데, 그 당시의 삶이 현재의 삶과 겹쳐지는 기분이 들었다.

언덕길을 내려간 나는 사원 밖에서 다른 참가자들과 함께 잠시 대기하고 있었다. 대부분이 수행을 오래 한 사람들이었다. 사원 안쪽에서는 린포체가 신성한 만다라**를 세우는 의식을 진행하고 있었다. 수행 기간 동안 우리 모두가 이 만다라의 일부가 될 것이었는데, 이 만다라는 남성 부처와 여성 부처 모두의 의식을 나타낸 신인 바즈라사트바의 에테르적 사원과도 같은 것이었다.

사원 입구에서 성수와 향으로 정화를 마친 후, 우리는 장의자 앞쪽 바닥에 놓인 방석에 앉았다. 장의자 위에는 염불이 적힌 종이 더미들이 올려져 있었다. 이제 관정灌頂이 시작되었다. 이전에도 관정이라 불리는 티베트식 의식에 참여해본 적이 몇 번 있었지만 의식의 전수가 이루어지는 이런 관정은 처음이었다.

구루에게서 뿜어져 나오는 청정광명한 에너지가 반짝이는 빛의 파도처럼 물결치면서 방 안을 가득 채우고 있었다. 그는 다차원적 의식을 평정하게 유지하면서 성좌처럼 보이는 높은 단상 위에 가만히 앉아 있었다. 바즈라사트바의 의식과 하나된 그는 모든 존재를 신의 현현으로 바라보고 있었다. 수행자들은 차례차례 구루를 신으로 시각화했다. 어느새 나는 티베트어로 이런 염불을 외고 있었다.

---

* prayer flag. 다채로운 색상의 직사각형 천을 엮어 만든 깃발. 티베트인들은 이 깃발에 적힌 기도문과 만트라가 바람에 날리면 자비와 선한 마음을 온 우주에 퍼트린다고 믿는다. 역주.
** 탄트라 명상에서는 의식 그 자체가 되는 수행을 하는데, 이런 의식의 한 측면을 평면적이고 상징적으로 표현한 것이 바로 만다라다. 신은 만다라 안에 존재하고 만다라는 마음 안에 존재한다. 명상이 더 잘 될 수 있도록 외적인 표현물로서 만다라를 그릴 때도 있다. 티베트 불교에서는 신을 부르는 의식으로 색 모래 만다라를 만들기도 한다.

존귀하신 본존이시여, 당신의 깨달음의 원력으로 제게 최고의 가피를 내려주소서. 본래적 의식의 창조적 힘을 드러내주시고, 제가 참된 실상 안에서 성숙하여 해탈에 이르도록 인도하소서.***

관정을 받은 후 우리는 본격적인 수행으로 들어갔지만 티베트식 책이라는 미로 속에서 바로 길을 잃고 말았다. 내 앞에 놓인, 제본되지 않은 직사각형 모양의 종이에는 여러 개의 보조 의례문 같은 것이 인쇄되어 있었는데, 각각의 글은 의식의 여러 상황마다 사용되는 것들이었다. 페이지를 왔다 갔다 오가다 보니 어느 순간 종이 순서가 엉망이 되고 있었다. 게다가 우리 각자는 타이밍에 맞춰 종을 울리고 다마루****를 치는 동시에 다차원적인 만다라를 심상화해야 했다.

근처에 앉아 있던 경험 많은 수행자들이 지금 어느 부분을 읽는 중이라고 알려주긴 했지만 정오가 될 때쯤에는 여기가 어디이며 내가 도대체 뭘 하고 있는 건지 전혀 알 수가 없어서 절망적인 기분이었다. 어느 부분을 읽어야 하는지 모르겠다는 것도 그렇고, 나에게는 왼손으로 종을 치는 동시에 오른손으로 북을 치는 것조차 힘든 일이었다. 쉬는 시간이 되었을 때, 나는 몇몇 선배 수행자들에게 이 수행의 의미에 관해 물어봤지만 충격적이게도 그들 역시 아는 바가 거의 없었다. 한 수행자는 나를 안심시키기 위해 이런 말도 했다. "분명 우리에게 좋은 일이니까 라마께서 시키신 걸 거예요. 그냥 라

*** 착둡 린포체와 리처드 배런Richard Barron(착둡 곤파)이 번역한 파드갈 링파Padgyal Lingpa의 《Padma Sangwai T'higle Cycle》에 나오는 레드 바즈라사트바.
**** damaru. 작은 양면 북으로, 손목을 돌리면 끈에 연결된 추가 앞뒤로 회전하며 북소리를 내는 악기이다. 원래는 두 개의 인간 두개골로 만드는 악기인데, 이는 무상함을 상기시키기 위함이다.

마를 믿어보세요."

이는 맹목적인 추종과 다를 것이 없었다. '내가 또 구루의 발치에 앉아 알지도 못하는 언어로 챈팅을 하고 있었군. 인도 전역의 사원에서 행해지는 그 수많은 푸자처럼 이번에도 의미 없는 의식에 참여하고 있었던 거야.'

점심시간이 되었을 때, 나는 드룹첸에 참가 신청을 할 때 전화를 받았던 곤파의 행정 담당자 캔디스Candace를 찾아갔다.

"저, 집에 간다고 말씀드리러 왔어요." 내가 말했다.

"네? 왜요?" 그녀가 깜짝 놀라며 물었다.

"제가 뭘 하고 있는 건지 전혀 모르겠어요. 저는 티베트어를 알지도 못하고, 어느 부분을 읽어야 하는지도 모르겠고, 내가 읽고 있는 게 무슨 뜻인지도 모르겠고요."

"이봐요, 가면 안 돼요!" 그녀는 양쪽 허리에 주먹을 올리고 내 앞을 가로막으며 말했다.

"아, 이렇게 나오시겠다는 거죠?" 나도 물러서지 않았다. 어느 캘리포니아 아쉬람의 광신도 집단에 의해 감금된 히피들을 소재로 한 옛 영화가 떠올라 여기서 도망쳐 나가야 하나 생각했다.

"떠난다면 당신 차 앞으로 뛰어들겠어요!"

어안이 벙벙했다. 예전에도 시카고의 어느 유대교 회당에서 지금과 비슷하게 뭐가 뭔지 알지도 못하는 속죄일 예배를 마치고 나가려던 순간, 누군가 나에게 어떤 종교 의식에 참여하라고 강요한 적이 있었다. 그때는 문이 잠겨 있었고 문 앞을 건장한 두 남자가 지키고 서 있었다. 그리고 지금, 나는 또다시 어떤 정신 나간 여자가 죽음을 불사하면서까지 나를 붙잡아 두려고 하는 상황에 처해 있었

착둔 린포체

다. 이곳에 꼼짝없이 갇히는 것은 내게 악몽과도 같은 일이었다.

"라마와 대화를 나누면 떠나게 해줄게요. 그땐 가도 돼요. 그전까지는 티베트어 같은 건 신경 쓰지 말고 그 아래에 쓰여 있는 영어 단어만 읽으세요. 괜찮죠?"

"음, 알겠어요." 나는 마지못해 답했다. "라마와 얘기하고 싶긴 했으니까요. 하지만 내일까지 그분이 제게 제대로 된 설명을 해주시지 않는다면 그냥 떠날 거예요."

캔디스는 라마에게 친견 허락을 구해보겠다고 했다. 오후가 되어 다시 의식이 거행될 때쯤, 나는 내 어설픈 챈팅을 유심히 지켜보고 있던 주변 수행자들에게 이제 티베트어 챈팅 대신에 마음속으로 영어 해석을 읽겠다고 설명했다. 그러자 그들은 내가 신성 모독이라도 한 것처럼 충격을 받은 듯한 표정을 보였다.

"티베트어로 챈팅하지 않으면 아무런 유익도 얻지 못할 텐데요." 그들이 언짢아하며 말했다.*

다시 의식이 시작되었다. 이번에는 영어 해설을 읽었고, 우리의 집중적인 의도가 한데 모여 에테르 사원이 만들어지는 것이 보였다.

---

* 나중에 나는 종사르 켄체 린포체Dzongsar Khyentse Rinpoche(켄체 노르부Khyentse Norbu라는 이름으로도 알려진 라마이자 영화제작자. 1961년 부탄 출생)와 대화하게 되었는데, 그때 그는 이런 말을 했다. "모든 라마는 현지 언어로 불법을 가르치겠다는 서원을 합니다. 그러니 미국에서는 산스크리트어 만트라를 제외한 모든 법문을 영어로 가르쳐야 합니다." 옥스퍼드 대학을 다녔던 트룽파 린포체 역시 영어를 능수능란하게 할 수 있었기에 이러한 원칙에 따라 가르침을 펼쳤다.

보석으로 장식된 그 화려한 구조물 안에 해와 달 위에 놓인 왕좌가 하나 있었고, 신(Deity)은 거기 앉아 연꽃 속에서 하나가 되어 있었다. 뭉게뭉게 피어오르는 향 연기가 인류의 해방을 위한 우리의 기도를 하늘 높이 날려 보냈다. 신이 더욱더 밝은 빛을 발하자 빛의 광선이 그의 가슴에서 우리의 가슴으로, 그리고 모든 지각 있는 생명체들의 가슴으로 퍼져나갔으며 마침내는 만물에 존재하는 모든 원자까지 퍼져나갔다. 바즈라사트바는 순수한 빛으로 녹아들었다가 우리 가슴속에서 다시 나타났다. 모든 존재가 모든 부처들의 어머니인 바즈라사트바로 변모하는 순간이었다. 정말 놀랍게도 바로 이때가 이 문장을 읽을 차례였다. "자기 자신이 신이라는 것을 깨달으라. 마음속으로 '나는(I AM) 바즈라사트바다'라는 말을 반복하라!"

I AM이라니! 이 수수께끼 같은 단어가 전혀 예상치 못한 곳에서, 그것도 불교 의식 중에 다시 내 앞에 나타났다. 이것은 내가 신지학 협회에서 거부했던 것과 똑같은, 매우 간결한 가르침이었는데, 나는 이제야 이 가르침의 진실을 명료하게 인식할 수 있었다. 사이 바바가 내게 명상해보라고 했던 것과 같은, 일종의 화두처럼 느껴지는 말이었다. 그것은 바로, 자아(Self)가 신이라는 피할 수 없는 진리였다. 당신이 의식을 집중하는 그것은 곧 당신이 된다. 신에게 의식을 집중하면 신이 된다.

심지어 예수도 "나는(I AM) 아브라함이 태어나기 전부터 존재했다!"고 말한 바 있다.

또한 예수는 "네 마음을 다하고 목숨을 다하고 뜻을 다하여 너의 주 하느님을 사랑하라"는 고대 선지자들의 말을 인용하면서 모든 계명 중에서 가장 중요한 계명인 "네 이웃을 네 몸과 같이 사랑하라"는 말을 덧붙였다.*

이것이 모든 종교의 본질이었다. 이보다 더 간단할 수는 없었다. 하지만 이를 실제로 체현하기란 아주 어려웠다. 이런 순수한 의도를 과연 일상생활에서 실천할 수 있을까? 차라리 외국어로 챈팅을 하고 외적인 신을 위한 의식을 치르는 편이 훨씬 쉬워 보였다.

오후 휴식 시간에 캔디스가 올라와 라마와의 만남은 힘들 것 같다며 내게 사과를 했다.

"라마와 만나지 않아도 돼요. 이제 뭐가 뭔지 감이 좀 잡혔어요."

"정말요? 나중에 저도 얘기 좀 들려주세요." 그녀는 경외감이 느껴지는 표정으로 말했다.

그 후 8일 동안 나는 스스로를 신으로 심상화하면서 계속 의식을 치렀고, 시간을 초월한 의식 속으로 들어갔다 나오기를 반복했다. 뚜껑을 열면 인형이 튀어나오는 장난감 상자 속 인형이 된 기분이었다. 이제 인형은 환상에 불과한 자아라는 한계에서 벗어났고, 다시는 그 상자 안으로 돌아갈 수 없었다. 자유를 얻었는데 누가 다시 감옥으로 돌아가고 싶어하겠는가? 세속의 다르마를, 계속해서 육신으로 태어나게끔 만드는 이 덧없는 세계를 추구할 이유가 뭐가 있겠는가?**

아홉째 날, 의식이 끝난 후 우리는 티베트의 전통 실크 스카프인 카타kata를 린포체께 공양하기 위해 줄을 섰다. 린포체는 금강저***

---

* 누가복음 10장 27절.
** 여덟 가지 세상의 법은 명성과 치욕, 이득과 손실, 칭송과 비난, 즐거움과 괴로움이라는 양극성을 띠고 있다.
*** 티베트어로는 도르제Dorje라고 하고 산스크리트어로는 번개를 뜻하는 바즈라Vajra라고 한다. 금강저는 대칭적으로 생긴 금속 도구로, 본래적 자각을 일깨워주는 번개를 형상화한 것이다.

로 머리를 톡톡 두드리며 한 사람 한 사람 축복을 내려주고 있었다. 그러다 내 차례가 되었을 때 나는 그의 얼굴을 바라보며 눈을 맞추려 했지만 그는 계속 아래쪽만 쳐다보았다.

"저 기억하세요? 제 꿈에 나오셨잖아요. 당신이 말씀하신 대로 저 여기 왔어요" 하면서 말을 걸고만 싶었다.

그러나 린포체는 나를 다른 사람들과 다를 바 없이 대했다. 그는 내가 팔을 뻗어 내민 카타를 받아 그것을 내 목에 걸어준 다음 금강저로 내 정수리 부분을 톡톡 쳤다. 그와 이야기를 나누고 개인적인 관계를 맺고 싶은 마음에 그의 성좌 앞에서 꾸물거려봤지만, 감독관 역할의 다른 라마가 나를 옆으로 밀어내버렸다. 나는 실망한 채 다른 사람들과 함께 사원 문을 걸어 나갔다.

밖에서 우연히 캔디스와 마주치게 된 나는 첫날부터 도망가지 말고 조금만 더 버텨보라며 극단적인 고집을 부렸던 그녀에게 진심으로 감사한 마음이 들었다. 린포체를 개인적으로 친견하지 못한 것에 대한 아쉬움을 표현하려던 찰나, 갑자기 물리적 만남보다 훨씬 더 친밀한 만남을 꿈속에서 가졌다는 사실이 깨달아졌다. 우리는 마음과 마음으로 만났었고, 나는 이제 분리란 없다는 것을 알고 있었다. 가장 높은 차원에서 보면 그의 마음과 나의 마음, 부처의 마음은 하나였다.

1년 후 착둔 린포체는 브라질에 있는 자신의 아쉬람에서 입적했다. 그는 가부좌를 튼 채로 세상을 떠났으며 가슴 부위 체온이 며칠 동안이나 계속 유지되었다고 한다.* 해탈한 존재의 영혼은 육신을

---

* 린포체는 입적하기 전에 한 미국인을 계승자로 지명하여 가르침을 이어가도록 했다. 원래 히피였던 라마 드리메드Lama Drimed는 전생에 파드마삼바바의 제자였던 것으로 알려져 있다.

떠난 후 49일 동안 깨달음을 얻은 부처의 영역으로 올라간다는 얘기가 있다. 그가 세상을 떠난 지 49일째 되던 날, 나는 깊은 명상 중에 그로부터 의식의 전수를 받았다. 그와 인연이 있던 다른 많은 사람들도 이와 비슷한 축복을 경험했다. 그는 자기 자신만을 위하거나 추종자를 모으는 데는 전혀 관심이 없는 진정한 구루였으며 그의 유일한 소원은 모든 지각 있는 생명체들의 해방뿐이었다.**

** 누군가가 람 다스에게 자신이 깨달음에 가까워지고 있는 건지 아니면 그저 정신이 이상해지고 있는 건지 어떻게 알 수 있느냐고 묻는 것을 들은 적이 있다. 람 다스는 다른 이들을 돕고 싶은 마음이 점점 커진다면 깨달음의 길로 가고 있는 것이지만, 점점 자기 자신에게만 사로잡히게 된다면 그것은 정신이 이상해지고 있는 것이라고 대답했다.

피플스 파크로 돌아가다

나는 다시 버클리로 돌아와 피플스 파크에서 야영을 하고 있었다. 피플스 파크에서 인도로, 그리고 인도에서 다시 이곳으로 돌아오기까지 1년이라는 시간이 걸렸다. 1년 전 이곳은 천국 같은 곳이었지만 지금은 분위기가 달랐다. 대학가 주변에서 살아남은, 표현의 자유를 위한 유일한 집회 장소인 이 공원을 둘러싸고 싸움이 계속되고 있었다. 밤새 한숨도 못 잔 나는 버클리에 사는 마하라즈지 삿상 친구들을 찾아가보기로 했다. 친절하게도 자이 우탈이 방바닥에서 잘 수 있도록 공간을 내주었다. 그러나 마하라즈지의 발치에 앉아 있을 때와는 다르게, 이제 바잔은 내게 깊은 감동을 주지 못했다. 나는 더 이상 신들의 그림과 조각상 앞에서 몇 시간 동안 그들을 숭배하고 앉아 있을 수 없었다. 일단 한번 내면에 있는 신을 찾으니 외적인 추종에는 끌림이 전혀 느껴지지 않았다. 신을 깨달은 존재의 발치에 앉아 있거나 신을 숭배하기보다는 '내가' 직접 그런 존재가 되고 싶었다.

버클리는 세속적인 욕망이 들끓는 도가니 그 자체였고 나는 그 안에서 익어가고 있는 기분이었다. 이곳을 탈출해 영성에만 몰입하고 싶다는 마음이 간절했다. 마치 두 세계 사이에 껴 있는 기분이었다. 하나는 안락함과 쾌락을 보장해주는 세계, 그리고 다른 하나는 지복으로 향하는 탈출구를 알려주는 세계. 나는 물질주의에 취해본 적이 있었기에 이미 그러한 쾌락이 덧없다는 것을 알고 있었고, 히말라야 요기들의 방편을 써서 이 세상을 떠나야겠다는 생각만 점점 더 강해지고 있었다.

나는 충만한 삶을 살아왔다. 서양에서 누릴 수 있는 모든 쾌락을 경험해보았지만 결국 그런 것들은 나를 만족시켜줄 수 없었다. 동양에서 해탈의 길을 배웠으니 그 길의 끝까지 가서 지구와 지구에 존재하는 모든 비애로부터 벗어나면 되지 않을까? 그날 밤 잠들기 전, 나를 인도해달라고 신께 기도드렸다.

다음 날 새벽, 오늘 하루가 어떻게 펼쳐질지 궁금해하며 명상을 하려고 일어나 앉았다. 그러자 난데없이 휘황찬란한 빛의 구球가 나타났다. 그것에 의식을 집중하려고 애쓰는 동안 빛 속에서 "뮤어 숲으로 가렴. 거기서 만나자…" 하는 목소리가 들려왔다.

"누구지?" 궁금한 마음이 들었다. 나는 바로 짐을 챙겨 차를 타고 금문교(Golden Gate Bridge)를 건넜다. 만灣 너머로 해가 떠오르고 있었는데, 3년 전 브루클린 다리에서 보았던 또 다른 일출의 광경이 떠올랐다. 그때 얻은 통찰은 내 인생의 전환점이 되었고, 그로부터 얼마 되지 않아 나는 인도로 떠났다. 그리고 지금, 그때와 비슷한 변화가 다가오고 있다는 것이 느껴졌다. 기나긴 여정을 이제 막 끝내긴 했지만 새로운 여정이 다시 시작될 것만 같은 기분. 이때까지만 해도 다리 건너편의 삼나무 숲에서 지난 1년 동안 나를 내적으로 인도해주었던 상승 마스터 세인트 저메인을 곧 만나게 되리라는 것을 알지 못하고 있었다. ― 더군다나, 그가 육신의 모습으로 내 앞에 나타날 줄은 꿈에도 몰랐다. 그는 지구를 떠나고자 했던 나에게 자유를 선택할 기회를 주는 동

상승 마스터 세인트 저메인

시에, 내 삶을 영영 뒤바꿀 만한 또 다른 선택지를 제시했다.

ॐ

책을 마치며

물질주의적 사회에서 나고 자란 나는 물질세계에는 존재하지 않는 영원한 행복을 찾아 헤매기 시작했다. 하지만 그런 행복이 존재하긴 하는 것일까? 모든 물질에는 시작과 끝이 있지만 내가 찾아 헤맸던 그 행복에는 끝이 없었다.

고차적인 세계에서 그 행복을 약간이나마 맛본 후, 나는 빛과 하나되기 위한 깨달음의 여정을 시작했다. 그리고 구루, 즉 스승이 필요하다는 생각이 들어서 길을 안내해줄 스승을 찾기 위해 인도로 떠났다. 많은 모험과 좌절 끝에 나는 찾고자 했던 내 내면의 신적 현존을 발견할 수 있었다. — 사실 이 현존은 언제나 나와 함께 있었다. 이제 찾을 걸 다 찾았으니 무엇을 해야 할까.

나는 육체를 떠나 우주의 근원으로 돌아가고 싶은 마음뿐이었다. 인도의 요기들은 이렇게 육체를 떠나 다른 상태로 옮겨가는 법을 잘 알고 있었다. 이어지는 책인 《마스터의 제자》에도 나오지만, 상승 마스터 세인트 저메인은 나에게 또 다른 선택지, 즉 지구에 남아 내가 배운 사랑과 지혜를 다른 사람들과 나누지 않겠냐는 제안을 던지며 이런 나의 욕망을 뒤바꿔놓았다.

2013년의 나